Nachgehakt-Seiten

■ Diffusion als Grundlage der Atmung, Enzyme in der Biotechnologie, Gleichgewicht oder Ungleichgewicht in Ökosystemen – das sind Stichwörter, die auf Infoseiten fallen. Auf den *Nachgehakt-Seiten* werden solche allgemein interessierenden Themen aufgegriffen und vertieft.

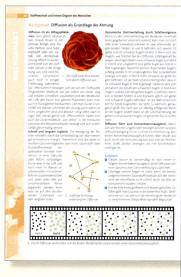

Praktikum-Seiten

■ Hier lernst du wichtige biologische Methoden kennen und wendest sie im Unterricht an. Manchmal musst du selbst überlegen, wie man etwas durch einen Versuch herausbekommen kann.

Lexikon-Seiten

■ Wie in einem echten Lexikon gibt es hier kurze Artikel zu den einzelnen Stichwörtern, natürlich mit Bildern. Damit bekommst du eine rasche Übersicht über ein Thema.

Zusammenfassung!/Alles klar?-Seiten

■ Auf der letzten Seite (oder Doppelseite) eines Kapitels findest du eine ausführliche Zusammenfassung. Sie hilft dir beim Wiederholen des Stoffs oder wenn du Unterricht versäumt hast.

■ *Alles klar?* enthält übergreifende Aufgaben zum Kapitel. Du musst also dein Wissen aus dem ganzen Kapitel parat haben (manchmal sogar aus einem vorangegangenen Kapitel). Dafür merkst du gleich, ob du im Thema wirklich fit bist.

Grundwissen!

Besonders wichtige biologische Fachbegriffe und ihre Erklärung sind am Schluss des Buchs zusammengestellt. Über dieses Grundwissen solltest du am Schuljahresende verfügen. Du benötigst es auch in den folgenden Jahrgangsstufen.
Das Grundwissen aus vorangegangenen Jahrgangsstufen kannst du, falls nötig, im Online-Angebot zum Buch einsehen.

Basiskonzepte

Die Basiskonzepte der Biologie und ihre Bedeutung kennst du aus der 8. Jahrgangsstufe. Dir fallen nicht mehr alle ein? Das Online-Angebot hilft weiter.

Einbandfoto: blickwinkel/Luftbild Bertram

Naturnahes Ökosystem Wald und künstliches Ökosystem Autobahn

Von Natur aus wäre Bayern wie ganz Mitteleuropa fast vollständig von sommergrünen Laubwäldern bedeckt. Nur in den Hochlagen dominierten Nadelwälder. Auch heute wachsen auf mehr als einem Drittel der Landesfläche Bayerns Wälder. Als Wirtschaftswälder wurden und werden sie jedoch mehr oder weniger stark genutzt und dabei auch in ihrer Artenzusammensetzung verändert. So ist hier die Fichte mit 50 % die wichtigste Baumart. Dennoch gehören Wälder zu den komplexesten und artenreichsten Ökosystemen, die wir in Mitteleuropa haben. Wo sie noch nicht – wie im Foto – von Autobahnen und Straßen durchschnitten sind, können sie selbst größeren Beutegreifern wie Wildkatze, Luchs, Wolf oder Braunbär Heimat bieten.

Inhalt

Stoffwechsel und innere Organe des Menschen

Stoffwechsel des Menschen 6
Lebensphänomene finden auf verschiedenen Organisationsebenen statt 7
Stoffwechsel: Energie und Biomoleküle 8
Kohlenhydrate 10
Fette 12
Proteine 13
Vitamine, Mineralstoffe, Ballaststoffe 4
Praktikum: Nährstoffe 15
Ernährung: Energiebedarf und Körpergewicht 16
Ernährung: Lebensqualität und Lebenserwartung 17
Effiziente Verdauung beruht auf vier Prinzipien 18
Verdauung beim Menschen 20
Enzyme: lebensermöglichende Biokatalysatoren 22
Praktikum: Enzyme 24
Nachgehakt: Enzyme in der Biotechnologie 25
Atmung beruht auf vier Prinzipien 26
Der Atmungsvorgang beim Menschen 28
Nachgehakt: Diffusion als Grundlage der Atmung 30
Energieträger ATP 31
Bildung von ATP 32
Zusammenfassung! 33
Alles klar? 33

*Angewandte Biologie: Biotechnologie 34
Mikroorganismen bei der Herstellung von Lebensmitteln 35
Praktikum: Versuche mit Mikroorganismen 36
Nachgehakt: Fooddesign 37
Konservierung von Lebensmitteln 38
Abwasserreinigung 40
Zusammenfassung! 41
Alles klar? 41

Bau, Funktion und Schädigungen innerer Organe 42
*Der Bau der Atmungsorgane 43
*Atembewegung, Atmungsregulation und Atemkapazität 44
*Praktikum: Atmung 45
*Beeinträchtigungen und Krankheiten der Lunge und Atemwege 46
Das Herz als „Motor des Lebens" 48
Das Herz – optimal versorgt und abgesichert 49
Der Herzzyklus 50

(* verweist auf Auswahl- und Zusatzthemen entsprechend dem Lehrplan)

Herzfehler und Herzerkrankungen rechtzeitig erkennen 51
Herzfehler und Herzerkrankungen sind lebensbedrohend 52
An den Herzkranzgefäßen hängt das Leben 53
Der Blutkreislauf sichert die Versorgung aller Gewebe 54
Der Blutdruck als Antreiber 56
Nachgehakt: Druck aus physikalischer Sicht 57
Geschwindigkeit und Druckregelung 58
Erkrankungen des Blutgefäßsystems 59
Praktikum: Herz 60
*Blut – ein flüssiges Gewebe mit vielen Funktionen 61
*Immunabwehr und Leckverschluss 62
*Blutgerinnung: ein sicherer Verschlussmechanismus 63
*Die Nieren: wassersparende Abfallentsorgung 64
*Nachgehakt: Osmose 65
*Der Bau der Niere 66
*Die Funktionsweise der Niere 67
*Krankheiten und Beeinträchtigungen der Niere 68
Zusammenfassung! 69
Alles klar? 69

*Angewandte Biologie: Medizin 70
Was ist eigentlich Hunger? 71
Ess O Ess! – Essstörungen 72
Energiebereitstellung bei sportlicher Belastung 74
Kraft – eine Voraussetzung bei vielen Sportarten 75
Ausdauer als Schlüssel zum Erfolg 76
Gefährliche Leistungssteigerung durch Doping 77
Erste Hilfe 78
Zusammenfassung! 79
Alles klar? 79

Wechselbeziehungen zwischen Lebewesen

Lebewesen und Umwelt 80
Einführung in die Ökologie: Biotop – Biozönose – Ökosystem 81
Lexikon: Landökosysteme 82
Lexikon: Gewässerökosysteme 83
Übersicht Umweltfaktoren 84
Wirkung eines Umweltfaktors: Optimumkurve und ökologische Potenz 86
Zusammenwirken verschiedener Umweltfaktoren 87
*Reaktionen von Tieren auf die Umgebungstemperatur: wechselwarme Tiere 88
*Reaktionen von Tieren auf die Umgebungstemperatur: gleichwarme Tiere 90

*Überwinterungsstrategien gleichwarmer Tiere	92
*Praktikum: Umweltfaktor Temperatur	93
*Umweltfaktor Wasser: Der Wasser- und Salzhaushalt der Tiere	94
*Umweltfaktor Licht: Einfluss auf Wachstum und Entwicklung von Tieren und Pflanzen	96
*Licht und Wasser als Ressourcen der Pflanzen	98
Ressourcen der Pflanzen: Mineralstoffe	100
Zusammenfassung!	101
Alles klar?	101

Beziehungen zwischen Lebewesen — 102

Nahrungsbeziehungen	103
Nahrungsbeziehungen: Fressfeind-Beute-Beziehungen	104
Nahrungsbeziehungen: Parasitismus	106
Lexikon: Parasiten	107
Symbiose	108
Pilze und ihre Ernährungsstrategien	110
Pilze: Symbionten und Parasiten	111
Pilze: Saprobionten	112
Konkurrenz und Koexistenz	113
Ökologische Nische	114
Konkurrenzausschlussprinzip und innerartliche Konkurrenz	115
*Voraussetzung für die Konkurrenzverminderung: Genetische Variabilität	116
Konkurrenzverminderung durch Ressourcenaufteilung: Bildung ökologischer Nischen	117
*Stellenäquivalenz und Lebensformtyp	118
Zusammenfassung!	119
Alles klar?	119

Ökosysteme — 120

Das Aquarium – Modell eines Ökosystems	121
*Ökosystem See	122
*Ökosystem See: Wechselbeziehungen der Tiere und Pflanzen	124
*Jahreszyklische Veränderungen im See	126
*Praktikum: Biologische Gewässeruntersuchung	127
*Praktikum: Untersuchung eines stehenden Gewässers	128
*Praktikum: Berechnung des Saprobienindex	129
*Ökosystem Wald: die Produzenten	130
*Lexikon: Einheimische Laubbäume	132
*Lexikon: Einheimische Nadelbäume und Sträucher des Walds	133
*Das Leben einer Eiche: ein Ökosystem verändert sich	134
*Praktikum: Untersuchung von Waldökosystemen	136
Produktivität und Energiefluss in Ökosystemen: die Primärproduktion	138
Produktivität und Energiefluss in Ökosystemen: die Sekundärproduktion	139
Materiekreislauf	140
Ökologische Pyramiden	142
Entwicklung von Populationen in Ökosystemen	143
Entwicklung von Ökosystemen	144
Nachgehakt: Gleichgewicht oder Ungleichgewicht?	146
Praktikum: Sukzession	148
Zusammenfassung!	149
Alles klar?	149

Bedeutung, Gefährdung und Schutz von Ökosystemen — 150

Ökologische Leistungen natürlicher Ökosysteme	151
Nutzung natürlicher und naturnaher Ökosysteme durch den Menschen	152
Artenrückgang durch Übernutzung	153
Die Zerstörung von Ökosystemen beschleunigt den Rückgang der Artenvielfalt	154
Der Mensch verändert die Biosphäre: der Treibhauseffekt	155
Ozonsmog und saurer Regen	156
Maßnahmen zum Schutz der Natur und zum Erhalt der Artenvielfalt	157
Nachhaltige Entwicklung	158
Zusammenfassung!	159
Alles klar?	159

*Angewandte Biologie: Landwirtschaft — 160

Ertragssteigerung durch Düngung	161
Mineraldünger	162
Maßnahmen im Pflanzenschutz	163
Chemische Schädlingsbekämpfung und Alternativen	164
Ökobilanz eines Brötchens	165
Weitere Ökobilanzen	166
Zusammenfassung!	167
Alles klar?	167

Grundwissen!	**168**
Lösungen wichtiger Zuordnungsaufgaben	**171**
Register	**173**
Bildverzeichnis	**176**

Stoffwechsel des Menschen

Zu keiner Sekunde können wir unseren Körper „abschalten". Ununterbrochen müssen wir ihm durch Atmung Sauerstoff zuführen und regelmäßig eine Mindestmenge an Nahrung aufnehmen, um unsere Lebensfunktionen aufrechtzuerhalten. Wie gelingt es aber, Sauerstoffmoleküle aus der Luft „einzufangen"? Wie viel und was soll man essen? Was geschieht mit den aufgenommenen Stoffen in unserem Körper, wie werden sie in den Zellen genutzt?
Diese Fragen lassen sich nur beantworten, wenn man die *Aufnahme, Verteilung* und *Verwertung der Stoffe* in unserem Körper auf *zellulärer* und *molekularer Ebene* betrachtet. Nur durch einen Blick „hinter die Kulissen" kann man eine Vorstellung gewinnen von der Effizienz der beteiligten Strukturen und von der atemberaubenden Anzahl der Moleküle und anderer Teilchen, die ständig ausgetauscht, umgebaut, abgebaut, transportiert oder anders eingesetzt werden. Und so werden auch die fantastischen, lebensermöglichenden Leistungen der *Enzyme*, der „molekularen Maschinen" unserer Zellen, erkennbar, aber auch die chemisch-biologischen Grenzen des Lebens deutlich.

Aufgaben

1. Welche Ratschläge für „gesunde Ernährung" sind dir bekannt? Versuche sie zu begründen.
2. Woraus besteht deiner Meinung nach die Verpflegung von Astronauten (▶ Bild oben)? Begründe!
3. Erkläre soweit möglich, welche Nahrungsbestandteile die von den Schülern auf dem Bild links gekaufte Pausenverpflegung enthält.
4. Erkläre die grundsätzliche Aufgabe der Verdauung.
5. Wie würdest du biologisch erklären, dass *Edmund Hillary* und *Tensing Norgay* bei der Erstbesteigung des Mount Everest 1953 ein Sauerstoffgerät verwenden mussten, die jetzigen Begeher von Achttausendern aber solche Geräte nicht benötigen?
6. Erkläre unter Verwendung einer Reaktionsgleichung, wo und wie im Körper Energie gewonnen wird.

Lebensphänomene finden auf verschiedenen Organisationsebenen statt

Körper, Organe, Gewebe, Zellen. Wir laufen Ski, spielen Fußball oder Tennis, schwimmen, klettern, tanzen – genauer betrachtet ist es unser *Körper*, der dabei beschleunigt, abbremst, die Balance hält, blitzschnell die Situation erfasst und richtig reagiert. Wir spüren dabei, wie uns warm wird, wie sich Puls, Herzschlag und Atmung beschleunigen. Warum reagiert der Körper eigenlich auf diese Weise auf Anstrengung? Und warum erleben wir unter Umständen auch, dass uns „die Kraft ausgeht", dass wir keine „Power" mehr haben, keinen Liegestütz mehr schaffen oder bei einem Lauf nach zu schnellem Anfangstempo langsamer werden, vielleicht sogar stehen bleiben müssen?

Alle diese Empfindungen und Beobachtungen lassen sich aus dem Aufbau und der Funktionsweise des menschlichen Körpers verstehen. Bewegungen werden durch auf diese Aufgabe spezialisierte *Organe* erzeugt: die Muskeln. Diese bestehen aus Muskelfasern, die von Bindegewebe umschlossen sind, und anderen *Geweben*, wie beispielsweise Nervengewebe. Die Gewebe bestehen wiederum aus spezialisierten *Zellen*. Ob Gehirn, Augen, Knochen oder Haut, alle Bestandteile unseres Körpers sind auf diese Weise, einem „biologischen Baukastensystem" vergleichbar, aus den Organisationsebenen Zelle, Gewebe und Organ zusammengesetzt.

Aufgabe
1 Erläutere die Begriffe Gewebe und Organ.

Die Funktionsweise unseres Körpers, seine Leistungsfähigkeit und seine Grenzen können nicht allein mit dem Bau und der Arbeitsweise der Organe erklärt werden, sondern es müssen ebenso Gewebe und Zellen sowie das Zusammenspiel der verschiedenen Organisationsebenen mit berücksichtigt werden. Neben dem Basiskonzept Organisationsebenen spielen die Basiskonzepte Struktur, Energie und Stoffe eine entscheidende Rolle für das Verständnis der Vorgänge bei der Energie- und Baustoffversorgung unseres Körpers.

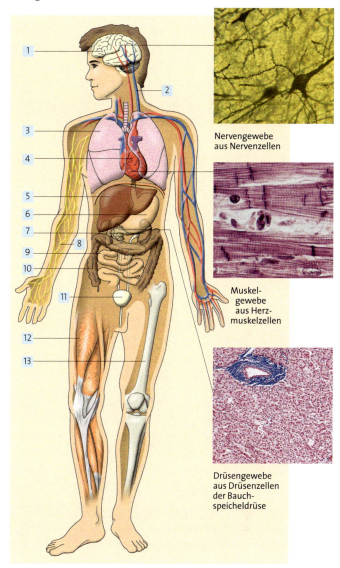

1 Der menschliche Körper mit seinen wichtigsten Organen und Beispielen von Gewebetypen. Von Organsystemen, die den ganzen Körper durchziehen, werden nur Ausschnitte gezeigt.

Aufgaben
2 Benenne die nummerierten Organe von Bild 1 und beschreibe ihre Aufgaben.
3 Welche der in Aufgabe 2 benannten Organe hängen mit der Energieversorgung, welche mit der Bereitstellung von Baustoffen zusammen? Erkläre!
4 Nenne weitere dir bekannte Basiskonzepte.
Du hast länger nicht mit Basiskonzepten gearbeitet und kannst dich nicht mehr an alle erinnern? **Tipp:** Ziehe das ▶ Online-Angebot zu diesem Band zurate.
5 Entwickle einen Vorschlag, wie man den Energiebedarf eines Menschen während einer körperlichen Anstrengung experimentell ermitteln könnte, und erläutere ihn.
6 Berechne den Energiebedarf eines Hochspringers, der seinen Schwerpunkt von 1,20 auf 2,20 m hieven muss, um die Latte zu überspringen.
7 Physikalisch kann man unseren Körper als Energiewandler betrachten. Erläutere diese Aussage im Zusammenhang mit dem Basiskonzept Energie und nenne konkrete Beispiele.
8 Im Verlauf der Evolution der Vielzeller entwickelten sich mit zunehmender Größe der Organismen neue Gewebe und Organe zur Versorgung der Körperzellen. Erkläre, womit sie die Körperzellen versorgen, warum dies erforderlich war und um welche Gewebe und Organe es sich dabei handelt.

Stoffwechsel: Energie und Biomoleküle

Stoffwechsel als fundamentale Eigenschaft von Zellen. Wie ihre freibeweglichen einzelligen Vorfahren muss jede Körperzelle eines vielzelligen Organismus alle ihre Bestandteile, wie beispielsweise die Zellmembran, die DNA, ihre molekularen Maschinen – die Enzyme – und andere lebensnotwendige Moleküle, selbst herstellen. Der dabei ständig erfolgende Umbau, Aufbau und Abbau von Molekülen in Form Tausender gleichzeitig stattfindender chemischer Reaktionen in der Zelle wird als *Stoffwechsel* bezeichnet. Einzelne Stoffwechselreaktionen können unter bestimmten Bedingungen zwar auch außerhalb von Zellen ablaufen und im Reagenzglas untersucht werden. Die gesamte Vielfalt der eng miteinander vernetzten chemischen Reaktionen des Stoffwechsels ist aber nur innerhalb lebender Zellen möglich.

Die chemische Zusammensetzung von Zellen. Untersucht man Zellen, Gewebe oder Organe verschiedenster Lebewesen auf den Massenanteil der in ihnen enthaltenen Atomarten, so erhält man stets sehr ähnliche Werte (▶ Bild 1).

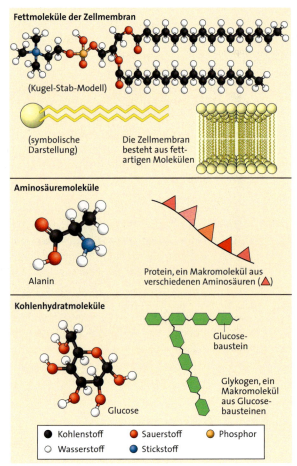

2 Biomoleküle

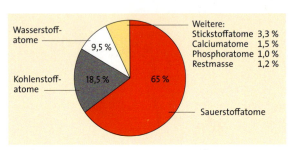

1 Chemische Zusammensetzung von Lebewesen

Nur die Zusammensetzung der verbleibenden Restmasse von etwa 1,2 % kann unterschiedlich sein. Beim Menschen setzt sie sich aus rund 20 weiteren Atomarten wie Kalium und Schwefel zusammen, wobei Atomarten wie Eisen, Kupfer und Iod, die weniger als 0,01 % unserer Körpermasse ausmachen, als *Spurenelemente* bezeichnet werden.

Biomoleküle haben ein Gerüst aus Kohlenstoffatomen. Eine chemische Analyse des Aufbaus der verschiedenen Zellbestandteile zeigt, dass alle Moleküle, die in der Zelle eine Rolle spielen, wie zum Beispiel Proteine, DNA, Kohlenhydrate und Fette, ein Grundgerüst aus miteinander verbundenen *Kohlenstoffatomen* besitzen (▶ Bild 2). Die Grundgerüste können in ihrer Länge variieren, sie können gerade, verzweigt oder ringförmig geschlossen sein. Die häufigsten Bindungspartner der Kohlenstoffatome sind Wasserstoffatome. Durch den Einbau weiterer Atomarten, wie Sauerstoff- oder Stickstoffatomen, entsteht in Verbindung mit der Variabilität des Grundgerüsts die große Vielfalt der *Biomoleküle* mit verschiedensten Eigenschaften und Funktionen, auf denen die Lebensfähigkeit der Zellen beruht.

Biomoleküle als Baustoffe und Energieträger. Heterotrophe Organismen, wie es Tiere und Menschen sind, ernähren sich von anderen Lebewesen und versorgen ihre Zellen auf diese Weise mit Biomolekülen. Die Körperzellen synthetisieren aus den aufgenommenen „fremden" Biomolekülen zelleigene Biomoleküle, wie beispielsweise Glykogen, ein „Energiespeichermolekül" (▶ Seite 11), oder fettähnliche Lipidmoleküle zum Aufbau von Membranen. Für diese „Umbauarbeiten" benötigen die Zellen ständig Energie, die sie ebenfalls aus den aufgenommenen Biomolekülen gewinnen, indem sie einen Teil von ihnen in kleinere, energieärmere Moleküle wie Kohlenstoffdioxid und Wasser zerlegen (▶ Seite 32).

Aufgaben

1. Erkläre, auf welche Weise autotrophe Organismen wie Pflanzen ihre Zellen mit Energie und Biomolekülen versorgen.
2. Beschreibe die Bedeutung der Biomoleküle als Baustoffe und Energieträger. Nenne dabei Basiskonzepte, die im Zusammenhang mit der Energie- und Baustoffversorgung unseres Körpers entscheidend sind.

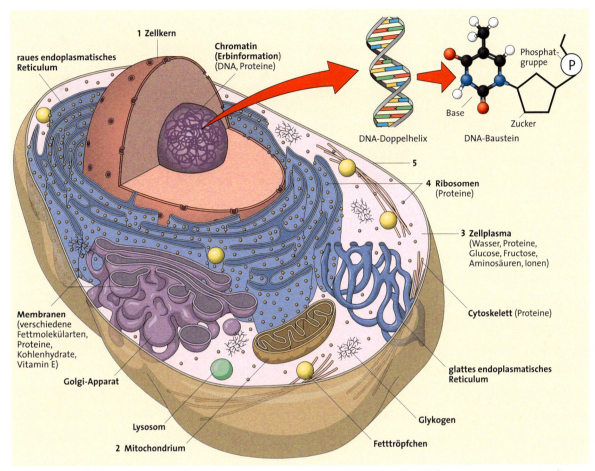

1 Tierische Zelle: Die Zellbestandteile sind aus verschiedenen Biomolekülen aufgebaut (in Klammern angegeben).

Bestandteile der Zelle. Einige Bestandteile der tierischen oder menschlichen Zelle kennst du bereits: die *Zellmembran*, das *Zellplasma* sowie die Zellorganellen *Zellkern*, *Mitochondrien* und *Ribosomen*. Es gibt noch weitere Strukturen, die verschiedene Funktionen erfüllen.

Das *endoplasmatische Reticulum* (von griechisch *endo*: innen, lateinisch *reticulum*: Netz) ist ein Netzwerk aus Membranen. Hier werden Zellmembranen und Proteine für den „Export", zum Beispiel Hormone, hergestellt und innerhalb der Zelle transportiert. Viele Produkte des endoplasmatischen Reticulums werden im *Golgi-Apparat* umgewandelt, gespeichert, verpackt und zu ihrem Bestimmungsort weitertransportiert. *Lysosomen* dienen dazu, zelleigenes und zellfremdes Material zu verdauen und der Zelle die Molekülbausteine für neue Synthesen zugänglich zu machen. Das *Cytoskelett* stabilisiert die Zellform und hält die Zellorganellen an ihrem Platz. Es ist auch für Transportvorgänge in der Zelle verantwortlich.

Aufgabe

1 Beschreibe die Aufgabe der nummerierten Zellbestandteile von Bild 1.

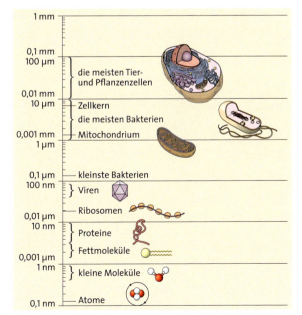

2 Größenvergleich von Zellen und ihren Bestandteilen auf einer logarithmischen Skala

Kohlenhydrate

1 Essen unter wissenschaftlichem Aspekt

2 Kohlenhydratreiche Nahrungsmittel

Ernährung aus biologischer Sicht. Reis, Kartoffeln, Hirse, Soja, Fisch, Fleisch, Getreide und Gemüse sind unsere wichtigsten Grundnahrungsmittel. Durch die verschiedenen Arten der Zubereitung werden sie zu einer Vielfalt unterschiedlichster Speisen aufbereitet, die sich in Aussehen, Duft und Geschmack unterscheiden und deren Genuss erheblich zu unserer Lebensfreude und Lebensqualität beitragen kann. Aus biologischer Sicht geht es bei der Ernährung aber weniger um Genuss oder Geschmack, sondern darum, unseren Körperzellen die Biomoleküle zur Verfügung zu stellen, die sie zur Aufrechterhaltung ihres Stoffwechsels benötigen.

Entsprechend der stofflichen Zusammensetzung der Zellen und den in ihnen ablaufenden Stoffwechselvorgängen sind *Kohlenhydrate, Fette* (▶ Seite 12) und *Proteine* (▶ Seite 13) die mengenmäßig bedeutendsten Bestandteile der Nahrung und werden daher auch als *Makronährstoffe* bezeichnet. Sie dienen in den Zellen vor allem der *Energieversorgung* und der Versorgung mit *Baustoffen*. Weitere Nahrungsbestandteile sind *Wasser*, *Vitamine* sowie *Spurenelemente*, die hauptsächlich in Form von *Mineralstoffen* aufgenommen werden (▶ Seite 14).

Unsere Zellen können nicht alle von ihnen benötigten Moleküle aus den aufgenommenen Biomolekülen selbst herstellen. Bestimmte Biomoleküle müssen den Zellen als „Fertigprodukte" zur Verfügung gestellt werden und werden daher als *essenzielle Nährstoffe* bezeichnet. Essenzielle Nährstoffe sind vor allem verschiedene Fett- und Aminosäuren, Vitamine und natürlich Spurenelemente.

Kohlenhydrate sind einfache oder zusammengesetzte Moleküle. Kohlenhydratmoleküle bestehen aus einem Grundgerüst aus Kohlenstoffatomen und daran gebundenen Wasserstoff- und Sauerstoffatomen (▶ Seite 8). Sie treten überwiegend als kleinere, häufig aus sechs Kohlenstoffatomen bestehende ringförmige Moleküle auf, die als *Monosaccharide* (von lateinisch *saccharum*: Zucker) bezeichnet werden. Ein bekanntes Beispiel ist das Glucose- oder Traubenzuckermolekül (▶ Bild 3). Als *Disaccharid* bezeichnet man ein aus zwei Monosacchariden bestehendes, als *Polysaccharid* ein aus vielen Monosacchariden bestehendes Kohlenhydratmolekül wie Stärke. Solche sehr großen Moleküle werden auch als *Makromoleküle* bezeichnet.

Kohlenhydrate liefern Energie und Baumaterial. Kohlenhydrate sind schnelle Energielieferanten für die Zellen, vor allem Glucosemoleküle. Einige Polysaccharide dienen als Energiespeicher (▶ Seite 11). Kohlenhydrate werden auch als Baustoff für Moleküle genutzt, beispielsweise für das Grundgerüst der DNA, oder bilden Erkennungsstrukturen auf der Zellmembran, anhand derer zum Beispiel unser Immunsystem eigene Zellen von Krankheitserregern unterscheiden kann.

Glucose. *Glucose* (Traubenzucker) ist ein wasserlösliches Monosaccharid mit intensiv süßem Geschmack, das vor allem in Früchten und Honig vorkommt. Es enthält pro Gramm etwa 17 kJ für Zellarbeit verwertbare Energie und deckt damit etwa 50–60 % des Energiebedarfs der Zellen.

Unser Blut enthält als schnell verfügbare Energiereserve außerhalb der Zellen pro Liter 0,9–1,1 g Glucose. Die Konzentration dieser Glucosemoleküle wird als *Blutzuckerspiegel* bezeichnet und durch einen Regelungsmechanismus konstant gehalten.

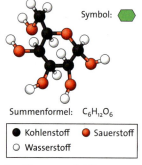

Symbol:

Summenformel: $C_6H_{12}O_6$

● Kohlenstoff ● Sauerstoff
○ Wasserstoff

3 Glucosemolekül

Aufgaben

1. Berechne die Zahl der Glucosemoleküle im Blut. Wie viele Glucosemoleküle stehen damit theoretisch jeder der etwa 60 Billionen Körperzellen als Energiereserve zur Verfügung?
2. Formuliere eine Reaktionsgleichung für die Verbrennung von Glucose.
3. Erkläre die gute Wasserlöslichkeit von Glucose.

Fructose. *Fructose* oder Fruchtzucker ist ein wasserlösliches, süß schmeckendes Monosaccharid, das wie Glucose in Honig und Früchten vorkommt. Sie ist im Aufbau der Glucose sehr ähnlich und hat die gleiche Summenformel. Von der Zelle wird sie ebenfalls als Energieträger genutzt.

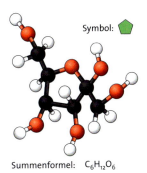

Symbol:
Summenformel: $C_6H_{12}O_6$

1 Fructosemolekül

Saccharose. *Saccharose*, vor allem aus Zuckerrüben und Zuckerrohr gewonnen, wird in der Alltagssprache als „Zucker" bezeichnet und ist als wasserlösliches, vielfältig eingesetztes Süßungsmittel neben Stärke das mengenmäßig bedeutendste Kohlenhydrat. Saccharosemoleküle bestehen aus je einem miteinander verbundenen Glucose- und Fructosemolekül, es sind also Disaccharide.

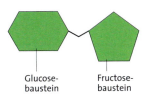

Glucosebaustein   Fructosebaustein

Summenformel: $C_{12}H_{22}O_{11}$

2 Saccharosemolekül

Stärke. Die wichtigste Quelle zur Deckung unseres Kohlenhydratbedarfs ist *Stärke*. Sie ist das Energiespeichermolekül von Pflanzen. Wir nehmen sie daher ausschließlich mit pflanzlicher Nahrung, vor allem mit Getreide-, Kartoffel- und Reisprodukten auf. Das größtenteils wasserunlösliche Polysaccharid besteht aus Makromolekülen, die jeweils aus bis zu mehreren Tausend Glucosemolekülen aufgebaut sind. Diese Makromoleküle können verzweigt (wasserunlösliche Form) oder unverzweigt (wasserlösliche Form) vorliegen.

Nachweisen lässt sich Stärke in Lebensmitteln durch eine blauschwarze Färbung bei Zugabe von Iod. Die Färbung entsteht durch Einlagerung der Iodmoleküle in die spiralig gebauten Makromoleküle.

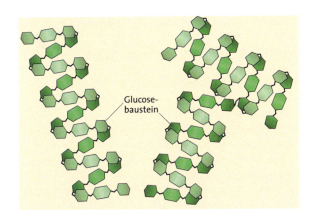

Glucosebaustein

3 Stärke, ein Energiespeicher bei Pflanzen

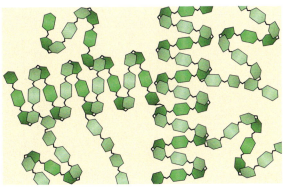

4 Glykogen, ein Energiespeicher bei Tier und Mensch

Glykogen. Dieses Kohlenhydrat nehmen wir vor allem mit dem Fleisch von Tieren auf. Wie Stärke ist es ein Polysaccharid aus miteinander verknüpften Glucosemolekülen, wobei die einzelnen Makromoleküle vielfach verzweigt sind.

Glucosemoleküle, die im laufenden Stoffwechsel nicht gebraucht werden, werden in Muskel- und Leberzellen zu Glykogenmolekülen zusammengesetzt und gespeichert. Diese Glykogenmasse von insgesamt etwa 400 g stellt neben dem Glucosevorrat im Blut eine weitere schnell mobilisierbare Energiereserve dar.

Kohlenhydratbedarf: nicht zu viel, nicht zu wenig. Der *Gesamtbedarf* eines Menschen an Kohlenhydraten hängt zum Beispiel von seiner Größe, seinem Körpergewicht und seiner Aktivität ab. Als Minimum rechnet man mit 2–3 g Kohlenhydraten pro kg Körpergewicht und Tag. Für eine ausgewogene und gesunde Ernährung werden 5–6 g pro kg Körpergewicht und Tag empfohlen.

Bei einer *Unterversorgung mit Kohlenhydraten*, verursacht durch Mangel- oder Fehlernährung oder eine nicht ausreichende, krankheitsbedingte Verwertung von Glucose durch die Körperzellen, zum Beispiel bei Zuckerkrankheit (Diabetes), müssen die Körperzellen zur Deckung ihres Energiebedarfs vermehrt Fettsäuremoleküle abbauen. Dabei fallen Moleküle an, die zu einer Übersäuerung des Zellplasmas und Störungen im Zellstoffwechsel führen können. Bei einer über längere Zeit *überhöhten Kohlenhydratzufuhr* kommt es zu einer Gewichtszunahme, da die Körperzellen die überschüssigen Kohlenhydratmoleküle in Fettmoleküle umbauen, wenn die Glykogenspeicher in Leber und Muskeln bereits gefüllt sind. Die Fettmoleküle werden in speziellen Fettzellen im Gewebe der Unterhaut eingelagert.

Aufgabe

1 Wenn eine Zelle auf Glykogenmoleküle als Energiespeicher zurückgreifen muss, werden von den Polysacchariden einzelne Glucosemoleküle durch Enzyme abgespalten. Überlege, welchen Vorteil die verzweigte Form des Speichermoleküls dabei haben könnte.

Fette

1 Fettreiche Nahrungsmittel

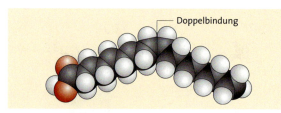

3 Ungesättigte Fettsäure, Kalottenmodell

Fette: gewichtsparende Energielieferanten. Fette beziehen wir sowohl aus Pflanzenprodukten, wie Oliven- oder Sonnenblumenöl, als auch aus Produkten tierischer Herkunft, wie Wurst, Schmalz oder Butter.
Die in Fett enthaltenen Fettmoleküle sind aus zwei Arten kleinerer Moleküle aufgebaut. An ein zur Stoffklasse der Alkohole gehörendes, als *Glycerin* (Propan-1,2,3-triol) bezeichnetes, kleines Molekül mit drei Kohlenstoffatomen sind meist drei größere *Fettsäuremoleküle* gebunden (▶ Bild 2). Die Fettsäuremoleküle bestehen jeweils aus einem Grundgerüst aus 12–20 Kohlenstoffatomen, an die, bis auf den Verknüpfungsbereich mit dem Glycerinmolekül, nur Wasserstoffatome gebunden sind.

Die durch die Doppelbindungen entstehenden „Knicke" im Kohlenstoffgerüst führen zu einer höheren Flexibilität der Membranen. So wird zum Beispiel die Passage von Teilchen durch die Membran verbessert. Vor allem pflanzliche Fette enthalten diese ungesättigten Fettsäuremoleküle, sie sind daher bei Raumtemperatur flüssig. Tierische Fette enthalten überwiegend gesättigte, also „knickfreie" Fettsäuremoleküle ohne Doppelbindungen. Mehrfach ungesättigte Fettsäuren, wie beispielsweise die Linolsäure, sind für den Menschen und alle anderen Säugetiere essenziell und müssen mit der Nahrung aufgenommen werden.

Gesamtbedarf an Fetten. Für Menschen mit leichter körperlicher Tätigkeit reicht etwa 1g Fett pro kg Körpergewicht und Tag. Der Anteil essenzieller Fettsäuren sollte dabei insgesamt 10–30 g pro Tag betragen.
Da die meisten Arten von Fettmolekülen von den Zellen auch aus anderen in der Nahrung enthaltenen Biomolekülen synthetisiert werden können, wirkt sich eine unzureichende Fettzufuhr erst nach längerer Zeit aus. Überschüssiges Fett wird in Fettzellen gespeichert, die je nach Füllungszustand an- oder abschwellen. Die dadurch entstehende Fettschicht polstert den Körper ab und schützt ihn vor Auskühlung. Im Gegensatz zu Kohlenhydraten und Proteinen kann der Körper Fett in fast unbegrenzter Menge speichern. Eine durch zu zucker- oder zu fettreiche Nahrung verursachte *starke* Fettleibigkeit beeinträchtigt nicht nur die körperliche Leistungsfähigkeit, sondern kann auch einen gesundheitlichen Risikofaktor darstellen.

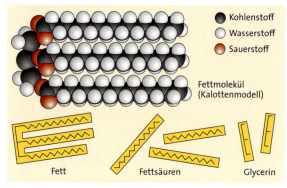

2 Aufbau eines Fettmoleküls

Die langen Kohlenstoff-Wasserstoff-Ketten der Fettmoleküle ähneln Benzinmolekülen und sind ebenso energiereich wie diese. Fette enthalten 39 kJ/g für die Zelle verwertbare Energie und nehmen weniger Raum ein als Kohlenhydrate. Sie sind der bevorzugte Langzeit-Energiespeicher in der Zelle.

Fette als Baustoffe. Die in Fettmolekülen enthaltenen Fettsäuremoleküle dienen der Zelle nicht nur als Energiequelle, sondern auch als „Rohstoff" zum Aufbau von Membranen. Dabei sind vor allem ungesättigte Fettsäuremoleküle mit zwei oder mehr Doppelbindungen im Kohlenstoffgerüst von Bedeutung (▶ Bild 3). Besonders wichtig sind sogenannte *mehrfach ungesättigte Fettsäuren*.

Aufgaben

1. Erkläre anhand des Energiegehalts, welche vorteilhafte Eigenschaft Fette im Vergleich zu Kohlenhydraten als Energiespeicher besitzen.
2. Versuche anhand des Molekülbaus zu erklären, warum Fette – ähnlich wie Benzin – nicht wasserlöslich sind.
3. Begründe, warum Pflanzen in den Samen oft Fett oder Öl, in ihrem Körper aber hauptsächlich Stärke als Energiespeicher verwenden.

Proteine

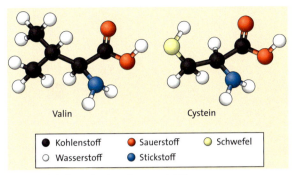

1 Verschiedene Aminosäuremoleküle

Proteine – „der Baustoff" unseres Körpers. Proteinmoleküle (von griechisch *proteios*: erstrangig) bestehen aus vielen, oft Tausenden miteinander verbundenen *Aminosäuremolekülen*.

Aufgabe
1. Versuche mithilfe von Bild 1 zu erklären, was das Typische am Aufbau von Aminosäuren ist.

Für jede Art von Proteinmolekül sind Anzahl und Reihenfolge der insgesamt 20 verschiedenen als Bausteine infrage kommenden Aminosäuremoleküle spezifisch. Die entstehenden Molekülketten falten und verdrehen sich „nach Plan", entsprechend den durch die Reihenfolge der Aminosäurebausteine festgelegten Wechselwirkungen. Proteinmoleküle besitzen daher eine genau festgelegte räumliche Struktur, die entscheidend für ihre Eigenschaften und Funktion ist (▶ Bild 2). In vielen Fällen, wie beim Hämoglobin (▶ Seite 27), sind mehrere solcher Proteinmoleküle zu einem noch größeren und räumlich komplizierter gebauten Molekül verbunden.

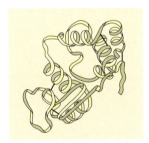

2 Lysozym, ein bakterienzerstörendes Enzym

Bedeutung von Proteinen. So unterschiedlich die Proteinmoleküle sind, so verschieden ist ihre Funktion im Organismus. Als *Strukturproteine* sind sie am Aufbau von Muskelfasern, Sehnen, Bindegewebe und Knochen beteiligt. Als *kontraktile Proteine* erzeugen sie jede aktive Bewegung unseres Körpers. Sie dienen als *Informationsträger*, wie das Hormon Insulin, oder arbeiten als *Transportprotein*, wie Hämoglobin. Als *Rezeptoren* identifizieren sie in Sinneszellen beispielsweise „Duft"-Moleküle, als *Bestandteile unseres Immunsystems* erkennen und zerstören sie körperfremde Substanzen (Antigene) und als *Enzyme* (▶ Seite 22) ermöglichen sie den Umbau, Aufbau und Abbau von Biomolekülen.

Als Energieträger spielen Proteine keine große Rolle. Nur bei anhaltendem Hungerzustand oder bei Stoffwechselstörungen wie Diabetes werden sie in größerem Umfang zur Energiegewinnung in den Zellen herangezogen.
Das mit der Nahrung zugeführte Protein dient in erster Linie der Versorgung der Zellen mit den verschiedenen Aminosäuremolekülen, die für die Synthese der Proteinmoleküle benötigt werden. *Tierisches Protein* ist menschlichem Protein in der Aminosäurezusammensetzung meist ähnlicher als *pflanzliches Protein*, sodass unsere Körperzellen bei der Verwertung von tierischem Protein weniger Aminosäuren energieaufwendig in andere „umbauen" müssen. Vor allem enthält tierisches Protein auch mehr essenzielle Aminosäuren und hat deswegen eine höhere *biologische Wertigkeit*. Die biologische Wertigkeit gibt an, wie effizient Körperprotein durch die Aufnahme von Nahrungsprotein gebildet wird.

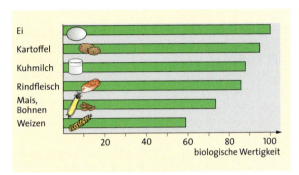

3 Biologische Wertigkeit verschiedener Nahrungsmittel

Proteinbedarf. Für eine ausreichende Versorgung nimmt man für Erwachsene bei gemischter Kost einen Wert von 0,8 bis 1,0 g pro kg Körpergewicht und Tag an. Die unzureichende Versorgung mit Proteinen oder der Mangel an einer oder mehreren essenziellen Aminosäuren ist ein Problem in manchen Entwicklungsländern. Sie führt zu einem Abbau von Muskelgewebe, verbunden mit Gewichtsabnahme und verminderter Leistungsfähigkeit.
Da Proteine im Körper nicht gespeichert werden können, werden überschüssige Aminosäuremoleküle in Kohlenhydrat- oder Fettmoleküle umgebaut. Die Stickstoffatome werden in Form einer als Harnstoff bezeichneten Verbindung in das Blut abgegeben und über die Niere aus dem Körper ausgeschieden (▶ Seite 67). Eine hohe Harnstoffkonzentration im Blut belastet die Nieren.

Aufgaben
2. Erkläre, warum in vielen Ländern, in denen Mais ein Hauptnahrungsmittel ist, die Maisgerichte traditionell zusammen mit Bohnen verzehrt werden.
3. Erkläre, warum bei längerer Ernährung mit Nahrungsproteinen geringer biologischer Wertigkeit die Konzentration von Harnstoff im Blut stark zunimmt.

Vitamine, Mineralstoffe, Ballaststoffe

Vitamine. Vitamine sind sehr verschiedenartige, keiner einheitlichen chemischen Stoffgruppe zuordenbare Biomoleküle. Sie werden daher nicht mit ihrem sehr unhandlichen chemischen Namen, sondern mit lateinischen Großbuchstaben bezeichnet. Nach ihrem Löseverhalten unterscheidet man *wasserlösliche Vitamine*, wie beispielsweise Vitamin C, und *fettlösliche Vitamine*, wie die Vitamine A und D.

Bis jetzt kennt man 13 verschiedene für uns essenzielle Vitamine, die in sehr kleinen Mengen täglich mit der Nahrung aufgenommen werden müssen. Einige Vitamine, wie beispielsweise Vitamin K, werden aber auch von Darmbakterien synthetisiert. Vitamin D wird unter Einwirkung von UV-Licht in unseren Hautzellen aus fettartigen Ausgangsmolekülen hergestellt.

Welche Funktion haben Vitamine? Vitamine haben sehr verschiedene Funktionen. Einige *ermöglichen Stoffwechselreaktionen* als Bestandteil von Enzymen oder indem sie als Cofaktor (▶ Seite 22) Molekülgruppen von einem Molekül auf ein anderes übertragen. Die Vitamine A und D zum Beispiel *regulieren den Stoffwechsel,* da sie im Zellkern die Synthese bestimmter Proteine beeinflussen. Diese bewirken ihrerseits verschiedene Stoffwechselreaktionen, wie beispielsweise den Einbau von stabilisierenden Calciumionen in neu gebildetes Knochengewebe. Vitamin C schützt als „Sauerstofffänger" *(Reduktionsmittel)* die Zellen vor Zerstörung.

Mineralstoffe. Diese Stoffe werden von uns über die Nahrung in Form gelöster Salze aufgenommen. Es handelt sich dabei um Ionen, die wie Chlorid (Cl^-) für die Aktivität des Nervensystems oder wie Fluorid (F^-) und Calcium (Ca^{2+}) für die Mineralisation von Knochengewebe und Zahnschmelz eine Rolle spielen. Einige Ionen sind Bestandteil von Protein- oder Vitaminmolekülen, wie Eisen (Fe^{2+}) im Hämoglobinmolekül.

Zusatzversorgung mit Vitaminen und Mineralstoffen. Eine ausgewogene Ernährung (▶ Seite 17) enthält normalerweise ausreichend Vitamine und Mineralstoffe. Bei Krankheit, während einer Schwangerschaft oder bei starkem Wachstum kann die natürliche Zufuhr auf Anraten des Arztes durch vitamin- und mineralstoffhaltige Präparate ergänzt werden.

Aufgaben

1. Erkläre, warum sich eine längerfristige Überversorgung mit fettlöslichen Vitaminen nachteilig auswirken kann, eine Überversorgung mit wasserlöslichen Vitaminen jedoch im Regelfall nicht.
2. Bis ins 19. Jahrhundert mussten in England Kinder unter Tage in Bergwerken arbeiten. Bei vielen von ihnen trat eine Deformierung des Skeletts auf, die als Rachitis bezeichnet wurde. Erkläre diese Beobachtung.
3. Mineralstoffe sind grundsätzlich essenziell. Erkläre!

1 Ballaststoffreiche Lebensmittel

Ballaststoffe. Stoffe, die unser Organismus nicht verwerten kann und die daher mehr oder oder weniger unverändert wieder ausgeschieden werden, bezeichnet man als *Ballaststoffe*. Ballaststoffe regen als „Füllmaterial" die Darmbewegungen an und verbessern damit die Verdauung. Darüber hinaus beugen sie Verstopfung vor. Der mengenmäßig bedeutendste Ballaststoff in unserer Nahrung ist *Zellulose*. Dieses Kohlenhydrat spielt eine überragende Rolle als Gerüststoff der Pflanzen und ist in allen pflanzlichen Nahrungsmitteln, beispielsweise Gemüse und Salat, enthalten.

Aufgabe

4. Erläutere die Tatsache, dass Wirbeltiere üblicherweise in ihrem Verdauungstrakt Zellulose nicht verwerten können, Rinder und Pferde dagegen schon.

Vitamin	Tagesbedarf (mg)	Funktion	Mangelsymptome	Vorkommen
A	1	Wachstum und Entwicklung von Schleimhautzellen, Bestandteil des Sehfarbstoffs	häufige Infekte der Atemwege, Nachtblindheit	Milch, Fisch, Leber, Möhren, Spinat
C	100	Reduktionsmittel, Bildung von Bindegewebsfasern	Müdigkeit, Blutungen (Skorbut)	Obst und Gemüse
D	0,01	Regulierung der Mineralisation des Knochengewebes	Knochendeformation (Rachitis)	Fisch, Fleisch, Eigelb
Folsäure	0,2	Cofaktor	Anämie	Fisch, Eier, Früchte, Gemüse

2 Übersicht über einige wichtige Vitamine

Praktikum: Nährstoffe

Nachweis von Kohlenhydraten
Kohlenhydrate lassen sich durch verschiedene Methoden nachweisen. Manche sind sehr spezifisch und reagieren nur auf bestimmte Kohlenhydrate.
Material: Reagenzgläser, Glucose, Maltose, Saccharose, Stärke, Fehling-Lösung I und II, Bunsenbrenner, Becherglas, GOD-Teststäbchen, Iodlösung
Zunächst werden wässrige Lösungen von Glucose (Traubenzucker), Maltose (Malzzucker), Saccharose (Rohr- oder Rübenzucker) und Stärke vorbereitet.

Versuche
1. Drei Reagenzgläser werden mit jeweils einer Zuckerlösung gefüllt. Als Nachweisreagenz gibt man zu gleichen Teilen Fehling I und Fehling II dazu und erhitzt die Lösungen anschließend. Welche Aussage über die Spezifität der Fehling-Probe lässt sich aufgrund der Beobachtungen machen? Begründe!
2. Tauche ein GOD-Teststäbchen in die Zuckerlösungen ein. Mache eine Aussage zur Spezifität dieses Nachweises. Informiere dich im Internet über die Bedeutung des GOD-Tests.

1 GOD-Test

3. Führe den Fehling-Test mit der Stärkelösung durch. Mit welchem Ergebnis rechnest du bei diesem Versuch? Begründe!
4. Versetze die Glucose-, Maltose-, Saccharose- und Stärkelösung mit etwas Iodlösung. Welche Aussage über die Spezifität dieser Nachweisreaktion ist aufgrund der Beobachtungen plausibel? Begründe!

Aufgabe
1. Die bei Versuch 4 entstehende Färbung kommt durch eine Einlagerung von Iodmolekülen in die zylindrischen Hohlräume der spiralförmigen Stärkemoleküle zustande. Stelle diesen Sachverhalt zeichnerisch dar und wende ihn zur Erklärung der Versuchsergebnisse an.

Aufgabe für Profis
1. Wie könnte man das Ergebnis von Versuch 3 erklären?
Tipp: Achte auf die Art der Verknüpfung der Glucosemoleküle.

Nachweis von Proteinen
Material: Reagenzgläser, Glycin, Natriumhydroxid, Eiklar, Natriumhydroxidlösung (10%ig), Kupfer(II)-sulfatlösung, konzentrierte Salpetersäure, Bunsenbrenner

Versuche
5. Eine kleine Menge der Aminosäure Glycin wird in einem Reagenzglas mit Wasser angefeuchtet. Anschließend gibt man ein Plätzchen Natriumhydroxid hinzu und erhitzt vorsichtig (Schutzbrille!). Erkläre die Beobachtung.
6. Hühnereiklar wird etwa im Verhältnis 1:1 mit Wasser verdünnt.
   - Etwa 2 ml der Eiklarlösung werden in einem Reagenzglas mit 2 ml Natriumhydroxidlösung versetzt. Dann gibt man tropfenweise Kupfer(II)-sulfatlösung dazu, schüttelt kräftig und erwärmt die Lösung schwach (Schutzbrille!).
   - Etwa 5 ml der Eiklarlösung werden mit wenigen Tropfen konzentrierter Salpetersäure versetzt (Schutzbrille!).

   Formuliere die jeweiligen Beobachtungen.

Nachweis von Fett und ungesättigten Fettsäuren
Material: Filterpapier, Sonnenblumen- oder Olivenöl, Butter, Reagenzglas, Kaliumpermanganatlösung, Natriumhydroxidlösung

Versuche
7. Fette lassen sich durch die Fettfleckprobe nachweisen. Auf ein Stück Filterpapier gibt man an einer Stelle einen Tropfen Wasser, an eine andere Stelle einen Tropfen Öl oder man zerdrückt etwas Butter.
   Erklärung: Da die Lufträume zwischen den Zellulosefasern mit Fett gefüllt sind, werden die Lichtstrahlen nicht mehr vollständig reflektiert. Das Papier ist transparent. Bei Wasser ist der Effekt nur vorübergehend.
8. Die Doppelbindungen der ungesättigten Fettsäuren lassen sich nachweisen. In einem maximal zu einem Drittel mit Sonnenblumen- oder Olivenöl gefüllten Reagenzglas gibt man einige Tropfen verdünnte Kaliumpermanganatlösung, etwas Natriumhydroxidlösung und schüttelt gut durch (Schutzbrille!).
   Erklärung: Die Permanganationen bewirken eine chemische Reaktion an vorhandenen Doppelbindungen. Dabei werden sie selbst so verändert, dass sie kein Licht mehr absorbieren.

Untersuchung von Lebensmitteln
Teste verschiedene Lebensmittel (zum Beispiel Vollmilch, Apfel, Kartoffel, Nüsse) mit den dir bekannten Nachweisreaktionen auf die in ihnen enthaltenen Nährstoffe.
▶ **Online-Angebot:** Hier findest du Tipps zur Untersuchung von Milch.

Ernährung: Energiebedarf und Körpergewicht

Wie viel Energie benötigt unser Körper? In völliger Ruhe beträgt der Energiebedarf einer erwachsenen männlichen Person 4,2 kJ/kg Körpergewicht und Stunde, ein 70 kg schwerer Mann benötigt also rund 7000 kJ am Tag. Dieser *Grundumsatz* ist abhängig zum Beispiel von Alter, Geschlecht, Körpergewicht und Größe. Für Frauen hat er einen etwa um 10 % geringeren Wert. Der Grundumsatz ist notwendig, um die Körperfunktionen und die Körpertemperatur aufrechtzuerhalten. Den größten Anteil am Grundumsatz haben die inneren Organe (▶ Bild 1).

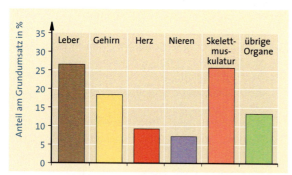

1   Anteil verschiedener Körperorgane am Grundumsatz

Bei körperlicher Aktivität erhöht sich der Energiebedarf des Körpers und wird dann als *Arbeitsumsatz* bezeichnet. Im Unterschied zum Grundumsatz werden bei körperlicher Aktivität 90 % der Energie für die Muskelarbeit aufgewendet. Je nach Art und Intensität der jeweiligen Aktivität verändert sich der Arbeitsumsatz (▶ Bild 2).

Die zur Verfügung gestellte chemische Energie kann nur teilweise in Arbeit umgesetzt werden. Skelettmuskeln wandeln sogar nur mit einem Wirkungsgrad zwischen 30 und 35 % Energie in Bewegungsenergie um, der Rest geht in Form von Wärme verloren.

Der Energiehaushalt ist anpassungsfähig. Bei *längerem Hungern* sinkt der Grundumsatz. Erst nach Erschöpfung der Kohlenhydrat- und Fettreserven greift der Körper auf die körpereigenen Proteine als Energiequelle zurück. Hält der Hungerzustand über eine kritische Grenze hinaus an, kommt es zu schweren, unter Umständen irreversiblen Schäden, wie beispielsweise zum Abbau von Organen, und schließlich zum Tod durch Verhungern.

Bei einer *länger andauernden Überversorgung* mit Nährstoffen wird die überschüssige Energie in Form von Körperfett gespeichert. Bei den meisten Menschen kommt es zu einer deutlichen *Gewichtszunahme*. Wie stark und schnell der Körper reagiert, ist individuell sehr unterschiedlich: Während manche Menschen auch bei reichlicher Nahrungszufuhr und wenig Bewegung schlank bleiben, nehmen andere bereits bei kleinen „Sünden" schnell zu.

Bei der Regulation des Energiehaushalts und des Körpergewichts spielen *Hormone*, wie zum Beispiel das in den Fettzellen gebildete *Leptin* (▶ Seite 71), eine wichtige Rolle. Eine Zunahme der Fettzellen führt zu einer höheren Konzentration an Leptinmolekülen, die den Grundumsatz und die Wärmebildung des Körpers steigern sowie appetitzügelnd wirken.

Das richtige Gewicht. Starkes Übergewicht, aber auch starkes Untergewicht (▶ Seite 72) sind gesundheitliche Risikofaktoren, die sich nachteilig auf die Lebensqualität und die Lebenserwartung auswirken können. Als Maßstab für das „richtige" Gewicht gilt derzeit der Body-Mass-Index (BMI). Er errechnet sich nach der Formel: Körpergewicht in kg : (Körpergröße in m)^2.

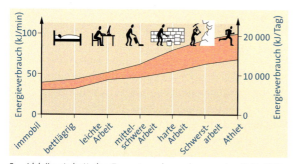

2   Abhängigkeit des Energieverbrauchs von der Aktivität

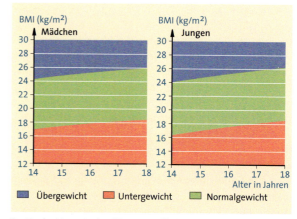

3   Body-Mass-Index für Jugendliche

Aufgaben

1 Der Grundumsatz wird 12 Stunden nach der letzten Nahrungseinnahme, bei einer Umgebungstemperatur von 20 bis 25 °C und mit leichter Kleidung gemessen. Erkläre die Festlegung dieser Messbedingungen.

2 Erkläre den Begriff Wirkungsgrad.

Aufgabe

3 Nach einer Diät, bei der jemand in sehr kurzer Zeit viel Gewicht verliert, stellt sich häufig der sogenannte Jo-Jo-Effekt ein: Die Person nimmt rasch wieder zu, obwohl sie normal isst. Versuche, diese Beobachtung zu erklären.

Ernährung: Lebensqualität und Lebenserwartung

Zivilisationskost: Genuss und Problem. Kaum einer denkt beim Essen an biologische Wertigkeit, ungesättigte Fettsäuren, Energiehaushalt, Spurenelemente oder seinen Grundumsatz. Wichtig ist in diesem Moment vor allem, ob es uns schmeckt. Dass unser Organismus aber nicht automatisch das Richtige tut, zeigen die in den letzten Jahrzehnten zunehmenden *ernährungsbedingten Krankheiten*. Zu wenig Ballaststoffe, zu viel Fett, zu viel tierisches Protein, zu viel Zucker und nicht zuletzt der zusätzlich konsumierte Alkohol sind die Schwachpunkte unserer *Zivilisationskost*, die hohen Genuss bietet, auf die Dauer aber auch unsere Lebensqualität ungünstig beeinflussen kann.

Fett hilft überleben. Die Nahrungsversorgung unserer als Jäger und Sammler lebenden Vorfahren war sehr unregelmäßig und Hungerperioden kamen nicht selten vor. Wer bei reichlicher Beute Fett speichern konnte, hatte gegenüber anderen daher einen Überlebensvorteil. Mit dem Aufkommen von Ackerbau und Viehzucht wurde die Ernährungssituation sicherer, die meisten Menschen mussten jedoch die Ernten hart erarbeiten und waren daher wohl nur selten übergewichtig. Zucker in Form von Honig war ein Luxusprodukt, Getreide, Fleisch, Eier oder Milch waren meist knappe Ressourcen und auch die ganzjährige Versorgung mit Vitaminen war ein Problem.

Vom Mangel zur Überversorgung. Durch naturwissenschaftliche und technische Fortschritte änderte sich die Lebensweise der Menschen grundlegend. In Industrieländern muss durch Maschineneinsatz immer weniger körperliche Arbeit geleistet werden. Autos, Rolltreppen, Aufzüge machen das Leben bequem. Die *Bewegungsarmut* des „Zivilisationsmenschen" *erniedrigt* aber *seinen Energiebedarf*, wozu körperlich weitgehend inaktive Freizeitbeschäftigungen wie Fernsehen oder Computerspiele erheblich beitragen. Gleichzeitig veränderte sich das Angebot an Nahrungsmitteln. Obst und Gemüse stehen ganzjährig zur Verfügung und sichern die Versorgung mit Vitaminen. Massentierhaltung ermöglicht ein reichliches Fleischangebot. Zucker wird Süßigkeiten, Getränken oder Gebäck in großen Mengen zugesetzt. Dazu bietet die Lebensmittelindustrie wohlschmeckende Produkte mit hohem Energiegehalt an, die zum Teil so „komponiert" sind, dass sie eine erhöhte Esslust auslösen.

Essen mit Genuss und Verstand. Unser Organismus verhält sich immer noch so wie zu Zeiten regelmäßig wiederkehrender Hungerperioden: Er „nimmt mit", was seine Überlebenschancen erhöht, und belohnt uns mit intensivem Genussempfinden, sodass es uns trotz allen Wissens über richtige Ernährung meist schwerfällt, unsere Ernährungsgewohnheiten zu ändern. Es ist klar, dass der „ungebremste" Verzehr der energiereichen Zivilisationskost in Kombination mit geringer körperlicher Anstrengung zu einer Gewichtszunahme führt und die Gesundheit und Lebenserwartung beeinträchtigt.

Gehört man zu den vielen, die nicht essen können, „was sie wollen", deren Körper schnell Fettvorräte anlegt, die keinen Waschbrettbauch oder eine superschlanke Taille vorweisen können, ist das kein Grund zur Beunruhigung. Wichtig ist, weiter mit Genuss zu essen, sich dabei aber vertretbare Grenzen zu setzen und gegebenenfalls sinnvoll und rechtzeitig auf „Grenzüberschreitungen" zu reagieren.

Tipps für eine gesunde Ernährung:
- Vielseitig essen, aber nicht zu viel
- Viel Getreideprodukte und Kartoffeln
- Wenig Fett und fettreiche Lebensmittel
- Nicht zu viel Süßes oder mit Zucker gesüßte Getränke
- Viel Gemüse und Obst, möglichst mehrmals am Tag
- Täglich Milch und Milchprodukte
- Wenig Fleisch und Wurst
- Sich Zeit nehmen und das Essen genießen

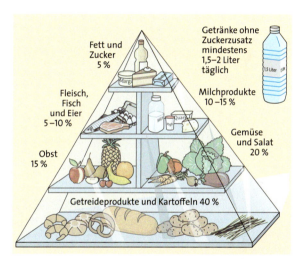

1 Die Ernährungspyramide stellt die Anteile verschiedener Lebensmittelgruppen bei einer ausgewogenen Ernährung dar.

Aufgaben

1. Begründe die Tipps für gesunde Ernährung.
2. Stelle anhand der Tipps für gesunde Ernährung einen Ernährungsplan für eine Woche auf. Benutze dazu geeignete Literatur oder das Internet.
3. Protokolliere für einen Zeitraum von drei Tagen die gesamte von dir aufgenommene Nahrung und Flüssigkeit. Vergleiche mit den oben aufgeführten Tipps.
4. Ermittle den Energiegehalt und die Nährstoffzusammensetzung verschiedener von dir bevorzugter Lebensmittel und Gerichte. Benutze dazu geeignete Literatur oder das Internet.
5. Trinkalkohol (Ethanol) hat die chemische Formel C_2H_5OH. Versuche anhand der Formel zu erklären, in welcher Weise Alkohol die Energiebilanz des Körpers beeinflusst.

Effiziente Verdauung beruht auf vier Prinzipien

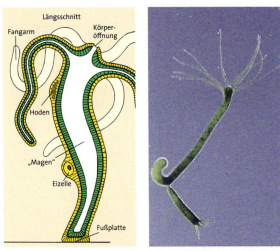

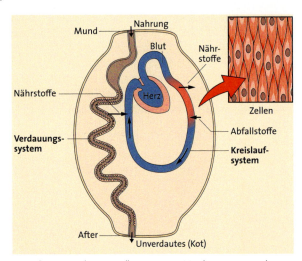

1 und 2   Hydra: ein einfach gebauter Vielzeller mit einem Magen

3   Schematisches „Tier" mit einem Verdauungs- und einem Transportsystem

Kleine Geschichte der Verdauung. Die ersten Organismen bestanden aus einer einzigen Zelle. Diese einzelligen Lebewesen mussten sich alle Biomoleküle für ihren Stoffwechsel selbst beschaffen. Waren sie heterotroph, nahmen die Zellen die dafür benötigten Biomoleküle über ihre Zellmembran direkt aus der Umgebung auf.
Mit der Entstehung vielzelliger Organismen änderte sich die Situation. Einerseits konnten die nun größeren Lebewesen über eine Körperöffnung, einen *Mund*, größere Nahrungsbrocken in einen Hohlraum oder sehr einfachen *Magen* innerhalb des Körpers aufnehmen (▶ Bild 1). Andererseits standen aber viele Zellen des Körpers jetzt nicht mehr direkt in Kontakt zu diesem Hohlraum und damit zu der von ihnen benötigten Nahrung. Im weiteren Verlauf der Evolution spezialisierte sich ein Teil der Magenzellen auf die *Verdauung*, also auf die Produktion und Abgabe von Enzymen, die die großen Fett-, Protein- und Kohlenhydratmoleküle der Nahrung zerlegen konnten. Ein anderer Teil übernahm die *Aufnahme* der durch die Verdauung entstehenden kleineren Biomoleküle, mit denen anschließend über *Transportsysteme* auch die anderen Zellen des Körpers versorgt wurden. Ein weiterer Schritt war die Entstehung einer zweiten Körperöffnung, des *Afters*. Dieser ermöglichte die Bildung eines durchgehenden „Verdauungsschlauchs", der eine bessere Verwertung der Nahrung erlaubte (▶ Bild 3).
Durch solche und andere „Verbesserungen" entstand eine sehr wirksame Form der Nahrungsverwertung, die es Tieren und damit auch dem Menschen ermöglicht, große Nahrungsbrocken in kurzer Zeit in kleine Moleküle zu zerlegen, diese aufzunehmen und schnell zu allen Körperzellen zu transportieren. Die Effizienz des Verdauungssystems beruht, ob beim Menschen, anderen Säugetieren, Wirbeltieren oder anderen Tiergruppen, auf wenigen, sich ergänzenden und unterstützenden Prinzipien.

Aufgaben
1 Überlege, welche Vorteile mit einer Verdauung im „Einbahnstraßensystem" verbunden sind.
2 Bild 3 zeigt den inneren Bau eines schematischen Tiers. Übernimm die Zeichnung und zeichne weitere wichtige Organsysteme ein.

Effizienz durch Arbeitsteilung und Spezialisierung. Die Art und Aufnahme der Nahrung sind in der Tierwelt sehr unterschiedlich. Die Nahrungsverarbeitung verläuft bei den meisten Tieren jedoch relativ ähnlich:
a) *Verdauung*, also Zerlegung größerer Moleküle in kleinere Moleküle
b) Aufnahme oder *Resorption* dieser Moleküle
c) *Rückgewinnung* der für die Verdauung eingesetzten Ressourcen, wie beispielsweise Wasser
d) *Ausscheidung* nicht verwertbarer oder nicht verwerteter Nahrungsbestandteile

Entsprechend diesen verschiedenen Funktionen ist beim Menschen der Verdauungstrakt in mehrere Abschnitte gegliedert, die jeweils auf eine bestimmte Aufgabe spezialisiert sind und sich in ihrem Bau unterscheiden (▶ Bild 4).

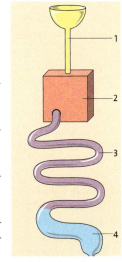

4   Schematischer Verdauungstrakt

Aufgabe
3 Benenne die Teile des Verdauungstrakts in Bild 4. Erkläre, welche Aufgaben diesen Teilen zukommen.

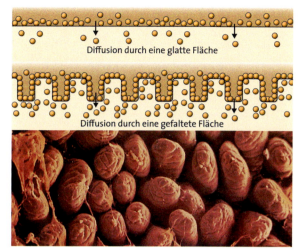

1 Oben: Effekt der Oberflächenvergrößerung: Es gelangen mehr Teilchen gleichzeitig durch die Grenzschicht.
   Unten: Dünndarmwand. Durch Ausstülpungen (Darmzotten) vergrößert sich die Oberfläche im Darminnern.

Geschwindigkeit durch Oberflächenvergrößerung. Effizient verdauen bedeutet, möglichst viele größere Moleküle in möglichst kurzer Zeit in kleinere Moleküle zu zerlegen, aber auch die so erhaltenen kleinen Biomoleküle möglichst schnell aus dem Darm in die Zellen aufzunehmen.
Da nur die Moleküle aufgenommen werden können, die unmittelbaren Kontakt zu einer Zellmembran haben, ist die Größe der Kontaktfläche entscheidend für die Geschwindigkeit der Aufnahme (▶ Bild 1).
Bereiche im Körper, die wie der Dünndarm beim Menschen auf eine schnelle Aufnahme von Molekülen spezialisiert sind, besitzen daher durch Faltung oder Ausstülpungen eine stark vergrößerte Oberfläche (▶ Seite 20).

Aufgaben
1 Nenne Basiskonzepte, die zum Verständnis der Verdauung herangezogen werden können, und erläutere sie in diesem Zusammenhang.
2 Welchen Effekt hat das Kauen für den weiteren Verdauungsvorgang? Erläutere!
3 Nenne weitere für Menschen und Tiere wichtige Beispiele von Oberflächenvergrößerung und erkläre diese.
4 Beschreibe und erkläre, inwiefern Oberflächenvergrößerung auch für Pflanzen von großer Bedeutung ist.

Versuch
1 Überlege, wie man mithilfe eines glatten und eines gefalteten Filterpapiers die Wirkung einer größeren Oberfläche modellhaft simulieren kann. Führe den Versuch durch.

Effizienz durch stufenweisen Abbau. Die Zerlegung der zunächst groben, aus Milliarden zusammengepackter Makromoleküle bestehender Nahrungsbrocken erfolgt in den verschiedenen Abschnitten des Verdauungstrakts mit zunehmender Feinheit bis hinunter zu einzelnen kleinen Molekülen. Bereits im Mund wirken gleichzeitig mit der mechanischen Zerkleinerung stärkespaltende Enzyme auf die Nahrung ein. Im Magen findet eine enzymatische Grobzerlegung größerer Proteinmoleküle in kürzere Aminosäureketten, sogenannte Polypeptide, statt. Im Dünndarm erfolgt schließlich durch passende Enzyme ein weitgehend vollständiger Abbau aller ankommenden Nährstoffmoleküle zu kleinen Bausteinen wie Glucose, Aminosäuren oder Fettsäuren, die resorbiert werden können.

Rückgewinnung wertvoller Ressourcen. Für die Aufbereitung und Verdauung der Nahrung werden verschiedene Flüssigkeiten wie Speichel, Magensäure, Gallensaft oder Dünndarmsekret von speziellen Drüsenzellen abgegeben. Insgesamt gelangen auf diese Weise beim Menschen etwa 7 Liter Flüssigkeit, vor allem Wasser, in den Verdauungstrakt. Hinzu kommt noch die durch Essen und Trinken aufgenommene Flüssigkeitsmenge von etwa 2,5 Litern. Durch eine Wiederaufnahme der Wassermoleküle vor allem im Dünndarm, aber auch im Dickdarm wird die mit dem Kot ausgeschiedene Wassermenge auf 0,1 Liter reduziert. Das Rückgewinnungssystem arbeitet so effizient, dass der Wasserverlust durch das Verdauungssystem normalerweise bei 1% liegt.

Schutz vor Selbstverdauung. Verdauungsenzyme, die Proteine, Fette oder Kohlenhydrate spalten, unterscheiden nicht zwischen den mit der Nahrung aufgenommenen und körpereigenen Molekülen. Sie würden daher die eigenen Zellen und Gewebe angreifen, was auch für die im Magen gebildete Salzsäure gilt.
Verdauungsvorgänge können daher nicht einfach irgendwo im Körper stattfinden, sondern nur in speziellen Bereichen. Verdauungsorgane wie Magen und Darm sind durch eine proteinhaltige *Schleimschicht* vor Selbstverdauung geschützt. Diese Schleimschicht wird zwar bei der Verdauung abgebaut, da sie aber kontinuierlich erneuert und ergänzt wird, sind die darunter liegenden Zellen weitgehend vor Angriffen geschützt. Auch die durch verschiedene Hormone und das Nervensystem kontrollierte und nur bei Bedarf aktivierte Abgabe von Verdauungsenzymen verringert die Belastung der Schleimschicht und verkleinert das Risiko einer Gewebezerstörung durch Verdauungsenzyme und Magensäure.

Aufgabe
5 Zusätzlich zu der Schleimschicht bildet die Magenschleimhaut Bicarbonationen (HCO_3^-), die in die Schleimschicht diffundieren. Erkläre ihre Bedeutung und Wirkungsweise.

Verdauung beim Menschen

Phase 1: Vorbereitung und Vorverdauung im Mund. Nach Geschmacks- und Geruchsprüfung wird die Nahrung durch Kauen mechanisch zerkleinert und dabei mit *Speichelflüssigkeit* durchmischt. Der in Drüsenzellen gebildete Speichel enthält schleimbildende Proteinmoleküle (Muzine, von lateinisch *mucus:* Schleim), das antibakteriell wirkende Enzym Lysozym und das stärke- und glykogenabbauende Enzym Amylase.

Phase 2: Vorverdauung im Magen. Der *Magen,* eine sich an die *Speiseröhre* anschließende Erweiterung, kann bei „Maximalfüllung" bis zu 2 Liter aufnehmen. Entscheidend für die Verdauungsaktivität des Magens ist ein die Innenwand auskleidendes Gewebe, das als *Magenschleimhaut* bezeichnet wird. Ein Großteil der Zellen dieses Gewebes produziert ständig eine vor Selbstverdauung schützende *Schleimschicht* (▶ Seite 19). Andere Zellen pumpen bei Füllung des Magens Protonen und Chloridionen, also *Salzsäure* in den Magen. Die Säure tötet Mikroorganismen ab und löst den Verbund von Fasern und Zellen, aus denen beispielsweise Fleisch oder pflanzliches Material besteht. Ein dritter Zelltyp gibt vor allem *proteinspaltende Enzymmoleküle* in zunächst inaktiver Form ab. Bei einem niedrigen pH-Wert wird dieses Pepsinogen gespalten. Dabei entstehen die als Pepsin bezeichneten aktiven Enzymmoleküle, die die Proteinmoleküle in kürzere Bruchstücke (Polypeptide) zerlegen.

Nach einer Verweildauer zwischen einer und fünf Stunden gelangt der vorverdaute Speisebrei über den verschließbaren Magenausgang, den *Pförtner,* portionsweise in den ersten Abschnitt des *Dünndarms,* den *Zwölffingerdarm.*

Aufgaben

1. Stelle die Vorgänge und Zusammenhänge im Magen mithilfe einer schematischen Zeichnung dar.
2. Überlege, welche Bedeutung die in Bild 1 erkennbare Ring-, Schräg- und Längsmuskulatur der Magenwand für die Verdauungsvorgänge hat. Erkläre!

Versuch

1. Missbrauch von Alkohol kann zu einer schmerzhaften Reizung der Magenschleimhaut, längerfristig auch zu einem Magengeschwür, also zu einer ernsthaften Schädigung der Magenwand, führen. Versuche diese Beobachtung mithilfe eines Modellexperiments zu erklären. Gib dazu etwas Alkohol zu Eiklar.

Phase 3: Verdauung und Resorption im Dünndarm. Die äußere Wand des *Dünndarms* besteht neben Nervengewebe und Blutgefäßen aus zwei Schichten von Längs- und Ringmuskeln. Nach innen ist der Darm mit einem ebenfalls als Schleimhaut bezeichneten Gewebe ausgekleidet, das ringförmige Falten bildet. Auf diesen Falten sitzen die *Darmzotten,* etwa 1 mm hohe, fingerförmige Ausstülpungen des Schleimhautgewebes (▶ Seite 19, Bild 1). Sie ragen in den Darminnenraum hinein und sind von einem engmaschigen Kapillarnetz (▶ Seite 54) aus Blutgefäßen durchzogen. Die Zellen an der Oberfläche der Darmzotten besitzen ihrerseits zahlreiche winzige Ausläufer, die als *Mikrovilli* bezeichnet werden und schleimbildende Proteine (Muzine) sowie Verdauungsenzyme absondern.

Die Hauptarbeit bei der Verdauung übernehmen die verschiedenen Enzymmoleküle der *Bauchspeicheldrüse,* die diese in großer Menge produziert. Die aus *Leber* und *Gallenblase* hinzukommende Gallenflüssigkeit erhöht dabei in entscheidender Weise die Effizienz bei der enzymatischen Zerlegung der Fette.

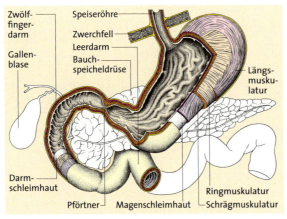

1 Bau des Magens

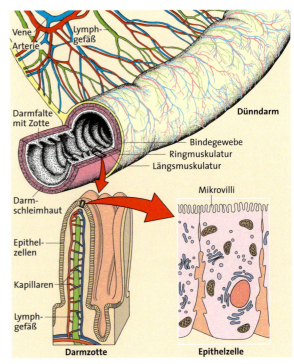

2 Bau des Dünndarms

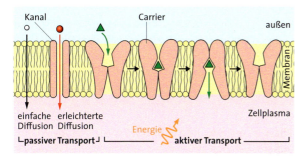

1 Schematische Darstellung der Transportmechanismen

Die bei der enzymatischen Zerlegung im Dünndarm entstehenden kleinen Moleküle werden auf unterschiedliche Weise über die Mikrovilli in die Zellen der Darmzotten aufgenommen. Ein kleiner Teil der Moleküle gelangt passiv, das heißt ohne Energieaufwand und nur durch *Diffusion* (▶ Seite 30) in die Zellen. Erleichtert wird dieser Vorgang durch *Kanäle* in den Zellmembranen, die von Tunnelproteinen gebildet werden. Die meisten anderen Molekültypen, wie Aminosäuren oder Fettsäuren, müssen aber aktiv, das heißt unter Energieaufwand in die Zellen transportiert werden. Auch dies wird durch in die Zellmembranen eingebaute Proteinmoleküle, sogenannte *Carrier*, ermöglicht.

Nach der aktiven oder passiven Passage durch die Zellmembran der Darmzottenzellen gelangen die Biomoleküle nach Durchqueren einer weiteren Zellmembran in das Kapillarnetz der Darmzotten. Alle daran angeschlossenen Blutgefäße münden in die Pfortader, die Aminosäuren und Kohlenhydratmoleküle direkt in die Leber transportiert. Die Fettbausteine werden in den Zellen der Darmzotten wieder zu vollständigen Fettmolekülen zusammengebaut und über ein zusätzliches Transportsystem des Körpers, das Lymphgefäßsystem (▶ Seite 55), in große Venen eingeschleust.

Aufgaben

1. Die Oberfläche des Dünndarms beträgt etwa 300 m². Berechne das Maß der Oberflächenvergrößerung bei einer durchschnittlichen Dünndarmlänge von 3 m und einem Durchmesser von 0,04 m.
2. Beschreibe, wie die Oberflächenvergößerung im Dünndarm erreicht wird.
3. Bei manchen Menschen muss krankheitsbedingt der Magen verkleinert, manchmal auch weitgehend entfernt werden. In welcher Weise müssen solche Patienten ihre Essgewohnheiten verändern? Begründe!

Versuch

1. Erkläre mithilfe eines Versuchs die Wirkung von Galle. Gib dazu in eine mit Wasser gefüllte Petrischale einige Tropfen Öl und danach etwas Ochsengalle oder Spülmittel, das eine vergleichbare Wirkung hat.

Phase 4: Wasserentzug und Ausscheidung im Dickdarm.
Der Dickdarm ist etwa 1,60 m lang und hat einen Durchmesser von 6 bis 8 cm. Wie der Dünndarm ist er mit einer schützenden Schleimschicht ausgekleidet. Durch die aktive Aufnahme von Wassermolekülen wird der Darminhalt eingedickt, bis er schließlich nach 12–24 Stunden nur noch einen geringen Wassergehalt aufweist und größtenteils aus unverdautem oder unverdaulichem Material wie Zellulose besteht. Dieses wird als Kot oder Fäzes ausgeschieden. Ein Teil des Kots besteht aus Bakterien wie Escherichia coli, die als im Dickdarm lebende Symbionten für uns zum Beispiel das Vitamin K produzieren.

Aufgabe

4. Erkläre die Verdauungsvorgänge beim Menschen unter Verwendung von Bild 2.

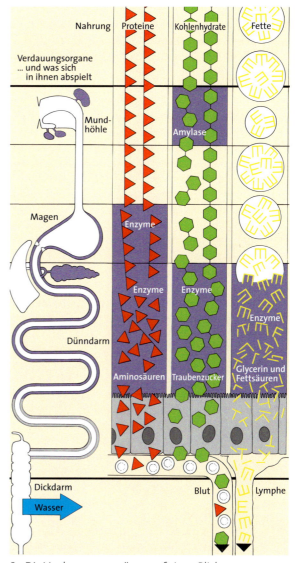

2 Die Verdauungsvorgänge auf einen Blick

Enzyme: lebensermöglichende Biokatalysatoren

Leben beruht auf sehr schnellen chemischen Reaktionen. Bewegung, Energiegewinnung, Aufnahme und Transport sowie Abgabe von Stoffen, Zellteilung, Aufnahme und Verarbeitung von Informationen – alles das, was wir als Lebensvorgänge betrachten, beruht letztlich auf einer Vielzahl chemischer Reaktionen. Damit Leben aber überhaupt möglich ist, müssen alle Stoffwechselvorgänge, wie beispielsweise die Zerlegung von Stärke in Glucosemoleküle bei der Verdauung im Darm oder die energieliefernde Oxidation von Glucosemolekülen in den Zellen, mit sehr hoher Geschwindigkeit ablaufen.

Ein einziges Molekül des Enzyms Katalase kann auf diese Weise in nur einer Sekunde 40 Millionen der für die Zelle gefährlichen Wasserstoffperoxidmoleküle in unschädliche Wasser- und Sauerstoffmoleküle umwandeln. Nicht alle Enzyme arbeiten zwar so extrem schnell wie die Katalase, aber die Beschleunigung reicht aus, damit alle Stoffwechselreaktionen, selbst bei den vergleichsweise niedrigen Temperaturen in den Zellen, mit lebenserhaltender Geschwindigkeit ablaufen. Die Enzymmoleküle selbst gehen, wie jeder Katalysator, unverändert aus der von ihnen beeinflussten Reaktion hervor.

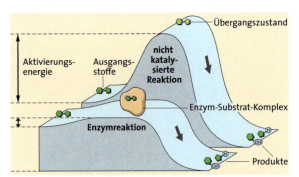

1 Enzyme setzen die Aktivierungsenergie für Stoffwechselvorgänge herab.

Enzyme verringern die Aktivierungsenergie. Die Vorgänge, die sich beim Stoffwechsel abspielen, sind aus chemischer Sicht im Prinzip immer dieselben: Die reagierenden Biomoleküle verändern sich durch Lösen und Neuknüpfen chemischer Bindungen, wobei für den Start dieser molekularen „Umbauarbeiten" zunächst eine bestimmte Energiemenge aufgebracht werden muss. Die Überwindung dieser Energiebarriere, der *Aktivierungsenergie*, erfolgt innerhalb von Zellen mithilfe von *Biokatalysatoren* oder *Enzymen*.

Die in der Zelle vorkommenden Enzyme sind, von ganz wenigen Ausnahmen abgesehen, sehr große Proteinmoleküle mit einer molaren Masse von bis zu 10^6 g/mol. Diese Riesenmoleküle bilden eine Art Tasche, die *aktives Zentrum* genannt wird, in das sich die zu „bearbeitenden" Moleküle oder *Substratmoleküle* einlagern (▶ Bild 2). Der dadurch entstehende *Enzym-Substrat-Komplex* ermöglicht einen so engen Kontakt zwischen beiden Molekülen, dass es für ganz kurze Zeit zu bindungsähnlichen *Wechselwirkungen* zwischen dem Substratmolekül und dem aktiven Zentrum des Enzyms kommt. Durch diese Wechselwirkungen mit dem Enzym werden Bindungen innerhalb des Substratmoleküls gelockert und dadurch wird dessen „Umbau", das Lösen und Neuknüpfen von Bindungen, erleichtert.

Die Wirkungsweise von Enzymen beruht also vor allem auf der Bereitstellung einer ganz besonderen aktivierenden Reaktionsumgebung für die Substratmoleküle.

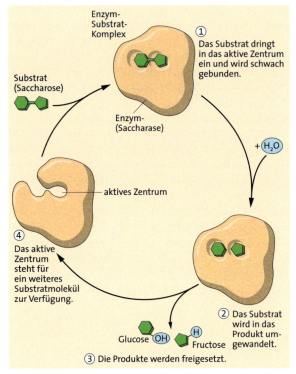

2 Ablauf einer enzymatischen Reaktion: Das Enzym Saccharase katalysiert die Spaltung von Saccharose in Glucose und Fructose.

Cofaktoren. Viele Arten von Enzymmolekülen benötigen für ihre katalytische Aktivität noch einen zusätzlichen Partner, der als *Cofaktor* bezeichnet wird. Meist handelt es sich dabei um in das jeweilige Enzymmolekül fest „eingebaute" Metallionen, wie beispielsweise Zink oder Eisen. Bei einigen Enzymarten ist der Cofaktor aber auch ein kleineres Molekül, das, wie viele Vitamine, entweder dauerhaft an das Enzymmolekül gebunden ist oder sich mit diesem nur zeitweise zur katalytisch aktiven Form verbindet.

Aufgabe

1 Erkläre die Bedeutung von Mineralstoffen und Vitaminen.

Enzyme sind hochspezialisiert. Ein Enzymmolekül kann nur dann eine reaktionsbeschleunigende Umgebung schaffen, wenn sein räumlicher Bau im Bereich des aktiven Zentrums und der räumliche Bau des Substratmoleküls zusammenpassen. Nahezu alle Enzymmoleküle sind daher jeweils auf bestimmte Substratmoleküle spezialisiert. Diese Eigenschaft bezeichnet man als *Substratspezifität*. Die räumliche Übereinstimmung zwischen Enzym- und Substratmolekül wird modellhaft als *Schlüssel-Schloss-Prinzip* beschrieben, wobei die Enzymmoleküle allerdings nicht starr sind, sondern sich während der Reaktion an das sich verändernde Substratmolekül, den „Schlüssel", anpassen können.

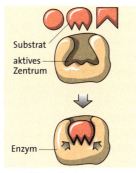

1 Schlüssel-Schloss-Prinzip

Enzymmoleküle können infolge der von ihnen geschaffenen, ganz spezifischen Reaktionsumgebung nur bestimmte Reaktionen an den Substratmolekülen beschleunigen. Ein Enzym kann „seinen" Substratmolekülen also beispielsweise die Abgabe oder die Aufnahme eines Wasserstoffatoms erleichtern, aber nicht beides. Diese *Wirkungsspezifität* führt zusammen mit der Substratspezifität dazu, dass Stoffwechselreaktionen in festgelegter Reihenfolge und in vielen aufeinanderfolgenden Schritten ablaufen.

Die Enzymaktivität hängt von der Umgebung ab. Eine Temperaturerhöhung führt grundsätzlich zu einer Erhöhung der Geschwindigkeit einer chemischen Reaktion. Dies gilt auch für enzymkatalysierte Stoffwechselreaktionen, bei denen innerhalb eines bestimmten Temperaturbereichs eine Temperaturänderung um 10 °C die Reaktionsgeschwindigkeit halbiert beziehungsweise verdoppelt. Jedes Enzym hat dabei ein spezifisches *Temperaturoptimum*, bei dem es seine höchste katalytische Aktivität besitzt. Für die meisten Enzyme unseres Körpers liegt das Temperaturoptimum bei 37 °C.

Im Gegensatz zu „nicht biologischen" Reaktionen nimmt die Aktivität der Enzyme oberhalb des Temperaturoptimums ab. Ursache dafür ist die zunehmende Bewegung der Atome, wodurch sich der räumliche Bau der Enzymmoleküle verändert. Somit verschlechtert sich die Schlüssel-Schloss-Passung zwischen Substratmolekül und aktivem Zentrum immer stärker. Schließlich verliert das Enzym seine katalytisch wirksame Form völlig, man bezeichnet es als *denaturiert*.

Wie Bild 2 zeigt, sind Organismen, abhängig von der vorherrschenden Temperatur ihres Lebensraums, mit Enzymvarianten ausgestattet, die die gleiche Funktion haben, sich in ihrem Temperaturoptimum aber unterscheiden. Ähnlich wie die Temperatur bestimmt auch das saure beziehungsweise basische Milieu der Umgebung, der *pH-Wert*, die Aktivität von Enzymen.

Aufgaben

1 Erkläre, warum eine Unterkühlung unter 33 °C oder eine durch Fieber verursachte Erhitzung des Körpers über 42 °C lebensgefährlich sind.

2 Erkläre auf molekularbiologischer Ebene, welchen Vorteil gleichwarme Tiere gegenüber wechselwarmen haben.

3 Eine Gruppe von Bakterien, die Archaebakterien, lebt in Lebensräumen mit Temperaturen bis über 100 °C. Die Entdeckung dieser „hitzeresistenten" Organismen trug zur Verbesserung von Waschmitteln und zur Energieeinsparung bei. Erkläre!

Aufgabe für Profis

1 Bild 4 (rechts) zeigt, wie sich die Reaktionsgeschwindigkeit eines Enzyms ändert, wenn bei gleicher Enzymkonzentration die Substratkonzentration erhöht wird. Beschreibe den Verlauf der Grafik und erkläre.

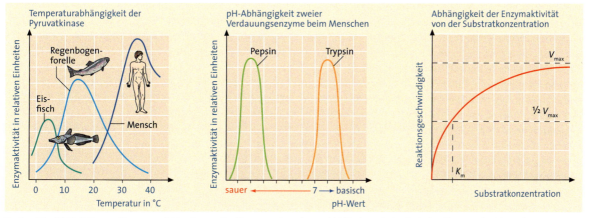

2–4 Die Aktivität von Enzymen hängt von der Temperatur, dem pH-Wert und der Substratkonzentration ab.

Praktikum: Enzyme

Speichel verdaut Stärke

Material: Reagenzgläser, lösliche Stärke, Iodlösung, Fehling-Lösung I und II

Man gibt etwa 3–4 ml Speichel in ein Reagenzglas, füllt mit Wasser auf und schüttelt gut durch. Ein zweites Reagenzglas füllt man zur Hälfte mit Wasser, gibt etwas lösliche Stärke hinzu und schüttelt gut durch. Dann geht man weiter vor wie in Tabelle A angegeben.

Versuch 1	Versuch 2	Versuch 3
2 ml Stärkelösung + Iodlösung	2 ml Stärkelösung + Fehling-Lösung I + Fehling-Lösung II	2 ml Stärkelösung + 1 ml Speichellösung
		↓ nach ca. 30 min
		+ 1 ml Fehling-Lösung I
		+ 1 ml Fehling-Lösung II
↓	↓ erwärmen	↓ erwärmen
Beobachtung?	Beobachtung?	Beobachtung?
↓		
+ 1 ml Speichellösung		
↓		
Beobachtung?		

1 Tabelle A

Aufgaben

1. Formuliere und erkläre deine Beobachtungen. Begründe die verschiedenen Versuchsbedingungen.
2. Warum ist es wichtig, dass die Einzelversuche mit der gleichen Speichel- und Stärkelösung durchgeführt werden?
3. Welche Fehlerquellen könnten die durchgeführten Versuche deiner Meinung nach enthalten? Erkläre!

pH-Abhängigkeit der Stärkeverdauung

Material: Reagenzgläser, Stärke- und Speichellösung wie im Versuch oben, Iodlösung, verdünnte Salzsäure, verdünnte Natronlauge, Indikatorpapier

Versuch 1	Versuch 2	Versuch 3
2 ml Stärkelösung + wenig Iodlösung	2 ml Stärkelösung + wenig Iodlösung + 1 Tropfen Salzsäure	2 ml Stärkelösung + wenig Iodlösung + 1–2 Tropfen Natronlauge
↓	↓	↓
pH-Wert?	pH-Wert?	pH-Wert?
↓	↓	↓
+ 1 ml Speichellösung	+ 1 ml Speichellösung	+ 1 ml Speichellösung
↓	↓	↓
Beobachtung?	Beobachtung?	Beobachtung?

2 Tabelle B

Aufgabe

4. Formuliere und erkläre deine Beobachtungen. Stelle sie mit einer plausiblen Grafik dar.
5. Wie müsste man vorgehen, um den vermuteten Verlauf der Grafik von Aufgabe 4 experimentell abzusichern? Begründe! Teste das von dir vorgeschlagene Verfahren im sauren Bereich!

Untersuchung des Enzyms Katalase

Material: Reagenzgläser, Wasserstoffperoxid, rohe Kartoffel, Banane, frische Hefe, Leber, Braunstein

a) Man füllt fünf Reagenzgläser jeweils etwa 3 cm hoch mit einer verdünnten wässrigen Lösung von Wasserstoffperoxid. Anschließend gibt man in vier Reagenzgläser ein kleines Stück rohe Kartoffel, Banane, Hefe oder rohe Leber. In das fünfte Reagenzglas gibt man eine Spatelspitze Braunstein (Mangandioxid). Anschließend wird bei allen Ansätzen die Glimmspanprobe durchgeführt.

b) Wiederhole die Versuchsreihe mit einer in Eiswasser möglichst stark abgekühlten Lösung von Wasserstoffperoxid.

c) Wiederhole die Versuchsreihe. Gib vorher zu der Wasserstoffperoxidlösung etwas Kupfer- oder Blei-Ionen in Form von Kupfersulfat beziehungsweise Bleinitrat.

Aufgaben

6. Formuliere die Beobachtungen aus Versuch a und stelle eine Reaktionsgleichung auf.
7. Formuliere und erkläre deine Beobachtungen aus den Wiederholungsversuchen b und c.

Denaturierung sichtbar machen

Eiklar ist eine zähe Flüssigkeit, die zu 90 % aus Wasser und zu 10 % aus den darin gelösten Proteinen besteht.

Material: 3 Reagenzgläser, Eiklar, verdünnte Salzsäure, verdünnte Natronlauge, Kochsalz

Man führt drei Versuche durch wie in Tabelle C unten angegeben.

Versuch 1	Versuch 2	Versuch 3
Eiklar + mehrere Tropfen Salzsäure	Eiklar + mehrere Tropfen Natronlauge	Eiklar + Kochsalz
↓ erhitzen	↓ erhitzen	↓ erhitzen
Beobachtung?	Beobachtung?	Beobachtung?

3 Tabelle C

Aufgabe

8. Formuliere und erkläre deine Beobachtungen.

Nachgehakt: Enzyme in der Biotechnologie

1   Brotbacken im alten Ägypten

2   Knuspriges Brötchen – mithilfe von Enzymen

Enzyme werden seit Langem genutzt. Seit mindestens 8000 Jahren wird bei traditionellen Verfahren, wie der Herstellung von Bier, Wein oder Brot, die Aktivität von Enzymen eingesetzt, die von Bakterien und Hefepilzen produziert werden. Sie zerlegen bei der Gärung Kohlenhydrate vor allem in Kohlenstoffdioxid und Alkohol, wodurch ein Getränk alkoholisch und ein Brotteig locker wird. Die Herstellung von Käse ist eines der ältesten Verfahren, bei denen die Wirkung von Enzymen außerhalb von lebenden Zellen genutzt wird. Versetzt man Milch mit Magenflüssigkeit von Kälbern, dem Lab, gerinnt die Milch und kann anschließend zu Käse weiterverarbeitet werden. Ursache für die Gerinnung ist die Veränderung des Milchproteins Casein durch ein im Kälbermagen gebildetes Enzym.

Lange Zeit waren sich die Menschen nicht bewusst, dass die Herstellung dieser Lebensmittel auf Enzymen beruht. Erst seit Beginn des 20. Jahrhunderts werden Enzyme gezielt gesucht und zu ganz verschiedenen Zwecken eingesetzt.

Enzyme verbessern Waschmittel. Viele schwer entfernbare Verunreinigungen auf Kleidungsstücken stammen von Fetten, Proteinen oder anderen organischen Stoffen. Vor etwa 50 Jahren begann man daher, Waschmitteln proteinspaltende Enzyme (Proteasen) zuzusetzen. Inzwischen enthalten sie auch fettspaltende Lipasen, kohlenhydratspaltende Amylasen und sogar fusselabbauende Zellulasen.

Durch die Entdeckung hitzetoleranter Archaebakterien, die in bis zu 100 °C heißen Quellen leben, und die Nutzung ihrer Enzyme war es möglich, den Waschprozess bei hohen Temperaturen noch effektiver zu machen. Der Einsatz von Enzymen aus Bakterien, die in einem sehr kalten Lebensraum vorkommen, ermöglicht dagegen die Herstellung von Waschmitteln, die auch bei geringen Temperaturen eine hohe Waschkraft besitzen.

Enzyme in der Lebensmittelproduktion. Vor allem in der Lebensmittelherstellung spielen Enzyme eine immer wichtigere Rolle. Ihr Einsatzbereich ist praktisch unerschöpflich, da nahezu jeder Prozess maßgeschneidert durch ein Enzym beeinflusst werden kann. Amylasen beschleunigen zum Beispiel den Abbau von Stärke, wodurch Brotteig schneller „geht" und Backwaren eine stabilere Kruste bekommen. Bei Fruchtsäften bauen sie stärkehaltige Trübstoffe ab. Lipasen verhindern das Zusammenkleben von Nudeln beim Kochen. Proteasen bauen Bindegewebe ab und machen Fleisch „zarter". Sie werden auch bei der Herstellung von Aromastoffen eingesetzt. Zudem stabilisieren sie aufgeschlagene Schäume und Cremes. Die Enzyme Katalase und Glucoseoxidase konservieren Lebensmittel, indem sie unerwünschte, da Verfärbungen verursachende Sauerstoffmoleküle in luftdichten Lebensmittelverpackungen „neutralisieren". Zellulasen lösen Zellwände auf und erhöhen so die Ausbeute beim Saftpressen.

Enzyme in der Medizin. Auch in der Medizin werden Enzyme vielfältig verwendet. Beim GOD-Test reagieren zwei verschiedene Enzyme auf Glucose mit einer Farbreaktion, sodass Diabetiker sehr schnell ihre Blutzuckerkonzentration überprüfen können. Desmoteplase ist ein Enzym, das im Speichel der Vampirfledermaus entdeckt und gentechnisch nachgebaut wurde. Es aktiviert bei Schlaganfällen den Abbau von Blutgerinnseln in Blutgefäßen des Gehirns. Aus absterbenden Herzmuskelzellen werden bestimmte Enzyme freigesetzt, die bei einem Test eindeutig identifiziert werden können und dadurch die schnelle Diagnose eines Herzinfarkts (▶ Seite 53) ermöglichen.

3   Vampirfledermaus

Woher stammen die Enzyme? Die meisten in der Biotechnologie eingesetzten Enzyme werden in großen Mengen benötigt. Sie werden nicht mehr aus den Zellen von Tieren, Pflanzen oder Mikroorganismen gewonnen, in denen sie natürlicherweise vorkommen, sondern meist über gentechnisch veränderte Bakterien oder Pilze.

Aufgabe

1 Bereits zu Beginn des 20. Jahrhunderts gab es Waschmittel, denen Extrakte aus der Bauchspeicheldrüse zugesetzt wurden. Erkläre!

Atmung beruht auf vier Prinzipien

1 Atemholen beim Schwimmen

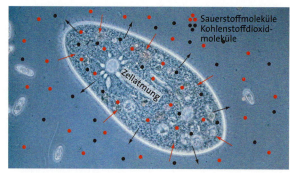

2 Gasaustausch durch Diffusion beim Pantoffeltier

Der Atmungsvorgang erfolgt in mehreren Schritten. Atmen ist für uns etwas ganz Selbstverständliches. Es geschieht automatisch und seine Bedeutung wird uns nur in besonderen Situationen bewusst, beispielsweise beim Tauchen, in großen Höhen oder bei starker körperlicher Anstrengung, wenn der Bedarf an Sauerstoff nicht mehr gedeckt werden kann und die Energieversorgung unseres Körpers gefährdet ist.

Das „Einfangen" eines Gases aus der Luft und sein Transport zu den Stellen im Körper, wo es gebraucht wird, ist ein komplexes, auf physikalischen, chemischen und biologischen Vorgängen beruhendes Geschehen, bei dem es in verschiedenen Teilschritten darauf ankommt,

- kontinuierlich und schnell *Sauerstoff* aus der Umgebung zunächst in den Körper zu schaffen und dann in das Gewebe aufzunehmen,
- die Sauerstoffmoleküle vom Atmungsorgan schnell zu den Körperzellen zu transportieren und in diese aufzunehmen,
- die bei der *Energieumwandlung* in den Zellen entstehenden *Kohlenstoffdioxidmoleküle* nach außen abzugeben.

Aufgaben

1. Charakterisiere Sauerstoff und Kohlenstoffdioxid aus chemischer und physikalischer Sicht.
2. Formuliere eine Definition für den Begriff Atmung.
3. Versuche zu erklären, warum der Atmungsvorgang im Gegensatz zur Nahrungsaufnahme praktisch ununterbrochen stattfinden muss.
4. Formuliere eine Gleichung für die in den Körperzellen ablaufende Reaktion zwischen Sauerstoffmolekülen und Glucose.
5. Berechne die Anzahl der Sauerstoffmoleküle, die in die Lunge gelangen, wenn bei einem normalen Atemzug etwa 0,5 Liter Luft eingeatmet werden.
6. Benenne die Atmungsorgane des Menschen und erkläre, soweit bekannt, ihre Aufgabe und Funktionsweise.
7. Vergleiche Bau und Funktionsweise von Kiemen und Lungen und versuche allgemeine Bauprinzipien für effizient arbeitende Atmungsorgane zu finden.

Sehr kleine Tiere kommen ohne Atmungsorgane aus. Wie alle freibeweglichen Teilchen in Gasen oder Flüssigkeiten besitzen auch Sauerstoffmoleküle eine kinetische Energie, die zu einer Eigenbewegung führt: Die Moleküle bewegen sich auch in völlig ruhiger Luft oder gänzlich unbewegtem Wasser. Da sie dabei ständig mit anderen Teilchen zusammenstoßen und infolgedessen ihre Richtung verändern, erfolgt diese Bewegung zufällig und ungerichtet, was als Diffusion (von lateinisch *diffundere*: ausbreiten) bezeichnet wird (▶ Seite 30).

Trifft ein Sauerstoffmolekül durch Diffusion zufällig auf die Zellmembran eines Einzellers, kann es diese durch seine Eigenbewegung durchdringen und auf diese Weise ins Zellplasma und schließlich zu einem Mitochondrium gelangen (▶ Bild 3). In gleicher Weise, aber umgekehrter Richtung verlassen auch die bei der Atmung entstehenden Kohlenstoffdioxidmoleküle die Zelle. Dieser ausschließlich auf Diffusion beruhende *Gasaustausch* funktioniert auch bei einigen vielzelligen Lebewesen, deren Körper allerdings, wie beispielsweise bei Plattwürmern, höchstens 1 mm dick sein darf.

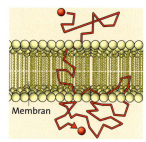

3 Diffussion durch die Zellmembran

Aufgaben

8. Erkläre, welchen Vorteil die „teppichartige" Form der Plattwürmer für den Atmungsvorgang hat und warum eine Kugelform viel ungünstiger wäre.
9. Unser Wort Tier kommt aus dem Germanischen und bedeutet sinngemäß „das Atmende". Erkläre, wie es zu dieser Bezeichnung kam und ob sie aus heutiger biologischer Sicht noch zutreffend wäre.

Größere Lebewesen benötigen Atmungsorgane. Sauerstoff- und Kohlenstoffdioxidmoleküle kommen im Körpergewebe allein durch Diffusion nur langsam voran, sodass die weiter im Körperinnern liegenden Zellen größerer Tiere und natürlich auch des Menschen nicht mehr mit ausreichender Geschwindigkeit versorgt werden könnten. Im Verlauf der Evolution haben sich daher mit zunehmender Körpergröße der Lebewesen spezielle Atmungsorgane und Atmungsmechanismen entwickelt, die auf den ersten Blick zwar verschieden aussehen, aber letztlich alle nach den gleichen Prinzipien funktionieren:

1. *Große atmungsaktive Oberflächen:* Bei den meisten Tiergruppen erfolgt die Aufnahme von Sauerstoff und Abgabe von Kohlenstoffdioxid in besonderen Bereichen, die durch Faltung, Verästelung oder Kammerung eine möglichst große Kontaktfläche zu der sauerstoffhaltigen Umgebung – Wasser oder Luft – besitzen. Bei ständig im Wasser lebenden Tieren wie Fischen sind es in der Regel Kiemen, bei landlebenden Tieren sind die Atmungsorgane oder respiratorischen (von lateinisch *respiratio:* Atmung) Flächen nach innen „gestülpt" und werden als Lunge bezeichnet.
2. *Kurze Diffusionsstrecken:* Je dünner die trennende Wand zwischen innen und außen ist, desto schneller können Sauerstoff- und Kohlenstoffdioxidmoleküle hindurchdiffundieren und desto schneller erfolgt der Gasaustausch.
3. *Erzeugung einer Luft- oder Wasserströmung:* Mithilfe einer Strömung oder Konvektion werden aus der Umgebung mehr Sauerstoffmoleküle heran- und mehr Kohlenstoffdioxidmoleküle aus dem Körper weggeschafft, als dies durch bloße Diffusion möglich wäre.
4. *Schneller Transport im Körper:* Bei den meisten Tiergruppen werden die an den respiratorischen Flächen aufgenommenen Sauerstoffmoleküle rasch über ein Blutgefäßsystem zu den Körperzellen transportiert. Ihre respiratorischen Flächen sind daher von einem dichten Netz dünner Blutgefäße oder Kapillaren (▶ Seite 55) durchzogen. Sauerstoff ist jedoch schlecht wasserlöslich: In 100 ml Blut lösen sich nur 0,3 ml Sauerstoff. Spezielle Proteine als Sauerstoffträger lösen dieses Problem, indem sie Sauerstoff binden.

Hämoglobin erhöht den Sauerstoffgehalt im Blut. Weit verbreitet als Sauerstoffträger ist *Hämoglobin*. Dieses Proteinmolekül enthält vier Eisenionen (▶ Bild 3), von denen jedes ein Sauerstoffmolekül binden kann. Da ein menschliches rotes Blutkörperchen (Erythrocyt) etwa 250 Millionen Hämoglobinmoleküle enthält, wird die Transportkapazität des Blutes fast um das 65-Fache auf rund 20 ml Sauerstoff pro 100 ml Blut erhöht.
Kohlenstoffdioxid ist zwar besser in Wasser und damit in Blut löslich als Sauerstoff, es kann aber ebenfalls an Hämoglobin gebunden und zu den Lungenbläschen transportiert werden, wo es nach außen diffundiert.

1 *Kaulquappe mit Außenkiemen*

2 *Fische pumpen kontinuierlich Wasser über die Kiemen.*

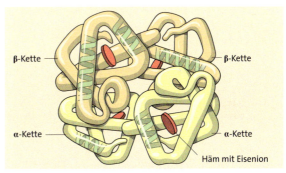

3 *Das Hämoglobinmolekül besteht aus vier Proteinketten.*

Aufgaben

1. Welche chemisch bedingte Schwierigkeit tritt bei dem Transport von Sauerstoffgas in Blut auf? Erkläre!
Tipp: Blut besteht zu etwa 50 % aus Wasser.
2. Erkläre, weshalb Frösche den Winter nur mithilfe der Diffusionsatmung über die Haut überleben können.
3. Kohlenstoffmonooxid ist ein tödlich wirkendes Gas, da es eine Unterversorgung der Zellen mit Sauerstoff bewirkt. Formuliere eine auch aus chemischer Sicht plausible Hypothese für die Ursache.
4. Berechne aus den Angaben im Text die Zahl der Erythrocyten in 100 ml Blut. *Annahme:* Die Erythrocyten enthalten die maximal mögliche Menge an Sauerstoffmolekülen.

Der Atmungsvorgang beim Menschen

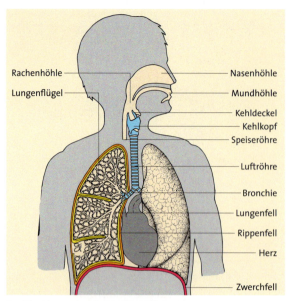

1 Die Atemwege beim Menschen

Eine große Oberfläche begünstigt den Gasaustausch.
Ein durch Volumenerweiterung (▶ Seite 44) des Brustraums erzeugter Unterdruck führt bei einem normal tiefen Atemzug zu einem Einstrom von etwa 0,5 Litern Luft in die Lunge. Die Einatemluft passiert dabei den Nasenraum und gelangt über Rachen und Kehlkopf in die *Luftröhre*, die einen Durchmesser von 2 cm hat. Diese gabelt sich in die zwei *Bronchien*, die in den rechten beziehungsweise linken Lungenflügel führen und sich dort fortlaufend in jeweils zwei immer dünner werdende Röhren verästeln, die als *Bronchiolen* bezeichnet werden. Nach 20 Verzweigungen haben die Bronchiolen nur noch einen Durchmesser von etwa 0,3 mm und sind dicht mit winzigen, annähernd kugelförmigen Ausstülpungen, den *Lungenbläschen,* besetzt. Ihr Durchmesser beträgt 0,1–0,3 mm, ihre Zahl wird auf etwa 300 Millionen und ihre für den Gasaustausch zur Verfügung stehende Gesamtoberfläche auf 70–140 m^2 geschätzt, also mindestens so groß wie die Fläche eines Klassenzimmers.

Nach dem Gasaustausch wird die nun sauerstoffärmere und kohlenstoffdioxidreichere Luft durch eine Volumenverringerung des Brustkorbs wieder aus der Lunge gepresst.

Aufgaben

1. Versuche, auch durch Selbstbeobachtung, zu erklären, auf welche Weise sich das Volumen des Brustraums vergrößert und verkleinert.
2. Ermittle unter Benutzung der Formelsammlung, wie viel Liter Luft insgesamt in die Lungenbläschen aufgenommen werden können.
3. Berechne (Formelsammlung) die Gesamtoberfläche der Lungenbläschen.

Lungenbläschen ermöglichen engen Kontakt zwischen Luft und Blut. Die Lungenbläschen sind umflochten von einem dichten, eng anliegenden Netz aus Kapillargefäßen (▶ Bild 2). Die Trenn-„Wand" zwischen dem Innenraum der luftgefüllten Bläschen und dem Blut der Kapillargefäße besteht bei den meisten Bläschen aus nur zwei Zellschichten und etwas elastischem Fasermaterial. Sie hat eine „Dicke" von etwa einem tausendstel Millimeter, also nur etwa ein Hundertstel der Dicke dieser Buchseite.

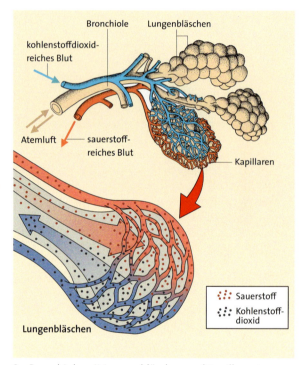

2 Bronchiole mit Lungenbläschen und Kapillarnetz

Sauerstoff- und Kohlenstoffdioxidmoleküle diffundieren in entgegengesetzter Richtung. Nach dem Einatemvorgang ist die Anzahl der Sauerstoffmoleküle in den luftgefüllten Lungenbläschen viel größer als im Blut in den Lungenkapillaren auf der „anderen Seite" der Trennwand. Pro Zeiteinheit treffen daher viele Sauerstoffmoleküle auf die Trennwand, durchqueren sie durch Diffusion und gelangen in das Blut. Dort stoßen sie sehr schnell auf Erythrocyten, diffundieren durch deren Zellmembran und werden im Innern der roten Blutkörperchen von Hämoglobinmolekülen (▶ Seite 27) gebunden. Am Ende der etwa 0,3 Sekunden lang dauernden Passage durch eine Lungenkapillare sind die Hämoglobinmoleküle in den roten Blutkörperchen zu fast 100 % besetzt.

Parallel zu der Beladung des Hämoglobins mit Sauerstoffmolekülen erfolgt der Wechsel von Kohlenstoffdioxidmolekülen aus dem Blut in die Lungenbläschen. Die Ursache dafür, dass sie den entgegengesetzten Weg nehmen, liegt in dem im Vergleich zu Sauerstoff umgekehrten Konzentrationsverhältnis: Beim Eintreffen an den Lungenbläschen enthält das Blut mehr Kohlenstoffdioxidmoleküle als die Luft in den Lungenbläschen. Dadurch wechseln pro Zeiteinheit viel mehr Kohlenstoffdioxidmoleküle vom Blut in die Bläschen als umgekehrt. Bereits 0,1 Sekunden, nachdem das Blut in die Lungenkapillare eingetreten ist, ist die Kohlenstoffdioxidkonzentration im Blut ausreichend erniedrigt und im Gegenzug in den Lungenbläschen deutlich erhöht (▶ Bild 1).

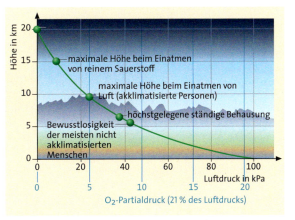

2 Die Sauerstoffkonzentration in der Luft nimmt mit zunehmender Höhe ab.

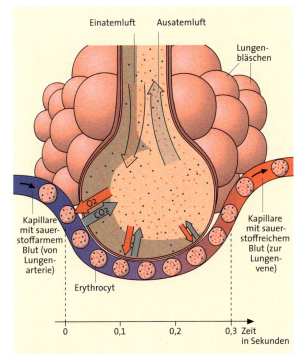

1 Austausch der Atemgase in den Lungenbläschen

Atemgastransport und Gasaustausch im Körper. Nach der Be- beziehungsweise Entladung der Erythrocyten im Kapillarnetz der Lungenbläschen gelangt das mit Sauerstoff angereicherte Blut über den *Lungenkreislauf* (▶ Seite 54) zurück zum *Herzen*. Dabei schließen sich die zahlreichen dünnen *Venen* zu immer größeren Gefäßen zusammen, sodass schließlich nur noch eine große Vene in die *linke Vorkammer* des Herzens mündet. Durch die linke Hauptkammer wird das Blut in die *Aorta* gepumpt und verteilt sich im *Körperkreislauf* auf die sich fortlaufend verzweigenden und immer dünner werdenden *Arterien*. Die Erythrocyten erreichen alle Bereiche des Körpers und gelangen dort in sehr feine Blutgefäße, die *Kapillaren*, die eng an den zu versorgenden Geweben anliegen. Nach dem *Gasaustausch* fließt das nun sauerstoffarme und mit Kohlenstoffdioxid angereicherte Blut über die Körpervenen in die *rechte Vorkammer* des Herzens und wird anschließend von der *rechten Hauptkammer* über den Lungenkreislauf zur Lunge gepumpt.

Atmung unter Extrembedingungen. Obwohl die prozentuale Zusammensetzung der Atmosphäre in jeder Höhe gleich ist, ändern sich die in einem bestimmten Volumen enthaltenen absoluten Mengen der verschiedenen Gase. Bild 2 zeigt, wie sich die Konzentration von Sauerstoff, auch ausgedrückt als dessen Partialdruck, bei zunehmender Höhe verringert. Bereits ab 4000 m Höhe, wenn die Erythrocyten durch die Lungenbläschen nur noch zu 70 % mit Sauerstoff beladen werden, können Symptome der Höhenkrankheit wie Müdigkeit, Schwindel oder Bewusstseinsstörungen auftreten. Als schnelle Reaktion auf die Mangelversorgung mit Sauerstoff erhöht das im Gehirn befindliche Atemzentrum sowohl die Atemtiefe, es wird also mehr Luft pro Atemzug ein- und ausgeatmet, als auch die Atemfrequenz (▶ Seite 44). Zudem wird der Durchmesser der Bronchien und Bronchiolen erweitert und das Herz steigert seine Pumpleistung.

Aufgaben

1 Beschreibe und erkläre den Ablauf des Gasaustauschs in den Körpergeweben.

2 Stelle den zeitlichen Verlauf des Gasaustauschs an den Lungenbläschen zeichnerisch als Filmleiste dar.

3 Zeichne ein Schema des Körper- und Lungenkreislaufs. Beschrifte die verschiedenen Typen von Blutgefäßen und gib die Fließrichtung sowie den unterschiedlichen Sauerstoff- beziehungsweise Kohlenstoffdioxidgehalt an.

4 Erkläre genau, welche Folgen die verringerte Sauerstoffkonzentration in größeren Höhen für den Gasaustausch in den Lungenbläschen hat.

5 Erkläre die Wirkung der „Sofortreaktionen" des Körpers auf die Mangelversorgung mit Sauerstoff in Höhenlagen.

6 Mit welchen Anpassungen könnte der Körper bei einem längeren Aufenthalt in Höhenlagen auf das verringerte Sauerstoffangebot reagieren? Begründe!

Nachgehakt: Diffusion als Grundlage der Atmung

Diffusion ist ein Alltagsphänomen. Ganz gleich, ob man einen Strauß Rosen in ein Zimmer bringt, eine Flasche Parfüm, eine Tube Klebstoff oder ein Gefäß mit Ammoniaklösung öffnet: In kurzer Zeit breitet sich der Duft oder Geruch in der Umgebung aus und wird für unseren Geruchssinn auch noch in einiger Entfernung wahrnehmbar. Offensichtlich bewegen sich die von der Duftquelle freigesetzten Moleküle wie von selbst von dieser weg und erfüllen schließlich, zusammen mit den Molekülen der Luft, den Raum. Das gleiche Phänomen kann man auch in Flüssigkeiten beobachten: Gibt man Zucker in ein Gefäß mit Wasser, schmeckt die Lösung, auch wenn sie nicht umgerührt wird und absolut ruhig steht, nach einiger Zeit überall gleich süß. Offensichtlich haben sich auch die Zuckermoleküle „von selbst" in die Freiräume zwischen den Wassermolekülen bewegt und sich in dem Gefäß gleichmäßig verteilt.

1 Der Duft einer Rose breitet sich durch Diffusion aus.

Schnell und langsam zugleich. Die Bewegung der Teilchen entsteht durch die Umwandlung von Wärmeenergie in kinetische Energie. Theoretisch sind die dabei erreichten Geschwindigkeiten sehr hoch: Sauerstoff- oder Stickstoffmoleküle beispielsweise könnten rechnerisch in einer Sekunde über 400 m zurücklegen. Da sie aber in der Luft und noch mehr im Wasser ununterbrochen mit anderen Teilchen zusammenstoßen und dabei jedes Mal auf unvorhersehbare Weise abgelenkt werden, kommen sie auf dem resultierenden Zufallskurs nur sehr langsam voran.

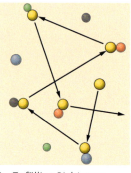

2 Zufällige Richtungsänderung bei Diffusion

Dynamische Gleichverteilung durch Zufallsereignisse. Wie es zu der Gleichverteilung von Molekülen innerhalb eines gegebenen Volumens kommt, kann man sich mithilfe einer Simulation erklären: In zwei aneinander angrenzenden Feldern A und B befinden sich jeweils 20 gelbe und 20 schwarze Kugeln (▶ Bild 3). Wenn sich die Kugeln, wie Teilchen bei der Diffusion, zufallsgemäß bewegen, wird irgendwann eine schwarze Kugel aus Feld A in Feld B und umgekehrt eine gelbe Kugel aus Feld B in Feld A gelangen. Natürlich können diese beiden Kugeln zufällig wieder in ihr ursprüngliches Feld zurückkehren. Solange sich aber in Feld A mehr schwarze als gelbe Kugeln befinden, ist die Wahrscheinlichkeit größer, dass eine schwarze Kugel in Feld B gelangt. Dadurch wird sich allmählich die Anzahl der schwarzen Kugeln in Feld A verringern und die Zahl der gelben Kugeln zunehmen. Wenn sich in beiden Feldern A und B jeweils gleich viel gelbe und schwarze Kugeln befinden, ist die Wahrscheinlichkeit für beide Kugelarten, die Seite zu wechseln, genau gleich groß. Der nach wie vor ständig erfolgende Wechsel der Kugeln ändert dann an der Gleichverteilung der gelben und schwarzen Kugeln im gesamten Raum nichts mehr.

Diffusion führt zum Konzentrationsausgleich. Wenn sich alle Teilchen ungehindert bewegen können, wird ein Diffusionsvorgang immer zu einer Gleichverteilung, also einem *Konzentrationsausgleich* führen. Man drückt das auch durch die Formulierung aus, dass sich die Teilchen eines Stoffs dorthin bewegen, wo ihre Konzentration niedriger ist.

Aufgaben

1. Erkläre, warum es zweckmäßig ist, nach einem erfolgten Konzentrationsausgleich durch Diffusion von einer dynamischen Gleichverteilung zu sprechen.
2. Überlege, welche Folgen es hätte, wenn die bereits aufgenommenen Sauerstoffmoleküle auf der Innenseite der Atemfläche nicht schnell durch das Blut abtransportiert würden. Erkläre!
3. In eine Ecke eines größeren, mit Wasser gefüllten Gefäßes gibt man Glucose, in die andere Kochsalz. Stelle zeichnerisch dar, wie sich die Verteilung der Moleküle zu verschiedenen Zeitpunkten darstellt. Begründe!

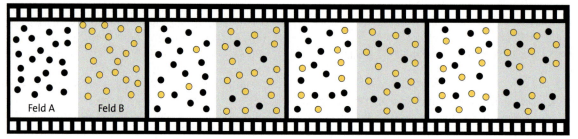

3 Durch Diffusion vermischen sich die beiden Molekülarten und erreichen einen Konzentrationsausgleich.

Energieträger ATP

Zellen sind auf ständige Energiezufuhr angewiesen. Zu jedem Zeitpunkt laufen in einer lebenden Zelle die verschiedensten Vorgänge ab: Ständig werden im Zellkern aus Nukleotiden Messenger-RNA-Moleküle gebildet, mit ihnen als Vorlage werden aus Aminosäuren Proteinmoleküle wie Enzyme (▶ Seite 22) synthetisiert, die wiederum zahllose chemische Stoffwechselreaktionen, wie den Auf- oder Abbau von Glykogen (▶ Seite 11), katalysieren. Ununterbrochen schleusen spezielle Proteine Stoffe durch die Zellmembran: sie transportieren Moleküle wie Glucose in die Zelle oder pumpen Ionen, wie beispielsweise Natrium- oder Kaliumionen, von einer Seite auf die andere. Zellorganellen wie Vesikel oder Geißeln werden aktiv bewegt, ebenso wie die Chromosomen bei jeder Zellteilung. So verschiedenartig diese Vorgänge auch sind, allen ist gemeinsam, dass bei ihnen *Arbeit* verrichtet wird und sie daher mit *Energieaufwand* verbunden sind.

Die Zelle arbeitet mit speziellen Energieträgern. Die Zellen heterotropher Lebewesen nehmen zwar die von ihnen benötigte Energie in Form energiereicher Biomoleküle wie Glucose oder Fette auf, setzen diese aber nicht direkt als „Antrieb" für ihre Lebensvorgänge ein. Stattdessen wird die in den Biomolekülen enthaltene Energie auf spezielle zelleigene Moleküle „umgeladen". Der wichtigste dieser erneuerbaren, zelleigenen Energieträger ist eine Verbindung, die als *Adenosintriphosphat*, abgekürzt *ATP*, bezeichnet wird. Diese „universelle Energiewährung" wird von allen Lebewesen genutzt.

Ein ATP-Molekül besteht aus einem Zuckermolekül, der Ribose, an die ein weiteres, als Adenin bezeichnetes organisches Molekül gebunden ist (▶ Bild 1). Entscheidend für die Eignung von ATP als „den" Energieträger in der Zelle sind aber die drei Phosphatgruppen, die aus Phosphor- und Sauerstoffatomen bestehen.

ATP liefert Energie für jede Art von Zellarbeit. Trifft ein ATP-Molekül zufällig auf ein Transportprotein für Natriumionen in der Zellmembran, löst sich mit Unterstützung eines speziellen Enzyms, der ATPase, die äußerste Phosphatgruppe und wird an das Proteinmolekül gebunden (▶ Bild 2). Der Einbau der Phosphatgruppe bewirkt eine Strukturänderung bei dem Transportprotein, die dazu führt, dass Natriumionen nach außen befördert werden. Danach löst sich die Phosphatgruppe von dem Proteinmolekül ab.

Trifft ein ATP-Molekül auf zwei Reaktionspartner, die an ein Enzym „angedockt" haben, erfolgt der gleiche Vorgang: Eine Phosphatgruppe wird, wieder mithilfe einer ATPase, vom ATP-Molekül auf einen der beiden Partner übertragen. Durch den Einbau der Phosphatgruppe werden bestimmte Bindungen in den Reaktionspartnern so beeinflusst, dass die Reaktion gestartet wird und in der erforderlichen Weise abläuft.

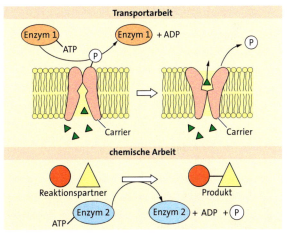

2 Mithilfe von ATP wird in der Zelle Arbeit verrichtet.

Ganz gleich also, ob in der Zelle eine Bindung zwischen zwei Partnern geknüpft oder getrennt wird, ob Ionen oder Moleküle durch die Membran transportiert oder Chromosomen bewegt werden müssen, immer geht es dabei letztlich um eine Umordnung von Atomen oder Molekülen, die durch die Übertragung einer Phosphatgruppe von einem ATP-Molekül ermöglicht wird.

Aus dem Adenosintriphosphat-Molekül entsteht dabei durch den Verlust einer Phosphatgruppe eine energieärmere Verbindung, die als *Adenosindiphosphat*, kurz *ADP*, bezeichnet wird. Bei einigen Reaktionen werden von dem ATP zwei Phosphatgruppen abgespalten, wobei Adenosinmonophosphat (AMP) entsteht. Diese Moleküle sind so energiearm, dass sie ihre letzte Phosphatgruppe nicht mehr auf andere Moleküle übertragen können. Sie müssen daher, wie auch das ADP, in einer „Ladestation" (▶ Seite 32) wieder zu energiereichem ATP regeneriert werden.

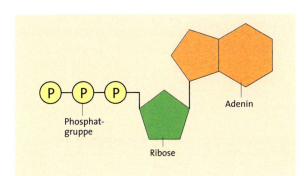

1 Vereinfachte Darstellung eines ATP-Moleküls

Aufgabe

1 Der menschliche Körper enthält zu keinem Zeitpunkt mehr als 35 g ATP. Berechne daraus die durchschnittliche Anzahl der ATP-Moleküle in einer Zelle (Anzahl der Zellen: etwa $60 \cdot 10^{12}$, M_{ATP}: 712 g/mol).

Bildung von ATP

Der ATP-Vorrat der Zelle wird ständig regeneriert. In einer menschlichen Zelle sind zu jedem Zeitpunkt einige Hundert Millionen ATP-Moleküle im Einsatz. Wegen des hohen Energiebedarfs der Zelle werden sie aber sehr schnell verbraucht und müssen ununterbrochen aus ADP und AMP regeneriert werden. Da die Gesamtmasse von ATP in unserem Körper zu keinem Zeitpunkt mehr als 35 g beträgt, wird jedes ATP-Molekül durchschnittlich 2400-mal pro Tag verwendet.

Die Regenerierung von ATP findet hauptsächlich in den Mitochondrien statt. Wenn ein ATP-Molekül in der Zelle Arbeit verrichtet und dadurch zu energieärmerem ADP oder AMP reagiert hat, kann es durch Glucose oder andere über die Nahrung aufgenommene Energieträger wie Fettsäuren wieder zu energiereichem ATP regeneriert werden. Dieser Vorgang, der auch als *energetische Kopplung* bezeichnet wird, erfolgt vor allem in den *Mitochondrien*, die deswegen auch als „Kraftwerke der Zelle" bezeichnet werden (▶ Bild 1). Ein in die Zelle aufgenommenes Glucosemolekül wird dabei unter Mitwirkung verschiedener Enzyme stufenweise abgebaut und kontrolliert mit Sauerstoff zur Reaktion gebracht. Wegen der Beteiligung von Sauerstoff bezeichnet man diese Form der ATP-Herstellung als aerob und spricht auch von *Zellatmung*. Als Reaktionsprodukte entstehen dabei Kohlenstoffdioxid, Wasser und 32 ATP-Moleküle.

Aufgaben

1. Berechne mithilfe des Textes die durchschnittliche „Lebensdauer" eines ATP-Moleküls.
2. Die beim vollständigen Abbau von Glucose freigesetzte Energie beträgt 2870 kJ/mol, bei der Reaktion von ADP zu ATP werden 30,5 kJ/mol gespeichert. Berechne den Wirkungsgrad der ATP-Synthese, das heißt, wie viel Prozent der in einem Glucosemolekül enthaltenen Energie in ATP umgewandelt werden.
3. Berechne mithilfe des Wirkungsgrads der ATP-Synthese aus Aufgabe 2, wie groß die Gesamtmasse von ATP ist, die in unserem Körper täglich regeneriert wird.

ATP kann auch ohne Sauerstoff gebildet werden. Die Hauptmasse des benötigten ATPs wird mit Sauerstoffmolekülen als Reaktionspartner aerob in den Mitochondrien gebildet. Daneben ist aber jede Zelle in der Lage, ATP auch ohne Sauerstoffmoleküle, also anaerob, aus ADP zu regenerieren. Diese Fähigkeit ist beispielsweise bei schnellen körperlichen Anstrengungen wichtig, da etwa zu Beginn eines Sprints der vorhandene ATP-Vorrat in den Muskelzellen bereits nach zwei Sekunden verbraucht ist und noch nicht genügend Sauerstoffmoleküle für die aerobe ATP-Bildung vorhanden sind.

Energielieferanten bei dieser anaeroben ATP-Bildung sind ebenfalls Glucose und andere energiereiche Biomoleküle. Als Reaktionsprodukte bei dem als *Glykolyse* bezeichneten Prozess entstehen aus einem Molekül Glucose zwei *Milchsäuremoleküle* und zwei ATP-Moleküle. Hat die Zelle wieder ausreichend Sauerstoff zur Verfügung, baut sie die noch energiereichen Milchsäuremoleküle anschließend aerob in den Mitochondrien unter Bildung von je 14 ATP-Molekülen ab.

Aufgaben

4. Welche der beiden Formen der ATP-Bildung in der Zelle ist evolutionär älter? Begründe!
5. Vergleiche den Wirkungsgrad der aeroben und anaeroben ATP-Bildung.
6. Obwohl der Energie- und ATP-Bedarf nach Abschluss eines Sprints sofort viel geringer wird, muss man noch eine Weile intensiv „nachatmen". Versuche für diese Beobachtung eine Erklärung zu finden.
7. Welche Bedeutung hat es deiner Ansicht nach, dass das Blut ständig eine konstante Masse an Glucose (Blutzuckerspiegel: 1 g Glucose/l) transportiert?
8. Der Körper eines normalgewichtigen Menschen enthält etwa 11 kg Fett und 600 g Glykogen. Berechne die Änderung des Körpergewichts, wenn die in beiden Stoffen enthaltene Energie ausschließlich in Form von Glykogen im Körper gespeichert würde (Energiegehalte: Fett = 39 kJ/g, Glykogen/Glucose = 17 kJ/g).

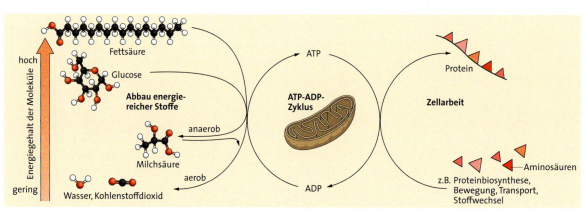

1 ATP koppelt energieliefernde Abbaureaktionen an energieverbrauchende Vorgänge.

Zusammenfassung!

■ Stoffwechsel: Energie und Biomoleküle
Der Körper von Lebewesen besteht aus Biomolekülen, die aus einem Kohlenstoffgrundgerüst mit verschiedenen daran gebundenen Atomarten aufgebaut sind. Biomoleküle haben in der Zelle spezifische Funktionen, zum Beispiel als Enzyme, Energieträger, Informationsträger oder Baustoffe. Der ständig stattfindende Umbau, Aufbau und Abbau der Biomoleküle und die damit verbundenen Prozesse der Energieumwandlung werden als Stoffwechsel bezeichnet.

■ Zusammensetzung der Nahrung
Wie alle heterotrophen Lebewesen muss der Mensch die für den Stoffwechsel benötigten Biomoleküle mit der Nahrung aufnehmen. Neben den als Makronährstoffe bezeichneten Proteinen, Kohlenhydraten und Fetten sind Wasser sowie Mikronährstoffe (Mineralstoffe, Vitamine) und Ballaststoffe notwendige Nahrungsbestandteile. Essenzielle Nährstoffe, wie Mineralstoffe, verschiedene Amino- oder Fettsäuren und die meisten Vitamine, sind Verbindungen, die der Organismus nicht selbst herstellen kann und die daher mit der Nahrung aufgenommen werden müssen.

■ Ernährung und Energiebedarf
Bei der Ernährung sollte man reichlich Obst und Gemüse, Kartoffeln, Getreideprodukte und pflanzliche Öle, aber nicht zu viel Süßes, Fett, Wurst und Fleisch verzehren. Bei einer zu energiereichen Ernährung wird die überschüssige Energiemenge in Form von Fett gespeichert. Bei nicht ausreichender Ernährung greift der Körper auf Glykogen- und Fettreserven zurück. Später nutzt er auch körpereigene Proteine als Energiequelle und baut dabei Muskelmasse ab. Starkes Über- und Untergewicht sind gesundheitliche Risikofaktoren. Ein möglicher Maßstab für die Einschätzung des Körpergewichts ist der Body-Mass-Index (BMI).

■ Verdauung
Durch die Verdauung werden die mit der Nahrung aufgenommenen Biomoleküle wie Stärke oder Proteine in kleinere Moleküle zerlegt, die in die Darmzellen aufgenommen und über Blutgefäße zu allen Körperzellen transportiert werden können. Die Zerlegung erfolgt nach mechanischer Zerkleinerung (Gebiss) durch Enzyme vor allem im Dünndarm, dessen Oberfläche durch Faltung und Darmzotten stark vergrößert ist. Das Wasser wird im Darm aufgenommen.

■ Enzyme
Enzyme sind Proteinmoleküle, die als Biokatalysatoren durch Herabsetzen der Aktivierungsenergie Stoffwechselreaktionen stark beschleunigen und dadurch Lebensvorgänge erst ermöglichen. Ihre Wirkung beruht darauf, dass sie durch engen Kontakt mit den Substratmolekülen deren Bindungen beeinflussen, sodass diese leichter gelöst und neu geknüpft werden können. Jede Enzymart besitzt eine spezifische, von der Temperatur und dem ph-Wert abhängige Aktivität.

■ Atmung
Unter Atmung versteht man die Aufnahme von Sauerstoff zur Energiegewinnung in den Zellen und die Abgabe des dabei entstehenden Kohlenstoffdioxids. Durch die enorme Anzahl an Lungenbläschen bietet die Lunge eine große Oberfläche für einen schnellen Gasaustausch. Der Gasaustausch erfolgt durch Diffusion. An Hämoglobinmoleküle in den Erythrocyten gebunden, wird der Sauerstoff über die Blutgefäße zu den Körperzellen transportiert und dort durch Diffusion aufgenommen. Der Abtransport von Kohlenstoffdioxid verläuft in entgegengesetzter Richtung.

■ Energiebereitstellung in der Zelle
Als Antrieb für alle energieverbrauchenden Arbeiten verwenden Zellen Adenosintriphosphat (ATP). Diese Moleküle übertragen mithilfe eines Enzyms eine Phosphatgruppe auf ein anderes Molekül, wodurch ein bestimmter Vorgang ermöglicht wird. Die dabei entstehenden ADP-Moleküle werden mithilfe von Glucose oder anderen Energieträgern vor allem in den Mitochondrien zu ATP regeneriert.

Alles klar?

1. Auch Enzyme unterstützen, wie ATP, das Lösen oder Neuknüpfen von Bindungen bei Molekülen und ermöglichen so Stoffwechselvorgänge. Erkläre, worin sich beide „Werkzeuge" der Zelle unterscheiden.
2. Beschreibe den auf dem Bild rechts dargestellten Kurvenverlauf. Erkläre, auf welche Weise die Bindungsfähigkeit des Hämoglobins den Gasaustausch in der Lunge und im Gewebe unterstützt.

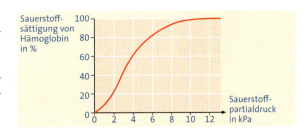

Angewandte Biologie: Biotechnologie

Biotechnologie – uralt oder brandneu? Im Gegensatz zu vielen anderen Ameisenarten ernähren sich die in Südamerika beheimateten Blattschneiderameisen fleischlos: Sie fressen einen speziellen Pilz, den sie zu diesem Zweck züchten. Der weißliche Pilz (▶ Bild oben) wächst in Pilzkammern des Nests auf Pflanzenmaterial. Um ihn zu versorgen, schneiden die Ameisen Teile von Blättern ab und transportieren diese in ihr Nest. Dort werden die Blattstücke zerkaut und können dann von dem Pilz verwertet werden, der mit seinem Enzymapparat in der Lage ist, Zellulose in Glucose zu zerlegen.

Auf dem Bild oben rechts ist ein *Biofermenter*, auch *Bioreaktor* genannt, dargestellt, in dem gentechnisch veränderte Bakterien das Enzym Chymosin produzieren, das zur Käseherstellung benötigt wird. Konstruktion und Betrieb eines solchen Fermenters erfordern detaillierte Kenntnisse aus der Biologie, Chemie und Verfahrenstechnik. Man spricht daher von *Biotechnologie*. Das größte Einsatzgebiet der Biotechnologie ist die Lebensmitteltechnologie, aber auch die Herstellung von Arzneimitteln (wie Penicillin) und Hormonen (wie Insulin) sowie die Abwasserreinigung bedient sich biotechnologischer Verfahren.

Aufgaben

1. Erläutere die Gemeinsamkeiten zwischen Blattschneiderameise und Mensch in Bezug auf die Nahrungsmittelproduktion (Pilz und Käse).
2. Versuche den Begriff Biotechnologie zu definieren. Erkläre, auf welche Weise Biologie, Chemie und Verfahrenstechnik bei der Biotechnologie zusammenwirken.
3. Überlege, ob und inwiefern die beiden im Text erwähnten Formen des Zusammenlebens (Blattschneiderameise–Pilz, Mensch–Bakterien) als Symbiose bezeichnet werden können.
4. Vor Einführung der biotechnologischen Produktion wurde Chymosin als Bestandteil des Labferments aus Kälbermägen gewonnen. Finde heraus, welche Bedeutung das Enzym für die Kälber hat.
5. Nenne weitere Mikroorganismen, die zur Herstellung von Lebensmitteln verwendet werden (▶ Bilder links).

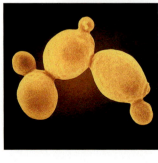

Mikroorganismen bei der Herstellung von Lebensmitteln

1–3 Nahrungsmittel, die mithilfe von Mikroorganismen hergestellt werden

Brot und Bier mithilfe von Hefe. Seit es zuckerhaltige Früchte gibt, existieren in der Natur sicherlich auch vergorene Nahrungsmittel. Dafür sorgen *Hefepilze,* die auf den Schalen von Früchten gedeihen. Sie gewinnen durch *Gärung* aus Zucker Energie und bilden dabei als Nebenprodukte *Ethanol* und *Kohlenstoffdioxid*:

$$C_6H_{12}O_6 \rightarrow 2\,C_2H_5OH + 2\,CO_2 + \text{Energie}$$

Dies machten sich bereits vor etwa 8000 Jahren die Sumerer in Mesopotamien zunutze. Sie beherrschten die Kunst des Bierbrauens und stellten aus gekeimtem Getreide und Wasser mithilfe von Hefepilzen ein nahrhaftes Getränk her. Die enthemmende Wirkung auf Körper und Geist mag ein Grund für die rasche Ausbreitung dieser vermutlich ältesten Biotechnologie gewesen sein. Durch seinen Alkoholgehalt war das Getränk aber außerdem vor Verderb durch Fäulnisbakterien geschützt (▶ Seite 38) – ein revolutionärer Fortschritt im heißen Klima des Orients, wo Trinkwasser häufig Mangelware blieb. Eine ähnliche Funktion erfüllte in anderen Gegenden der Wein, hergestellt aus vergorenem Traubensaft.

Dass mithilfe von Mikroorganismen anstelle des dünnen, festen Fladenbrots ein großer, lockerer Brotlaib hergestellt werden kann, wurde wahrscheinlich erst nach dem Bierbrauen entdeckt. Den Brotteig stellt man aus Mehl, Hefe und Wasser her, bei Roggenbrot wird außerdem Sauerteig zugefügt, der Milchsäurebakterien enthält. Der Teig muss einige Stunden „gehen", das heißt, die Mikroorganismen betreiben Gärung. Beim Backen werden sie abgetötet, zurück bleiben nur die bläschenförmigen Hohlräume, die in jeder Brotscheibe sichtbar sind.

Milchsäurebakterien – sauer macht haltbar. Sauermilch entsteht „wie von selbst", wenn sich *Milchsäurebakterien* in frischer Milch vermehren und bei der anaeroben Energiegewinnung Milchzucker in Milchsäure ($C_3H_6O_3$) umwandeln. Die Milchsäure bewirkt eine Gerinnung des Milchproteins (Casein) und verhindert die Vermehrung von Fäulnisbakterien. So konnten die Menschen früher Milch nicht nur vor dem schnellen Verderb schützen. Die von den Milchsäurebakterien hergestellten Vitamine und an Milchsäure gebundenes, leichter resorbierbares Calcium erhöhen den Nährwert des entstehenden Produkts. Zudem verändert sich je nach Art der vorherrschenden Milchsäurebakterien der Geschmack.

Milchsäurebakterien sind auch nötig, um Sauerkraut und saure Gurken herzustellen. Sogar bei der Herstellung von Dauerwurst aus rohem Fleisch, zum Beispiel Salami, spielen sie eine wichtige Rolle.

Aufgaben

1. Ordne zu, welche Gärungsprodukte beim Brotbacken und welche beim Bierbrauen die gewünschte Wirkung erzielen.
2. Recherchiere, warum man Roggenbrot nicht allein mit Hefe, sondern nur unter Zusatz von Sauerteig herstellen kann.
3. Hefepilze können sowohl unter aeroben als auch unter anaeroben Bedingungen existieren. Wenn genug Sauerstoff vorhanden ist, betreiben sie Zellatmung, im anderen Fall findet Gärung statt. Begründe den auf dem Bild unten gezeigten Verlauf der Konzentrationen von Sauerstoff, Kohlenstoffdioxid und Ethanol vor und nach dem Zeitpunkt *t*. Verwende dabei auch die Summengleichung für Zellatmung und Gärung.

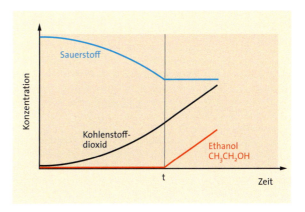

Praktikum: Versuche mit Mikroorganismen

Mikroskopische Untersuchung von Hefezellen
Material: Bäckerhefe, 300 ml 10%ige Glucoselösung, stark verdünnte Methylenblaulösung, Wärmeschrank, Mikroskop und Zubehör, Pipette

Löse ein Stück Hefe in der Zuckerlösung auf. Stelle die Lösung für zwei bis drei Tage bei 25–30 °C in den Wärmeschrank. Nimm dann mit der Pipette eine Probe und gib sie auf einen Objektträger. Füge einen Tropfen Methylenblaulösung hinzu. Lebende Zellen erscheinen hellblau, abgestorbene Zellen kräftig blau gefärbt, da Enzyme in den lebenden Zellen Methylenblau in eine farblose Form umwandeln. Mikroskopiere und fertige eine beschriftete Zeichnung an.

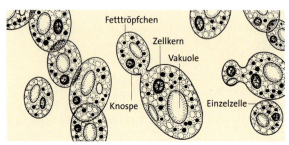

1 Hefezellen

Nachweis der alkoholischen Gärung
Material: 40 g Bäckerhefe, 2 1-Liter-Erlenmeyerkolben, mit Kalkwasser befülltes Gäraufsatzröhrchen, durchbohrter Stopfen, Wasserbad (80 °C), Alkoholteströhrchen, 600 ml 10%ige Glucoselösung

Fülle die Glucoselösung in einen Erlenmeyerkolben, gib die Bäckerhefe dazu und verteile sie gleichmäßig durch Umschwenken. Verschließe den Kolben mit dem mit Kalkwasser befüllten Gäraufsatzröhrchen.
Nach Abschluss des Gärvorgangs setzt sich die Hauptmasse der Hefe als Bodensatz ab. Gieß die Gärflüssigkeit vorsichtig in den zweiten Erlenmeyerkolben. Erhitze sie bei etwa 80 °C. Setze dabei das Alkoholteströhrchen auf den Kolben.

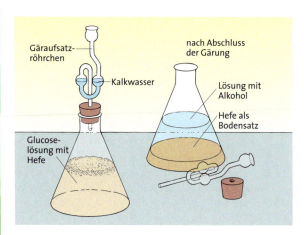

Herstellung von Sauermilch, Joghurt, Sauerkraut und Weinessig

Versuche
1. Etwa 300 ml Frischmilch vom Bauernhof (Rohmilch oder Vorzugsmilch) werden in einer sauberen Ton- oder Steingutschale mit einem Teller oder Holzbrett abgedeckt und ein bis zwei Tage bei Raumtemperatur stehen gelassen.
2. Etwa 200 ml Rohmilch werden leicht erwärmt (max. 43 °C), mit einem Esslöffel Joghurt verrührt und in einer Thermoskanne mindestens sechs Stunden aufbewahrt.
3. Weißkohl wird gehobelt oder in feine Streifen geschnitten, etwas gesalzen und in ein Einmachglas fest eingedrückt, bis dieses randvoll ist. Man verschließt es luftdicht und lässt es 14 Tage stehen.
4. 100 ml eher trockener Wein werden mit dem gleichen Volumen Wasser verdünnt und in eine Schale gegeben. Man lässt den Ansatz mit einem luftdurchlässigen Stofftuch bedeckt möglichst bei genau 23 °C einige Wochen lang stehen. Die entstehende gallertartige Bakterienmasse, die sogenannte Essigmutter, muss immer wieder untergestoßen werden.

Fertige zur Überprüfung auf Bakterien von den Versuchsansätzen Verdünnungsausstriche auf Objektträgern an und mikroskopiere diese.
Fertige von den Flüssigkeiten aus den Versuchen 1 und 2 nach einigen Tagen,

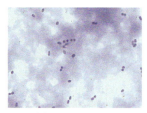

2 Milchsäurebakterien

von der Flüssigkeit aus Versuch 3 nach zwei Wochen Verdünnungsausstriche auf einem Agar-Nährboden an und bebrüte sie bei 25 °C.

Aufgaben
1. Benenne die ökologische Wechselbeziehung zwischen den Milchsäurebakterien und Fäulnisbakterien.
2. Finde eine biologische Begründung für die Verwendung von Salz, das feste Eindrücken des Weißkohls und das luftdichte Verschließen des Gefäßes bei der Sauerkrautherstellung in Versuch 3.
3. Erkläre, warum man die Essigsäureherstellung nicht im eigentlichen Sinn als Gärung bezeichnet. Warum muss die Essigmutter bei Versuch 4 unter die Flüssigkeitsoberfläche gestoßen werden?
4. Informiere dich über die Vorgänge bei der Herstellung von Bier. Woher stammt der für die Gärung erforderliche Zucker? Worin unterscheiden sich helle und dunkle Biersorten? Was versteht man unter obergärigem und was unter untergärigem Bier?

Nachgehakt: Fooddesign

Fooddesign – eine Definition. *Fooddesign* verwendet man heute in der Lebensmittelindustrie als Begriff für die Entwicklung von neuartigen Lebensmitteln. Dabei werden nicht nur traditionelle, sondern auch moderne chemische, technische und biologische (zum Beispiel enzymatische) Verfahren angewendet. Häufig werden Grundsubstanzen aus preiswerten pflanzlichen Rohstoffen wie Soja isoliert und zu einem Produkt zusammengefügt.

1 Werbung für Liebigs Fleischextrakt

Margarine und Liebigs Fleischextrakt. Als im 19. Jahrhundert die Bevölkerung vor allem in den Städten stark anstieg, wuchs der Bedarf nach günstigen und zeitsparenden Lebensmitteln. Ein von *Justus von Liebig* (▶ Seite 162) entwickeltes Verfahren zur Gewinnung von Fleischextrakt ermöglichte es ab 1863, die Bevölkerung Europas billig mit tierischem Eiweiß von südamerikanischen Rinderherden zu versorgen. Später kamen Fleischbrühwürfel hinzu.

Manche Neuheiten auf dem Lebensmittelmarkt waren Kriegsprodukte. So gab *Napoleon III.* den Auftrag, für Kriegszeiten einen billigeren und länger haltbaren Ersatz für Butter zu entwickeln: 1869 wurde aus Rindertalg und Magermilch die Margarine erfunden. In Preußen wurde 1870 erstmals Erbswurst als Soldatenverpflegung eingesetzt. Dieses Gemisch aus Erbsenmehl, Gewürzen und Speck verwandelt sich durch Zugabe von heißem Wasser in eine nahrhafte Suppe – der Vorläufer unserer Tütensuppen.

Fooddesign heute. Fertiggerichte sollen haltbar und einfach zuzubereiten sein, aber wie selbst gemacht schmecken. Das ist nicht immer leicht zu bewerkstelligen. Natürliche Aromen zum Beispiel werden häufig bei der Produktion oder Lagerung schwächer. Durch den Zusatz von Aromastoffen kann ein Eindruck erzeugt werden, der dem natürlichen Geschmack sehr nahekommt. So kann einer neutralen Grundsubstanz nahezu jeder beliebige Geschmack verliehen werden. Und „Fruchtfleisch" in Tomatensuppenpulver wird aus Kartoffelstärke und Tomatenmark nachgebildet – mit echten Tomaten hat das nur noch wenig zu tun.

Um die Gunst des Käufers zu gewinnen, müssen Fertigprodukte aber mehr bieten als guten Geschmack. Fischstäbchen sollen außen knusprig, Butter nicht zu hart, Schokolade nicht zu brüchig und Vanillepudding schön gelb sein. Nichts wird dem Zufall überlassen. Die Grundsubstanz eines Produkts, zum Beispiel Kartoffelstärke, seine Konsistenz, die sich durch Geräusche und Gefühle beim Abbeißen und Kauen äußert, Geschmack und Geruch sowie Aussehen können unabhängig voneinander entworfen („designed") werden. Damit sind Industrie, Marktforschung und Wissenschaft beschäftigt. Fast Food wie Hamburger und Genussmittel wie Kartoffelchips werden häufig auf diese Weise hergestellt. Kritiker wenden dagegen ein, dass bei wiederholtem Konsum dieser meist intensiver schmeckenden Produkte Konsistenz, Geschmack und Geruch eines naturbelassenen Lebensmittels vergessen und schließlich als etwas Fremdes empfunden werden.

Functional Food – gesund durch Essen? *Functional Food* sind Lebensmittel, die durch den Einsatz von Wirkstoffen eine zusätzliche Funktion zur Steigerung der Gesundheit erhalten. Als Wegbereiter hierfür kamen 1996 in Deutschland probiotische Joghurts mit speziellen Milchsäurebakterien auf den Markt. Es folgten Fruchtsäfte, die mit den Vitaminen A, C und E angereichert waren, 1998 wurden die ersten Backwaren mit zugesetzten Omega-3-Fettsäuren und Iodid verkauft. In vielen Fällen lässt sich jedoch die Wirksamkeit der funktionellen Lebensmittel durch wissenschaftliche Studien nicht belegen.

3 Functional Food

2 Kartoffelchips

Aufgaben

1. In welcher Hinsicht unterscheidet sich der Einsatz von Aromastoffen in Form von Gewürzen bei der Zubereitung von Mahlzeiten vom Einsatz von Aromastoffen beim Fooddesign?
2. Recherchiere den Unterschied zwischen natürlichen, naturidentischen und künstlichen Aromastoffen.
3. Recherchiere die Funktion folgender Zusatzstoffe: Antioxidanzien, Emulgatoren, Farbstoffe, Geschmacksverstärker, Konservierungsmittel, Verdickungsmittel.
4. Erkläre die Bedeutung der Vitamine A, C, E und von Omega-3-Fettsäuren für den menschlichen Körper.
5. „Functional Food ist grundsätzlich keine Garantie für eine bedarfsgerechte und ausgewogene Ernährung. Ernährungsfehler lassen sich auch durch den Verzehr von funktionellen Lebensmitteln nicht beseitigen." Nimm Stellung zu dieser Aussage der Deutschen Gesellschaft für Ernährung.

Konservierung von Lebensmitteln

1 Sauberes Trinkwasser

3 Ungenießbar – von Schimmelpilzen befallene Birne

Wasser ist Leben?! Die Sorge um sauberes Trinkwasser kennen die Menschen, seit sie in größeren Siedlungen zusammenleben. Zahllose Menschen starben, weil sie ihren Durst mit verunreinigtem Wasser stillten. Auch heute noch ist das die Ursache von Epidemien wie etwa von Ruhr oder Cholera, wenn nach einer Katastrophe die Trinkwasserversorgung zusammenbricht. So verwundert es nicht, dass in antiken Schriften nur Wasser aus Quellen und tiefen Brunnen als Getränk genannt wird. Demnach hatte man damals gelernt, dass die meisten Wasservorräte nicht zum Trinken geeignet waren.

In der Antike waren deshalb Wein und Bier als Alltagsgetränke weit verbreitet. Aufgrund ihres Gehalts an *Alkohol* und *Säuren* waren sie nicht nur frei von Krankheitserregern, leicht verschmutztes Trinkwasser konnte sogar wieder aufbereitet werden. Wein wurde auch zur Desinfektion von Wunden verwendet.

Asiatische Kulturen gingen einen anderen Weg: Mindestens seit 2000 Jahren gibt es dort die Tradition, das Wasser zum Trinken *abzukochen*, gewöhnlich um Tee zuzubereiten. Dabei dürfte von Bedeutung gewesen sein, dass rund der Hälfte aller Asiaten ein Enzym für den Abbau von Alkohol fehlt. Den Betreffenden wird schon nach dem Konsum kleiner Mengen schlecht, weil ein giftiges Zwischenprodukt nicht schnell genug umgesetzt werden kann.

2 Ägyptischer Soldat beim Biertrinken mit einem Trinkhalm

Aufgaben
1 Überlege, warum vor allem in der Nähe von Siedlungen nur Wasser aus Quellen und tiefen Brunnen zum Trinken geeignet ist.
2 Finde weitere Maßnahmen, wodurch heutzutage die Trinkwasserqualität erhalten oder wiederhergestellt werden kann.

Warum verderben Lebensmittel? Lebensmittel stellen nicht nur für uns Menschen eine Quelle für Energie und Baustoffe dar, sondern auch für viele Mikroorganismen. Alle Lebensmittel, egal ob tierischen oder pflanzlichen Ursprungs, unterliegen ab dem Zeitpunkt ihrer Gewinnung einem Um- und Abbau durch Bakterien, Hefen und Schimmelpilzen. Diese Vorgänge können erwünscht sein und finden beispielsweise beim Abhängen von Fleisch, beim Reifen von Käse oder bei der Herstellung von Wein statt. Lässt man die Mikroorganismen jedoch zu lange einwirken, so wird zuerst die Qualität (Geschmack, Aussehen) beeinträchtigt, später verursachen sie den Verderb der Lebensmittel, indem sie deren Substanz zerstören und sich giftige Abbauprodukte anreichern.

Konservierungsmethoden. Techniken zur Haltbarmachung verbreiteten sich früh in der Menschheitsgeschichte, auch wenn die Menschen nicht wussten, warum Lebensmittel verdarben. Viele *Konservierungsmethoden* unterdrücken die für den Verderb verantwortlichen Mikroorganismen oder töten sie ab. Nach ihren Wirkmechanismen lassen sich *biologische*, *chemische* und *physikalische Verfahren* unterscheiden.

Bei biologischen Verfahren werden Lebensmittel mit bestimmten Mikroorganismen versetzt, die zum Beispiel Milchsäure oder Alkohol ausscheiden. Dadurch wird das Milieu so verändert, dass andere Mikroorganismen nicht mehr wachsen können.

Physikalische Verfahren können
- den Wassergehalt eines Lebensmittels reduzieren (Trocknen, Dörren) oder durch Zugabe von osmotisch wirksamen Stoffen (Zucker, Salze) den Mikroorganismen Wasser entziehen (▶ Seite 65), sodass sie nicht mehr existieren können,
- den Stoffwechsel und damit die Vermehrung von Mikroorganismen verringern (Kühlen, Gefrieren),
- eine Spezialatmosphäre um das Lebensmittel schaffen, zum Beispiel durch eine Vakuumverpackung oder die Erniedrigung der Sauerstoff- und Erhöhung der Kohlenstoffdioxidkonzentration,
- die Mikroorganismen abtöten (durch Einwirkung von Hitze, UV- oder radioaktiver Strahlung).

Bei chemischen Verfahren werden Stoffe eingesetzt, die Mikroorganismen abtöten oder in ihrer Entwicklung hemmen. So verhindert *Nitrit* das Wachstum des Bakteriums *Clostridium botulinum*, dessen Abbauprodukt *Botulinustoxin* zu den stärksten Nervengiften gehört und tödliche Lebensmittelvergiftungen verursachen kann. Nitrit erhält auch die rötliche Farbe von Fleisch und Wurst. Bei hohen Temperaturen, etwa beim Grillen, können durch eine Reaktion mit Aminosäuren *Nitrosamine* entstehen, die als krebserregend gelten. *Schwefeldioxid* verhindert ebenfalls Bakterienwachstum und erhält die Farbe von getrockneten Aprikosen. Beim Räuchern von Fleisch und Wurst dringen neben Geschmacksstoffen auch antibakteriell wirkende Stoffe in die Lebensmittel ein. Ein häufig verwendetes Konservierungsmittel ist *Vitamin C* (Ascorbinsäure). Es wirkt als *Reduktionsmittel (Antioxidationsmittel)* und verhindert die Oxidation empfindlicher Moleküle durch Luftsauerstoff oder Bakterien und damit Farbänderungen und Ranzigwerden von Lebensmitteln.

1 Geschwefeltes Trockenobst

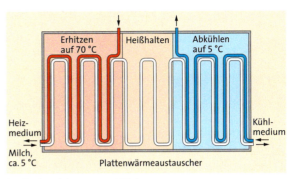

2 Pasteurisieren von Milch

Beim *Ultrahocherhitzen* wird Milch 1–4 Sekunden lang auf bis zu 150 °C erhitzt. Dabei wird sie unter hohem Druck so durch eine erhitzte Düse gepresst, dass die Fetttröpfchen stark zerkleinert werden (Homogenisierung). Es entsteht eine stabile Emulsion, die keine vermehrungsfähigen Keime enthält. Ultrahocherhitzte Milch (UHT- oder H-Milch) kann ungeöffnet mehrere Monate ohne Kühlung aufbewahrt werden.

Aufgabe
5 Geöffnete H-Milch ist gekühlt nicht länger haltbar als unbehandelte Rohmilch. Sie wird aber im Gegensatz zur Rohmilch nicht sauer, sondern faul. Begründe!

Aufgaben
1 Nenne Beispiele für Lebensmittel, die mit den verschiedenen Verfahren konserviert werden können.
2 Erkläre, wie durch die Veränderung des Wassergehalts die Haltbarkeit eines Lebensmittels erhöht wird.
3 Begründe, welche Eigenschaften chemische Konservierungsmittel haben müssen, um bei Lebensmitteln eingesetzt werden zu dürfen.
4 Beschreibe die ökologische Wechselbeziehung zwischen Mikroorganismen bei biologischen Konservierungsverfahren.

Pasteurisierung und Ultrahocherhitzen. Eine der bekanntesten Konservierungsmethoden ist die *Pasteurisierung* von Milch, die hierzu für eine Dauer von 15 bis 40 Sekunden auf etwa 75 °C erhitzt und danach sofort wieder abgekühlt wird. Ein Großteil der Mikroorganismen wird dabei abgetötet, pasteurisierte Milch ist aber nicht gänzlich keimfrei. Kühl gelagerte pasteurisierte Milch bleibt ungeöffnet etwa 6–10 Tage genießbar.
Auch Lebensmittel wie Wein, Fruchtsaft oder Bier werden bei der Herstellung häufig pasteurisiert oder aus pasteurisierten Bestandteilen erzeugt. Saure Produkte mit einem pH-Wert unter 4,5 sind durch Pasteurisierung so konservierbar, dass sie ungekühlt gelagert werden können. Beispiele hierfür sind viele Obst- und Gemüsesäfte oder -konserven.

Versuch
Mit dieser Versuchsreihe können verschiedene Konservierungsmethoden gut verglichen werden.

Material: 9 kleine Gefäße, etwa 100 g Hackfleisch, Salz, Zucker, Essig, Cola
Die Gefäße werden folgendermaßen befüllt:
a) ein halber Teelöffel Hackfleisch
b) ein halber Teelöffel Hackfleisch gut gesalzen
c) ein halber Teelöffel Hackfleisch gut gezuckert
d) ein halber Teelöffel Hackfleisch in Essig
e) ein halber Teelöffel Hackfleisch in Cola
f) ein halber Teelöffel Hackfleisch in Wasser
g) ein halber Teelöffel Hackfleisch im Kühlschrank
h) ein halber Teelöffel Hackfleisch zum Einfrieren
i) ein halber Teelöffel gekochtes Hackfleisch
Alle Versuchsansätze bis auf g und h werden in verschlossenen Gefäßen bei Zimmertemperatur drei Tage lang stehen gelassen und dann auf Aussehen und Geruch überprüft. Verwesungsgeruch zeigt, dass das Lebensmittel von Bakterien zersetzt wird, also für den menschlichen Genuss nicht geeignet ist. Tritt kein Geruch auf, hat die Konservierungsmethode funktioniert. *Sicherheitshinweis:* Mit den Versuchsansätzen dürfen keine Geschmacksproben durchgeführt werden. Vergiftungsgefahr!

Abwasserreinigung

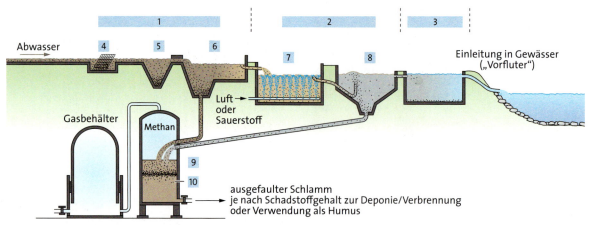

1 Schema einer dreistufigen Kläranlage

Lebensgefährliche Abwässer. Im 19. Jahrhundert wurde Europa mehrfach von einer bis dahin unbekannten Krankheit heimgesucht – *Cholera*. 1854 fielen dieser schweren Durchfallerkrankung allein in München etwa 3000 Menschen zum Opfer, darunter auch die bayrische Königin Therese. Die Infektion erfolgte durch Cholerabakterien im Trinkwasser, das ein Großteil der 130 000 Münchener damals über Pumpbrunnen aus dem Grundwasser bezog. Durch die aus den Fäkaliengruben der Häuser heraussickernde Flüssigkeit war es auch mit Krankheitserregern stark verunreinigt.

Schließlich konnte der Arzt *Max Pettenkofer* die Regierung zu einem systematischen Ausbau von Abwasserkanälen in München bewegen, die bis heute immer weiter ausgebaut werden. Die Sterblichkeit sank von 41,7 Personen je 1000 Einwohner im Jahr 1870 auf 15,6 Personen im Jahr 1910. Zunächst wurden die Abwässer in Gewässer eingeleitet, 1926 entstand die erste *Kläranlage*. Heute reinigen zwei modernste Kläranlagen die Abwässer so effektiv, dass die Isar mitten in der Großstadt als Badegewässer genutzt werden kann.

Nur durch die hoch entwickelte Biotechnologie der Abwasserreinigung ist es in einem dicht besiedelten und stark industrialisierten Land wie Deutschland möglich, eine hygienische Trinkwasserversorgung zu sichern, aber auch die Schönheit unserer Fließgewässer und ihre vielfältige Tier- und Pflanzenwelt zu erhalten.

Kläranlagen – künstliche Paradiese für Bakterien. Heterotrophe Bakterien leben vom Abbau der Biomoleküle, die sie aus ihrer Umgebung aufnehmen. Genau diese Fähigkeit macht man sich in Kläranlagen zunutze. Sie sind technisch so angelegt, dass Bakterien optimale Bedingungen für den Abbau der mit den Abwässern ankommenden Biomoleküle vorfinden. Deshalb erfolgt die Abwasserreinigung in Kläranlagen auf kleinerem Raum und in sehr viel kürzerer Zeit, als sie in der Natur zum Beispiel in einem Fließgewässer abläuft.

Drei Stufen bis zum „sauberen" Wasser. Das Reinigen des Abwassers erfolgt bei modernen Kläranlagen in drei aufeinanderfolgenden Stufen. Bei der *mechanischen Reinigung* werden alle gröberen Abfälle wie Papier, Sand und Steine durch Rechen und einen Sandfang aus dem Wasser entfernt. Im Absetzbecken fließt das Wasser so langsam, dass sich feine Schwebstoffe auf dem Boden absetzen und entfernt werden können.

Anschließend folgt die *biologische Reinigung*: Das Abwasser wird in belüftete Belebtschlammbecken geleitet, in denen Bakterien und andere Mikroorganismen die darin enthaltenen Biomoleküle *aerob* abbauen. Sie arbeiten schnell: Innerhalb von 24 Stunden sind etwa 90 % der organischen Stoffe abgebaut. Unter den günstigen Bedingungen vermehren sich die Mikroorganismen sehr stark. Dadurch entsteht eine schlammartige Masse, die als Belebtschlamm bezeichnet wird. Im Nachklärbecken setzt sich der Schlamm ab und wird in Faultürme gepumpt, in denen andere Bakterienarten die noch vorhandenen Biomoleküle *anaerob* abbauen. Das dabei entstehende Methangas kann als Energiequelle zum Beispiel für Heizzwecke genutzt werden. Nach der biologischen Reinigung ist das Wasser so weit geklärt, dass es in einen Fluss eingeleitet werden kann. Wenn das Abwasser allerdings noch stark durch anorganische Stoffe (Ionen), zum Beispiel Phosphate, verunreinigt ist, schließt sich oft eine dritte Stufe an, die *chemische Reinigung*.

Aufgaben

1. Vollziehe den Weg des Abwassers in Bild 1 nach und ordne den mit Nummern bezeichneten Bestandteilen der Kläranlage die passenden Bezeichnungen aus dem Text zu.
2. Erkläre, welche Folgen es haben könnte, wenn Giftstoffe in die Kanalisation gelangen.
3. Bei unzureichender Sauerstoffzufuhr gelingt die Abwasserreinigung nicht. Begründe!

Angewandte Biologie: Biotechnologie 41

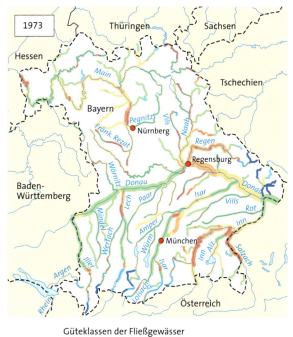

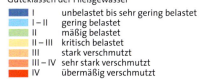

Güteklassen der Fließgewässer
- I unbelastet bis sehr gering belastet
- I–II gering belastet
- II mäßig belastet
- II–III kritisch belastet
- III stark verschmutzt
- III–IV sehr stark verschmutzt
- IV übermäßig verschmutzt

1 Gewässergütekarten von 1973 und 2001

Aufgabe

1 Vergleiche die Gewässergütekarten von Bayern aus dem Jahr 1973 und 2001. Worauf lassen sich die Veränderungen vermutlich zurückführen?

Zusammenfassung!

■ Biotechnologie
Unter Biotechnologie versteht man den Einsatz von Mikroorganismen oder deren Enzymausstattung zur Herstellung sowie zum Umbau oder Abbau bestimmter chemischer Verbindungen. Heute werden biotechnologische Verfahren häufig bei der Herstellung von Lebens- und Arzneimitteln, aber auch bei der Lebensmittelkonservierung und der Abwasserreinigung angewandt.

■ Herstellung von Lebensmitteln
Die Gärung durch Mikroorganismen wurde schon früh bei der Herstellung von Bier oder Wein, beim Backen von Brot und der Herstellung von Sauermilchprodukten genutzt.

■ Konservierungsmethoden
Als Konservierungsmethoden eignen sich je nach Nahrungsmittel biologische, physikalische oder chemische Verfahren. Sie hemmen das Wachstum schädlicher Mikroorganismen oder töten sie ab.

■ Abwasserklärung
Der große Bedarf an hygienisch einwandfreiem Trinkwasser erfordert die Reinigung des entstehenden Abwassers. Dabei kommen mechanische, biologische und chemische Verfahren zur Anwendung.

Alles klar?

1 Recherchiere, welche Lebewesen Biotechnologie ähnlich wie die Blattschneiderameisen betreiben.
2 Erläutere die Bedeutung von Hefe beim Backen von Teigwaren. Was geschieht mit den Gärungsprodukten?
3 Sammle Informationen zur Herstellung von Silofutter (Silage).
4 Erläutere, welchen Einfluss die Biotechnologie auf die Entstehung der menschlichen Zivilisation hatte.
5 Erkundige dich, auf welche Weise sich Typhus ausbreitet. Beschreibe anhand der Grafik, wie sich die Typhussterblichkeit in Berlin entwickelte, und stelle einen Zusammenhang zum Ausbau der Abwasserkanalisation her. Vergleiche diese Zahl mit den Informationen über München auf Seite 40 und suche die Gründe für die Unterschiede.

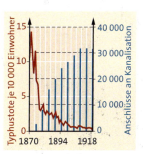

Bau, Funktion und Schädigungen innerer Organe

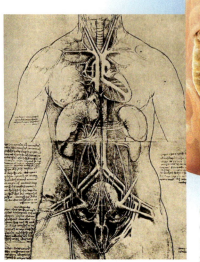

Die Studien Leonardo da Vincis (▶ Bild links), das Gemälde Rembrandts (▶ Bild unten), der „gläserne Mensch" von 1930 (▶ Bild rechts) oder dreidimensionale Darstellungen aus dem Innern des Körpers (▶ Bild oben), die mithilfe modernster Computertomografie angefertigt wurden, sind Höhepunkte der jahrhundertealten Tradition, den Bau des menschlichen Körpers sichtbar zu machen. Ganz gleich, ob dies mit Modellen und Präparaten, mit detailgetreuen Zeichnungen und Fotografien oder mit technisch immer perfekteren Computeranimationen geschieht, immer sind es auch von Neugier und Faszination geleitete Versuche des Menschen, sein Inneres zu erkennen und damit einen wesentlichen Teil seiner Existenz zu erfassen. Die Auseinandersetzung mit dem Körper, dem Bau, der Funktionsweise und dem Zusammenspiel seiner Organe macht dessen Leistungsfähigkeit, aber auch Verletzlichkeit deutlich und ermöglicht es, Chancen und gesundheitliche Risiken der persönlichen Lebensführung abzuwägen.

Aufgaben

1. Dokumentiere in Form einer Mindmap deinen Kenntnisstand über Bau, Aufgaben, Funktionsweise und Erkrankungen der inneren Organe des menschlichen Körpers.
2. Recherchiere im Internet oder in geeigneter Literatur über die durchschnittliche Lebenserwartung, häufige Erkrankungen und ihre Ursachen sowie die häufigsten Todesursachen in Deutschland.
3. Schätze deine eigene Lebensführung aus gesundheitlicher Sicht ein. Begründe deine Einschätzung soweit möglich mit biologisch-medizinischen Argumenten.
4. Die Bezeichnung „gläserner Mensch" hat in biologischer und in gesellschaftlicher Hinsicht eine neue Bedeutung gewonnen. Erkläre diese Aussage anhand von Beispielen.

Der Bau der Atmungsorgane

Atmung ist ein vielschichtiges Phänomen. Die Vorgänge beim Austausch und Transport von Gasen wurden bereits im Zusammenhang mit Stoffwechselvorgängen und Energiegewinnung behandelt. Atmung spielt sich jedoch nicht nur auf zellulärer und Teilchenebene ab, sondern umfasst mehrere Bereiche unseres Körpers und beeinflusst unsere Gesundheit und Leistungsfähigkeit.

Bau der Luftröhre und Bronchien. Die am *Kehlkopf* ansetzende *Luftröhre* ist ein etwa 12 cm langer Schlauch aus dünnem, elastischem Bindegewebe, der durch 15 bis 20 *Knorpelspangen* stabilisiert wird. Ähnlich sind auch die sich an die Luftröhre anschließenden *Bronchien* gebaut. Die feineren Verzweigungen, die *Bronchiolen*, enthalten kein knorpeliges Stützmaterial mehr. In ihren Wänden verlaufen ringförmige Muskelfasern, die durch Zusammenziehen eine Verringerung des Bronchiolendurchmessers bewirken.

Die Wände der Bronchien und größeren Bronchiolen enthalten zahlreiche Drüsenzellen, die kontinuierlich Schleim produzieren. Ein anderer Zelltyp bildet feine *Flimmerhärchen*, die durch koordinierte Bewegung den Schleim mit daranhaftenden Bakterien und Schmutzpartikeln in den Rachenraum transportieren, wo er durch Verschlucken entsorgt wird. Größere, in die Atemwege gelangte Fremdkörper werden durch Husten, ein schnelles Auspressen von Luft, nach außen befördert.

Bau der Lunge. Die beiden kegelförmigen *Lungenflügel* füllen zusammen mit dem Herzen den gesamten Brustkorb aus. In ihrem Innern sind sie wie ein Schwamm von zahlreichen luftgefüllten Hohlräumen, den Bronchien, Bronchiolen und Lungenbläschen, durchzogen. Daneben enthalten die Lungenflügel noch ein dichtes Netz von Blutgefäßen sowie elastische Fasern, die die Tendenz haben, das Lungengewebe zusammenzuziehen.

Jeder Lungenflügel ist von einer flexiblen, glatten Hülle, dem *Lungenfell*, umgeben. Das Lungenfell liegt eng an der ebenfalls glatten Innenhülle des Brustkorbs, dem *Rippenfell*, an. Ähnlich wie zwei wasserbenetzte Glasplatten sich leicht gegeneinander verschieben lassen, ermöglicht ein Flüssigkeitsfilm in dem hauchdünnen Raum zwischen den beiden Häutchen das Hin- und Hergleiten des Lungenfells auf dem Rippenfell. Gleichzeitig verhindert der Flüssigkeitsfilm auch, dass sich das Lungenfell von dem Rippenfell ablöst, und bewirkt auf diese Weise, dass die Lungenflügel den Bewegungen des Brustkorbs beim Atmen folgen.

Nach unten wird der Brustraum durch das *Zwerchfell* (von mittelhochdeutsch *twerch:* quer), eine Muskelplatte, von der Bauchhöhle abgeschlossen. Im entspannten Zustand ist die Muskelplatte kuppelartig nach oben, also in den Brustraum hinein, gewölbt und liegt dort an dem Rippenfell an.

1 *Flimmerhärchen*

2 *Die Atemwege beim Menschen*

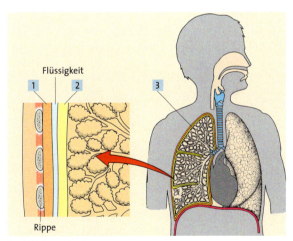

3 *Feinbau der Lunge*

Aufgaben

1. Ordne den Nummern in Bild 3 die richtigen Bezeichnungen zu.
2. Welche Folgen hätte es deiner Meinung nach, wenn durch eine Verletzung Luft in den Zwischenraum zwischen Rippen- und Lungenfell eindringen würde? Begründe!
3. Beobachte an dir die Veränderungen im Bereich von Bauch und Brustkorb während des Atmungsvorgangs und versuche sie zu erklären.

Atembewegung, Atmungsregulation und Atemkapazität

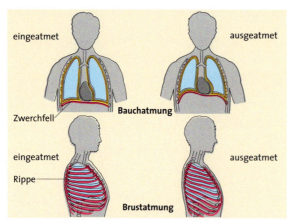

1 Bauchatmung und Brustatmung

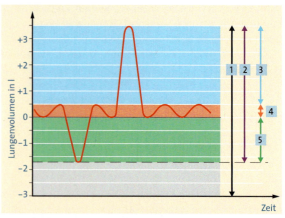

2 Ermittlung des Atemvolumens mit einem Spirometer

Brustkorb und Zwerchfell als „Motor" der Atmung. Das Einströmen von Luft in die Lunge wird durch zwei gleichzeitig ablaufende Vorgänge erreicht. Der Zwerchfellmuskel zieht sich zusammen und flacht sich dabei ab. Die damit verbundene Volumenvergrößerung des Brustraums bewirkt einen *Unterdruck,* der wiederum zu einer Volumenvergrößerung der Lungenflügel und zum Einströmen von Luft führt. Da sich bei der Abflachung des Zwerchfells die Bauchwand nach außen bewegt, bezeichnet man diese Form der Atmung als *Bauchatmung.* Gleichzeitig mit der Abflachung des Zwerchfells wird durch Kontraktion der Zwischenrippenmuskeln der Brustkorb angehoben und erweitert. Da das Lungenfell dieser Bewegung folgen muss, vergrößert sich auch das Volumen der Lungenflügel und Luft strömt in die Lunge ein. Diese Form der Atmung bezeichnet man als *Brustatmung.*

Die Regulation der Atemtätigkeit. Die Anpassung der Atmungsleistung an den aktuellen Sauerstoffbedarf des Körpers erfolgt über zwei verschiedene Mechanismen. Hauptsächlich wird die Bedarfssteuerung über chemische Reize geregelt. *Rezeptoren* übermitteln die Konzentration von Kohlenstoffdioxid und Sauerstoff sowie den pH-Wert im Blut an das *Atemzentrum* im Gehirn, das die Atmungsaktivität entsprechend intensiviert oder dämpft. Die Erhöhung der Kohlenstoffdioxidkonzentration im Blut hat dabei den größten Effekt.

Das Atemzentrum wird auch über Abzweigungen der zu den Muskeln führenden Nerven beeinflusst. Daher atmen wir schon zu Beginn einer körperlichen Aktivität stärker, obwohl sich der Kohlenstoffdioxid- und Sauerstoffgehalt im Blut noch gar nicht geändert haben.

Aufgaben
1. Beschreibe die Vorgänge, die zur Ausatmung führen.
2. Erkläre und begründe, in welcher Weise sich der pH-Wert des Bluts verändert, wenn das Atemzentrum die Atmungsaktivität erhöht.

Die aufgenommene Luftmenge ist variabel. Die Messung des Atemvolumens oder *Spirometrie* (von lateinisch *spirare:* atmen) wird zur Feststellung von Erkrankungen ebenso eingesetzt wie zur Bewertung von Trainingsmaßnahmen. Bei der Messung mit einem Spirometer ergibt sich ein charakteristischer Kurvenverlauf, der sich aus verschiedenen Komponenten zusammensetzt.

Das Gesamtvolumen der in der Lunge befindlichen Luftmenge bezeichnet man als *Totalkapazität.* Es beträgt bei einem Erwachsenen etwa 6,5 l. Das *Atemzugvolumen* ist das Luftvolumen, das bei normaler körperlicher Aktivität aus- und eingeatmet wird. Es beträgt etwa 0,5 l. Bei Belastung kann der Wert des Atemzugvolumens durch das zusätzlich genutzte *Einatmungsreservevolumen* (etwa 3 l) und *Ausatmungsreservevolumen* (etwa 1,7 l) erheblich gesteigert werden. Die *Vitalkapazität* umfasst Atemzugvolumen, Einatmungs- sowie Ausatmungsreservevolumen und hängt von Alter, Geschlecht, Körpergröße, Gewicht und der individuellen Fitness ab.

Die Anpassung an einen erhöhten Sauerstoffbedarf bei Belastung kann auch durch Erhöhung der *Atemfrequenz,* das heißt der Zahl der Atemzüge pro Minute, erfolgen. In Ruhe wird mit dem Atemzugvolumen von 0,5 l und einer Atemfrequenz von 14/min ein *Atemminutenvolumen* von 7 l erreicht. Bei hoher Belastung kann das Atemminutenvolumen auf über 100 l ansteigen.

Aufgaben
3. Ordne den Pfeilen in dem Diagramm die entsprechenden Volumenbezeichnungen aus dem Text zu.
4. Erkläre die verschiedenen Aus- und Einatmungsvolumina modellhaft mithilfe eines Blasebalgs.
5. Nenne Basiskonzepte, die zum Verständnis der Atmung herangezogen werden können, und erläutere sie in diesem Zusammenhang.
6. Die Sauerstoffkonzentration ist in den Lungenbläschen niedriger als in der eingeatmeten Luft. Erkläre dieses Phänomen!

Praktikum: Atmung

Bau eines Funktionsmodells zur Brustatmung
Material: Pappe, Schere, Briefklammern
Stabile Pappstreifen werden entsprechend der Abbildung zurechtgeschnitten und mit Briefklammern gelenkig miteinander verbunden.

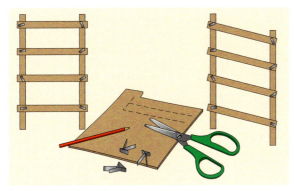

1 Bau eines einfachen Brustkorbmodells

Versuch
1. Simuliere mithilfe des Modells die Volumenerweiterung des Brustkorbs.

Aufgabe
1. Zeige, wie die Zwischenrippenmuskeln angeordnet sein müssen, damit eine Verkürzung der Muskeln zu einer Hebung des Brustkorbs führt.

Funktionsmodell zur Aus- und Einatmung
Material: nicht zu große Shampoo- oder Spülmittelflasche mit ovalem Querschnitt, Luftballon, Frischhaltefolie, Gummiband
Von der Flasche wird der untere Teil abgeschnitten, sodass noch etwa 12 cm verbleiben. Das so entstandene Brustkorbmodell wird innen angefeuchtet und danach ein zuvor einmal aufgeblasener, gut dehnbarer und außen ebenfalls angefeuchteter Luftballon eingebracht, dessen Rand über die (notfalls noch zu erweiternde) reguläre Öffnung der Shampooflasche gestülpt wird. Die untere Öffnung wird mit einer Frischhaltefolie, die mit Gummiband befestigt wird, abgedichtet.

2 Lungenmodell

Aufgaben
2. Ordne den verschiedenen Bestandteilen des Modells die entsprechenden biologischen Strukturen zu.
3. Drücke die Shampooflasche vorsichtig mehrmals zusammen und erkläre deine Beobachtungen.

Messung der Atemkapazität
Mit einem Spirometer werden die verschiedenen Atemvolumina gemessen und in einer Grafik dargestellt. Anschließend werden die Werte der Testteilnehmer verglichen.

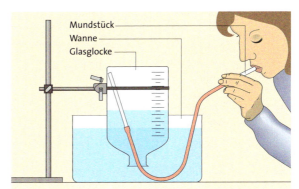

3 Aufbau eines Spirometers

Untersuchung von Lungengewebe
Ein von der Lehrerin oder dem Lehrer vorbereitetes Stück Schweinelunge wird in einer Präparierschale untersucht.
Hinweis: Bei der Untersuchung sollten Latexhandschuhe verwendet werden. Anschließend sind die Hände gründlich zu waschen.

Versuche
2. Stelle durch Betasten und vorsichtiges Drücken die Konsistenz und Elastizität des Gewebes fest.
3. Untersuche Struktur und Verlauf der Bronchien. Dazu wird eine Bronchie mit einem Skalpell (vorsichtig arbeiten!) der Länge nach eröffnet.
4. Gib ein kleines Stück Lungengewebe in ein Becherglas mit Wasser.
5. Schneide ein Stück von einem Lungenlappen mit dem Skalpell quer (vorsichtig arbeiten!), sodass die Querschnitte der angeschnittenen Bronchien zu sehen sind.
6. Führe einen Trinkhalm in eine etwa gleich große Bronchienöffnung ein und blase vorsichtig Luft in das umliegende Gewebe.

Aufgabe
4. Beschreibe und erkläre deine bei den Versuchen gemachten Beobachtungen. Fertige zu den Versuchen 3 und 5 eine Zeichnung an.

Mikroskopie von Lungengewebe
Stelle von einem Stück Lungengewebe, das nach Möglichkeit zuvor für längere Zeit in Alkohol eingelegt war, mithilfe einer Rasierklinge (vorsichtig arbeiten!) sehr dünne Schnitte her und mikroskopiere sie. Fertige eine Zeichnung von dem Präparat an.

Beeinträchtigungen und Krankheiten der Lunge und Atemwege

Direkter Kontakt zur Außenwelt. Wie die Haut ist auch die Lunge ständig zahlreichen Einflüssen aus der Umwelt ausgesetzt. Infolge seiner Aufgabe ist das Lungengewebe aber dünner und empfindlicher als die vergleichsweise robuste Haut und reagiert häufig auf Verunreinigungen in der Atemluft mit leistungsmindernden oder krankhaften Veränderungen. Hinzu kommt, dass Lunge und Atemwege von großen Mengen Luft durchströmt werden und Krankheitserregern und Schadstoffen stärker ausgesetzt sind. *Erkrankungen der Atemwege* wie Schnupfen oder Bronchitis gehören daher zu den häufigsten Erkrankungen.

Bronchitis. Bei einer *akuten Bronchitis* fassen *Viren* oder *Bakterien* infolge einer Schwächung des Immunsystems in den Bronchien Fuß. Sie reizen durch von ihnen abgegebene Stoffe Rezeptoren in der Bronchialschleimhaut, die daraufhin durch eine Kontraktion der Bronchialmuskulatur eine Verengung der Bronchien und eine Überproduktion zähflüssigen Schleims auslösen. Als Symptome treten Husten mit Auswurf von Schleim, Müdigkeit, Fieber und Kopfschmerz auf. In der Regel klingen die Beschwerden nach einigen Tagen von selbst wieder ab. Der Heilungsverlauf kann durch körperliche Schonung und Inhalationen zur Schleimlösung unterstützt werden. Bei

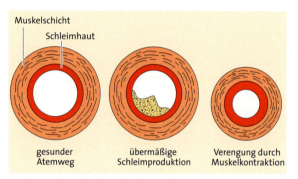

1 Gesunde und erkrankte Bronchien im Querschnitt

Beschwerden, die länger als eine Woche anhalten, sollte ärztliche Hilfe in Anspruch genommen werden.
Durch Belastung der Atemluft mit *Feinstaub*, vor allem aber durch *Rauchen* kann eine *chronische Bronchitis* entstehen. Die im Tabakrauch enthaltenen Stoffe reizen Rezeptoren in den Bronchialwänden. Das führt zu einer Verengung der Bronchien und einer Überproduktion von Schleim, der abgehustet werden muss (Raucherhusten). Hinzu kommt, dass das Nikotin die Bewegung der Flimmerhärchen hemmt, sodass der Abtransport des Schleims erschwert ist. Die dadurch verursachte Schleimansammlung begünstigt *bakterielle Infektionen*, die ihrerseits wieder in einem Teufelskreis krankheitsverstärkend auf die Bronchialwandrezeptoren einwirken. Chronische Bronchitis ist die derzeit häufigste zur Invalidität führende Lungenerkrankung.

Als Folge einer chronischen Bronchitis kann es beispielsweise zu einer dauerhaften Verengung von Atemwegen, Blählunge (Lungenemphysem), Lungenentzündung oder auch zu Lungenkrebs kommen.

Aufgabe
1 Schreibe die verschiedenen für die Entstehung einer chronischen Bronchitis ursächlichen Faktoren auf Kärtchen. Ordne sie passend an und verbinde sie durch Pfeile, auf denen die Art der Beziehung (zum Beispiel „verstärkt" oder „hemmt") angegeben ist.

Lungenentzündung. Auslöser für *Lungenentzündung* sind *Bakterien* und *Viren*, aber auch verschiedene *Einzeller* und *Pilze*. Bei einer Infektion kommt es in den Lungenbläschen durch entzündliche Prozesse zu einer Invasion von Leukocyten (▶ Seite 62) und einer Flüssigkeitsansammlung, die die Sauerstoffaufnahme behindert. Die Betroffenen haben gewöhnlich Fieber, Husten und Brustschmerzen. Der Heilungsprozess kann durch Ruhe, fiebersenkende Maßnahmen, ausreichende Flüssigkeitszufuhr und, bei bakteriell verursachten Lungenentzündungen, durch Antibiotika unterstützt werden.
Lungenentzündung ist die häufigste zum Tod führende Infektion in Westeuropa. In Deutschland nimmt sie in der Todesursachenstatistik den fünften Platz ein. Zur Risikogruppe gehören vor allem Säuglinge und Kleinkinder, Ältere und Menschen mit schweren chronischen Erkrankungen.

Lungenkrebs. Durch die unkontrollierte, fortlaufende Teilung von Zellen entsteht eine *Gewebewucherung*, die, wenn sie in der Lunge auftritt, als *Bronchialkarzinom* oder auch *Lungenkrebs* bezeichnet wird. Lungenkrebs zählt zu den häufigsten Krebsarten und gleichzeitig zu denjenigen mit den geringsten Therapiemöglichkeiten und Heilungschancen. In Deutschland stellt diese Krebsart mit etwa 40 000 Todesfällen pro Jahr die vierthäufigste Todesursache dar. Über 90 % aller Patienten mit Lungenkrebs sind Raucher, sodass aktives Rauchen, aber auch Passivrauchen als Hauptursache für die Entstehung dieser Krebsart gilt.

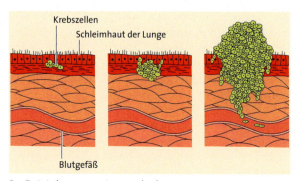

2 Entstehung von Lungenkrebs

Weitere Auslöser für Lungenkrebs sind *sehr feine Fasermaterialien* wie Asbest und *chemische Substanzen* wie Chrom- oder bestimmte Kohlenwasserstoffverbindungen. Auch chronisch-entzündliche Erkrankungen wie chronische Bronchitis haben Einfluss auf die Entstehung von Lungenkrebs.

Asthma. *Bronchialasthma* (von griechisch *asthma*: schweres Atemholen) ist eine entzündliche Erkrankung der Atemwege, die in den meisten Fällen durch eine Überempfindlichkeit gegenüber *Allergenen* wie Pollen, Hausstaub oder bestimmte Nahrungsmittel ausgelöst wird. Aber auch Bakterien, Viren, Tabakrauch, Kaltluft oder Stress können die Ursache sein. Dabei kommt es vor allem durch eine plötzlich einsetzende krampfartige Verengung der Bronchiolen, eine Anschwellung der Bronchiolenwände und gesteigerte Bildung von zähflüssigem Schleim zu *Atemnot*. Ein Asthmaanfall kann Minuten, Stunden oder sogar Tage andauern und die Betroffenen schwer belasten.

Aus noch nicht geklärten Gründen hat Asthma in den letzten Jahren weltweit an Häufigkeit zugenommen. In Deutschland erkranken etwa 5–7 % der Erwachsenen sowie 10–15 % der Kinder an Asthma, das damit die häufigste chronische Erkrankung im Kindesalter ist.

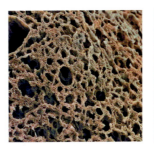
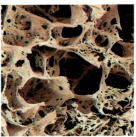

2 Links: gesundes Lungengewebe, rechts: Lungengewebe mit Emphysem

die Auflösung der Trennwände verschmelzen die Lungenbläschen (▶ Bild 2). Statt vieler kleiner Bläschen mit insgesamt großer Atmungsoberfläche entstehen größere Hohlräume mit kleiner Oberfläche, wodurch der Gasaustausch stark beeinträchtigt ist (▶ Seite 19, Bild 1). Durch den Abbau elastischer Fasern zieht sich das Lungengewebe beim Ausatmen nicht mehr ausreichend zusammen, sodass zu viel Luft in den Lungen zurückbleibt. Zusätzlich können die kleinen Bronchiolen zusammenfallen, woraufhin die Luft gar nicht mehr aus den Lungenbläschen entweichen kann. Im Lauf der Zeit kommt es zu einer zunehmenden Überdehnung des Lungengewebes. Der Betroffene leidet trotz übervoller Lungen unter schneller Erschöpfbarkeit und Atemnot. Das Lungenemphysem gehört in Verbindung mit der chronischen Bronchitis zur vierthäufigsten Todesursache weltweit.

Rauchen – Gesundheitsrisiko Nr. 1. Im Vergleich zu Nichtrauchern verlieren Raucher bis zu 25 Jahre ihrer Lebenserwartung. Statistisch gesehen wird ein Viertel der Erwachsenen, die als Jugendliche mit dem Rauchen begonnen haben, im Alter von 35 bis 69 Jahren sterben. Wer aufhört zu rauchen, kann diese Entwicklung zumindest teilweise rückgängig machen. Je früher das geschieht, desto stärker gleicht sich das Sterberisiko nach mehreren Jahren oder Jahrzehnten wieder an das Niveau eines Nichtrauchers an.

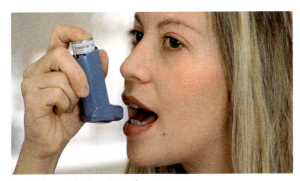

1 Asthmatikerin mit Asthmaspray

Zur Behandlung werden, meist über ein Spray, Medikamente eingenommen, die die Bronchialmuskulatur schnell entkrampfen und eine Erweiterung der Atemwege bewirken. Wirkstoffe wie zum Beispiel *Cortison* wirken der Entzündung der Atemwege entgegen und verringern die Häufigkeit von Anfällen. Ebenso wichtig sind aber auch sportliche Betätigung, das Vermeiden von Asthmaauslösern, vor allem von Tabakrauch, sowie Entspannungs- und Atemtechniken.

Lungenemphysem (Blählunge). Häufigste Ursache für ein *Lungenemphysem* sind meist anhaltende Entzündungsprozesse in der Lunge als Folge von Tabakrauch, chronischer Bronchitis oder Asthma. Die Entzündung führt zu einer *übermäßigen Aktivität körpereigener proteinabbauender Enzyme* (Proteasen), die eigentlich Fremdkörper, nun aber Lungengewebe abbauen. Durch

Aufgaben

1. Informiere dich im Internet, beispielsweise auf den Seiten der Bundeszentrale für gesundheitliche Aufklärung, des Deutschen Krebsforschungszentrums oder unter www.lungenaerzte-im-netz.de, über den Zusammenhang zwischen Rauchen und Krebs.

2. Fasse die bei den verschiedenen Krankheitsbildern beschriebenen Wirkungen von Tabakrauch auf die Atmungsorgane in einer übersichtlichen Darstellung zusammen und erkläre sie soweit möglich.

Das Herz als „Motor des Lebens"

1 Das Herz gilt seit Langem als Symbol der Liebe.

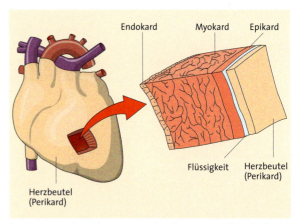

2 Das Herz besteht aus verschiedenen Gewebeschichten.

Herzensangelegenheit oder raffinierte Pumpe? Während viele Menschen auch heute noch das Herz als Sitz der Seele und Gefühle betrachten, gilt der faustgroße Hohlmuskel Medizinern und Biologen einfach nur als *Antriebspumpe* für den Blutkreislauf. Eine Pumpe allerdings, die durch ihre Konstruktion und Leistungsfähigkeit in höchstem Maß beeindruckend ist. Eine Pumpe, von der man aber auch weiß, dass ihre Lebensdauer und Leistungsfähigkeit und somit unsere Lebenserwartung und Lebensqualität von einem vernünftigen „Umgang" mit ihr abhängt.

Der Bau des Herzens – ein Überblick. Das Herz hat etwa die Größe einer geballten Faust und wiegt ungefähr 300 g. Es gliedert sich in eine rechte und linke Hälfte, die jeweils aus einem kleineren *Vorhof* (Atrium) und einer größeren *Herzkammer* (Ventrikel) bestehen. Beide Herzhälften sind voneinander durch eine *Scheidewand* getrennt. Der rechte Vorhof nimmt über die zwei großen *Hohlvenen* das sauerstoffarme Blut aus dem Körperkreislauf (▶ Seite 54) auf und leitet es an die rechte Herzkammer weiter. Diese befördert das sauerstoffarme Blut über die *Lungenarterie* zur Lunge. Der linke Vorhof nimmt über die *Lungenvenen* das mit Sauerstoff angereicherte Blut aus den Lungen auf. Die linke Herzkammer pumpt das sauerstoffreiche Blut über die *Hauptschlagader* oder *Aorta* in den Körperkreislauf.

Aufgabe
1 Ordne den Nummern in Bild 3 die passenden Begriffe zu.

Der Herzbeutel schützt und verankert das Herz. Das Herz ist von einer doppelten Hülle, dem *Herzbeutel* oder *Perikard* (von griechisch *peri:* ringsum, *kardia:* Herz), umgeben. Die äußere Hülle ist mit der Speiseröhre, dem Brustbein und dem Zwerchfell verbunden und verankert so das Herz im Brustraum. Die innere Hülle (*Epikard,* von griechisch *epi:* darüber) ist mit dem *Herzmuskel* (*Myokard,* von griechisch *mys:* Muskel) verwachsen. Der Raum zwischen beiden Hüllen ist mit einer Flüssigkeit gefüllt, sodass das Herz beim Schlagen unabhängig von den Körperbewegungen im Herzbeutel gleiten kann. Innen ist das Herz mit einer Gewebeschicht, dem *Endokard* (von griechisch *endo:* innen), ausgekleidet. Seine glatte Oberfläche sorgt für einen gleichmäßigen Blutstrom und verhindert, dass das Blut Gerinnsel bildet (▶ Seite 63).

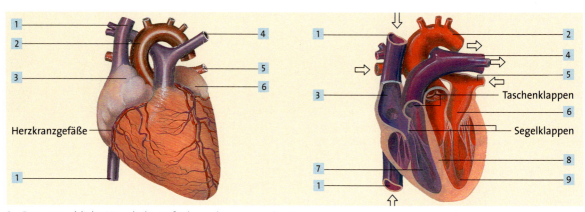

3 Das menschliche Herz; links: Aufsicht, rechts: Längsschnitt

Das Herz – optimal versorgt und abgesichert

Der Herzmuskel ist die treibende Kraft des Herzens. Der Herzmuskel pumpt das Blut durch den Körper- und Lungenkreislauf. Entsprechend den Kraft- und Druckverhältnissen, die von den Herzabschnitten entwickelt werden müssen, sind die Muskelwände der beiden Vorhöfe etwa 1,5 mm und die der rechten Herzkammer 2–4 mm „dick", wohingegen die Wandstärke der linken Herzkammer 8–11 mm beträgt.

Die Herzmuskelschicht besteht aus Muskelstreifen, die durch ein Fasergerüst aus Bindegewebe stabilisiert werden. Die *Herzmuskelzellen* selbst sind relativ groß und enthalten, wie alle Muskelzellen, spezielle Proteinmoleküle, die unter ATP-Verbrauch (▶ Seite 31) eine Verkürzung oder *Kontraktion* der Zellen bewirken können und somit den Herzschlag verursachen.

Ein eigener Versorgungskreislauf für das Herz. Um den hohen Sauerstoffbedarf des Herzmuskels zu decken, werden etwa 5 % des in die Aorta gepumpten sauerstoffreichen Bluts zur Versorgung des Herzens abgezweigt. Das erfolgt über zwei Arterien, die direkt nach dem Austritt der Aorta aus dem Herzen zu diesem zurückführen. Die etwa bleistiftdicken Gefäße zweigen sich dort in ein feines Netzwerk, die *Herzkranzgefäße*, auf, sodass jede Herzmuskelfaser von einer eigenen Kapillare versorgt wird.

Ventile steuern den Blutstrom. Die Strömungsrichtung des Bluts durch das Herz wird durch die wie Einwegventile wirkenden *Herzklappen* gesteuert. Die zwischen Vorhöfen und Herzkammern liegenden *Segelklappen* sind mit Sehnen an der Herzwand verankert. Die kleineren *Taschenklappen*, die die Herzkammern von den Arterien abgrenzen, bestehen aus je drei halbmondförmigen Teilen. Das Öffnen und Schließen der Klappen erfolgt nicht aktiv, sondern ergibt sich allein durch ihren Bau und die jeweiligen Druckverhältnisse in den Herzkammern und Vorhöfen.

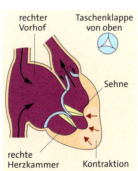

1 Funktion der Segel- und Taschenklappe bei der rechten Herzhälfte

Sicherheit durch ein eigenes Steuerzentrum. Die Steuerung der Muskelkontraktionen erfolgt beim Herzen nicht wie bei anderen Muskeln ausschließlich über das Gehirn oder Rückenmark, sondern hauptsächlich über unabhängige Steuerzentren, die im Herzen selbst liegen. Der Grundrhythmus des Herzzyklus wird durch eine Gruppe von spezialisierten Herzmuskelzellen vorgegeben, die an der Einmündung der Hohlvene in den rechten Vorhof liegen und als *Sinusknoten* bezeichnet werden. Sie erzeugen in gleichmäßigem Rhythmus pro Minute etwa 70 Aktionspotenziale, die sich über ein herzeigenes Leitungssystem über den Herzmuskel ausbreiten und ihn zur Kontraktion anregen. Über aus dem Rückenmark kommende Nervenfasern des vegetativen Nervensystems kann die Erregungsfrequenz des Sinusknotens und damit die Herzschlagfrequenz bedarfsabhängig erhöht oder gesenkt werden.

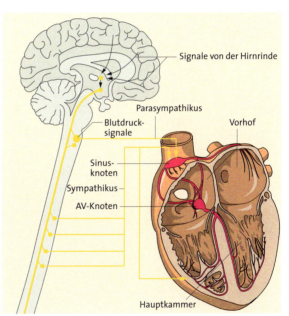

2 Steuerzentren und Leitungssystem im Herzen. Sie werden durch Nervenfasern beeinflusst.

Aufgaben
1. Herzmuskelzellen sind auffallend reich an Mitochondrien. Erkläre diese Beobachtung möglichst genau.
2. Finde eine Erklärung dafür, warum die Segelklappen durch Sehnenfäden mit der Herzwand verbunden sind, die Taschenklappen jedoch nicht.
3. Erkläre mithilfe von Bild 1, wie die Segel- und Taschenklappen aufgrund ihres Baus die Strömungsrichtung des Bluts im Herzen steuern.

Aufgabe
4. Im Gegensatz zu Skelettmuskeln kann am Herzmuskel nach dem Auslösen eines Aktionspotenzials für kurze Zeit kein zweites Aktionspotenzial ausgelöst werden. Erkläre, welchen Vorteil diese Eigenschaft des Herzmuskels haben könnte.

Aufgabe für Profis
1. Nachdem sich die elektrische Erregung über die Vorhöfe ausgebreitet hat, verlangsamt sich die Geschwindigkeit der Weiterleitung, um anschließend wieder stark zuzunehmen. Erkläre, welche Bedeutung die Verzögerung haben könnte.

Der Herzyklus

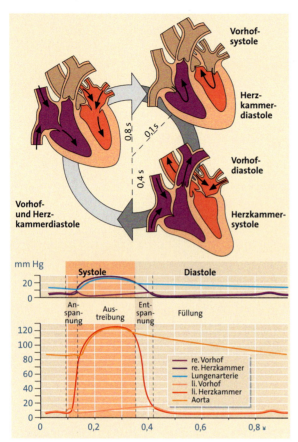

1 Herzyklus (oben) und Druckverläufe in den Herzabschnitten und angrenzenden Gefäßen

Das Herz in Aktion. Der Herzyklus startet mit einem Arbeitstakt, der als *Systole* bezeichnet wird. Eine Systole beginnt mit der *Kontraktion des Herzmuskels* und endet mit der *Austreibungsphase*, in der Blut aus den Vorhöfen und Herzkammern gepumpt wird. Die erste Kontraktionswelle entsteht am oberen Rand der Vorhöfe und breitet sich über diese nach unten aus. Anschließend wird eine zweite Kontraktionswelle an der Herzspitze ausgelöst, die sich nach oben verlaufend über die Herzkammern fortpflanzt. Auf eine Systole folgt der zweite Arbeitstakt, die *Diastole*, in der der Herzmuskel *erschlafft* und sich die Herzkammern und Vorhöfe *mit Blut füllen*. Danach beginnt der Zyklus von Neuem.

Aufgaben
1. Beschreibe und erkläre die Vorgänge und Veränderungen im Herzen während eines Herzyklus anhand der Grafik und des Diagramms in Bild 1.
2. Erkläre, welche Wirkung der unterschiedliche Verlauf der beiden Kontraktionswellen in der Systole hat.
3. Ermittle mithilfe von Bild 1 die Werte für den Druck in der linken Herzkammer, bei dem sich die Taschenklappen öffnen und wieder schließen.

2 Volleyball – die Körperorgane müssen bei starker Belastung mit mehr Blut versorgt werden.

Anpassung an höhere Belastung. Unter Ruhebedingungen werden bei jeder Systole sowohl von der rechten als auch von der linken Herzkammer jeweils 70 ml Blut in die Aorta und Lungenarterie gepumpt. Mit diesem *Schlagvolumen* pumpt jede Herzkammer bei einer *Herzfrequenz* von 70 Schlägen pro Minute etwa 5 l Blut in den Körper- und Lungenkreislauf. Diese als *Herzzeitvolumen* bezeichnete Fördermenge des Herzens kann der körperlichen Belastung angepasst werden.

Eine Möglichkeit besteht in der Änderung der *Herzfrequenz*, was vor allem über Nerven des Sympathikus erreicht wird. Bei trainierten, aber auch bei untrainierten jüngeren Personen kann sie auf Werte von bis zu 200 Schlägen pro Minute ansteigen. Der Sympathikus kann auch eine erhöhte *Kontraktionskraft* des Herzmuskels bewirken. Bei gleicher Füllmenge der Kammern wird dadurch eine größere Menge Blut bei der Systole ausgestoßen. Zusätzlich kann die Blutversorgung der Organe verbessert werden, indem die Herzkammern während der Diastole eine größere Blutmenge aufnehmen, wodurch sich auch das Schlagvolumen erhöht. Untrainierte können dadurch etwa 100 ml Blut aus jeder Kammer pumpen. Leistungssportler, die in der Regel ein vergrößertes Herz besitzen, pumpen in der Austreibungsphase bis zu 200 ml Blut in die Aorta und die Lungenarterien.

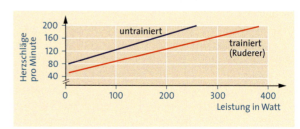

3 Herzfrequenz bei steigender Belastung

Aufgabe
4. Beschreibe und erkläre das in Bild 3 dargestellte Diagramm.

Herzfehler und Herzerkrankungen rechtzeitig erkennen

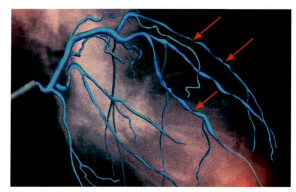

1 Mit einem Herzkatheter entstandene Aufnahme von stellenweise verengten (Pfeile) Herzkranzgefäßen

Herztöne signalisieren Fehler und Störungen. Bei den Kontraktionen des Herzmuskels und den Bewegungen der Klappen entstehen typische Geräusche, die mithilfe eines *Stethoskops* (von griechisch *stethos:* Brust, *skopein:* untersuchen, schauen) abgehört werden können. Von der Norm abweichende Herztöne und zusätzlich auftretende Geräusche lassen Rückschlüsse auf die Vorgänge im Herzen und mögliche Störungen wie beispielsweise nicht mehr vollständig schließende Klappen zu.

Herzkatheter – direkter Vorstoß ins Herz. Bei dieser Methode wird über ein Blutgefäß ein dünner Schlauch bis ins Herz geschoben. Über diesen *Katheter* kann dann ein Kontrastmittel direkt in das Herz eingespritzt werden, sodass die Herzstrukturen auf dem Röntgenbild gut erkennbar werden. Dadurch lassen sich Aussagen über den Zustand der Herzkranzgefäße oder die Funktionstüchtigkeit der Herzklappen machen. Durch direkte Messungen mit dem Herzkatheter können verschiedene Werte ermittelt werden, zum Beispiel die elektrischen Aktivitäten des Herzmuskels oder die Blutdruckwerte und der Blutfluss im Herzen.

Indirekter Blick ins Herz: Tomografie und Ultraschall. Die *Computertomografie* (von griechisch *tomos:* Scheibe, *graphein:* schreiben), abgekürzt CT, ist ein Verfahren, bei dem von einem Organ eine Serie von Röntgenbildern aus unterschiedlichen Richtungen gemacht wird. Aus den Einzelbildern werden anschließend von einem leistungsfähigen Rechner eine dreidimensionale Innenansicht oder Schnittbilder des Organs rekonstruiert. Die *Kernspintomografie* funktioniert nach dem gleichen Prinzip. Da sie anstelle von Röntgenstrahlen mit einem Magnetfeld arbeitet, ist aber die Strahlenbelastung des Patienten bei besserer Auflösung deutlich geringer. Mit schnellen Rechnern kann bei beiden Verfahren das schlagende Herz beobachtet und die Durchblutung der Herzkranzgefäße sowie die Funktion der Herzklappen bewertet werden. In vielen Fällen ist es dadurch möglich, Patienten die nicht ganz risikolose Untersuchung mit dem Herzkatheter zu ersparen.

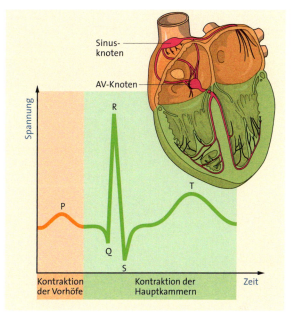

2 Das Elektrokardiogramm registriert die im Herzen ablaufende elektrische Aktivität. Dabei entsteht ein charakteristischer Kurvenverlauf.

Völlig ungefährlich und mit deutlich geringerem Aufwand liefern auch *Ultraschallaufnahmen* wertvolle Informationen über das Herz und andere Organe. Der Zustand der für die Sauerstoffversorgung des Herzens so wichtigen Herzkranzgefäße kann allerdings mithilfe von Ultraschall nur eingeschränkt beurteilt werden.

Messung der elektrischen Herzaktivität: EKG. Wenn sich die elektrischen Impulse vom Sinusknoten startend über den Herzmuskel ausbreiten, sind zu bestimmten Zeitpunkten einige Bereiche des Herzens erregt, andere noch nicht oder nicht mehr. Die Ladungsdifferenzen zwischen elektrisch aktiven und inaktiven Bereichen verursachen elektrische Felder, die an der Körperoberfläche als *Elektrokardiogramm* oder *EKG* gemessen werden können.
Je nach Position der Messelektroden am Körper ergibt sich dabei ein charakteristischer Verlauf der Spannung. Bild 2 zeigt den Spannungsverlauf für ein „normal" funktionierendes Herz bei der Standardableitung. Aus Abweichungen im Kurvenverlauf können Rückschlüsse über die Funktionsfähigkeit und mögliche Beeinträchtigungen beziehungsweise Krankheiten des Herzens gezogen werden.

Aufgaben

1 Informiere dich im Internet oder mithilfe geeigneter Literatur über die verschiedenen Beobachtungsmöglichkeiten der Herztätigkeit.

2 Überlege, welcher Teil des Herzens untersucht werden kann, wenn der Katheter über eine Körpervene eingeführt wird.

Herzfehler und Herzerkrankungen sind lebensbedrohend

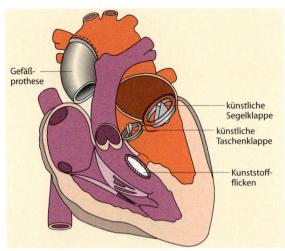

1 Ersatzteile für das Herz: künstliche Herzklappen, Gefäßprothesen und Flicken für die Herzscheidewand

Lebenslanger Arbeitseinsatz. Neben angeborenen „Baufehlern" kann die Herzleistung durch *Verschleißerscheinungen* und *Erkrankungen* beeinträchtigt werden. Lebensqualität und Lebenserwartung der betroffenen Menschen können aber in vielen Fällen medikamentös, operativ oder mithilfe moderner Medizintechnik deutlich verbessert werden.

Herzklappenfehler. Angeborene *Herzklappenfehler* kommen relativ selten vor. Defekte können durch Verschleiß, am häufigsten aber durch zum Teil bakteriell bedingte *Entzündungen* hervorgerufen werden. Dabei können beispielsweise die Ränder der entzündeten Klappen verkleben, wodurch eine Verengung entsteht. Auch kann sich die Oberfläche der Klappen so verändern, dass diese nicht mehr richtig schließen. In vielen Fällen kann die Störung durch eine Operation oder das Einsetzen einer *künstlichen Herzklappe* beseitigt werden. Künstliche Herzklappen können inzwischen mithilfe eines Katheters zum Herzen geschoben und dort eingesetzt werden. Der Klappenersatz erfordert also nicht mehr unbedingt das Öffnen des Brustkorbs und den Einsatz einer Herz-Lungen-Maschine während der Operation.

Aufgaben
1. Erkläre, welche Folgen eine Klappenverengung beziehungsweise eine nicht mehr vollständig schließende Klappe hat.
2. Überlege, welche Klappe vermutlich am häufigsten von Verschleiß betroffen ist. Begründe!
3. Erkläre, welche nachteiligen Folgen eine unvollständige Trennung der beiden Herzhälften hat.
4. Bis zur Geburt existiert bei jedem Menschen ein Loch in der Scheidewand zwischen den Vorhöfen. Nach der Geburt wächst es zu. Erkläre, warum diese Verbindung vor der Geburt biologisch sinnvoll ist.

Angeborene Herzfehler. Etwa bei jedem achtzigsten Neugeborenen in Deutschland, also bei etwa 5000–6000 Babys, treten bei der embryonalen Entwicklung des Herzens Fehler wie beispielsweise Verengungen der Arterien oder auch der Aortenklappe auf. Der häufigste Defekt besteht in einer sich *nicht vollständig schließenden Trennwand* zwischen linker und rechter Herzhälfte. Durch rechtzeitige operative Eingriffe hat sich die Lebenserwartung für betroffene Kinder deutlich verbessert. Je eher solche Fehler erkannt werden, am günstigsten noch während der Schwangerschaft, desto größer sind die Chancen, bei guter Lebensqualität langfristig zu überleben.

Herzrhythmusstörungen. *Herzrhythmusstörungen* können durch Blockade der Erregungsweiterleitung, durch zusätzlich auftretende Erregungen und durch verlangsamte oder auch beschleunigte Erregungsbildung ausgelöst werden. Durch das Auftreten sehr schnell aufeinanderfolgender elektrischer Impulse kann es in den Vorhöfen und Herzkammern zum *Herzjagen* kommen. Beim *Vorhofflimmern,* der häufigsten Form dieser Störung, können zwischen 350 und 600 Erregungen in der Minute ausgelöst werden, was schnelle, schwache Kontraktionen der Vorhöfe und eine unregelmäßige Schlagfrequenz der Herzkammern zur Folge hat. Erreicht die Erregungsfrequenz in den Herzkammern solche hohen Werte, kommt es zum lebensbedrohlichen *Kammerflimmern,* häufig ausgelöst durch einen *Infarkt*. Die Herzmuskelzellen ziehen sich nicht koordiniert zusammen, sodass die Herzkammern nicht mehr kontrahieren.

Als Risikofaktoren für die Entstehung von Herzrhythmusstörungen gelten unter anderem abweichende Werte der Kalium- und Magnesiumionenkonzentration im Blut, hohes Übergewicht oder auch Alkoholmissbrauch und Rauchen. Je nach Art kann eine Herzrhythmusstörung medikamentös oder durch das Einsetzen eines künstlichen elektrischen Impulsgebers, eines *Herzschrittmachers,* behandelt werden.

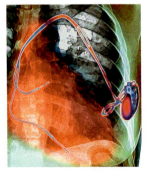

2 Brustkorb mit eingepflanztem Herzschrittmacher

Aufgaben
5. Erkläre, warum Vorhofflimmern nicht so gefährlich wie Kammerflimmern ist.
6. Bei welchem Typ von Herzrhythmusstörung wird vermutlich ein Herzschrittmacher eingesetzt, welcher Typ wird medikamentös behandelt? Begründe!
7. Informiere dich im Internet über die Wirkungsweise und Technik von Herzschrittmachergeräten.

An den Herzkranzgefäßen hängt das Leben

Häufigste Todesursache: koronare Herzkrankheit. Bei der *koronaren Herzkrankheit* sind die Arterien der *Herzkranzgefäße* durch cholesterinhaltige Ablagerungen, sogenannte *Plaques*, stellenweise verengt. *Cholesterin*, ein fettartiger Stoff, wird vom Körper hergestellt, aber auch über tierische Fette in der Nahrung aufgenommen. Der Ablagerungsprozess in den Blutgefäßen, der als *Arterienverkalkung* oder *Arteriosklerose* bezeichnet wird, führt im Lauf der Zeit zu einer immer geringeren Durchblutung des Herzmuskels. Dieser wird dadurch zunehmend schlechter mit Sauerstoff versorgt, was letztlich zu einer nicht ausreichenden Bildung von ATP (▶ Seite 32) in den Muskelzellen führt.

Die Verengung der Herzkranzgefäße kündigt sich an. Bei fortgeschrittener Arterienverkalkung kann es, oft bei körperlicher Belastung, kurzzeitig zu einer Unterbrechung des Blutflusses in einem Teil des Herzmuskels kommen. In der Regel treten dann Schmerzen in der Herzgegend und ein beengend wirkendes Druckgefühl im Brustbereich auf, weswegen man auch von einem *Angina-Pectoris-Anfall* (von lateinisch *angina*: Enge, *pectus*: Brust) spricht.

Anfälle von Angina Pectoris können medikamentös behandelt werden. Ist ein Eingriff unumgänglich, kann mit einem Katheter ein kleiner, länglicher Ballon in das Gefäß eingeführt werden. Durch Aufpumpen des Ballons kann die Verengung erweitert und anschließend durch ein kleines Edelstahlgitter (*Stent*) stabilisiert werden. Bei schweren Schädigungen wird die Engstelle durch Einsetzen eines *Bypasses* überbrückt.

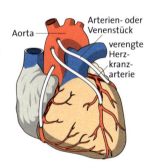

1 Bypass-Prinzip

Herzinfarkt erfordert schnellstmögliche Hilfe. Fällt das Sauerstoffangebot im Herzmuskel infolge einer Durchblutungsstörung unter einen kritischen Wert, sterben die unterversorgten Herzmuskelzellen ab und es kommt zum *Herzinfarkt*. Ursache der Durchblutungsstörung ist meist die Blockade einer bereits verengten Herzkranzarterie durch eine losgerissene Plaque. Vielfach kommt es bei einem Infarkt zu einem als vernichtend empfundenen Druck- und Schmerzgefühl in der Herzgegend. Typischerweise strahlen die Schmerzen dabei in den linken Arm aus und sind von Angst, Schweißausbrüchen und Übelkeit begleitet. Das Absterben der Herzmuskelzellen kann zum *Herzstillstand* führen. Wird der Herzmuskel nicht innerhalb von 25 Minuten durch Erste-Hilfe-Maßnahmen (▶ Seite 78) wieder zum Schlagen gebracht und mit ausreichend Sauerstoff versorgt, ist eine Wiederbelebung nicht mehr möglich. Jährlich erleiden in Deutschland etwa 300 000 Menschen einen Herzinfarkt – fast jeder zweite Betroffene verstirbt, bevor er das Krankenhaus erreicht. Beim geringsten Verdacht muss daher sofort ein Arzt oder Krankenhaus aufgesucht oder der Notarzt verständigt werden.

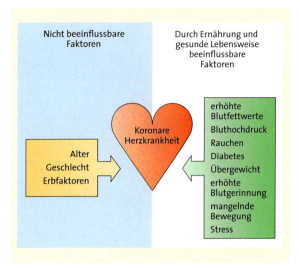

2 Risikofaktoren für Herzerkrankungen

Länger leben, Risikofaktoren minimieren. Risikofaktoren wie das Lebensalter, eine genetisch bedingte Vorbelastung oder auch Diabetes kann man nicht ändern. Die Vermeidung zusätzlicher Risikofaktoren und damit womöglich die Chance auf ein längeres Leben hat man jedoch selbst in der Hand (▶ Bild 2).

Aufgaben

1. Bei Mangeldurchblutung des Herzmuskels steigt im betroffenen Herzmuskelgewebe die normalerweise sehr niedrige Konzentration an Milchsäuremolekülen an. Erkläre diese Beobachtung möglichst genau.
2. Recherchiere im Internet oder in geeigneter Literatur, inwiefern das im Tabakrauch enthaltene Nikotin und Kohlenstoffmonooxid das Risiko einer koronaren Herzkrankheit erhöht.
3. Informiere dich im Internet, beispielsweise unter www.herzinfarktdiagnose.de oder www.herzstiftung.de, über die oben genannten Risikofaktoren. Fasse deine Ergebnisse in Form einer Mindmap zusammen und stelle sie vor.
4. Beschreibe die Erste-Hilfe-Maßnahmen, die bei einem Herzinfarkt durchgeführt werden müssen.
5. Erkläre, warum Herzkreislauferkrankungen in diesem Ausmaß erst nach dem Zweiten Weltkrieg und zunächst nur in den Industrieländern aufgetreten sind.
6. Informiere dich im Internet über die Wirkungsweise und den Einsatz eines Defibrillators.
7. Informiere dich im Internet über die Möglichkeiten, ein erkranktes Herz zu ersetzen.

Der Blutkreislauf sichert die Versorgung aller Gewebe

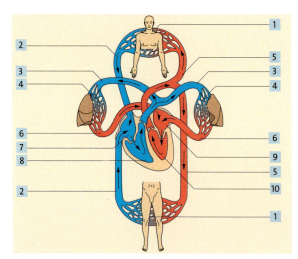

1 Herz-Kreislauf-System des Menschen

Das Kreislaufsystem im Überblick. Mit zunehmender Körpergröße entstanden bei allen vielzelligen Organismen im Lauf der Evolution eigene Transportsysteme zur schnellen Ver- und Entsorgung der Körperzellen. Bei den Wirbeltieren, zu denen der Mensch biologisch betrachtet zählt, zirkuliert dazu das vom Herzen angetriebene Blut in einem nahezu vollständig geschlossenen Röhrensystem, den *Blutgefäßen*, permanent an den Körperzellen vorbei. Mit Ausnahme der Fische besitzen Wirbeltiere und damit auch der Mensch einen *doppelten Blutkreislauf*: Nach Passage der Lunge gelangt das mit Sauerstoff angereicherte Blut über den *Lungenkreislauf* zurück in das Herz und wird von dort in den *Körperkreislauf* gepumpt. Die Gesamtlänge aller Blutgefäße des Kreislaufsystems wird auf weit über 100 000 km geschätzt. Je nach Funktion unterscheidet man dabei im Wesentlichen drei Typen von Blutgefäßen. Der schnelle Hintransport von Blut in Gewebe und Organe erfolgt in den *Arterien*, die sich im Körper immer stärker aufzweigen und schließlich in die Haargefäße oder *Kapillaren* übergehen, die die angrenzenden Körperzellen versorgen. Die sehr feinen Kapillaren schließen sich zu den auf diese Weise immer größer werdenden *Venen* zusammen, in denen das Blut wieder zum Herzen zurückfließt.

Aufgaben
1. Ordne den Zahlen in Bild 1 die passenden Begriffe zu.
2. Beschreibe die Aufgaben des Blutkreislaufs.

Arterien dienen als „Schnellstraßen". Zur schnellen Versorgung der Gewebe und Organe fließt das Blut in den *Arterien* unter hohem Druck und mit großer Geschwindigkeit. Die *innere*, dem Blutstrom direkt ausgesetzte *Wandschicht* dieser Gefäße besteht aus einer Lage fugenlos aneinanderstoßender plattenartiger Zellen. Die glatte Oberfläche wirkt reibungsmindernd und reduziert die Bildung von energieschluckenden Turbulenzen im Blutstrom. Die *mittlere Schicht* enthält ringförmig verlaufendes Muskelgewebe. Es ist kräftig genug, um auf Signale des Sympathikus hin den Gefäßdurchmesser entgegen dem Innendruck zu verringern. Die *Außenwand* der Arterien wird von elastischem Bindegewebe gebildet, das eine Dehnung der Adern ermöglicht.
Durch die Bauweise und Aktivität der Arterien kann also, unabhängig von der Pumparbeit des Herzens, der *Blutdruck* (▶ Seite 56) erhöht oder auch gesenkt werden. Der Durchmesser der Arterien nimmt von maximal 3 cm in der Aorta mit zunehmender Verzweigung fortlaufend ab. In den *Arteriolen*, die unmittelbar an die Kapillaren angrenzen, beträgt er schließlich nur noch 0,02 mm.

Aufgabe
3. Versuche zu erklären, warum trotz der schubartigen Pumpwirkung des Herzens der Druck in den Arterien nicht nach jeder Systole auf null, sondern nur um etwa 30 % des Anfangswerts abfällt. Stelle den von dir in diesem Zusammenhang beschriebenen Vorgang zeichnerisch dar.

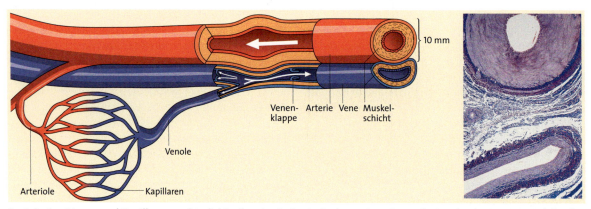

2 Arterien, Venen und Kapillaren; rechts: lichtmikroskopische Aufnahme eines Querschnitts durch eine Arterie (oben) und eine Vene (unten)

Der Rückstrom zum Herzen erfolgt in Venen. Prinzipiell besitzen Venen den gleichen Bau wie Arterien, nur ist die mittlere, muskelhaltige Wandschicht viel schwächer ausgebildet. In Venen fließt das Blut *nahezu drucklos* und auch langsam. Der Rücktransport des Bluts zum Herzen erfolgt in den Venen größtenteils „bergauf", entgegen der Schwerkraft. Dies wird durch die Saugwirkung des Herzens ermöglicht, die durch die Erweiterung der Vorhöfe zustande kommt. Zusätzlich wird vor allem in den Beinen das Blut in den Venen auch durch Kontraktionen benachbarter Skelettmuskeln bewegt.

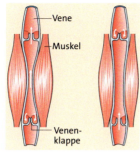

1 Muskeln sorgen für den Blutfluss in den Venen.

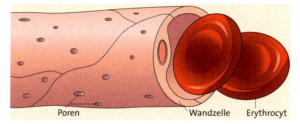

2 Bau einer Kapillare

Kapillaren versorgen die Körperzellen. Mit einem Durchmesser von durchschnittlich 0,005 mm (5 µm) und einer Länge von etwa 1 mm sind die *Kapillaren* die kleinsten Blutgefäße. Ihre Wandung besteht nur aus einer Zellschicht, sodass der Stoffaustausch mit der Umgebung durch Diffusion möglich ist. Die Wandzellen können wie im Bereich der Lunge und des Gehirns fugenlos aneinander angrenzen, es können aber auch sehr kleine Öffnungen in der Gefäßwand vorhanden sein.

Aufgaben
1. Erkläre mithilfe von Bild 1 die Funktion der Venenklappen.
2. Der Wachsoldat auf dem Bild rechts fiel in Ohnmacht, nachdem er längere Zeit still stehen musste. Erkläre genau, wie es dazu kam. Begründe die Bedeutung von Bewegung für die Durchblutung des Körpers.
3. Berechne die für den Stoffaustausch an den Kapillaren maximal verfügbare Oberfläche (in m²).

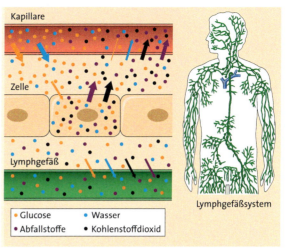

3 Stoffaustausch zwischen Kapillaren und Umgebung

Stoffaustausch an den Kapillaren. Der Stoffaustausch zwischen dem Blut in den Kapillargefäßen und dem angrenzenden Gewebe erfolgt vorwiegend durch *Diffusion* (▶ Seite 30). Während der etwa drei Sekunden dauernden Passage durch die Kapillaren können kleinere Teilchen wie Glucose- und Wassermoleküle durch die Wandöffnungen der Kapillargefäße nach außen gelangen. Unpolare kleine Moleküle, wie die von Sauerstoff und Kohlenstoffdioxid, diffundieren auch direkt durch die dünnen Wände. Die austretenden Teilchen gelangen zunächst in einen mit Flüssigkeit erfüllten Bereich außerhalb der zu versorgenden Zellen. Von dort können sie in diese hineindiffundieren oder werden durch *Transportproteine* (▶ Seite 31) aktiv aufgenommen. Entsprechend den Konzentrationsverhältnissen kommt es auch zur Diffusion von Teilchen aus den Zellen heraus und in die Kapillargefäße hinein, also zur Entsorgung der Zellen.

Der Austritt von Teilchen wird am Anfang der Kapillare durch den hier noch leicht erhöhten Blutdruck unterstützt. Im Verlauf der Passage wird aber durch die immer konzentrierter werdende Blutflüssigkeit die Rückdiffusion von Flüssigkeit in die Kapillare verstärkt (▶ Seite 65), sodass nur wenig Blutflüssigkeit im Außenbereich verbleibt. Durch ein zusätzliches Gefäßsystem, die *Lymphgefäße* (von lateinisch *lympha:* Quellwasser), wird diese Flüssigkeitsmenge, pro Tag etwa zwei Liter, aufgenommen und in das venöse System zurückgeführt.

Aufgaben
4. Erkläre, was man unter dem Begriff Diffusion versteht. Stelle die Diffusionsvorgänge beim Stoffaustausch Kapillare – Gewebe mithilfe einer Filmleiste dar.
5. Erkläre, warum die Lymphflüssigkeit im Gegensatz zum Blut farblos ist.
6. Berechne die Geschwindigkeit des Blutstroms in den Kapillaren.

Der Blutdruck als Antreiber

Herzarbeit und Gefäßspannung sorgen für Druck. Bei jeder Systole pumpt der Herzmuskel ein Volumen von 70 bis 140 ml Blut in die Aorta. Aufgrund des großen *Strömungswiderstands* in den kleinen Blutgefäßen, den Arteriolen und Kapillaren, strömt das Blut schneller in den arteriellen Bereich ein, als es diesen wieder verlässt, und es kommt dort zu einem *Druckanstieg*. Der vom Blut auf die Wände der Blutgefäße ausgeübte Druck, der als *Blutdruck* bezeichnet wird, treibt das Blut in den Gefäßen voran und spielt eine entscheidende Rolle für die Blutversorgung der Gewebe (▶ Seite 58).

Der Blutdruck wird als Überdruck gegenüber dem herrschenden Atmosphärendruck angegeben. Physikalisch wird sein Wert in der Einheit *Pascal,* abgekürzt *Pa,* oder auch entsprechend seiner Wirkung als Kraft in der Einheit N/m^2 ausgedrückt ($1 Pa = 1 N/m^2$). In der medizinischen Praxis wird für den Blutdruck häufig noch die historische Einheit *mm Hg* (Millimeter Quecksilbersäule) verwendet (100 mm Hg = 13,33 kPa).

Neben der Pumparbeit des Herzens wird der Blutdruck von dem durch die Anspannung der Ringmuskeln vorgegebenen *Durchmesser der Blutgefäße* beeinflusst. Bei jüngeren Menschen steigt er im Ruhezustand während der Systole im Normalfall auf 120 mm Hg (16 kPa) und fällt während der Diastole auf 80 mm Hg (10,7 kPa) ab.

Der Blutdruck hängt unter anderem von Geschlecht, Alter, körperlicher Aktivität und psychischen Einflüssen wie Stress ab. Starke Reize wie Lärm, Schmerz, Kälte und Hitze, vor allem aber Nikotin- und Alkoholkonsum erhöhen den Blutdruck. Ein *zu hoher Blutdruck* (▶ Seite 59) ist ein Risikofaktor für die Entstehung einer koronaren Herzerkrankung (▶ Seite 53). *Niedriger Blutdruck* (systolischer Druck unter 100 mm Hg) kann Schwindelanfälle, Konzentrationsstörungen und Müdigkeit verursachen, ist aber in der Regel ungefährlich.

Blutdruckmessung. Bei der *direkten Messung* des Blutdrucks wird eine mit einem *Manometer* (Druckmessgerät) verbundene *Kanüle* in ein Blutgefäß eingeführt. Diese Methode liefert sehr genaue Werte, wird aber nur in besonderen Fällen eingesetzt.

Die *indirekte Blutdruckmessung* ist eine einfach zu handhabende Technik. Wird der Druck in der angelegten Manschette beim Aufblasen größer als der Blutdruck in der Arterie, kommt es zu einer Unterbrechung des Blutstroms. Senkt man nun langsam den Druck in der Manschette, fließt zu einem bestimmten Zeitpunkt das Blut wieder – nämlich dann, wenn der Manschettendruck unter den systolischen Druck fällt. Es entstehen Strömungsgeräusche, die sich mit einem Stethoskop abhören lassen. Der in diesem Moment am Messgerät abgelesene Druck entspricht dem Blutdruck während der Systole. Erreicht der Manschettendruck den diastolischen Wert, sind keine Geräusche mehr zu hören oder die Lautstärke verringert sich abrupt.

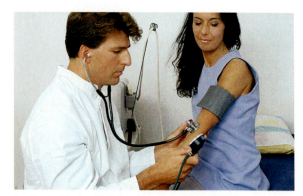

1 Kontrolle des Blutdrucks

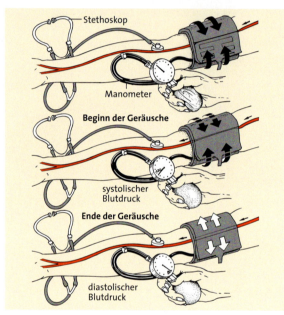

2 Indirekte Blutdruckmessung

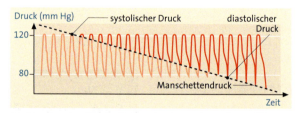

3 Druckverlauf in der Manschette und im Blutgefäß

Aufgaben

1 Bei älteren Menschen kommt es durch die nachlassende Elastizität der Arterienwände zu einer Erhöhung des Blutdrucks. Versuche diesen Zusammenhang zu erklären.

2 Wird die Blutdruckmessung nicht an einem in Herzhöhe aufgestützten Arm durchgeführt, können sich um über 10 mm Hg abweichende Werte ergeben. Versuche diese Beobachtung zu erklären.

Nachgehakt: Druck aus physikalischer Sicht

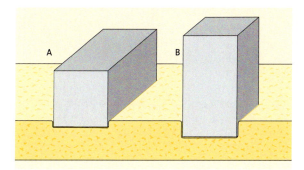

1 Der Druck ergibt sich aus der (Gewichts-)Kraft, die auf eine bestimmte Fläche wirkt.

Kraft und Fläche bestimmen den Druck. Obwohl der Metallquader A identisch ist mit Quader B, drückt er die Schaumstoffunterlage stärker ein, da die Gewichtskraft bei ihm auf eine kleinere Fläche ausgeübt wird. Die Wirkung einer Kraft auf eine Fläche wird als *Druck p* bezeichnet und physikalisch beschrieben als Verhältnis einer *Kraft F* zur *Fläche A*, auf die diese Kraft einwirkt:

$p = \dfrac{F}{A}$.

Daraus folgt für die Einheit des Drucks:

$\dfrac{\text{Einheit der Kraft}}{\text{Einheit des Flächeninhalts}}$

$= \dfrac{N}{m^2} = Pa$ (Pascal).

	Luftdruck in bar
Wasserleitung	2–5
Autoreifen	2–3
Fahrradreifen	6–10

2 Typische Druckwerte

Außer der Einheit Pascal wird auch noch häufig die Einheit bar (von griechisch *baros*: Schwere) benutzt, wobei gilt: 1 bar = 100 000 Pa = 100 kPa.

Druckmessung. Eine einfache Druckmessmethode bietet ein U-Rohr wie in Bild 3 zum Messen des Ausatemdrucks. Die Flüssigkeit steht auf beiden Seiten zunächst gleich hoch. Durch den Atemdruck wird die Wassersäule rechts gehoben. Der Höhenunterschied ist ein Maß für den zu bestimmenden Druck.

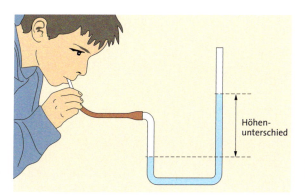

3 Druckmessung mithilfe eines U-Rohrs

Druck in ruhenden Flüssigkeiten. Beim Tauchen spürst du mit zunehmender Tiefe einen steigenden Druck auf das Trommelfell. Dieser Druck wird als Schweredruck oder *hydrostatischer Druck* bezeichnet, weil er durch die Gewichtskraft der über dir liegenden Wassermassen hervorgerufen wird. Der hydrostatische Druck ist beim Tauchen also proportional zur Wassertiefe. Allgemein gilt, dass der hydrostatische Druck von der Höhe der Flüssigkeitssäule und der Dichte der Flüssigkeit abhängt. Im Fall des Wassers nimmt er daher alle 10 m um 1 bar oder 100 kPa zu.

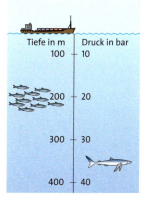

4 Je höher die Flüssigkeitssäule, desto größer wird der hydrostatische Druck.

Druck treibt Flüssigkeiten an. Flüssigkeiten (und Gase) strömen von Bereichen höheren zu Bereichen niedrigeren Drucks. Beispielsweise wirkt ein durch eine Pumpe erzeugter Druckunterschied als Antrieb für einen Flüssigkeitsstrom.

Fließt eine in einem Rohr strömende Flüssigkeit durch eine Engstelle, kommt es zu einer Erhöhung der Fließgeschwindigkeit. Die Ursache liegt darin, dass sich Flüssigkeiten nicht zusammendrücken lassen. Das Flüssigkeitsvolumen, das in einer bestimmten Zeit durch den Rohrabschnitt mit dem kleineren Querschnitt A_2 strömt, ist daher ebenso groß wie das Flüssigkeitsvolumen, das in derselben Zeit durch den Rohrabschnitt mit dem größeren Querschnitt A_1 fließt. Dies wird dadurch ermöglicht, dass sich beim Durchfließen einer Verengung oder Erweiterung die Geschwindigkeit v des Flüssigkeitsstroms ändert. Dabei gilt:
$A_1 \cdot v_1 = A_2 \cdot v_2$.

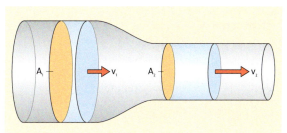

5 Flüssigkeit strömt an einer Verengung schneller.

Aufgabe
1 Wie müsste man das U-Rohr in Bild 3 verändern, wenn man den Luftdruck am Meer beziehungsweise auf der Zugspitze messen wollte? Begründe!

Geschwindigkeit und Druckregelung

Im Rhythmus: Blutströmung und Puls. Wenn die linke Herzkammer während der Systole Blut nach außen pumpt, kommt es unmittelbar hinter dem Herzen zu einem starken *Druckanstieg in der Aorta*. Dadurch werden die Gefäßwände lokal „ausgebeult" und ein Teil der vom Herzmuskel aufgebrachten (kinetischen) Energie in der elastischen Dehnung der Gefäßwand (potenzielle Energie) gespeichert. Während der Diastole zieht sich die angespannte Gefäßwand wieder zusammen und treibt das in der „Ausbeulung" gespeicherte Blutvolumen in den nächsten Abschnitt. Dort wiederholt sich der Vorgang, das Blut gelangt in den nächsten Abschnitt und so fort. Die *Elastizität der Arterien* trägt also dazu bei, den Blutdruck auch während der Erschlaffung des Herzmuskels in der Diastole so hoch zu halten, dass der Blutstrom in Gang bleibt. Die Druckwelle, die in der Aorta durch Kontraktion des Herzmuskels entsteht, breitet sich mit hoher Geschwindigkeit (4–6 m/s) aus und kann als rhythmischer *Pulsschlag* wahrgenommen werden.

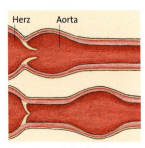

1 Pulswelle in der Aorta

Druck und Geschwindigkeit im Kreislaufsystem. In Bild 2 sind die Strömungsgeschwindigkeiten und die Druckverhältnisse in verschiedenen Blutgefäßen dargestellt. Ursache des Druckabfalls in den Arteriolen und Kapillaren ist die zunehmende Reibung innerhalb der Blutflüssigkeit in den immer zahlreicher und gleichzeitig enger werdenden Gefäßen. Dadurch sinkt der ursprünglich durch die Herzarbeit erzeugte Überdruck von etwa 120 mm Hg in der Aorta auf etwa 10 mm Hg in den Kapillaren und 5 mm Hg in den Venen. Der Arterienbereich wird daher auch als *Hochdrucksystem,* der Venen- und Kapillarbereich als *Niederdrucksystem* bezeichnet.

Da die rechte Herzkammer bei der Systole nur eine Druckzunahme von etwa 20 mm Hg in der Lungenarterie bewirkt, gehört auch der gesamte Lungenkreislauf zum Niederdrucksystem.

In einem Gartenschlauch strömendes Wasser wird bei Passieren der engen Austrittsdüse beschleunigt. Es wäre daher anzunehmen, dass auch die Geschwindigkeit des Butstroms in den immer enger werdenden Kapillaren zunimmt. Der Gesamtquerschnitt aller Arterien und Kapillaren wächst aber mit zunehmender Verzweigung so stark an, dass es im arteriellen Bereich zu einer Verlangsamung des Blutstroms von über 20 cm/s in der Aorta und auf weniger als 1 mm/s in den Kapillaren kommt.

Genau ausbalanciert: Verteilung und Druckregelung. Nur etwa 15 % des Blutvolumens von insgesamt 4 bis 6 Litern befinden sich im Hochdrucksystem der Arterien. Den größten Teil des Volumens nimmt das Niederdrucksystem auf, vor allem die viel stärker dehnbaren Venen. Das große Blutvolumen in den Venen dient als Reserve, um die Versorgung des arteriellen Systems auch dann zu sichern, wenn sich das Herzzeitvolumen (▶ Seite 50) zum Beispiel bei körperlicher Arbeit erhöht.

Durch Veränderung des Blutgefäßdurchmessers und der Herzfrequenz kann der Blutdruck den jeweiligen Erfordernissen angepasst werden. Langfristig erfolgt die Blutdruckregulation über die Ausschüttung von Hormonen, kurzfristig auch durch Einfluss des Nervensystems. Fällt zum Beispiel der Blutdruck im Kopfbereich plötzlich ab, etwa beim morgendlichen Aufstehen, lösen spezielle Rezeptoren eine als Baroreflex bezeichnete Reaktion des Körpers aus. Durch eine kurzfristige Erhöhung der Herzfrequenz und Verringerung des Durchmessers der Blutgefäße in den Außenbereichen des Körpers wird der gefährliche Druckabfall innerhalb von Sekunden beseitigt.

Aufgaben

1. Informiere dich im Internet über die Wirkungsweise technischer Ausdehnungsgefäße. Vergleiche sie mit der Wirkungsweise der Arterien im Kreislaufsystem.
2. Erstelle eine mit Bild 2 vergleichbare Grafik für den Lungenkreislauf und begründe dein Ergebnis.
3. Der systolische Blutdruck in den Arterien beträgt im Fußbereich 180 mm Hg, im Kopfbereich nur 35 mm Hg. Erkläre diese Differenz. **Tipp:** Auf Seite 57 findest du Informationen.
4. Erkläre, warum der Blutdruck beim schnellen Aufstehen im Kopfbereich abfällt und weshalb eine schnelle „Korrektur" biologisch sinnvoll ist.
5. Erkläre, warum ein schneller Baroreflex gerade für Jetpiloten und Astronauten von großer Bedeutung ist.
6. Welche Wirkung hat deiner Meinung nach Schwerelosigkeit auf das Kreislaufsystem? Erkläre!

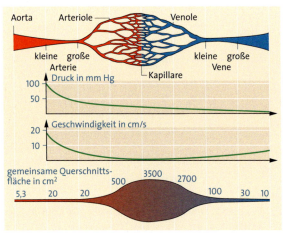

2 Unterschiedliche Verhältnisse in den Blutgefäßen

Erkrankungen des Blutgefäßsystems

Bluthochdruck ist ein „heimlicher Mörder". Als erhöht gilt der Blutdruck, wenn der systolische Wert 140 mm Hg, der diastolische Wert 90 mm Hg übersteigt. Das Risiko für das Auftreten von *Bluthochdruck* kann auf einer genetischen Veranlagung beruhen, auch das Lebensalter spielt eine große Rolle. Zu den *Risikofaktoren,* die durch den persönlichen Lebensstil beeinflussbar sind, gehören in erster Linie Übergewicht, eine zu salzhaltige Ernährung, Bewegungsmangel, erhöhter Alkoholkonsum, Rauchen und länger andauernder Stress.

Bluthochdruck macht zunächst keine Beschwerden. Viele Betroffene, ganz gleich ob jünger oder älter, bemerken ihn nicht einmal. Sie fühlen sich meist jahrelang gesund und leistungsfähig, während in ihrem Körper als Folge des zu hohen Blutdrucks allmählich gravierende Folge- und Begleiterkrankungen entstehen können.

Arteriosklerose und Bluthochdruck. Ein wichtiger Schlüssel zum Verständnis der Wirkung der Risikofaktoren für Bluthochdruck ist der Prozess der *Arterienverkalkung* oder *Arteriosklerose* (von griechisch *scleros:* hart, fest). Dabei handelt es sich um eine langsam fortschreitende chronische Entzündung der Arterienwände, die zu Ablagerungen, Plaquebildung und Verengung der Arterien führt (▶ Bild 1). Arteriosklerose tritt vor allem in den Herzkranzgefäßen, den Halsschlagadern und den Arterien auf, die das Gehirn versorgen. Der durch die Ablagerungen verursachte Elastizitätsverlust der Gefäße erfordert ständig eine verstärkte Herzarbeit. Gleichzeitig bewirkt der kleiner werdende Gefäßdurchmesser eine Erhöhung des Blutdrucks, was wiederum das Herz stärker belastet. Durch die verengten Gefäße werden die Gewebe, wie zum Beispiel der Herzmuskel oder auch bestimmte Bereiche des Gehirns, immer schlechter mit Sauerstoff versorgt. Behindern die Ablagerungen den Blutfluss zu stark, kommt es zu einer häufig tödlich verlaufenden Gewebeschädigung, beispielsweise durch *Herzinfarkt* (▶ Seite 53) oder *Schlaganfall* im Gehirn.

Die Faktoren, die die Arterienverkalkung fördern (▶ Seite 53), führen auch zu einer Erhöhung des Blutdrucks. Umgekehrt begünstigt ein erhöhter Blutdruck die Arterienverkalkung. Risikofaktoren, wie beispielsweise hohes Übergewicht und Rauchen, beschleunigen diesen Teufelskreis und verkürzen auf diese Weise mit hoher Wahrscheinlichkeit die Lebenserwartung.

Aufgaben

1 Tabakrauch enthält Nikotin und Kohlenstoffmonooxid. Informiere dich im Internet oder in geeigneter Literatur über die Wirkung dieser Substanzen auf den Körper und beschreibe möglichst genau, in welcher Weise Rauchen eine Erhöhung des Blutdrucks und die Entstehung einer Gefäßerkrankung begünstigt.

2 Schreibe die Begriffe Nikotin, Gefäßdurchmesser, Tabakrauch, Herzarbeit, Blutdruck, Kohlenstoffmonooxid, Sauerstoffaufnahme, Durchblutung, Herz, Arteriosklerose, Sauerstoffversorgung und Herzinfarkt auf Kärtchen. Ordne die Kärtchen sinnvoll an und verbinde sie mit Pfeilen, deren Beschriftung die jeweilige Wechselwirkung (zum Beispiel „fördert", „verschlechtert", „verengt", „erhöht" ...) wiedergibt.

3 Bei Bluthochdruckpatienten ist meist die linke Herzhälfte vergrößert. Erkläre diese Beobachtung.

4 Ein Schlaganfall hat häufig schlagartig auftretende Lähmungen von Gliedmaßen oder auch einer Körperhälfte zur Folge. Erkläre diese Beobachtung.

5 Informiere dich im Internet über die Risikofaktoren, die die Entstehung von Bluthochdruck begünstigen, und fasse deine Ergebnisse in einer Mindmap zusammen.

Lebensgefährlicher Kreislaufschock. Bei einem *Kreislaufschock* kommt es durch einen plötzlichen *Abfall des Blutdrucks* zu einer *Mangeldurchblutung* lebenswichtiger Organe. Da der Schock zu einem lebensbedrohlichen Zusammenbruch des gesamten Kreislaufs führen kann, ist umgehend ärztliche Hilfe erforderlich. Typische Symptome für das mögliche Vorliegen eines Schocks sind die auffallend blasse, kalte Haut des Betroffenen sowie ein schneller und schwächer werdender Puls. Ursache für einen Kreislaufschock können zum Beispiel starker Blutverlust oder Verlust an Blutplasma (▶ Seite 61) etwa durch starken Durchfall oder großflächige Verbrennungen sein. Ein Kreislaufschock kann aber auch durch eine allergische Reaktion, beispielsweise durch Arzneimittel oder Insektengifte, ausgelöst werden, ebenso durch eine bakterielle Infektion.

Aufgabe

6 Durch welchen Vorgang innerhalb des Kreislaufsystems könnten die typischen Schocksymptome verursacht werden? Erkläre!

  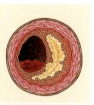

| Erste Arterienveränderungen mit Anlagerungen von Fettstreifen | Bildung flächiger Herde (Plaques) mit Fetteinlagerungen an den geschwollenen Gefäßinnenwänden | Blutgefäßverschluss mit dadurch verursachtem Gewebeinfarkt |

1 *Verschiedene Arteriosklerosestadien*

Praktikum: Herz

Präparation eines Schweineherzens

Schweineherzen sind von ihrem Bau und ihrer Größe einem menschlichen Herzen sehr ähnlich, sodass man durch ihre Untersuchung einen guten Einblick in die Anatomie des eigenen Herzens gewinnen kann.

Material: scharfe Präparationsschere, biegsamer Draht als „Sonde", 2–3 Pinzetten, Skalpell (vorsichtig damit arbeiten!), Handschuhe, Präparierschale

Zunächst wird die Präparation vorbereitet: Die Reste des eventuell noch vorhandenen Herzbeutels werden mit dem Skalpell vorsichtig entfernt. Zusammenhängende Blutgefäße werden durch Zerschneiden des Bindegewebes voneinander getrennt.

Die folgenden Präparationsschritte werden mit der Schere ausgeführt.

Schnitt 1: Mit der Schere wird, von außen beginnend, der rechte Vorhof abgeschnitten. Dabei wird die rechte Segelklappe sichtbar.

Schnitt 2: Durch die rechte Segelklappe wird nach unten zur Herzspitze die rechte Herzkammer aufgeschnitten.

Schnitt 3: Von der Herzspitze aus wird die linke Herzkammer schräg nach oben in Richtung linker Vorhof aufgeschnitten.

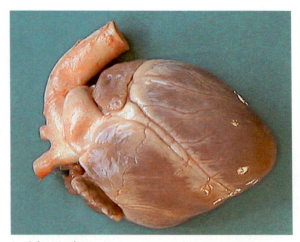

1 Schweineherz

Aufgabe

1 Identifiziere möglichst viele Bestandteile des Herzens.

Versuche

1 Führe die „Sonde" durch die Gefäßstümpfe in das Herz ein und beobachte dabei den Verlauf der Gefäße.

2 Schneide die Aorta und die Lungenarterie knapp am Herzen ab, um die Taschenklappen freizulegen. Fertige eine Zeichnung von einer Taschenklappe an.

3 Prüfe die Funktion der Taschenklappen, indem du mit einer Pipette Wasser auf die Klappen gibst.

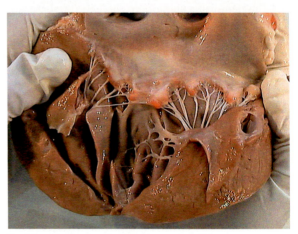

2 Schweineherz mit erkennbaren Segelklappen

Ein EKG selbst ableiten

Die Elektroden werden mit Klebeband auf den beiden Unterarmen und an einem Fuß eines Mitschülers oder einer Mitschülerin befestigt. Da die auftretenden Spannungsdifferenzen sehr klein sind, müssen sie durch einen Differenzverstärker vergrößert werden, bevor sie auf dem Oszilloskop oder mit dem *x-y*-Schreiber aufgezeichnet werden können.

▶ **Online-Angebot:** Hier findest du die Bauanleitung für den Differenzverstärker und weitere Erläuterungen zum Vorgehen.

Aufgabe

2 Vergleiche das selbst abgeleitete EKG mit Bild 2 auf Seite 51. Welche Kurven und Zacken lassen sich identifizieren?

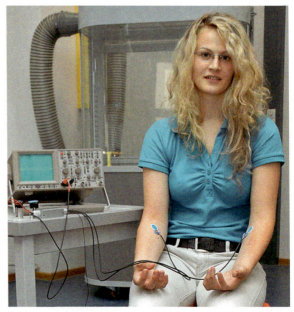

3 EKG-Ableitung

Blut – ein flüssiges Gewebe mit vielen Funktionen

1 Odysseus

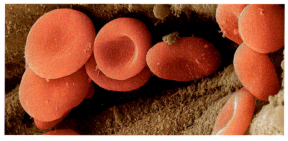

3 Erythrocyten

Blut ist ein ganz besonderer Saft. Erst durch das Trinken von Blut erlangen die Seelen der Toten ihre Erinnerung wieder und können mit dem in die Unterwelt abgestiegenen Odysseus sprechen. Wie in dieser Erzählung des griechischen Dichters Homer wird Blut in zahllosen Mythen gleichgesetzt mit Leben und es werden ihm ganz besondere Eigenschaften zugeschrieben. Die medizinische und biologische Forschung hat den Mythos Blut zwar längst „entzaubert", jedoch kennt man noch lange nicht alle „Geheimnisse" dieser wirklich bemerkenswerten Flüssigkeit.

Blut besteht aus verschiedenen Komponenten. Die Blutmenge eines Menschen beträgt etwa 7–8 % der Körpermasse, was bei einem Erwachsenen einem Blutvolumen von vier bis sechs Litern entspricht. Von seiner Funktion her kann man das Blut als „flüssiges Körpergewebe" betrachten, das aus verschiedenen Komponenten besteht. Wird Blut zentrifugiert, trennt es sich in verschiedene Schichten auf. Die Blutzellen oder *Blutkörperchen* sammeln sich infolge ihrer größeren Dichte im unteren Bereich des Gefäßes, darüber steht das klare, schwachgelbe *Blutplasma,* das eine wässrige Lösung verschiedener Moleküle und Salze darstellt.

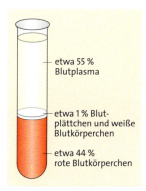

2 Zusammensetzung des Bluts
- etwa 55 % Blutplasma
- etwa 1 % Blutplättchen und weiße Blutkörperchen
- etwa 44 % rote Blutkörperchen

Aufgabe
1. Das Blut sorgt für die Verteilung der Wärme im Körper. Erkläre, wie diese Wärmeverteilung über das Blutgefäßsystem geregelt werden kann.

Aufgabe für Profis
1. Durch die unmittelbar nebeneinanderliegenden Venen und Arterien wird der Wärmeverlust des Körpers gemindert. Erkläre die Wirkungsweise dieser Blutgefäßanordnung mithilfe einer Skizze.

Erythrocyten sind Sauerstofftransporter. Mit etwa 5 Milliarden Zellen pro Milliliter Blut bilden die *roten Blutkörperchen* oder *Erythrocyten* (von griechisch *erythros:* rot, *kytos:* Höhlung, Zelle) die Hauptmasse der Blutkörperchen. Ihre wichtigste Aufgabe besteht im Transport von Sauerstoff- und Kohlenstoffdioxidmolekülen mithilfe von Hämoglobin (▶ Seite 27). Sauerstoffbeladene Hämoglobinmoleküle reflektieren verstärkt den uns rot erscheinenden Wellenanteil.

Wie alle Blutkörperchen werden die Erythrocyten im roten Knochenmark aus unspezialisierten *Stammzellen* gebildet. Im Gegensatz zu allen Körperzellen besitzen sie keinen Zellkern und auch keine Mitochondrien. Sie zirkulieren etwa 120 Tage lang in der Blutbahn, danach werden sie von *Fresszellen* (▶ Seite 62) „recycelt". In einer Minute werden rund 160 Millionen Erythrocyten abgebaut und an anderer Stelle neu gebildet.

Auf ihrer Außenseite besitzen die Erythrocytenzellen verschiedene Arten von Kohlenhydratmolekülen, die als *Antigene* wirken und von Antikörpern erkannt werden. Der jeweilige Antigentyp eines Menschen wird als *Blutgruppe* bezeichnet und schränkt die Möglichkeiten von Bluttransfusionen ein.

Nimmt man über längere Zeit zu wenig Vitamine B_{12} und Folsäure (▶ Seite 14) zu sich, kann es zu einer Störung der Erythrocytenbildung kommen. Der damit verbundene Mangel an Hämoglobin wird als *Anämie* (von griechisch *anaimia:* Blutleere) bezeichnet. Anämien oder „Blutarmut" machen sich durch blasse Hautfarbe und geringe körperliche Belastbarkeit bemerkbar.

Aufgaben
2. Stelle eine Hypothese auf, warum Erythrocyten nicht kugelförmig, sondern scheibenförmig gebaut sind.
3. Berechne die Gesamtoberfläche aller Erythrocyten im Blut, wenn eine „Erythrocytenscheibe" einen Durchmesser von 8 µm hat.
4. Auf welche Weise muss die Energieversorgung der Erythrocyten erfolgen? Begründe!
5. Erkläre das AB0-Blutgruppensystem und die darauf beruhenden Möglichkeiten von Bluttransfusionen.

Immunabwehr und Leckverschluss

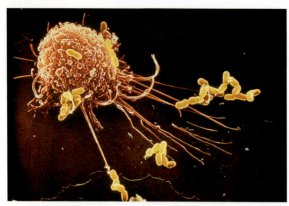

1 Ein Makrophage fängt Bakterien (gelb) ein.

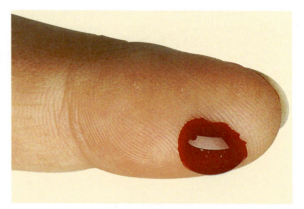

2 Aus einer Verletzung tritt Blut aus.

Leukocyten bilden das Immunsystem des Körpers. Durchschnittlich sind in einem Milliliter Blut rund 7 Millionen *weiße Blutkörperchen* oder *Leukocyten* (von griechisch *leukos:* weiß) enthalten. Sie werden aus denselben Stammzellen im Knochenmark gebildet wie Erythrocyten, im Gegensatz zu diesen besitzen sie aber eine vollständige Zellausstattung mit Zellkern, Mitochondrien und allen anderen Zellorganellen. Ihre Lebensdauer beträgt je nach Zelltyp zwischen einigen Stunden und vielen Jahren.

Etwa die Hälfte der Leukocyten überwacht das Blut, der andere Teil kontrolliert das Gewebe. Da sich Leukocyten ähnlich einer Amöbe fortbewegen können, sind sie in der Lage, die Kapillaren zu verlassen und in das Gewebe zu gelangen. Ein Teil der Leukocyten „arbeitet" als *Fresszellen* oder *Makrophagen*. Diese erkennen körperfremde Zellen, Bakterien, Viren oder auch körpereigene Zelltrümmer, nehmen sie auf und bauen sie ab. Das Ergebnis ihrer Arbeit ist beispielsweise der aus Wunden austretende Eiter, der aus zerstörten Bakterien, Zellbestandteilen und Leukocyten selbst besteht. Von einem anderen Leukocytentyp, den *Lymphocyten*, kann man *B-Zellen* und *T-Zellen* unterscheiden. Sie erkennen Antigene und sind für die Spezifität und die Vielfalt der Immunantwort verantwortlich.

Bei Infektionen, starkem Stress und dem Auftreten bösartiger Tumore steigt die Zahl der Leukocyten stark an. Ein Mangel an diesen Zellen durch eine Störung der Leukocytenproduktion oder durch den beschleunigten Abbau erhöht das Risiko für das Auftreten von Infektionskrankheiten. Als *Leukämie* bezeichnet man die unkontrollierte Bildung von Leukocyten durch „fehlprogrammierte" Stammzellen. Aus medizinischer Sicht ist dies eine Krebserkrankung, die sich wie ein bösartiger Tumor verhalten kann.

Thrombocyten verschließen kleine Lecks. Bei der Beschädigung eines Blutgefäßes muss die Leckstelle möglichst schnell verschlossen werden. Diese Aufgabe übernehmen die *Blutplättchen* oder *Thrombocyten* (von griechisch *thrombos:* Klumpen), indem sie an der beschädigten Gefäßwand einen Pfropfen bilden. Dieser stillt oder verringert die Blutung, bis die Leckstelle durch den Gerinnungsvorgang stabil abgedichtet ist. Zwischen 140 und 400 Millionen Blutplättchen befinden sich in einem Milliliter Blut. Ihre Lebensdauer beträgt zwischen acht und zwölf Tagen, danach werden sie von Fresszellen abgebaut.

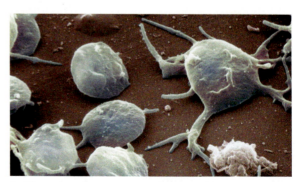

3 Thrombocyten

Hoher Blutverlust ist lebensgefährlich. Verletzungen, wie sie beispielsweise durch einen Schlag oder Schnitt verursacht werden, sind immer mit dem Austritt von Blut aus der Wunde verbunden. Leckstellen können aber auch ohne Gewalteinwirkung durch Beschädigung von kleineren Blutgefäßen im Körperinnern entstehen. Übersteigt der Blutverlust durch innere oder äußere Blutungen 30 % des Gesamtvolumens, entsteht eine lebensbedrohliche Situation (▶ Seite 59). Sofern keine größeren, unter hohem Druck stehenden Arterien betroffen sind, besitzt das Blut aber die Fähigkeit, Leckstellen schnell abzudichten und einen kritischen Blutverlust zu verhindern.

Aufgabe
1 Beschreibe die Arbeitsweise des Immunsystems bei der Bekämpfung von Krankheitserregern.

Blutgerinnung: ein sicherer Verschlussmechanismus

Blutgerinnung. Lässt man frisch ausgetretenes Blut in einem Gefäß ruhig stehen, bildet sich nach einer Weile ein Klumpen, der als *geronnenes Blut* bezeichnet wird. Der Vorgang, der die Verfestigung des zuvor flüssigen Bluts bewirkt, wird als *Gerinnung* bezeichnet. Durch verschiedene, nacheinandergeschaltete Reaktionen bildet sich dabei ein stabiles, feinmaschiges Netz aus Proteinfäden. In diesem Netz sind große Mengen Blutkörperchen eingeschlossen, sodass insgesamt eine gallertartige Masse entsteht, die in der Lage ist, eine Leckstelle in einem Blutgefäß zu verschließen.

1 Blut gerinnt.

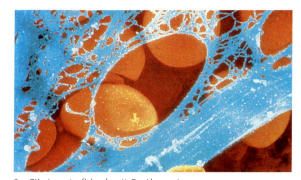

2 Fibrinnetz (blau) mit Erythrocyten

Auslösende Faktoren des Gerinnungsvorgangs sind *Signalstoffe*, die bei einer Verletzung von Gewebe abgegeben werden. Sie setzen eine *Reaktionskette* in Gang, in der jeweils aus einer *inaktiven Vorstufe* ein *aktives Enzym* gebildet wird. Dieses bewirkt bei einem anderen Enzym wiederum die Umwandlung einer inaktiven Vorstufe in eine aktive Form. Diese aktiviert das nächste Enzym ... Insgesamt sind über zehn verschiedene Enzyme beteiligt, die als *Gerinnungsfaktoren* bezeichnet werden. Für einige Reaktionen sind auch Calciumionen und andere Stoffe von Bedeutung. Am Ende der Reaktionskette wird das inaktive Enzym *Prothrombin* in das aktive Enzym *Thrombin* umgewandelt. Es bildet aus den zahlreich im Plasma vorhandenen *Fibrinogenmolekülen* kürzerkettige, als *Fibrin* bezeichnete Proteinmoleküle. Diese verbinden sich sehr schnell zu langen Ketten, die durch den Gerinnungsfaktor XIII, ein Enzym, schließlich zu einem stabilen Netz verknüpft werden.
Fehlt ein Gerinnungsfaktor oder ist seine Wirksamkeit eingeschränkt, ist die Fähigkeit zur Blutgerinnung mehr oder minder stark beeinträchtigt. Die Betroffenen werden als „Bluter", die Erkrankung selbst als *Hämophilie* bezeichnet. Eine Gerinnungsstörung kann aber auch ohne genetischen Defekt entstehen. Fehlt beispielsweise Vitamin K, ist die Synthese von vier verschiedenen Gerinnungsfaktoren beeinträchtigt.

Aufgaben

1. Durch Rühren kann bei frischem Blut die Bildung eines Blutklumpens verhindert werden. Erkläre!
2. Stelle unter Nutzung der im Text angegebenen Informationen den Ablauf der Reaktionskette bei der Blutgerinnung schematisch dar.
3. Erkläre, welchen Grund es dafür geben könnte, dass die Gerinnung erst nach Durchlaufen einer längeren Reaktionskette zustande kommt.
4. Recherchiere die Funktion von Vitamin K. Erkläre, warum bei Fehlen von Vitamin K gleich vier Gerinnungsfaktoren nur noch unzureichend gebildet werden.
5. Informiere dich im Internet, wie blutsaugende Tiere (zum Beispiel Blutegel, Vampirfledermaus ▶ Seite 25) die Blutgerinnung verhindern und wie ihr „Trick" medizinisch genutzt wird.

Das Blutplasma. Das *Blutplasma* besteht zu etwa 90 % aus Wasser sowie aus den darin gelösten Salzen und Molekülen. Der größte Teil der Ionen besteht aus Chlorid- und Natriumionen, weitere wichtige Ionen sind beispielsweise Hydrogencarbonat-, Phosphat- oder auch Calcium- und Magnesiumionen. Der knapp über 7 liegende pH-Wert des Plasmas wird durch als „Puffer" wirkende schwache Säuren und Basen weitgehend konstant gehalten, was beispielsweise von großer Bedeutung für den Transport von Sauerstoffmolekülen ist.
Die im Plasma enthaltenen Proteinmoleküle, *Plasmaproteine* genannt, erfüllen unterschiedliche Aufgaben. *Immunglobuline* (*Antikörper*) bekämpfen Krankheitserreger, *Albuminmoleküle* dienen als Transporter für schlecht wasserlösliche oder wasserunlösliche Moleküle und als Proteinreserve des Organismus. Daneben sorgen sie wie auch andere Proteinmoleküle dafür, dass der Wasserverlust (▶ Seite 65) beim Durchfließen der Kapillaren (▶ Seite 55) und der Niere (▶ Seite 67) nicht zu hoch ist. Enthält Blutplasma infolge Gerinnung keine Fibrinogenmoleküle mehr, wird es als *Serum* bezeichnet.
Zusätzlich befinden sich im Plasma noch Nährstoffmoleküle wie Glucose, Vitamine und Spurenelemente sowie Abbauprodukte des Stoffwechsels wie Milchsäure- und Harnstoffmoleküle, die beim Abbau von Aminosäuren (▶ Seite 13) entstehen.

Aufgabe

6. Stelle die Zusammensetzung des Bluts mithilfe eines Strukturdiagramms dar.

Die Nieren: wassersparende Abfallentsorgung

1 Ein dringendes Bedürfnis

Ausscheidung – so notwendig wie Stoffaufnahme. So wie wir Stoffe aufnehmen, gibt unser Körper auch Stoffe ab. Unverdaute oder nicht verdaubare Nahrungsbestandteile gelangen über den Kot wieder nach außen, Kohlenstoffdioxid wird ausgeatmet und mit dem *Urin* oder *Harn* wird eine Vielzahl von in Wasser gelösten Stoffen aus dem Körper ausgeschieden. Den größten Anteil machen dabei *Harnstoffmoleküle* [Summenformel: $CO(NH_2)_2$] aus, die bei der Zerlegung von überschüssigen Aminosäuremolekülen (▶ Seite 13) in großer Menge gebildet werden. Zunächst entstehen dabei aus den jeweiligen Aminogruppen (NH_2) *Ammoniakmoleküle*. Diese schon in geringen Konzentrationen giftig wirkenden Moleküle werden in den Leberzellen unter ATP-Verbrauch (▶ Seite 31) in ungiftige Harnstoffmoleküle umgebaut und dann zusammen mit anderem „Zellmüll" in die Blutbahn abgegeben.

Über die Blutgefäße gelangen alle diese Abfallstoffe zu den *Nieren*, die darauf spezialisiert sind, eine möglichst große Menge von Harnstoff- und anderen „Abfallmolekülen" in einem möglichst kleinen Wasservolumen zu konzentrieren, sodass die lebensnotwendige Ausscheidung mit einem möglichst geringen Wasserverlust verbunden ist.

Die Nieren sorgen für konstante Bedingungen. Je nach Aktivität, Verhalten oder Umgebung treten für den Körper ständig neue Situationen auf. Bei sportlicher Anstrengung oder Hitze schwitzen wir und verlieren dadurch rasch Wasser und Salze. An manchen Tagen essen und trinken wir mehr, an anderen weniger. Auch die Zusammensetzung der aufgenommenen Nahrungsbestandteile schwankt: Einmal nehmen wir eher sauer, dann wieder eher basisch wirkende Nahrungsmittel auf, einmal ist die Nahrung stärker, ein andermal weniger salzig. Würden die dadurch zunächst verursachten Änderungen in der Zusammensetzung unserer Körperflüssigkeiten nicht ausgeglichen werden, könnten unsere Körperzellen nicht überleben. Wie alle Zellen können sie nämlich nur dann Stoffwechsel betreiben, wenn ihre Arbeitsbedingungen, wie beispielsweise der pH-Wert ihres Zellplasmas (▶ Seite 23, Bild 3) oder die Konzentration verschiedener Ionen, keinen starken Schwankungen ausgesetzt sind. Die Zusammensetzung des Zellplasmas wird von den Zellen jedoch nicht selbst geregelt, sondern indirekt über die Zusammensetzung der Blutflüssigkeit reguliert, mit der die Zellen in ständigem Stoffaustausch stehen (▶ Seite 55).

Wenn das Blut durch die Nieren fließt, werden dort nicht nur Abfallmoleküle entsorgt. Durch genau ausbalancierte Austauschvorgänge, zum Beispiel für Wasser, Salze, Protonen (Säuren) und Basen, wird auch eine weitgehend konstante Umgebung für die Körperzellen geschaffen.

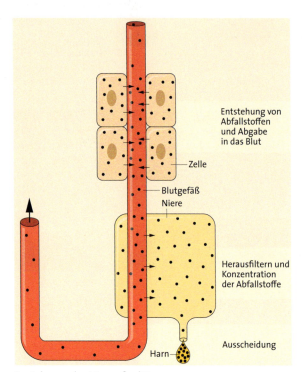

2 Schema der Nierenfunktion

Aufgaben

1. Zeichne die Strukturfomel von Harnstoff und erkläre, warum er gut in Wasser löslich ist.
2. Formuliere aufgrund der Informationen im Text und in Bild 2 begründete Hypothesen über die in den Nieren ablaufenden Vorgänge.
3. Ausscheidungsvorgänge spielen bei Pflanzen kaum eine Rolle. Versuche diese Beobachtung zu erklären.

Aufgabe für Profis

1. Wie könnte man erklären, dass viele wasserlebende Tiere, wie Fische und Weichtiere, anstelle von Harnstoff die wasserlöslichen Ammoniakmoleküle nach außen abgeben?

Nachgehakt: Osmose

Wasserverlust durch Konzentrationsunterschiede. Einen ersten Erklärungsansatz für die hohen Energiekosten der Niere bei der Harnbildung bietet das in Bild 1 dargestellte einfache „Experiment".

1 Wasseraustritt nach Salzzugabe

Es ist eine Alltagserfahrung, dass nach Zugabe von Salz aus pflanzlichen und tierischen Geweben Wasser austritt. Der Effekt ist unabhängig von der Art des Salzes und tritt auch bei Zusatz von Zucker oder anderen löslichen Stoffen ein. Entscheidend ist, dass das Gewebe in unmittelbaren Kontakt mit einer hohen Konzentration von Teilchen in seiner Umgebung kommt. Was sich dabei auf zellulärer Ebene abspielt, zeigt ein Experiment, bei dem die Zellen im Gewebe eines Zwiebelhäutchens in eine konzentrierte Glucoselösung gebracht werden. Die mikroskopischen Aufnahmen (▶ Bild 2, 3) zeigen, dass die so behandelten Zellen „schrumpfen", was sich durch den Ausstrom von Wasser aus dem Zellplasma in die umgebende Glucoselösung erklären lässt. Übersteigt der Wasserverlust eine kritische Grenze, sterben die Zellen ab.

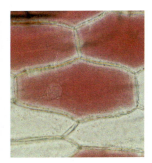
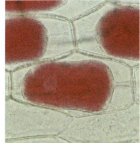

2 Zellen in Wasser   3 Zellen in Zuckerlösung

Die Zellmembran schränkt die freie Diffusion ein. Aus dieser Beobachtung lässt sich schließen, dass die Glucosemoleküle und die Wassermoleküle nicht die gleichen Möglichkeiten zur Diffusion (▶ Seite 30) haben, da ansonsten auch Glucosemoleküle in die Zelle hineindiffundieren müssten und nicht nur Wassermoleküle heraus. Die Barriere, die die Diffusion der Glucosemoleküle verhindert, ist die *Zellmembran,* die zwar sehr gut für die kleinen Wassermoleküle, jedoch viel schlechter für die wesentlich größeren Glucosemoleküle oder auch Salzionen durchlässig ist. Diese Eigenschaft, nur für bestimmte Teilchenarten durchlässig oder *selektiv permeabel* zu sein, verursacht die oben beschriebenen Phänomene, wie das folgende Gedankenexperiment zeigt.

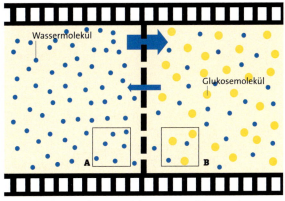

4 Diffusion durch eine selektiv permeable Membran

Diffusion an einer selektiv permeablen Membran. Da die Membran undurchlässig für Glucosemoleküle ist, können nur Wassermoleküle von A nach B und von B nach A diffundieren. Der Bereich B enthält zusätzlich eine große Menge an Glucosemolekülen, sodass die Konzentration von Wasser hier kleiner ist als im Bereich A. Ein Volumenelement in A enthält daher mehr Wassermoleküle als ein gleich großes Volumenelement in B. Aus diesem Grund können in der gleichen Zeit mehr Wassermoleküle von A nach B diffundieren als umgekehrt. Infolge der selektiven Permeabilität der Membran kommt es also insgesamt zu einem Wasserstrom von A nach B.

Eine derartige durch Konzentrationsunterschiede bevorzugt in eine bestimmte Richtung verlaufende Diffusion von Wassermolekülen durch eine selektiv permeable Membran wird als *Osmose* bezeichnet. Der durch Osmose bewirkte Wasserstrom verläuft ohne Energieaufwand und stets vom Bereich der niedrigeren zum Bereich der höheren Konzentration der sonstigen in der Lösung befindlichen Teilchen.

Aufgaben

1. Erkläre mithilfe des Gedankenexperiments den gezeigten Versuch mit den Zwiebelzellen (▶ Bild 2, 3).
2. Erkläre, wann deiner Ansicht nach der sichtbare Wassereinstrom von A nach B zu Ende kommen wird.
3. Fertige zwei weitere Schemazeichnungen für die Filmleiste in Bild 4 an, die den weiteren Verlauf des Gedankenexperiments zeigen.
4. Erkläre mithilfe des Prinzips der Osmose, warum die Konzentrierung von Harnstoffmolekülen in einem kleinen Wasservolumen für die Niere zwangsläufig mit hohen „Energiekosten" verbunden ist.
5. Erkläre Alltagsbeobachtungen mithilfe der Osmose:
   - Fleisch wird durch Einsalzen vor Schimmelpilzen oder Bakterien geschützt.
   - Süßwasserfische überleben nur kurze Zeit in Meerwasser.
   - Reife Kirschen platzen bei Regen auf.

Der Bau der Niere

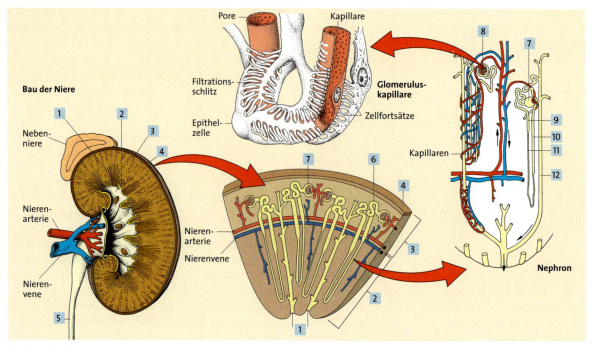

1 Bau der Niere

Der anatomische Bau. Die etwa 10 cm langen, in der Gestalt einer Bohne ähnelnden *Nieren* liegen unterhalb des Zwerchfells links und rechts von der Wirbelsäule (▶ Seite 7). Im Längsschnitt kann man mit bloßem Auge eine Gliederung in zwei Schichten erkennen. Direkt unter der *Nierenkapsel* aus derbem Bindegewebe liegt die heller und körnig erscheinende *Nierenrinde*, darauf folgt das dunklere *Nierenmark*, das feine Streifen aufweist. Das Mark ist in acht bis zwölf *Nierenpyramiden* genannte Bereiche unterteilt, in denen der fertige Harn aufgefangen und in das *Nierenbecken* geleitet wird. Von dort aus gelangt er über den *Harnleiter* in die *Blase* und verlässt über die *Harnröhre* den Körper.

Der mikroskopische Bau. Eine mikroskopische Untersuchung zeigt, dass die Nierenrinde etwa eine Million harnerzeugende Arbeitseinheiten enthält, die als *Nephrone* bezeichnet werden. Jedes Nephron besteht aus einem kugelförmigen Teil, dem *Nierenkörperchen*, in das ein dichtes Knäuel von Kapillargefäßen, *Glomerulus* genannt, eingelagert ist. Die Wände dieser Kapillargefäße besitzen feinste Poren und Schlitze. Aufgrund des Blutdrucks wird durch diese „Ultrasiebe" aus dem durchfließenden Blut in einem ersten Arbeitsgang der *Primärharn* abgefiltert.

Sobald der Primärharn die Nierenkörperchen über einen als *Tubulus I* bezeichneten Kanal verlässt, beginnt der zweite Teil der Harnbereitung. Auf seinem Weg durch das Nephron fließt der Harn weiter in einen dünnen, haarnadelförmig gebogenen Tubulusabschnitt, der *henlesche Schleife* genannt wird. Nach intensiver „Bearbeitung" in der henleschen Schleife erreicht der Harn wieder einen dickeren Kanalabschnitt, der *Tubulus II* genannt wird. Hier und in dem sich anschließenden *Sammelrohr* finden wieder Austausch- und Resorptionsvorgänge statt. Danach hat der Harn seine endgültige Zusammensetzung erreicht und fließt ins Nierenbecken.

Die Länge eines Nephrons beträgt 3–4 cm, insgesamt ergeben die Nephrone beider Nieren aneinandergereiht eine Strecke von über 60 km.

Die zuführenden und ableitenden Blutgefäße. Bei einem Erwachsenen fließen pro Tag etwa 1700 l Blut durch die Niere, wobei vor allem die Nierenrinde stark durchblutet ist. Die Blutzufuhr erfolgt über eine von der Aorta abzweigende *Arterie*, die sich nach ihrem Eintritt in die Niere in zahlreiche *Arteriolen* auffächert, in denen das Blut zu den Nierenkörperchen fließt. Die *Kapillarknäuel* eines Nierenkörperchens schließen sich zu einer ableitenden *Arteriole* zusammen. Diese Arteriole zweigt sich nach Verlassen des Nierenkörperchens erneut in *Kapillargefäße* auf, die in unmittelbarer Nachbarschaft zu den Nierenkanälchen der Nephrone verlaufen. Danach schließen sie sich zusammen und bilden schließlich eine von der Niere wegführende größere *Vene*.

Aufgaben

1. Ordne den nummerierten Bestandteilen der Niere in Bild 1 die richtigen Bezeichnungen zu.
2. Versuche zu erklären, warum Fische viel weniger Nephrone besitzen als beispielsweise Reptilien oder Säugetiere.

Die Funktionsweise der Niere

Die Arbeit der Nieren beruht auf vier Prinzipien. Zunächst wird durch *Ultrafiltration* in den Glomeruli der Nierenkörperchen der *Primärharn* ausgepresst. Der Glomerulusfilter sortiert die Teilchen nur nach Größe, sodass auch „wertvolle" Teilchen in den Primärharn gelangen, die durch *Resorption* zurückgewonnen werden müssen. Im Blut verbliebene „unerwünschte" Teilchen werden nachträglich durch *Sekretion*, also aktive Ausscheidung, in den Primärharn entsorgt. Zugleich wird ihm Wasser entzogen und so eine *Konzentration* der Abfallstoffe erreicht.

Vom Primärharn zum Endharn. Bei der Passage durch Tubulus I finden verschiedene Sekretions- und Resorptionsvorgänge statt. Die Resorption erfolgt durch Carrierproteine (▶ Seite 21), die unter Energieaufwand Glucosemoleküle oder Natrium- und Chloridionen aus dem Primärharn „herausfischen". Dadurch kommt es „automatisch" zum Austritt von Wassermolekülen aus dem Primärharn, da diese den nach außen transportierten Teilchen osmotisch (▶ Seite 65) folgen. Die Wand des absteigenden Asts der henleschen Schleife ist nur für Wassermoleküle, nicht aber für Natrium- und Chloridionen durchlässig. Im aufsteigenden Ast sind die Verhältnisse umgekehrt. In der Umgebung des absteigenden Asts herrscht eine erhöhte Konzentration von Natrium- und Chloridionen, weil sie aus dem aufsteigenden Ast durch Diffusion und aktiven Transport austreten. Dadurch wird im absteigenden Ast durch Osmose der Austritt von Wassermolekülen bewirkt. Durch die „Zusammenarbeit" beider Äste werden in der henleschen Schleife Wasser und Kochsalz aus dem Primärharn zurückgewonnen. Im Tubulus II wird durch Resorption von Kochsalz und Nachfließen von Wasser sowie durch Sekretion und Austausch von Teilchen die Konzentration verschiedener Ionenarten verändert und der Säure-Base-Haushalt reguliert.

Da das Sammelrohr nur durchlässig für Wassermoleküle ist, wird durch die aktive Resorption von Natrium- und Chloridionen erneut der Austritt von Wassermolekülen bewirkt und der Harn so immer stärker konzentriert.

Von den pro Tag gebildeten 180 l Primärharn gehen auf diese Weise nur etwa 2 l in Form von Urin verloren. Wertvolle Stoffe wie Kochsalz oder Glucose werden in den Nephronen nahezu vollständig resorbiert.

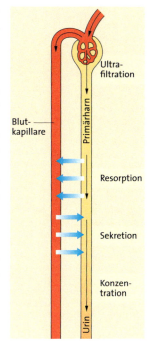

1 Prinzip der Nierenfunktion

Aufgaben

1 Erkläre mithilfe des Prinzips der Osmose die Vorgänge in den Nephronen, bei denen Wassermoleküle zurückgewonnen und der Harn konzentriert wird.

2 Der Sauerstoffverbrauch der Nierenrinde ist mehr als fünfmal so hoch wie der des Nierenmarks. Erkläre!

Aufgabe für Profis

1 Manche Tiere besitzen eine Sekretionsniere, bei der es keine Filtration und Rückgewinnung gibt, sondern „unerwünschte" Teilchen durch Carrier gezielt aus dem Blut entsorgt werden. Erkläre, welchen Nachteil diese Methode haben könnte.

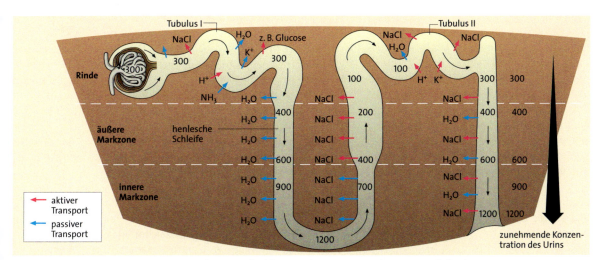

2 Bildung von konzentriertem Urin in der Niere (Zahlenangaben in mosm/l, einem Maß für die Konzentration osmotisch wirksamer Stoffe)

Krankheiten und Beeinträchtigungen der Niere

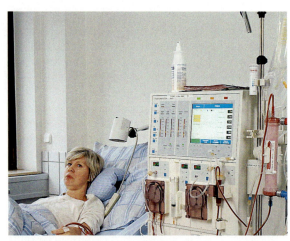

1 Dialysepatientin bei der Blutwäsche

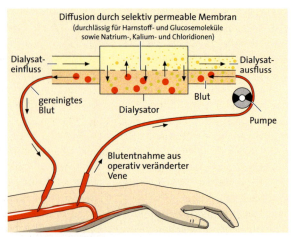

2 Funktionsweise künstlicher Blutwäsche

Nierenerkrankungen haben schwerwiegende Folgen. Zu ernsten Störungen der Nierenfunktion kann es vor allem durch *Entzündungen* im Bereich der Nephrone kommen, die mit einer verringerten Wasserrückgewinnung, einer „Maschenerweiterung" des Ultrafilters und einer Einschränkung der Filtrationsleistung (Normalwert etwa 120 ml pro Minute) verbunden sind. Erkennbar ist eine derartige Erkrankung unter anderem an dunklem oder getrübtem Urin.

Heilt eine solche Entzündung nicht von selbst ab oder wird sie nicht behandelt, können immer mehr Nephrone ausfallen und es kann eine chronische *Niereninsuffizienz*, also eine dauernde Beeinträchtigung der Nierenfunktion, entstehen. Dabei lässt die Resorption von Natriumchlorid und die Harnkonzentrierung immer mehr nach, sodass die Harnstoffkonzentration im Blut ansteigt. Unterschreitet die Filtrationsleistung den Wert von 15 ml pro Minute, liegt ein vollständiges Nierenversagen vor, *Urämie* genannt. In diesem Stadium kommt es durch die mangelnde Ausscheidung zu Vergiftungssymptomen, die ohne künstliche „Blutwäsche" über ein Stadium tiefer Bewusstlosigkeit (Koma) den Tod des Betroffenen bewirken.

Dialyse oder „Blutwäsche" als Nierenersatz. Das Prinzip der *Dialyse* beruht darauf, dass das Blut des Patienten aus dem Körper in eine „künstliche Niere" geleitet wird. Dort wird es über eine selektiv permeable Membran (▶ Seite 65) mit einer Lösung verschiedener Stoffe, dem *Dialysat*, in Kontakt gebracht. Aufgrund der unterschiedlichen Konzentrationsverhältnisse diffundieren Harnstoffmoleküle aus dem Blut in das Dialysat. Auf diese Weise wird zwar die Konzentration der Harnstoffmoleküle im Blut verringert, es gelangen aber auch Teilchen in das Dialysat, die von einer gesunden Niere resorbiert werden würden. Da das Dialysat genau auf die Bedürfnisse des Patienten eingestellt ist und Glucosemoleküle sowie Natrium-, Chlorid- und andere Ionen enthält, diffundieren diese wertvollen Teilchen auch in entgegengesetzter Richtung in das Blut. Nach einigen Durchläufen stellt sich ein Diffusionsgleichgewicht (▶ Seite 30) ein. Weil das Dialysat ein viel größeres Volumen hat als das Blut, entsprechen die Teilchenkonzentrationen im Blut im Gleichgewichtszustand den anfangs eingestellten „normalen" Werten des Dialysats. Neben der dadurch bewirkten Normalisierung des Salzhaushalts wird das Blut zur Entfernung von überschüssigem Wasser zusätzlich unter Druck gesetzt.

Nierenerkrankungen bleiben oft lange unerkannt. Da Nierenerkrankungen oft lange Zeit unbemerkt bleiben, suchen Betroffene oft erst dann ärztliche Hilfe auf, wenn die Nieren bereits ernsthaft geschädigt sind. Der schwerwiegendste Risikofaktor ist der *Diabetes* (*Zuckerkrankheit*), bei dem vor allem die hohe Glucosekonzentration im Blut die Niere belastet. Ein weiterer Risikofaktor ist *Bluthochdruck* (▶ Seite 59), dazu kommen *Rauchen*, *Bewegungsarmut* und *Übergewicht*.

Aufgaben

1. Erkläre, warum die hohe Glucosekonzentration im Blut von Zuckerkranken die Niere belastet.
2. Erkläre, warum Bluthochdruck und Rauchen als Risikofaktoren für Nierenerkrankungen gelten.
3. Informiere dich im Internet oder in geeigneter Literatur über die unterschiedlichen Ernährungsregeln für Nierenkranke und Dialysepatienten. Begründe sie.
4. Bei der Dialyse wird dem Blut eine Substanz zugesetzt, die als Heparin bezeichnet wird und zum Beispiel in Zellen in der Nähe der Blutgefäßwände vorkommt. Informiere dich im Internet oder in geeigneter Literatur über die Wirkungsweise dieser Substanz und erkläre, warum sie bei der Dialyse benötigt wird.
5. Informiere dich im Internet über das Verfahren der Peritonealdialyse und vergleiche es mit dem oben beschriebenen Verfahren.

Zusammenfassung!

■ Bau, Arbeitsweise und Erkrankungen der Lunge
Die Lunge steht mit der Atmosphäre über die Luftröhre und die Bronchien in Verbindung. Innerhalb der Lungenflügel verzweigen sich die Bronchien in feine Bronchiolen, die zu den Lungenbläschen, dem Ort des Gasaustauschs, führen. Der Einstrom von Luft wird durch aktive Volumenerweiterung des Brustkorbs bewirkt. Die Atemtätigkeit wird vom Atemzentrum im Gehirn vor allem über die Kohlenstoffdioxidkonzentration im Blut reguliert. Durch den direkten Kontakt zur Außenwelt ist die Lunge durch Infektionen, Luftverschmutzung und Rauchen gefährdet. Erkrankungen der Atmungsorgane wie Bronchitis oder Asthma sind mit verstärkter, die Sauerstoffaufnahme einschränkender Schleimbildung verbunden.

■ Bau, Arbeitsweise und Erkrankungen des Herzens
Das Herz ist ein faustgroßer Hohlmuskel mit eigenem Versorgungskreislauf und eigenem Steuerzentrum. Während der Systole pumpt es Blut in die Körper- und Lungenarterie, in der Diastole erschlafft der Herzmuskel und die Kammern und Vorhöfe füllen sich mit Blut. Die Steuerung des Blutstroms im Herzen erfolgt durch ventilartig wirkende Herzklappen.
Durch verkalkte und verengte Herzkranzgefäße kann es zum Sauerstoffmangel und dadurch zum Absterben von Herzmuskelgewebe kommen. Ohne Soforthilfe verläuft ein solcher Infarkt häufig tödlich. Risikofaktoren sind vor allem hoher Blutdruck, Rauchen, Diabetes, mangelnde Bewegung und hohes Übergewicht.

■ Bau, Arbeitsweise und Erkrankungen des Blutgefäßsystems
Die Versorgung der Körperzellen erfolgt über Arterien, Arteriolen und Kapillaren. Die Wand der Arterien ist dreischichtig und elastisch, sodass sie dem Blutdruck standhalten kann. Die dünnen Wände der Kapillaren ermöglichen den Stoffaustausch zwischen dem Blut und den Zellen. Die Kapillaren schließen sich wieder zu Venen zusammen, in denen das Blut zum Herzen zurückfließt und dort vom Körperkreislauf in den Lungenkreislauf gelangt.

Der Blutdruck entsteht durch die Pumpwirkung des Herzens im arteriellen Bereich und bewirkt die rasche Versorgung der Gewebe. Er wird durch den veränderlichen Durchmesser der Arterien beeinflusst und kann so an wechselnde Belastungen angepasst werden.

■ Zusammensetzung und Funktionen des Bluts
Blut ist ein flüssiges Gewebe, das aus zellulären (Blutkörperchen) und gelösten Bestandteilen (Blutplasma) besteht. Das Blutplasma enthält unter anderem Proteinmoleküle, Glucose und Abfallstoffe wie Harnstoff. Die roten Blutkörperchen (Erythrocyten) transportieren Sauerstoff und Kohlenstoffdioxid. Die verschiedenen Typen von weißen Blutkörperchen (Leukocyten) bilden zusammen das Immunsystem. Die Blutplättchen (Thrombocyten) sind an der Blutgerinnung beteiligt. Bei der Blutgerinnung wird eine Verletzung mit einem feinmaschigen Proteinnetz und den darin „eingefangenen" Blutkörperchen verschlossen.

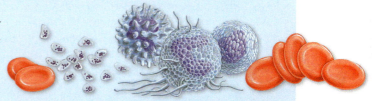

■ Bau, Arbeitsweise und Erkrankungen der Niere
Die Nieren dienen der wassersparenden Ausscheidung von Harnstoff und anderen Abfallstoffen sowie der Regulation des Säure-Base- und Salzhaushalts. Die Harnbildung erfolgt in der Niere in mehr als einer Million Nephrone. Nach einer Ultrafiltration folgen die teilweise energieabhängigen Vorgänge der Rückgewinnung (Resorption) wertvoller Teilchen, der Abgabe (Sekretion) „unerwünschter" Teilchen in den Primärharn und der Konzentration durch Wasserresorption. Entzündliche Prozesse können Nephrone beschädigen und zu einer Leistungsminderung oder zu lebensgefährlichem Nierenversagen führen. In diesem Fall sind eine Dialyse über eine „künstliche Niere" oder eine Organtransplantation erforderlich.

Alles klar?

1. Die rechte Herzkammer verrichtet unter Ruhebedingungen bei jeder Systole eine Arbeit von 0,14 Nm (0,14 J). Berechne die unter gleichen Bedingungen von der linken Herzkammer verrichtete Druck-Volumen-Arbeit in Joule, wenn diese bei einer Systole 0,07 l Blut mit einem mittleren Druck von 100 mm Hg (entspricht $1{,}33 \cdot 10^4\,\text{N/m}^2$) auswirft.

2. Ermittle aus den Werten von Aufgabe 1 die Tagesleistung (in Watt) des Herzens unter Ruhebedingungen.

3. Ermittle, wie viel maximal sauerstoffbeladenes Blut rechnerisch in einer Minute mindestens durch die Herzkranzgefäße fließen muss, um den Energiebedarf zu decken. **Tipp:** Informationen findest du auf den Seiten 16, 27 und 32.

Angewandte Biologie: Medizin

Auf die Sekunde fit müssen Spitzensportler sein, wenn sie auf dem Treppchen stehen oder einen Weltrekord einstellen wollen. Zu solchen Höchstleistungen tragen Forschungsergebnisse aus Biologie, Medizin, Psychologie und den Sportwissenschaften ebenso bei wie das Talent und die Motivation der Athleten. Erkenntnisse aus diesem Spitzenbereich können aber auch gewinnbringend von jedem und jeder genutzt werden, wenn man seine körperliche Leistungsfähigkeit verbessern und möglichst lange erhalten will.
Fast noch wichtigere Grundlagen als im *Sport* schafft *medizinische und biologische Forschung* in ganz elementaren Bereichen unseres Lebens. Wie kann man schnellstmöglich und effektiv bei einem *Unfall* helfen? Welchen Einfluss habe ich auf mein *Ernährungs- und Essverhalten* und damit auf meine Gesundheit? Bin ich dabei selbstbestimmt oder werde ich fremdbestimmt?
Zu all diesen Themen gibt es eine fast unüberschaubare Menge an Literatur. Die Informationen in diesem Kapitel können dich also nur auf einige wichtige Punkte aufmerksam machen und dich zur Eigenrecherche anregen.

Aufgaben

1. Beschreibe dir bekannte Trainingsmethoden und versuche sie mithilfe biologischer Kenntnisse zu erklären. Welche Sportart könnte der Athlet auf dem Bild oben betreiben? Begründe deine Antwort.
2. Was wird deiner Meinung nach bei dem Sportler auf dem Bild untersucht? Begründe.
3. Beschreibe dir bekannte Erste-Hilfe-Maßnahmen und versuche sie mithilfe biologischer Kenntnisse zu erklären.
4. Nenne Faktoren, die deiner Meinung nach dein Essverhalten beeinflussen, und versuche sie zu erklären.

Was ist eigentlich Hunger?

Hunger veranlasst uns, den Körper ausreichend mit Nährstoffen zu versorgen. Wodurch aber wird das Hungergefühl ausgelöst?

So entstehen Hunger- und Sättigungsgefühl. Obwohl die Kontraktionen der Magenwände zunehmen, je leerer der Magen wird (Magenknurren), entsteht Hunger nachweislich nicht im Magen und ist von dessen Füllung unabhängig. Auch Menschen, denen der Magen operativ entfernt wurde, haben Hungergefühle. Die Regulation von Hunger und Sättigung ist ein sehr komplexer Prozess, bei dem mehrere Faktoren eine Rolle spielen:

- Ein wesentlicher Auslöser von Hunger ist die *Glucosemenge* im Blut (▶ Seite 10). Dieser Wert wird von Rezeptoren in Leber und Magen an den *Hypothalamus* im Zwischenhirn gemeldet, in dem sich ein Hungerzentrum und ein Sättigungszentrum befinden (▶ Bild 1). Bei Glucosemangel lösen schließlich Neurotransmitter im Hypothalamus das Hungergefühl aus.
- Auch der *Insulinspiegel*, der ebenfalls permanent überprüft wird, spielt eine wichtige Rolle.
- Das Gehirn kontrolliert auch die im Körper gespeicherten Fettreserven in den Fettzellen, die ständig das Hormon *Leptin* freisetzen (▶ Seite 16). Je weniger Leptin im Blut vorhanden ist, desto häufiger treten starke Hungergefühle auf. Dies gilt jedoch nur für Menschen mit Normalgewicht. Bei starkem Übergewicht befindet sich stets eine große Menge Leptin im Blut, ohne dass die Nahrungsaufnahme dadurch beeinflusst würde. Bei Diäten dagegen sinkt die Leptinkonzentration deutlich, was die nachfolgenden *Heißhungeranfälle* erklärt.
- Das Hormon *Ghrelin* beeinflusst ebenfalls das Hunger- und Sättigungszentrum. Nach der Nahrungsaufnahme sinkt die Konzentration und steigt dann allmählich wieder an.
- Die *Mechanorezeptoren* im Magen reagieren zu Beginn der Nahrungsaufnahme als Erstes, indem sie bei einem gewissen Füllstand und einer Dehnung der Magenwände Sättigungssignale an das Gehirn senden.
- Entscheidender für die Entstehung von Sättigungsgefühlen sind jedoch die Botschaften der *Chemorezeptoren* in Darm und Leber, die den Nährstoffgehalt der aufgenommenen Nahrung ermitteln.

Vom Hunger zu unterscheiden ist der *Appetit*, der kein physiologisches, sondern ein psychisches Phänomen darstellt. Er kann bewirken, dass trotz deutlicher Sättigungssignale weitergegessen wird. Die Grenze der Aufnahmefähigkeit wird durch einen Brechreiz signalisiert.

Hungern und Fasten. Bei stark reduzierter Nahrungszufuhr schaltet der Körper bereits nach einem Tag auf den *Hungerstoffwechsel* um. Das bedeutet, dass der Körper den Energieverbrauch stark senkt, was unter anderem dazu führt, dass der Blutkreislauf langsamer arbeitet und die Körpertemperatur etwas absinkt. Die nötige Energie gewinnt der Körper zunächst aus der vorhan-

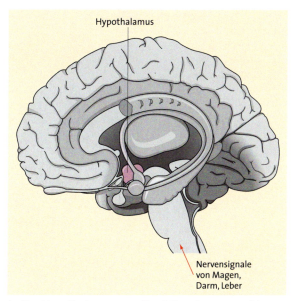

1 Der Hypothalamus empfängt Signale von verschiedenen Rezeptoren.

denen Glucosereserve, danach aus dem Fett der Fettzellen und nach einigen Tagen auch zunehmend aus dem körpereigenen Eiweiß der Muskelmasse. Bei längerfristigem Nahrungsentzug (Hungern oder Fasten) kann daher der Herzmuskel geschädigt werden. Außerdem wird nach dem Fettgewebe auch anderes Körpergewebe allmählich abgebaut. Bei anhaltendem Hunger werden vom Gehirn eine Reihe von Hormonen ausgeschüttet, was zu psychischem Stress und innerer Unruhe führt. Gleichzeitig werden jedoch auch stimmungsaufhellende Hormone, vor allem Serotonin, gebildet.

Obwohl Fasten für den Körper physiologisch dieselben Auswirkungen hat wie Hungern, entfällt hier der psychische Stress, da der Nahrungsverzicht freiwillig und geplant erfolgt. Dies führt dazu, dass wesentlich mehr stimmungsaufhellende Hormone als Stresshormone gebildet werden, die aufgrund des verlangsamten Stoffwechsels lange im Blut bleiben und euphorische Zustände erzeugen können. Längerem Fasten wird von Medizinern daher auch ein *Suchtpotenzial* zugesprochen. Dieser Rauschzustand spielt bei *Magersucht* eine Rolle.

Aufgaben

1. Recherchiere, was man unter „Heißhunger" versteht.
2. Erkläre, inwiefern der Insulinspiegel ein geeignetes Maß ist, um das Hungergefühl auszulösen.
3. Informiere dich, was man in Zusammenhang mit Diäten unter dem „Jo-Jo-Effekt" versteht.
4. Eine wissenschaftliche Theorie besagt, dass übermäßiges Essen bei reichhaltigem Nahrungsangebot angeboren ist. Nenne Argumente, die diese Theorie stützen oder widerlegen.

Ess O Ess! – Essstörungen

Ursachen und Folgen von Essstörungen. *Essstörungen* sind keine Modeerscheinung, sondern ernst zu nehmende, psychosomatische Erkrankungen. Gestörtes Essverhalten dient vielfach als Ersatz für verdrängte Gefühle und Bedürfnisse, kann aber auch Ausdruck von Protest, Ablehnung oder Autonomie sein. Das Selbstwertgefühl und die Selbstachtung der Betroffenen ist trotz oftmals körperlicher und geistiger Höchstleistungen gering. Essstörungen können zu bleibenden Schäden an Herz und Nieren, zu Osteoporose und schweren Depressionen führen. Sie sind heilbar, doch sie können auch tödlich enden. Die Mehrzahl der Betroffenen sind Mädchen und junge Frauen zwischen 12 und 25 Jahren. Aber auch Jungen und Männer sind betroffen.

1 Die Waage als ständiger Begleiter

Krankheitsbilder. Unter dem Begriff Essstörungen werden drei zunächst sehr unterschiedlich wirkende Krankheitsbilder zusammengefasst:
- *Magersucht* (Anorexia nervosa, Anorexie): selbst herbeigeführter Gewichtsverlust bis hin zu lebensbedrohendem Untergewicht
- *Ess-Brech-Sucht* (Bulimia nervosa, Bulimie): Wechsel von wiederkehrenden Essanfällen (Essen großer Nahrungsmengen in kurzer Zeit mit Gefühl des Kontrollverlusts) und anschließenden kompensatorischen Maßnahmen (selbst ausgelöstes Erbrechen, exzessiver Sport, Medikamentenmissbrauch, Fasten)
- *Störung mit Essanfällen* (Binge-Eating-Störung): wiederkehrende Essanfälle, allerdings ohne anschließende kompensatorische Maßnahmen

Oft sind Übergänge zwischen den Krankheitsbildern zu beobachten: Magersüchtige zeigen bulimische Verhaltensweisen, Bulimikerinnen schränken die Nahrungsaufnahme ein oder Betroffene mit Binge-Eating-Störung greifen zu kompensatorischen Maßnahmen. Allen Essstörungen gemeinsam ist die ständige Beschäftigung mit Essen oder Nichtessen und die Abhängigkeit der Selbstbewertung vom Gewicht und der Figur. Die Waage bestimmt, wie sich die Betroffenen fühlen. Essstörungen beginnen immer im Kopf und entwickeln sich über einen längeren Zeitraum.

Aufgabe

1 Recherchiere typische Kennzeichen der drei Essstörungen. Lies dann die Geschichte und notiere die dort erwähnten Kennzeichen. Wer leidet an welcher Essstörung?

Das geheime Gepäckstück

Endlich – die Klassenfahrt nach Amsterdam. Mit auf Fahrt gehen vier ungewöhnliche Gepäckstücke. Sie gehören Sarah, Lisa, Tina und Max. Sie haben alle dieses Gepäckstück dabei und ihnen macht die Vorstellung Angst, eine Woche ohne Rückzugsmöglichkeiten zu sein.

Sarah ist extrem schlank, versucht dies aber durch ihre Kleidung zu verbergen. Sie ist blass, friert ständig und wirkt fahrig. Trotzdem ist sie eine hervorragende Schülerin und treibt übertrieben viel Sport.

Lisa, scheinbar perfekt, ist klug, ehrgeizig und sehr beliebt. Aber in ihrem Innern gibt es die andere Lisa – gierig, hemmungslos, ständig im Krieg mit sich selbst.

Auch Tina ist beliebt. Sie ist hilfsbereit und eine geduldige Zuhörerin. Aber selbst kommt sie oft zu kurz – außer beim Essen und das hat deutliche Folgen. Tina ist übergewichtig. Aus Angst, sich sportlich ständig zu blamieren, schaut sie lieber fern und spielt am Computer.

Anders Max, er ist eine Sportskanone, immer auf Achse, groß, schlank und ein Sixpack, das alle Mädchen zum Schwärmen bringt. Seine Zeit verbringt er zunehmend im Studio oder beim Joggen. Für Freunde bleibt kaum Zeit.

Auch die Essgewohnheiten könnten kaum unterschiedlicher sein, obwohl das Thema ihre Gedanken von morgens bis abends beherrscht. Sarah kocht gern und konnte lange verbergen, dass sie ihre Nahrungszufuhr und ihr Traumgewicht mit zwanghaftem Kalorienzählen immer weiter heruntergeschraubt hat. Tina, schon als Kind mit Essen getröstet oder verwöhnt, isst heute häufig aus Wut oder Trauer. Besonders schlimm empfindet sie nach vielen vergeblichen Diäten die Heißhungeranfälle, bei denen sie mindestens zweimal in der Woche in kürzester Zeit große Mengen verschlingt. Auch Lisa kennt diese Heißhungeranfälle. Sie versucht aber kurz darauf wieder so viel wie möglich zu erbrechen, obwohl die körperlichen Folgen wie Zahnschmelzschäden, Hautprobleme und Schwindel immer offensichtlicher werden. Zusätzlich nimmt sie immer wieder Abführmittel oder macht stundenlange Waldläufe. Bei Max zählt vor allem der Inhalt des Essens: Eiweiß, Vitamine, Mineralstoffe, bloß kein Fett – Kohlenhydrate nur vor intensivem Training. Sein ganzes Geld gibt er für Eiweißpräparate aus.

Und wie schaut es ansonsten im Innern aus? Trotz ihres inzwischen offensichtlichen Untergewichts findet Sarah sich im Spiegel zu fett und empfindet ihren Körper als Feind. Lisa fühlt sich innerlich zerrissen und sehr einsam, da sie so viel zu verheimlichen hat. Tina hat das Gefühl, eine Versagerin zu sein, und schwankt zwischen Trotz und Traurigkeit, Wut und Hilflosigkeit. Hingegen ist bei Max im Spiegel immer noch zu wenig Muskulatur zu sehen, sodass er sich als Schwächling fühlt, der noch viel trainieren muss. Eingepackt hatten übrigens alle ihre Waage.

Hilfe für Betroffene. Menschen mit Essstörungen haben den Kontakt zu sich, ihren Gefühlen und Bedürfnissen und zu ihrem Körper weitgehend verloren. Es gelingt ihnen nicht mehr, ihre Körperzeichen richtig zu deuten. Sie brauchen medizinische, therapeutische und psychosoziale Behandlung. Betroffene Jungen und Männer haben es besonders schwer, sich die Erkrankung einzugestehen und Hilfe zu bekommen, da Essstörungen oft als reine „Frauenkrankheit" wahrgenommen werden.

1 Unzufrieden mit dem eigenen Körper

Essstörungen verschwinden nicht von alleine, aber sie sind heilbar! Je früher eine Therapie einsetzt, desto günstiger wirkt sich das auf die Behandlungsdauer und die Heilungschancen aus.
- Der erste und schwierigste Schritt, aus einer Essstörung herauszukommen, ist zuzugeben, an dieser Krankheit zu leiden. Ohne den eigenen Wunsch, etwas zu verändern, sind weitere Schritte kaum möglich. Unterstützung bietet zum Beispiel eine moderierte Internetkommunikation.
- Ein nächster Schritt könnte sein, sich einer vertrauten Person, beispielsweise einem Familienmitglied, einer guten Freundin oder dem Partner, anzuvertrauen.
- Eine Beratungsstelle für Essstörungen unterstützt und hilft herauszufinden, wie die weiteren Schritte aussehen können, und informiert über mögliche Therapien. Sie motiviert und begleitet bei der Entscheidung für eine Therapie. Hier lernen die Betroffenen ihren eigenen Körper wieder neu kennen, fühlen und akzeptieren. Gleichzeitig erlangen sie Kenntnisse über andere Lösungsstrategien als Hungern und Essen, um Probleme zu bewältigen. Häufig benötigt auch das familiäre Umfeld eine therapeutische Unterstützung, um mit der Krankheit und den Betroffenen richtig umgehen zu können.
- Selbsthilfegruppen haben sich als Vorbereitung, Begleitung oder Nachbetreuung einer professionellen Behandlung als nützlich erwiesen.

▶ **Online-Angebot:** Hier findest du Zusatzinformationen und wichtige Internetadressen.

Aufgaben

1. Diskutiert den Spruch „Diäten sind Einstiegsdrogen für Essstörungen".
2. Etwa 10 % aller Magersüchtigen sterben an den Folgen dieser Krankheit. Überlege mögliche Gründe, warum die Betroffenen nicht rechtzeitig „Einsicht" zeigen.
3. Jedes dritte Mädchen zwischen 11 und 17 Jahren zeigt bereits früh Symptome essgestörten Verhaltens, 14 % dieser Altersgruppe haben ein hohes Risiko für die Entwicklung einer Essstörung. Diskutiert diese Tatsache in der Klasse.
4. Überlege, warum Essstörungen häufiger Mädchen als Jungen betreffen.
5. Überlege, welche „ersten Schritte" den Betroffenen aus ihrer jeweiligen Essstörung heraushelfen könnten.
6. Informiere dich, wo sich die nächstgelegene Beratungsstelle für Essstörungen befindet.

Das richtige Gewicht. Das Normalgewicht jedes Menschen ist ganz individuell und wird beispielsweise durch Veranlagung und Körperbau geprägt. Es liegt an dir selbst, ob du dein Gewicht als richtig empfindest und dich in deinem Körper wohlfühlst. Eine Orientierung nach dem richtigen Gewicht gibt der *Body-Mass-Index* (BMI, ▶ Seite 16). Bei Erwachsenen steht ein BMI unter 18,5 für Untergewicht, ein BMI über 25 für Übergewicht. Da sich Kinder und Jugendliche noch im Wachstum befinden, muss bei ihnen zusätzlich auch das Alter und das Geschlecht berücksichtigt werden. Das richtige Gewicht kann der Grafik auf Seite 16 entnommen werden.

Aufgaben

7. Warum kann der BMI nur einen groben Richtwert für das individuell normale Gewicht angeben?
8. Berechne deinen persönlichen BMI.

SELBSTCHECK

- Übergibst du dich, wenn du dich unangenehm voll fühlst?
- Machst du dir Sorgen, weil du nicht mit dem Essen aufhören kannst?
- Hast du in den letzten 3 Monaten mehr als 6 kg abgenommen?
- Findest du dich zu dick, während andere dich zu dünn finden?
- Würdest du sagen, dass Essen dein Leben sehr beeinflusst?

Wenn mindestens zwei der Fragen positiv beantwortet wurden, besteht der ernsthafte Verdacht einer Essstörung!

Energiebereitstellung bei sportlicher Belastung

1 Sprinterin

Ohne ATP geht nichts. Wenn eine Sprinterin schnellstmöglich startet, steigt ihr Energiebedarf sofort um mehr als das 100-Fache an. Zunächst nutzen die Muskelzellen die vorhandenen ATP-Reserven (▶ Seite 31, 32), die jedoch nach längstens drei Sekunden aufgebraucht sind. Die Muskelzellen verfügen zusätzlich über einen Vorrat an energiereichen Molekülen (▶ Seite 32), die als *Kreatinphosphat* bezeichnet werden, da sie eine Phosphatgruppe tragen. Diese Moleküle übertragen ihre Phosphatgruppe sehr schnell auf die beim ATP-Abbau entstehenden ADP-Moleküle. Dadurch werden diese wieder zu ATP-Molekülen regeneriert, sodass die Muskelzellen für insgesamt etwa sieben Sekunden ATP als „Treibstoff" nutzen können. Nach dieser Zeit ist die Atmungs- und Kreislaufintensität so weit erhöht, dass die Muskelzellen der Läuferin vermehrt Sauerstoff erhalten und die aerobe ATP-Regeneration aus ADP verstärken können. Die Produktionsgeschwindigkeit reicht zu diesem Zeitpunkt aber noch nicht aus, um ausreichend ATP zur Fortsetzung des Sprints zu liefern. Die Muskelzellen greifen daher zusätzlich auf die anaerobe ATP-Produktion zurück, bei der außerhalb der Mitochondrien Milchsäuremoleküle entstehen (▶ Seite 32). Diese Art der ATP-Produktion verläuft zwar sehr schnell, jedoch steigt dabei auch der Säuregehalt des Zellplasmas durch die zunehmende Konzentration an Milchsäuremolekülen an. Wenn sich die Milchsäuremoleküle im wässrigen Zellplasma lösen (Protolyse), bilden sich Oxoniumionen (H_3O^+), die die ATP-Bildung immer stärker verlangsamen. Übersteigt die Oxoniumionenkonzentration eine kritische Grenze, kommt die ATP-Produktion nahezu zum Erliegen. Durch diese „Übersäuerung" ermüden die Muskeln der Läuferin und beginnen zu schmerzen, sodass sie bei unvermindertem Tempo nach maximal zwei Minuten den Lauf abbrechen müsste. Verringert sie ihre Geschwindigkeit jedoch, könnte sie, abhängig vom Trainingszustand, noch bis zu zwei Stunden auf die aerobe Energiegewinnung mithilfe von Glucosemolekülen aus dem Glykogenspeicher zurückgreifen. Dauert der Lauf länger als 30 Minuten, werden in den Muskelzellen der Läuferin jedoch zunehmend Fettsäuremoleküle anstelle von Glucosemolekülen zur aeroben ATP-Produktion eingesetzt. Der Energiespeicher Fettsäuremoleküle ist zwar außerordentlich ergiebig und kann Tage vorhalten. Er hat jedoch den Nachteil, dass die ATP-Bildung noch langsamer erfolgt als mit Glucosemolekülen als Energieträgern.

Aufgaben

1 Überlege, welche Art der Energiebereitstellung beim Marathonlauf, 400-m-Sprint, Kugelstoßen, Volleyball und Fußball die größte Bedeutung hat.

2 Was ist der begrenzende Faktor für die ATP-Bildung innerhalb von 3 bis 7 Sekunden nach Sprintbeginn?

3 Vergleiche die verschiedenen Arten der Energiegewinnung in der Zelle in Tabellenform.

Sauerstoffmehraufnahme nach einer Belastung. Wenn du im Sportunterricht einen 1000-m-Lauf absolvierst, erreichst du schon nach wenigen Schritten deine angestrebte Laufgeschwindigkeit. Aber erst nach etwa 20 Sekunden bemerkst du, dass du schneller atmest. Wenn du mit konstanter Geschwindigkeit weiterläufst, steigt deine Atemfrequenz bis zum Ziel auf ein Maximum. Nach Beendigung des Laufs musst du noch einige Zeit verstärkt ein- und ausatmen, obwohl du dich nun nicht mehr nennenswert belastest. Auch nach Beendigung der Belastung bleibt dein Sauerstoffbedarf damit für einige Zeit erhöht.

Aufgabe für Profis

1 Das Bild unten zeigt den Verlauf der Sauerstoffaufnahme während und nach einer Belastung. Überlege mögliche Ursachen für die Sauerstoffmehraufnahme nach der Belastung. Beachte, dass die Sauerstoffmehraufnahme etwas höher ist als das zu Belastungsbeginn eingegangene Sauerstoffdefizit. Informiere dich hierzu auch im Internet.

▶ **Online-Angebot:** Hier findest du passende Internetadressen.

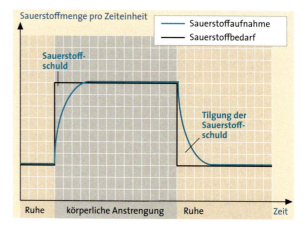

Kraft – eine Voraussetzung bei vielen Sportarten

1 Gewichtheberin

Kraft, Masse und Geschwindigkeit. Grundsätzlich unterscheidet man im Sport zwei Erscheinungsformen von *Kraft*. Große Krafteinwirkung ist erforderlich, um große Massen in Bewegung zu versetzen, beispielsweise beim Gewichtheben (▶ Bild 1). Aber auch bei Sportarten wie Speerwerfen oder Kugelstoßen müssen die Sportler viel Kraft aufwenden, um die mittleren bis kleinen Massen ihrer Sportgeräte stark zu beschleunigen (▶ Bild 2). Man spricht daher von Sportdisziplinen, die durch die *Maximalkraft* beziehungsweise durch die *Schnellkraft* dominiert sind.

Erhöhung der Maximalkraft. Die Kraft, die ein Muskel *maximal* ausüben kann, hängt vor allem *von der Zahl und der Dicke der Muskelfasern* ab, die er besitzt. Der Muskelquerschnitt und damit die Maximalkraft werden vor allem durch *dynamisches Krafttraining*, also wiederholtes Bewegen einer Last wie einer Hantel oder des eigenen Körpers, vergrößert. Die gewählte Last beträgt dabei 65–85 % der vom Athleten maximal zu bewegenden Last, sodass etwa 8–12 Wiederholungen möglich sind. Nach einer Pause von 2 bis 4 Minuten erfolgt die nächste Serie. Je nach Trainingszustand werden zwei (Gesundheitssportler) bis zehn (Leistungssportler) Serien durchgeführt. Die Pause bis zur nächsten Trainingseinheit sollte idealerweise etwa 48 Stunden betragen.

Schnellkrafttraining. Entscheidend für die *Geschwindigkeit eines Bewegungsablaufs* ist vor allem die *Koordination der an ihm beteiligten Muskeln*. Schnelle und gleichzeitig harmonische Bewegungsabläufe werden von einem *Bewegungsprogramm* gesteuert, das durch *Training* im zentralen Nervensystem erzeugt und gespeichert wird und bei Bedarf abgerufen werden kann.

Spezielle Schnellkrafttrainingsmethoden arbeiten mit Lasten, die nur 30–60 % der Maximalkraft betragen, wobei nur 5–7 Wiederholungen mit maximaler Geschwindigkeit durchgeführt werden. Die Muskulatur wird dabei bewusst nicht vollständig ermüdet, da ein müder Muskel nicht mit maximaler Geschwindigkeit arbeiten könnte und deshalb auch keine Verbesserung des Bewegungsprogramms zu erwarten wäre. Daher wird auch darauf geachtet, dass die Pausen zwischen den Serien so groß sind, dass sich der Muskel vollständig erholen kann. Je nach Trainingsperiode werden 2–6 Serien absolviert. Diese Trainingsform verbessert nicht nur das Bewegungsprogramm im Gehirn und die Koordination zwischen den Muskeln, sondern vergrößert auch die Kreatinphosphatspeicher in den Muskeln (▶ Seite 74).

2 Kugelstoßer

Aufgaben

1. Erkläre physikalisch den Zusammenhang zwischen Kraft, Masse und Beschleunigung.
2. Erkläre die Wirkung von dynamischem Krafttraining auf die Muskulatur.
3. In welcher Weise kann das beschriebene Schnellkrafttraining eine Leistungssteigerung bewirken?
4. Ein Untrainierter, der mit Krafttraining beginnt, erzielt schon in den ersten Wochen eine deutliche Zunahme der Kraftfähigkeit. Worauf ist diese Verbesserung zurückzuführen?
5. Bei vielen Sportarten wie Schwimmen spielen neben der möglichen Muskelkraft auch andere biologische Faktoren eine große Rolle. Erkläre!
6. In Sportarten wie Boxen, Ringen und Gewichtheben erweisen sich Sportler mit hohem Körpergewicht meist als überlegen. Darum wird hier eine Untergliederung in Gewichtsklassen vorgenommen. Aber auch in den Wurf- und Stoßdisziplinen der Leichtathletik erzielen fast ausnahmslos schwere Athleten bessere Resultate. Suche Erklärungen für dieses Phänomen.
7. Beim Schlagballwurf erzielst du mit einem 80-g-Ball nur unwesentlich größere Weiten als mit einem 200-g-Ball. Die Weiten, die du beim Kugelstoßen mit einer 4-kg-Kugel und einer 7,25-kg-Kugel erreichst, weichen jedoch erheblich voneinander ab (Probier es im Sportunterricht aus!). Finde Erklärungen.

Ausdauer als Schlüssel zum Erfolg

1 Marathonlauf

Ausdauer hängt von mehreren Faktoren ab. Zu den klassischen *Ausdauersportarten* zählen Marathonlauf, Skilanglauf oder Radrennen. Hier kommt es darauf an, dass die jeweils besonders in Anspruch genommmenen Muskelgruppen nicht vorzeitig durch Übersäuerung ermüden (▶ Seite 74). Dies ist nur dann möglich, wenn die arbeitenden Muskeln möglichst rasch und intensiv mit Sauerstoff versorgt werden, damit während der Belastung eine ausreichende aerobe ATP-Produktion in den Muskelzellen möglich ist. Dabei ist das Zusammenspiel von Atemtätigkeit (▶ Seite 44), Herzleistung (▶ Seite 50), Blutdruck (▶ Seite 58) und Durchblutung der belasteten Muskeln entscheidend.

Ausdauertraining. Zur Verbesserung der *aeroben Ausdauer* wird die Belastung, beispielsweise ein Lauf, über einen längeren Zeitraum aufrechterhalten. Um den Trainingserfolg zu messen, also um festzustellen, ob die anaerobe oder aerobe ATP-Bildung überwiegt, wird die Milchsäurekonzentration im Blut bestimmt. In Ruhe liegt dieser Wert etwa bei $1 \cdot 10^{-3}$ mol/l, bei wenig anstrengenden Aktivitäten wie Wandern zwischen 1 und $2 \cdot 10^{-3}$ mol/l.

Beim *Ausdauertraining* wählt man die Belastung so, dass die ATP-Bildung in den Muskelzellen im *aerob-anaeroben Übergangsbereich* liegt, wobei die Milchsäurekonzentration auf Werte von $2 \cdot 10^{-3}$ bis $4 \cdot 10^{-3}$ mol/l ansteigen kann. Die Intensität der Belastung wird dabei durch die Geschwindigkeit, beispielsweise die Lauf- oder die Fahrgeschwindigkeit, bestimmt. Befindet sich die Intensität an der unteren Grenze des aerob-anaeroben Übergangsbereichs, kann die Belastung im Leistungssportbereich mehrere Stunden durchgehalten werden. Liegt die Intensität in der Nähe der anaeroben Schwelle, so ist nur noch eine Belastungsdauer von bis zu 45 Minuten möglich.

Training verbessert die Ausdauerfähigkeit. Auf kontinuierliches und intensives Ausdauertraining reagiert der Körper mit vielfältigen *Anpassungserscheinungen*. Herzvolumen und Herzmasse vergrößern sich von etwa 650 ml auf bis zu 1000 ml beziehungsweise von 250 g auf etwa 500 g. Bei Belastung kann ein derartiges *Sportlerherz* dadurch bis zu 40 Liter Blut pro Minute pumpen. Ebenso wird die Durchblutung der Herzkranzgefäße erheblich verbessert (▶ Seite 49). Insgesamt arbeitet das Sportherz effektiver als ein „Normalherz", da es eine erheblich geringere Herzfrequenz benötigt, um das gleiche Blutvolumen zu befördern. Leistungssportler besitzen daher einen sehr niedrigen Ruhepuls (40 und weniger). Das Blutgefäßsystem bildet durch Training mehr Kapillaren in den belasteten Muskeln aus. Zusätzlich vergrößert sich der Kapillarenquerschnitt, sodass insgesamt die Sauerstoffversorgung verbessert wird. Auch am Blut selbst beobachtet man Anpassungserscheinungen. So kann das Blutvolumen um 1 bis 2 Liter und damit der Hämoglobingehalt um 200 bis 300 g zunehmen. Bei kontinuierlichem Ausdauertraining bildet die Muskulatur größere Glykogenspeicher aus (▶ Seite 11). Der Gehalt an Myoglobin, einem dem Hämoglobin vergleichbaren speziellen Sauerstoffspeicher in den Muskelzellen, kann sich um bis zu 80 % erhöhen. Auch die Zahl der Mitochondrien und die Aktivität der Enzyme für die aerobe Energiebereitstellung vergrößert sich, sodass die ATP-Bildung in den Muskelzellen optimiert wird.

Aufgaben

1. Bei einem Hochleistungsruderer wird bei einem Belastungstest eine maximale Sauerstoffaufnahme ins Blut von 6,4 l/min gemessen. Die Herzfrequenz beträgt dabei 200 Schläge/min. Zeige rechnerisch, wie groß nach diesen Angaben das Schlagvolumen des Herzens theoretisch sein müsste.
2. In Wirklichkeit hat das Herz dieses Ruderers ein noch größeres Schlagvolumen. Erkläre diese Tatsache.
3. Erstelle eine Mindmap zu den Trainingseffekten des Ausdauertrainings.
4. Erkläre, worin die besondere Schwierigkeit für die Athleten beim Biathlon besteht und wie sie sich darauf vorbereiten könnten.
5. Informiere dich über Herz-Kreislauf-Erkrankungen und überlege, warum durch Ausdauertraining derartigen Erkrankungen vorgebeugt werden kann.

Gefährliche Leistungssteigerung durch Doping

Doping – gewinnen um jeden Preis. *Doping*, die Einnahme leistungssteigernder Substanzen, ist so alt wie der Sport selbst und wurde schon in der Antike praktiziert. Trotz vielfältiger Kontrollen macht Doping regelmäßig Schlagzeilen, vor allem im Profisportbereich, in dem der finanzielle Erfolg unmittelbar vom sportlichen abhängt und die Versuchung groß ist, mit unerlaubten Mitteln ganz vorne dabei zu sein. Dies ist ebenso betrügerisch wie gefährlich. Dopende Sportlerinnen und Sportler täuschen nicht nur die Öffentlichkeit und bringen im Wettkampf die ehrlichen Mitkonkurrenten um den verdienten Erfolg, sondern geraten durch ihr Verhalten auch selbst gesundheitlich hochgradig in Gefahr. Tom Simpson war einer der ersten Profisportler, der nach Einnahme von Aufputschmitteln die Warnsignale seines Körpers nicht erkannte und während einer kräftezehrenden Bergetappe an Herzversagen starb (▶ Bild 1).

Doping zur Verbesserung der Kraftfähigkeit. Um die Kraftfähigkeit zu verbessern, werden hauptsächlich *Anabolika* eingesetzt. Dabei handelt es sich um Wirkstoffe, die dem männlichen Sexualhormon Testosteron ähneln. Sie fördern die Proteinbildung in den Muskeln und damit den Aufbau von Muskelmasse.

Die Nebenwirkungen dieser Substanzen sind gravierend. Sie schädigen die Leber und erhöhen das Risiko von Arterienverkalkung, Herz-Kreislauf-Erkrankungen und Herzinfarkt (▶ Seite 53). Außerdem kommt es bei Frauen zur Ausbildung männlicher Geschlechtsmerkmale wie einer tieferen Stimme und verstärkter Körperbehaarung. Die Wirkung bei Männern ist entgegengesetzt, es kommt zur Brustvergrößerung und zum Schrumpfen der Hoden. Anabolika begünstigen auch das Entstehen von Tumoren in Leber, Gebärmutter, Hoden und Prostata.

Doping zur Verbesserung der Ausdauerfähigkeit. Zur Verbesserung der Ausdauerfähigkeit werden beispielsweise folgende Mittel beziehungsweise Verfahren eingesetzt:
- Einnahme von gentechnisch hergestelltem *Erythropoetin (EPO)*, einem Hormon, das natürlicherweise in der Niere gebildet wird und dort die Produktion der roten Blutkörperchen (Erythrocyten, ▶ Seite 61) anregt. Die Einnahme von Erythropoetin erhöht die Gefahr der Bildung eines Blutgerinnsels (Thrombose) und damit auch das Herzinfarktrisiko (▶ Seite 53).
- *Eigenblutdoping*. Dabei wird dem Athleten etwa einen Monat vor einem Wettkampf Blut entnommen und aufbewahrt. Der Körper bildet die fehlende Blutmenge nach. Kurz vor dem Wettkampf wird das Blut dem Blutkreislauf wieder zugeführt. Natürlich kann auch Fremdblut verwendet werden. Dadurch kann es unter anderem zu einer Überlastung des Herz-Kreislauf-Systems bis hin zum Schock (▶ Seite 78) kommen.
- *Aufputschmittel*. Tom Simpson starb an einem von Aufputschmitteln ausgelösten Herzinfarkt. Bekannte Auf-

1 Tom Simpson

putschmittel sind Amphetamin, Kokain und Ecstasy. Ihre Wirkung ist ähnlich wie die der körpereigenen Hormone Adrenalin und Noradrenalin. Sie unterdrücken das Gefühl von Erschöpfung, steigern die Herzfrequenz, erhöhen die Aktivität des Nervensystems und steigern die Aufmerksamkeit. Aufputschmittel erlauben es dem Körper, in einen Leistungsbereich vorzudringen, der normalerweise nur in Extremsituationen, etwa Todesangst, für kurze Zeit aktiviert werden kann. Doping mit Aufputschmitteln verursacht schwere Erschöpfungszustände. Gleichzeitig besteht ein hohes Risiko für Herzrhythmusstörungen, Herzinfarkt oder Kreislaufkollaps sowie für das Auftreten von lebensgefährlichen Atemlähmungen.

Aufgaben

1. Begründe, weshalb durch EPO, Blutdoping und Aufputschmittel die Ausdauerfähigkeit verbessert wird.
2. Erkläre, warum die Einnahme von Erythropoetin das Risiko für die Bildung von Blutgerinnseln (Thrombose) erhöht.
3. Die Einnahme von Diuretika, also Substanzen, die eine verstärkte Urinbildung bewirken, ist ebenfalls verboten. Versuche dafür eine Erklärung zu finden.
4. Informiere dich mithilfe von Fachliteratur oder im Internet genauer über Dopingmethoden und Dopingfälle.
5. Diskutiert in der Klasse die Berechtigung des Dopingverbots im Leistungssport.

Erste Hilfe

UNFALLMELDUNG

WO ist es passiert?
WAS ist passiert?
WIE VIELE Verletzte?
WELCHE Art der Verletzung?
WARTEN auf Rückfragen!

1 Richtige Unfallmeldung

Der Notfall. Neben schweren Unfallverletzungen gehören auch lebensbedrohliche akute Erkrankungen oder Vergiftungen zu den *Notfällen*. Jeder kann Zeuge eines Unfalls oder Notfalls werden. Dann hilft es nicht, dabeizustehen und zuzusehen. Erste Hilfe und lebensrettende Maßnahmen stehen im Vordergrund.

Atemstillstand. Die ausreichende Versorgung mit Sauerstoff ist Grundvoraussetzung für fast alle Prozesse im Körper. Besonders das Gehirn reagiert sehr empfindlich auf Sauerstoffmangel. Schon nach wenigen Minuten ohne Sauerstoff treten bleibende Schäden der Hirnzellen ein. Bei einem Atemstillstand ist daher schnelles Handeln gefragt:

- Fremdkörper aus Mund und Rachenraum entfernen
- Hals überstrecken
- Setzt die Atmung nicht ein, mit der Atemspende beginnen (▶ Bild 2).

Herz-Kreislauf-Stillstand. Ursachen für einen *Herz-Kreislauf-Stillstand* können Durchblutungsstörungen der Herzkranzgefäße sein, die schließlich zum *Herzinfarkt* (▶ Seite 49, 53) führen. Auch Sauerstoffmangel infolge ungenügender Atmung kann einen Herz-Kreislaufstillstand verursachen. Durch einen Elektrounfall beispielsweise kann das Erregungsleitungssystem des Herzens so beeinträchtigt werden, dass es seine Tätigkeit einstellt. Ebenso löst hoher Blutverlust einen Schockzustand aus, der zum Zusammenbruch des Herz-Kreislauf-Systems führen kann. Da ein Herz-Kreislauf-Stillstand beinahe immer mit einem Atemstillstand einhergeht, müssen bei den Erste-Hilfe-Maßnahmen *Herzdruckmassage* und Atemspende kombiniert werden. Dabei wird 30-mal kräftig und rhythmisch auf den Brustkorb des Verletzten gedrückt, anschließend gibt man 2 Atemstöße. Durch das rhythmische Drücken auf das Brustbein wird die Blutzirkulation künstlich aufrechterhalten, um Gehirn und Organe weiterhin mit Blut zu versorgen (▶ Bild 4).

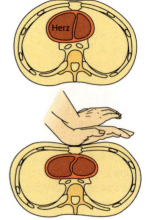

4 Verformung von Herz und Brustkorb während der Herzdruckmassage

Schock. Der *Schock* ist eine Kreislaufregulationsstörung, bei der lebenswichtige Organe (Gehirn, Herz) aufgrund einer verminderten Bluttransportkapazität des Herzens schlecht durchblutet und daher unzureichend mit Sauerstoff versorgt werden. Ursache kann eine Minderung der Herzleistung, beispielsweise bei einem Herzinfarkt, oder ein verringertes Blutangebot sein, zum Beispiel bei Verletzungen mit starkem Blutverlust. Im Verlauf eines Schocks kann es aufgrund des Sauerstoffmangels im Gehirn zu Bewusstlosigkeit, Atemstillstand und Tod kommen.

Blutungen. Bei Erwachsenen bedeutet schon ein Verlust von 1 Liter Blut Lebensgefahr. Bei Kindern besteht diese Gefahr aufgrund der insgesamt geringeren Blutmenge viel früher. Bei einer Verletzung müssen umgehend *Sofortmaßnahmen gegen den Blutverlust* erfolgen. Fast jede Blutung aus einer Wunde lässt sich durch starken

2 Mund-zu-Nase-Beatmung

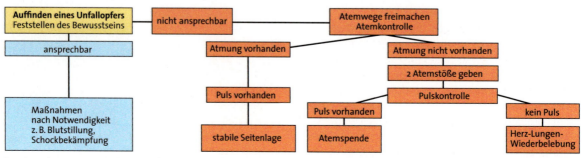

3 Vorgehensweise in einer Notfallsituation

Druck von außen auf die verletzte Ader zum Stillstand bringen. Unter Umständen musst du auch in die Wunde hineindrücken. Hierzu verwendest du möglichst keimfreies Material wie Mullkompressen oder geöffnete Verbandpäckchen. Bei einer starken Blutung hat die Blutstillung absoluten Vorrang. Eine mögliche Infektion des Betroffenen muss in Kauf genommen werden. Zur Blutstillung eignet sich meist ein *Druckverband*.

Verbrennungen. *Verbrennungen* oder *Verbrühungen* können zu schweren Schädigungen der Haut und des tiefer liegenden Gewebes führen. Durch ausgedehnte Brandwunden verliert der Körper große Mengen Gewebsflüssigkeit, was zum Schock führen kann. Dabei wirkt der Verbrennungsschmerz verstärkend. Bei Verbrennungen müssen betroffene Gliedmaßen sofort *in kaltes Wasser getaucht* oder unter fließendes Wasser gehalten werden, bis der Schmerz nachlässt, mindestens aber 15 Minuten. Bei Verbrühungen sollte auch Kaltwasser angewendet und die Kleidung an der betreffenden Stelle rasch entfernt werden. Weitere Erste-Hilfe-Maßnahmen sind Schockbekämpfung und die keimfreie Bedeckung der Wunden mit Verbandtüchern.

Sofortmaßnahmen in Unfallsituationen. Wenn du zu einer Unfallstelle kommst, musst du Hilfe leisten. Grundsätzlich gilt am Unfallort: Absichern der Unfallstelle, Retten des/der Verletzten aus der Gefahrenzone, Notruf absetzen (▶ Seite 78, Bild 1). Die Reihenfolge der Hilfemaßnahmen richtet sich nach der jeweiligen Notfallsituation. Wie du dich am besten gegenüber einer in Not geratenen Person verhältst, verdeutlicht Bild 3 auf Seite 78. Es nützt aber niemandem, wenn du dich selbst in Gefahr bringst. Es gilt für Notfälle: „Sicherheit geht vor!"

▶ **Online-Angebot:** Hier findest du weitere Informationen zum Thema Erste Hilfe.

1 Druckverband am Arm

Aufgaben

1. Überlege, welche Folgen ein Herz-Kreislauf-Stillstand im Körper hervorruft.
2. Der Körper reagiert auf das verringerte Blutangebot bei einem Schock mit einer Steigerung der Herz- und Atemfrequenz und einer Engstellung der Blutgefäße in Haut, Skelettmuskulatur und Darm. Erläutere, was der Körper mit dieser Reaktion bezwecken will.
3. Durch welche äußeren Anzeichen lässt sich ein Schockzustand erkennen? Informiere dich über Möglichkeiten der Schockbekämpfung.

Zusammenfassung!

■ Regulation des Essverhaltens
Hunger ist ein körperlich und psychisch bedingtes Gefühl, das uns zur Nahrungsaufnahme veranlasst. Auslösende Faktoren sind der Blutzuckerspiegel und die Konzentration bestimmter Hormone im Blut. Bei stark verringerter Nahrungsaufnahme wird der Energieverbrauch reduziert. Das Gehirn schüttet dabei sowohl stresserzeugende als auch stimmungsaufhellende Hormone aus. Essstörungen (Magersucht, Ess-Brech-Sucht, Störung mit Essanfällen) sind oft schwere psychische Erkrankungen mit gesundheitlichen Folgen und müssen medizinisch und psychologisch behandelt werden.

■ Sport und Doping
Bewegung wird durch aktive Verkürzung der Skelettmuskeln erzeugt, die nur mithilfe von ATP möglich ist. Bei schneller, hoher Belastung ist der ATP-Vorrat eines Muskels rasch erschöpft. Durch Kreatinphosphatmoleküle kann er für kurze Zeit wieder regeneriert werden. Zusätzlich wird ATP in dieser Phase verstärkt anaerob produziert. Dabei entstehen Milchsäuremoleküle; es kommt zu einer Verlangsamung der ATP-Bildung und damit zur Ermüdung. Liefern Atmung und Herz-Kreislauf-System ausreichend Sauerstoffmoleküle, dominiert schließlich wieder die aerobe ATP-Bildung.
Die Maximalkraft eines Muskels hängt von der Zahl und Dicke der Muskelfasern ab und kann durch dynamisches Krafttraining verbessert werden.
Ausdauertraining erhöht die Leistungsfähigkeit des Herzens, vergrößert die Anzahl der Kapillaren in der Muskulatur, führt zu einer Zunahme des Blutvolumens und vergrößert die Glykogenspeicher.
Die Einnahme leistungssteigernder Substanzen wird als Doping bezeichnet. Doping kann schwerwiegende gesundheitliche Auswirkungen haben.

■ Erste-Hilfe-Maßnahmen
Erstversorgung bei Notfällen können in bestimmtem Umfang auch von Laien durchgeführt werden. Jeder ist verpflichtet zu helfen, wenn er sich dabei nicht selbst in Gefahr bringt.

Alles klar?

1. Ein Bodybuilder und ein Sumoringer machen einen 20-m-Wettlauf. Wer wird gewinnen? Begründe deine Entscheidung.

Lebewesen und Umwelt

Warum leben Kaiserpinguine nur in der Antarktis? Warum kommt der Gletscherhahnenfuß in den Alpen noch in 4000 m Höhe vor, andere Blütenpflanzen aber nicht? Auf solche Fragen gibt es keine einfachen Antworten. Das Vorkommen von Lebewesen wird durch eine Vielzahl von *Wechselwirkungen* zwischen ihnen und ihrer *Umwelt* bestimmt. Das Erkennen solcher Beziehungen zwischen Lebewesen und Umwelt ist Forschungsgegenstand der *Ökologie*.

Auch mit der Frage nach der *Beständigkeit* dieser oft empfindlichen Netzwerke, in die wir mit allen anderen Lebewesen eingebunden sind, beschäftigt sich die Ökologie: Für wenige Tage bietet eine Pfütze Entwicklungschancen für Stechmückenlarven, Jahrtausende dauert die Verlandung großer Seen. Solche Veränderungen sind kennzeichnend für die *Dynamik* der Wechselwirkungen zwischen Lebewesen und Umwelt, die sich beide ständig wandeln. Aber auch durch Eingriffe des Menschen werden Lebensräume verändert – oft zerstört.

Um die Dynamik und Komplexität ökologischer Systeme besser zu verstehen, untersucht die Ökologie zunächst die Ansprüche einzelner Arten an ihre Umwelt und bezieht dann erst den Einfluss anderer Arten mit ein.

Aufgabe

1 Die Fotos zeigen Kaiserpinguin, Gletscherhahnenfuß, Weiße Seerose und Fennek (Wüstenfuchs) in ihrer natürlichen Umwelt. Versuche für sie grundlegende Fragestellungen eines Ökologen zu beantworten:
- Welche Lebensbedingungen findet das Lebewesen in seinem Lebensraum vor?
- Gibt es darunter Faktoren, denen besondere Bedeutung zukommt?
- Welche besonderen Anpassungen ermöglichen ihm das Leben unter den Bedingungen seines Lebensraums?
- Welche anderen Lebewesen sind für die betreffende Art von Bedeutung?

Einführung in die Ökologie: Biotop – Biozönose – Ökosystem

Lebensraum oder Biotop. Die verschiedenen Organismenarten leben nicht überall auf der Erde, sondern kommen nur in ganz bestimmten Lebensräumen vor, die sich vor allem durch ihre *chemischen und physikalischen Eigenschaften* unterscheiden. Solche *abiotischen Faktoren* (von griechisch *a, an:* nicht; *bios:* Leben) sind beispielsweise Bodenart, Licht, Temperatur, Wasser, Salzgehalt. Sie machen zusammen den Lebensraum oder *Biotop* (von griechisch *topos:* Ort) eines Lebewesens aus. Biotope sind etwa eine Kiesgrube, ein Teich, Kalkfelsen oder Bahndamm. Ein Fließgewässer stellt von seiner Quelle bis zur Mündung sogar eine Kette verschiedenartiger Biotope dar, in denen jeweils unterschiedliche Tier-, Pflanzen- und Protistenarten leben.

Lebensgemeinschaft oder Biozönose. Zwischen den Lebewesen, den *biotischen Faktoren* eines Biotops, bestehen mehr oder weniger enge Wechselwirkungen. Am bedeutendsten sind darunter *Nahrungsbeziehungen:* Bachforellen im Quellgebiet eines Fließgewässers beispielsweise *machen Jagd* auf Insektenlarven, andererseits setzen sich die Larven der Flussperlmuschel an den Kiemen der Forelle fest und leben dort einige Wochen bis Monate als *Parasiten*. Zwischen Lebewesen der gleichen Art, aber auch zwischen verschiedenen Arten kann es dabei zu *Konkurrenz* kommen. Bachforellen und Junglachse zum Beispiel ernähren sich beide von Insektenlarven, sie konkurrieren damit um Nahrung. Aufgrund der vielfältigen Beziehungen untereinander bilden die Lebewesen eines jeden Biotops eine eigene *Lebensgemeinschaft* oder *Biozönose*.

Leben in Ökosystemen. Jeder Flussabschnitt, jeder Wald, ja selbst jede Hecke und jeder Garten hat letztlich eine einmalige Artzusammensetzung, abhängig vom Zusammenwirken der jeweiligen abiotischen Umweltfaktoren und den Wechselbeziehungen zwischen den Lebewesen. Biozönose und Biotop bilden zusammen ein komplexes, schwierig zu untersuchendes Wirkungsgefüge, ein *Ökosystem*.
Benachbarte Ökosysteme sind nie scharf gegeneinander abgegrenzt, vielmehr beeinflussen sie sich gegenseitig. Viele Arten überschreiten die Grenzen eines Ökosystems ständig oder zu bestimmten Zeiten.
So suchen Stockenten in Seen, Teichen und langsam fließenden Flüssen nach Nahrung, brüten an Land in ufernahen Bereichen, können fliegend ihren Aufenthaltsort wechseln und dabei wieder andere Ökosysteme passieren. Libellenlarven entwickeln sich im Wasser, verlassen nach der Metamorphose diesen Lebensraum und leben als Luftjäger.
Ökosysteme sind somit *offene Systeme*. Alle Ökosysteme zusammen bilden den von Lebewesen bewohnten Teil der Erde, die *Biosphäre* (von griechisch *bios:* Leben; *sphaira:* Kugel) – ein dünnes „Lebenshäutchen" an der Oberfläche unseres Planeten.

Aufgaben

1. Neben natürlichen Ökosystemen wie Hochgebirge und Urwald gibt es auch Ökosysteme, die im Wesentlichen vom Menschen gestaltet wurden. Gib Beispiele.
2. Finde auch Beispiele dafür, wie natürliche Ökosysteme vom Menschen verändert wurden.

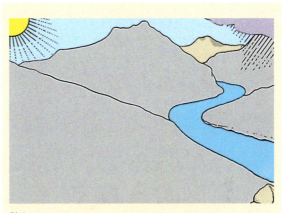
Biotop

Biozönose

Ökosystem

1 Zusammenhang zwischen Biotop, Biozönose und Ökosystem, Schema

Lexikon: Landökosysteme

Die *Landökosysteme,* auch als *terrestrische Ökosysteme* bezeichnet (von lateinisch *terra:* Land), kann man nach ihrem vorherrschenden Pflanzenbewuchs in verschiedene Typen einteilen. Einige wichtige Ökosystemtypen werden hier vorgestellt.

Sommergrüner Laubwald der gemäßigten Zonen: *Ausreichende und relativ konstante Niederschläge* ermöglichen das Wachstum von Bäumen. Vor dem Winter verlieren diese ihre Blätter. Die Tiere des Ökosystems haben verschiedene *Überwinterungsstrategien* entwickelt: aktive Überwinterung, Winterschlaf, Kältestarre, Vogelzug. Neben Vögeln und Insekten sind Amphibien typische Bewohner des sommergrünen Laubwalds.

1   Mitteleuropäischer sommergrüner Laubwald

Tundra: *Permafrost, kurze Vegetationszeiten* und *extrem niedrige Wintertemperaturen* verhindern das Wachstum von Bäumen und anderen hochwüchsigen Pflanzen. Im kurzen Sommer staut sich das Regenwasser als flache Tümpel in der obersten Bodenschicht. Viele Vogelarten ziehen zum Brüten hierher.

2   Tundra in Skandinavien

Hitzewüste: *Geringe und sporadische Niederschläge* sowie *große Temperaturunterschiede zwischen Tag und Nacht* lassen nur einen spärlichen Pflanzenbewuchs zu. Die hier lebenden Tiere und Pflanzen haben eine große Vielfalt von Mechanismen zur Wasserspeicherung entwickelt. Nach Regenfällen keimen auch viele einjährige Pflanzen. Reptilien, Nagetiere und Insekten sind unter den Tieren am häufigsten vertreten.

3   Hitzewüste: amerikanische Kakteenwüste

Grasland: *Saisonale Trockenperioden* verhindern ein Aufkommen von Bäumen und Sträuchern. Die Temperaturschwankungen zwischen Sommer und Winter sind hoch. Windbestäubung überwiegt. Große Herden von Säugetieren weiden auf ausgedehnten Wanderungen die Vegetation ab.

4   Grasland: nordamerikanische Prärie

Lexikon: Gewässerökosysteme

Zu den *Gewässerökosystemen* oder *aquatischen Ökosystemen* (von lateinisch *aqua*: Wasser) zählen sowohl die Meere einschließlich ihrer Randbereiche und der Tiefsee als auch die Süßgewässer mit Seen, Mooren Klein- und Fließgewässern.

See: *Seen* sind große, tiefe stehende Süßgewässer. Sie haben eine vertikale Temperaturschichtung. Die Verteilung der Pflanzen, der Tiere und des Planktons (im Wasser schwebende Klein- und Kleinstlebewesen) ist von Wassertiefe und Entfernung zum Ufer abhängig.

1 Uferzone eines Sees

Wattenmeer: Meerwasser weist gegenüber Süßwasser einen *höheren Salzgehalt* auf. Im flachen Strandbereich der Nordsee fallen Flächen infolge des regelmäßigen Gezeitenwechsels periodisch trocken. Dieser Flachwasserbereich ist das *Wattenmeer*. Der Wattboden besteht aus Schlick, Sand und Kies. Mit dem Gezeitenstrom wird Plankton und Detritus (das sind zersetzte Reste von Lebewesen) vorbeigeführt – die Nahrungsgrundlage für eine artenreiche Tierwelt.

2 Wattenmeer

Fließgewässer: *Fließgewässer* wie *Bäche* und *Flüsse* sind sehr dynamische Ökosysteme. Das stets in eine Richtung fließende Wasser verändert ständig die Landschaft. Regelmäßig überflutete *Auenwälder* begleiten die Uferbereiche vor allem am Unterlauf.

3 Fließgewässer: Gebirgsbach

Hochmoor: *Hochmoore* werden nur von Regenwasser gespeist. Das Wasser wird von *Torfmoosen* gespeichert, die beständig auf meterhohen Torfschichten weiterwachsen, sodass sich das Hochmoor schließlich uhrglasartig über die Umgebung emporwölbt. Die Verbindung zum mineralischen Untergrund geht dadurch verloren. Unter den Pflanzen und Tieren des Hochmoors findet man viele speziell angepasste Arten, die nur hier leben.

4 Hochmoor

Übersicht Umweltfaktoren

Lebewesen können nur dort dauerhaft existieren, wo sie *tolerierbare Umweltbedingungen* und *ausreichende Ressourcen* wie Nahrung, Trinkwasser oder Nistplätze vorfinden. Welche Bedeutung dabei einzelnen *Umweltfaktoren* zukommt und wie stark sie sich auf die tierischen und pflanzlichen Organismen auswirken, ist in Land- und Gewässerökosystemen unterschiedlich. Immer wirken sie aber in vielfältiger Weise zusammen.

Abiotische Umweltfaktoren (Auswahl)

Temperatur. Zu den wichtigsten Umweltfaktoren für alle Lebewesen gehört die *Temperatur*. Sie entspricht dem Wärme- und Energiezustand eines Körpers und damit der ungerichteten Bewegung seiner Moleküle. Von dieser Teilchenbewegung hängt wiederum die Geschwindigkeit chemischer Reaktionen entscheidend ab: Eine Temperaturerhöhung um 10 Grad steigert die Reaktionsgeschwindigkeit um das 2- bis 3-Fache. Diese *Reaktionsgeschwindigkeit-Temperatur-Regel (RGT-Regel)* gilt grundsätzlich auch für alle biochemischen Reaktionen in den Zellen im engen Temperaturbereich zwischen 0 °C und ungefähr 40 °C.

Aufgaben

1. Erkläre, welche Auswirkungen ein Ansteigen der *Temperatur in der Zelle* auf Werte über etwa 40–50 °C hat. Welche Auswirkungen hätte ein Absinken der Temperatur auf Werte unter dem Gefrierpunkt?
2. Nenne Probleme, mit denen ein Eisbär in den Tropen, eine Giraffe in der Arktis zu kämpfen hätte.

Licht. *Sonnenlicht* ist die *wichtigste Energiequelle* und somit *Grundlage des Lebens* auf der Erde, obwohl nur Fotosynthese treibende Organismen wie die grünen Pflanzen *Lichtenergie direkt verwerten*.
Sonnenlicht bestimmt den *Wärmehaushalt* der Erde. Dabei wirkt die Atmosphäre als Wärmefalle: Das sichtbare Licht durchdringt nahezu ungehindert die Lufthülle der Erde und erwärmt Boden und Wasser. Es entsteht eine von der Erdoberfläche ausgehende *Wärmestrahlung*, die die Lufthülle nur teilweise in Richtung Weltraum durchdringen kann. Der Rest wird reflektiert, wodurch sich Luft und Erdoberfläche ein weiteres Mal erwärmen.
Bedingt durch die Krümmung der Erdoberfläche, schwankt die Stärke der Sonneneinstrahlung – genauer: die *Strahlungsdichte* – stark: Während sie in den Tropen 800 kJ/cm² übersteigt, liegt sie in den Polarregionen nur bei etwa 350 kJ/cm².

Aufgabe

3. Für viele Organismen stellt Licht zugleich einen lebenswichtigen Informationsträger dar. Finde Beispiele, wie Licht die (räumliche und zeitliche) Orientierung von Lebewesen ermöglicht.

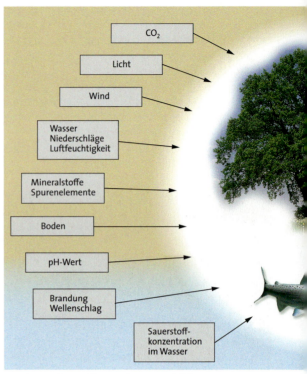

1 Abiotische und biotische Umweltfaktoren

Wasser. Mehr als zwei Drittel der Erde sind von Wasser bedeckt. Der größte Teil davon ist *Meerwasser* mit einem Salzgehalt von etwa 3,5 %. Der überwiegende Teil des *Süßwassers* ist im Eis der Polkappen und der Gletscher festgelegt, nur 0,03 % befinden sich in Seen und Fließgewässern. Diese sind – wie das Festland insgesamt – von *Niederschlägen* abhängig, die im *Wasserkreislauf* über die untere Atmosphäre herangetragen werden.
Im Wasser ist das Leben auf der Erde entstanden und bis heute daran gebunden. So laufen alle biochemischen Reaktionen in wässriger Lösung ab. Lebewesen benötigen daher Wasser als *Lösemittel*, als *Transportmittel* und als *Reaktionspartner*. In Landökosystemen sind sie fast ständig vom Austrocknen bedroht. In ihrer Evolution haben sich verschiedene Mechanismen ausgeprägt, um eine ausreichende Wasserversorgung zu erreichen.
Da natürliches Wasser praktisch immer gelöste Stoffe wie Ionen enthält, kann man den Wasserhaushalt eines Lebewesens nicht getrennt von seinem *Ionen- und Salzhaushalt* betrachten.

Aufgaben

4. Am stärksten vom Austrocknen bedroht sind Wüstenbewohner. Stelle Strategien zusammen, wie sie ihren Wasserverbrauch eingeschränkt haben könnten.
5. Blauwale wiegen bis zu 136 t und übertreffen damit die schwersten Landtiere, die je gelebt haben. Erkläre, weshalb Wasser ihre massigen Körper „trägt".

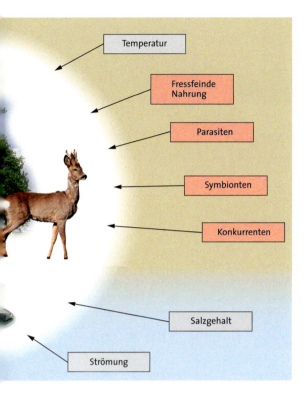

Biotische Umweltfaktoren

Nahrung und Fressfeinde. Beinahe alle Lebewesen können *Fressfeinde* für andere sein oder auch zur *Nahrung/Beute* von Fressfeinden werden. Ein Reh zum Beispiel benötigt Knospen, Blätter und Triebe verschiedener Pflanzen als Nahrung und wird dadurch zu deren Fressfeind. Es kann aber auch selbst zur Beute von Luchs und Wolf werden. Man bezeichnet solche Fleischfresser als *Beutegreifer* oder *Räuber*.

Konkurrenten. Lebenswichtige Faktoren wie zum Beispiel Nahrung stehen in der Regel nicht unbegrenzt und jederzeit zur Verfügung. *Konkurrieren* Lebewesen miteinander um einen Faktor, wird dieser damit zur *Ressource*. Reh und Rothirsch konkurrieren beispielsweise um dieselbe Nahrung. Allerdings beeinträchtigt die Nahrungskonkurrenz das Reh stärker als den Rothirsch, da dessen Nahrungsspektrum größer ist.

Konkurrenz besteht auch *zwischen Artgenossen*, etwa um Nahrung, um Geschlechtspartner oder um Reviere.

Symbionten. *Symbionten* sind Lebewesen, die zu verschiedenen Arten gehören und zu wechselseitigem Nutzen regelmäßig miteinander vergesellschaftet sind. Ihre als *Symbiose* bezeichnete Beziehung kann so eng sein, dass der eine Partner vom anderen weitgehend abhängig ist. Viele Symbiosen beruhen darauf, dass Stoffwechselleistungen ergänzt oder einseitige Spezialisierungen ausgeglichen werden.

Aufgabe
1 Anders als alle übrigen Stoffe hat Wasser seine größte Dichte bei 4 °C. Man spricht von der *Dichteanomalie des Wassers.* Für im Wasser lebende Organismen ist sie lebenswichtig. Begründe!

Wind. *Wind* verstärkt die Wirkung der Außentemperatur auf Lebewesen, indem er den *Wärmeverlust* durch *Verdunstung* erhöht. Durch das Erhöhen der Verdunstung bei Tieren und der Transpiration (geregelte Verdunstung über die Spaltöffnungen) bei Samenpflanzen trägt der Wind zugleich zum *Wasserverlust* bei.

Starker, stetiger Wind aus vorwiegend einer Richtung hemmt das Wachstum von Ästen auf der Windseite. Da das Wachstum auf der windabgewandten Seite normal verläuft, entstehen die typischen fahnenartigen Wuchsformen sogenannter Wetterbäume.

Aufgabe
2 Wind trägt auch zur Verbreitung von Lebewesen bei. Erläutere den Sachverhalt und gib Beispiele.

Boden. Die *Bodenstruktur* und das damit zusammenhängende *Wasserspeichervermögen,* der *pH-Wert* (die saure, neutrale oder basische Reaktion des Bodens) sowie der Gehalt an *Mineralstoffen* und *Spurenelementen* beeinflussen die *Verbreitung von Pflanzen* – und damit auch das *Vorkommen der Tiere,* die sich von den Pflanzen ernähren.

Aufgaben
3 Rehe haben als Wiederkäuer einen hochspezialisierten vierteiligen Magen. Er beherbergt vor allem im Pansen pro Milliliter Inhalt Millionen symbiontischer Bakterien und Einzeller. Erkläre, welchen wechselseitigen Nutzen in diesem Beispiel die Symbiosepartner haben.
4 Weshalb verdauen die Wiederkäuer letztlich einen Teil ihrer Symbiosepartner?

Parasiten. Lebewesen, die andere Lebewesen als Nahrungsquelle nutzen und sie dabei beeinträchtigen, ohne sie aber zu töten, nennt man *Schmarotzer* oder *Parasiten*. Das von ihnen geschädigte Lebewesen bezeichnet man als ihren *Wirt*. Lebewesen in der freien Natur sind nahezu immer von Parasiten befallen. So ist kaum ein Reh frei von Zecken, Läusen, Milben und Saugwürmern. Selbst am Stamm einer Rotbuche können sich parasitische Pilze ansiedeln.

Aufgaben
5 Versuche eine Erklärung dafür zu finden, weshalb die meisten Parasiten auf bestimmte Wirte spezialisiert sind.
6 Welche besonderen Anpassungen könnten Parasiten das Auffinden ihrer Wirte ermöglichen?

Wirkung eines Umweltfaktors: Optimumkurve und ökologische Potenz

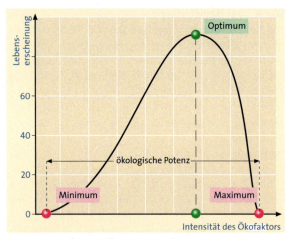

1 Optimumkurve, allgemeines Schema

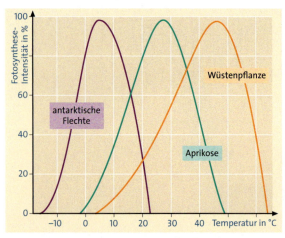

2 Optimumkurve der Temperatur für drei Pflanzenarten

Wirkung des Umweltfaktors Temperatur. Untersuchen Forscher zum Beispiel die Wirkung des Umweltfaktors *Temperatur* auf die Fotosyntheseleistung einer Pflanze, auf die Aktivität eines Tiers oder auf die Stoffwechselintensität von Bakterien, erhalten sie meist sehr ähnliche Ergebnisse: Innerhalb eines bestimmten Temperaturbereichs verläuft die untersuchte Lebenserscheinung optimal, bei tieferen oder höheren Temperaturen verschlechtert sie sich immer mehr, bis sie schließlich nicht mehr messbar ist. In einem Diagramm dargestellt, ergibt sich eine *Optimumkurve* (▶ Bild 1). Sie wird durch die drei *Kardinalpunkte Minimum, Optimum* und *Maximum* charakterisiert.

Ökologische Potenz. Der Temperaturbereich *zwischen Minimum und Maximum* entspricht dem *Toleranzbereich* der untersuchten Art gegenüber diesem Umweltfaktor, also dem Bereich, in dem die Art überhaupt existieren kann. Er wird oft auch als ihre *ökologische Potenz* bezeichnet.

Werden die Toleranzbereiche verschiedener Pflanzen- oder Tierarten untersucht, zeigen sich oft große Unterschiede in der Lage der Kardinalpunkte und in der Weite des Toleranzbereichs (▶ Bild 2). Oft besteht ein enger Zusammenhang zwischen den Temperaturverhältnissen in ihrem angestammten Lebensraum und ihrer ökologischen Potenz: Die ökologische Potenz einer Pflanzen- oder Tierart ist Teil ihrer Anpassung an die Umwelt. Ursache dafür sind unterschiedliche Varianten von Enzymen (▶ Seite 22), die unter den jeweiligen Bedingungen besser oder schlechter arbeiten.

Aufgabe
1 Erkläre den Verlauf der Optimumkurven in Bild 2. Ziehe dazu deine Kenntnisse über die Lebensräume der drei Pflanzen heran. (Ursprüngliche Heimat der Aprikose: Mittel- und Ostasien, Hauptanbaugebiet: Mittelmeerraum)

Allgemeines Reaktionsschema gegenüber Umweltfaktoren. Ökologische Potenz und Optimumkurve sind auch für die Wirkung anderer Umweltfaktoren typisch. Je nach Intensität wirken sie sich fördernd oder hemmend auf Lebenserscheinungen aus.

In Gebieten, in denen sich alle für eine Pflanzen- oder Tierart wichtigen Umweltfaktoren im Optimum befinden, liegt ihr *optimales Verbreitungsgebiet*. Meist ist das Vorkommen einer Art jedoch nicht auf diesen engen Bereich beschränkt. Vor allem innerartliche Konkurrenz zwingt dazu, auch auf weniger günstige Randbereiche auszuweichen.

Die Weite des Toleranzbereichs gegenüber einzelnen Umweltfaktoren kann unterschiedlich sein: Während Wanderfische wie Lachs und Aal im Süß- und Salzwasser leben können, reagieren Meeresfische wie der Hering empfindlich auf Schwankungen des Salzgehalts. Riffbildende Steinkorallen (Stamm: Hohltiere) leben nur in Meeren mit Wassertemperaturen zwischen 20 und 32 °C. Verwandte einzeln lebende Korallen, die Seeanemonen, kommen dagegen in arktischen wie tropischen Meeren vor, wenn auch mit verschiedenen Arten.

Aufgabe
2 In unregelmäßigen Abständen tritt in Äquatornähe das Wetterphänomen El Niño auf und führt zum Korallensterben. Informiere dich über die Zusammenhänge.

Arten mit engem Toleranzbereich: Zeigerarten. Manchmal stellen Arten ganz ausgeprägte Ansprüche an einzelne Umweltfaktoren. Man nennt sie *Zeigerarten* oder *Bioindikatoren*. Beispielsweise gilt die Brennnessel als Stickstoffanzeiger. Sie wächst vor allem auf überdüngten Böden oder an Abwassergräben. Die Heidelbeere ist ein Säurezeiger. Sie wächst auf sauren Böden und meidet Kalk.

Zusammenwirken verschiedener Umweltfaktoren

1 Fichten an der Waldgrenze

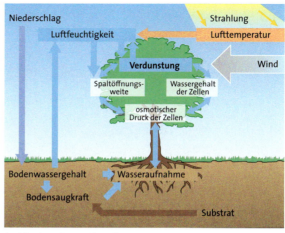

2 Verdunstung eines Baums

Welcher Umweltfaktor bewirkt den Krüppelwuchs der Bäume (▶ Bild 1) an der Waldgrenze im Gebirge? Wind? Temperatur? Strahlung? Schneedruck? In Wahrheit sind es alle diese Faktoren zusammen, denn Umweltfaktoren wirken nicht unabhängig voneinander auf ein Lebewesen ein, sondern als Gesamtheit.

Methodenproblem. Der Einfluss jedes Einzelfaktors lässt sich *im Labor* untersuchen. Wie die Faktoren *im Lebensraum* zusammen auf ein Lebewesen wirken, können nur aufwendige Messungen vor Ort zeigen. Dabei ist auch das Zeitmuster von Bedeutung: So können 30 mm Niederschlag als Wolkenbruch in wenigen Minuten vom Himmel prasseln oder als Nieselregen über eine Woche verteilt fallen.

Aufgabe

1 Welche Effekte könnte die unterschiedliche Niederschlagsverteilung bei gleicher Menge auf Pflanzen haben?

Auf den Folgeseiten wird die Wirkung von Umweltfaktoren überwiegend einzeln (monokausal) analysiert. Dabei muss man sich jedoch darüber im Klaren sein, dass oft kaum zu entscheiden ist, welche Bedeutung dem Einzelfaktor im Lebensraum zukommt, und dass zudem manche Umweltfaktoren *gekoppelt* auftreten. So lässt sich die Wirkung von Sauerstoffgehalt und Temperatur auf Lebewesen im Wasser nur zusammen ermitteln, da die Sauerstofflöslichkeit von der Temperatur abhängt. Ähnliches gilt für Lufttemperatur und Luftfeuchtigkeit am Standort einer Pflanze (▶ Bild 2).

Darstellungsproblem. Die Wirkung von zwei Umweltfaktoren lässt sich im *Flächendiagramm* (▶ Bild 3) darstellen. Drei Faktoren erfordern eine *räumliche Darstellung*. Mehr als drei Faktoren lassen sich in ihrer Wirkung auf ein Lebewesen schon nicht mehr quantitativ darstellen. Die Umwelt einer Art umfasst jedoch viel mehr Faktoren.

Faktorengewichtung: der limitierende Faktor. Nicht jedem Umweltfaktor kommt dasselbe Gewicht zu. In einem Fließgewässer zum Beispiel wirkt sich der Faktor Strömung viel stärker auf die Bewohner aus als Licht oder chemische Faktoren.

Schon 1840 hat der Chemiker *Justus von Liebig* (▶ Seite 162) erkannt, dass immer der *am weitesten vom Optimum entfernte Faktor die stärkste Wirkung* auf den betreffenden Organismus ausübt. Gerät ein Faktor in den Bereich von Minimum oder Maximum der ökologischen Potenz und begrenzt damit die Existenz einer Art im Lebensraum, spricht man vom *Minimumfaktor* oder besser vom *limitierenden Faktor*. Von Liebig, der Begründer der modernen Düngelehre, bezog sich dabei auf die landwirtschaftliche Produktion. Er fand, dass der Ertrag immer durch denjenigen Mineralstoff begrenzt wird, der den Pflanzen am meisten fehlt. So ist beispielsweise das Wachstum von Nutzpflanzen oft durch Stickstoffmangel limitiert. Daher führt Stickstoffdünger zu einem verbesserten Wachstum. Dieses „Minimumgesetz" lässt sich auch auf viele andere Bereiche übertragen.

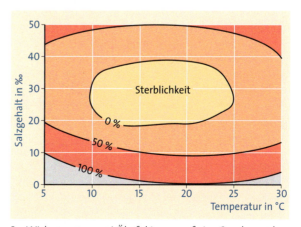

3 Wirkung von zwei Ökofaktoren auf eine Sandgarnele

Reaktionen von Tieren auf die Umgebungstemperatur: wechselwarme Tiere

1 Zauneidechsen in Kältestarre

2 Eisfisch, ein Bewohner des Antarktismeers

Die Körpertemperatur eines Tiers wird von der körpereigenen *Wärmeproduktion* und vom *Wärmeaustausch* mit der Umgebung bestimmt: der *Wärmestrahlung* von außen auf den Körper und der *Abstrahlung des Körpers* nach außen, der *Verdunstung auf der Haut,* der von kühleren Luft- und Wasserströmungen stark beeinflussten Wärmeleitung und vom direkten Wärmeübergang, wenn sich unterschiedlich warme Körper direkt berühren. Bleibt die Körpertemperatur konstant, muss zwischen der abgegebenen und der aufgenommenen Wärmemenge ein *Gleichgewicht* bestehen. Der Wärmetransport im Körper zwischen dem Körperkern und der Haut erfolgt meist über das Blutgefäßsystem.

Die Strategie der Wechselwarmen: Aufsuchen geeigneter Bereiche. Mit Ausnahme der Säugetiere und Vögel sind alle Tiere *wechselwarm*. Bei ihnen bestimmt die Umgebungstemperatur ganz wesentlich die Körpertemperatur – und damit die Geschwindigkeit ihrer Stoffwechselprozesse. Im Gegensatz zu den Pflanzen haben aber fast alle Tiere die Möglichkeit zum Ortswechsel. Über- oder unterschreitet die Umgebungstemperatur einen kritischen Grenzwert, suchen wechselwarme Tiere Verstecke mit tolerierbaren Temperaturen auf und fallen dort in eine Wärme- oder Kältestarre (▶ Bild 1).

Wenn auch dort aufgrund extremer Witterung bestimmte Temperaturmaxima oder -minima überschritten werden, sterben sie den Hitze- oder Kältetod. Im Gegensatz zu den Winterschläfern unter den Säugetieren verfügen sie über keinen Regelungsmechanismus, der bei Unterschreiten einer Minimaltemperatur nahe dem Gefrierpunkt zum Aufwachen führte. Als wechselwarmes Wirbeltier mit der höchsten Hitzetoleranz gilt eine Karpfenart aus warmen Quellen Kaliforniens. Sie erträgt dauerhaft Temperaturen bis zu 43 °C. Der Eisfisch (▶ Bild 2) lebt dagegen im Antarktismeer ständig bei −1,6 °C. Seine Kältetoleranz und die vieler anderer Organismen erklärt sich durch Antigefrierverbindungen, die die Eisbildung im Körper verhindern.

Thermoregulation mit Einschränkungen. Es gibt aber auch bei wechselwarmen Tieren eine *eingeschränkte Thermoregulation*, durch die ihre Körpertemperatur von der Außentemperatur abweichen kann. Dazu tragen vor allem bestimmte Verhaltensweisen bei. So suchen Libellen und Kreuzottern am frühen Morgen sonnenexponierte Orte auf, ehe sie auf Jagd gehen. Bei Reptilien und Insekten in Wüstenregionen beobachtet man Verhaltensweisen, die helfen, die Temperatur unter die der Umgebung abzusenken.

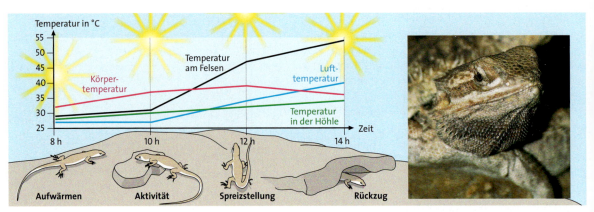

3 Verhalten der Bartagame, einer Reptilienart australischer Wüsten

Besonders hoch entwickelt sind solche *thermoregulatorischen Verhaltensweisen* bei staatenbildenden Insekten. Ameisen zum Beispiel erreichen eine sehr gleichmäßige Temperatur in ihren Nestern durch Öffnen und Schließen der Nesteingänge. Bienen halten die Temperatur im Brutnestbereich des Bienenstocks durch Flügelzittern, also Muskeltätigkeit, konstant (▶ Bild 1).

Da bei der Muskelarbeit Wärme entsteht, heizen sich bei aktiven und muskulösen Wechselwarmen einzelne Körperabschnitte weit über die Umgebungstemperatur auf. So erreichen Hummeln beim Fliegen im Körperinnern eine relativ hohe und gleichmäßige Temperatur. Zugleich sorgt ihr „Pelz" für eine gute Isolation. Sie können dadurch ihre Nahrungsquellen bereits bei niedrigeren Umgebungstemperaturen anfliegen als die meisten anderen blütenbesuchenden Insekten.

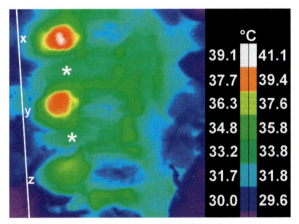

1 Wärmebild aus dem Bienenstock. Die Achse x, y, z markiert den Boden von Zellen mit „Heizerbienen", der Stern Puppen in dazwischenliegenden Zellen.

Einfluss der Umgebungstemperatur auf die Entwicklung. Einige wechselwarme Tierarten wie der Grasfrosch sind schon bei Temperaturen knapp über dem Gefrierpunkt aktiv und durchlaufen auch ihre Entwicklung bei niedrigen Temperaturen. Allerdings wird die Anpassung mit einer Verlängerung der Entwicklungszeit erkauft: So schlüpfen Grasfroschlarven nach knapp 3 Wochen aus den Eiern, die Larven des erst im Mai laichenden Wasserfrosch aber bereits nach weniger als 1 Woche. Der antarktische Eisfisch braucht sogar rund 10 Jahre um auf die Größe einer kleinen Bachforelle heranzuwachsen.

Diese Befunde werden damit erklärt, dass die Kältespezialisten über Enzyme verfügen, die bei niedrigen Temperaturen genauso wirksam arbeiten wie „normale" Enzyme bei etwa 30 °C, aber weniger stabil sind. Da sie ständig energieaufwendig neu hergestellt werden müssen, werden nur Sinnesorgane und Muskeln mit derartig „teuren" Enzymen ausgestattet, nicht aber Stoffwechselorgane, die am Wachstum beteiligt sind.

Aufgaben

1. Interpretiere das thermoregulatorische Verhalten der Bartagame (▶ Bild 3 auf der linken Seite) unter Einbeziehung der Temperaturkurven.
2. Die in den australischen Steppen lebenden Kompasstermiten errichten bis zu 5 m hohe und 3 m breite Termitenhügel. Dabei sind die schmalen Giebelseiten stets genau nach Süden und Norden ausgerichtet. Welchen Vorteil bietet diese spezielle Bauweise für die Termiten?

3. Bei der Honigbiene entwickeln sich die Larven in Brutnestbereich des Bienenstocks. Hier bleiben fast 10 % der Wabenzellen leer. Die leeren Zellen sind in etwa gleichmäßig über das Brutnest verteilt. Bei niedrigen Außentemperaturen kriechen Bienenarbeiterinnen mit dem Kopf voran in diese Zellen und verharren dort weitgehend regungslos (▶ Bild 1). Deute ihr Verhalten und erkläre, weshalb sie nach einer Zeitspanne von maximal 30 Minuten die Zellen wieder verlassen.
4. Kreuzottern und Bergeidechsen kommen noch in Skandinavien vor. Sie legen keine Eier, sondern setzen voll entwickelte Junge ab. Suche dafür eine Erklärung.

Reaktionen von Tieren auf die Umgebungstemperatur: gleichwarme Tiere

Wirkungsvolle Thermoregulation bei gleichwarmen Tieren. Vögel und Säugetiere regulieren ihre Körpertemperatur über das Nervensystem. Die Temperatur des Körperkerns, also der inneren Organe, beträgt je nach Tierart zwischen 35 und 44 °C und schwankt nur um etwa 1 Grad. Die äußeren Körperbereiche weisen jedoch weniger konstante Werte auf.

Für alle Arbeitsleistungen müssen Lebewesen *Energie* umsetzen. Dazu wird Energie von einer Form in die andere umgewandelt, beispielsweise *chemische Energie* der Nährstoffe in *mechanische Energie* der Muskelkontraktion. Ein Teil der Energie geht dabei als *Wärme* verloren. Gleichwarme Tiere nutzen diese „Abwärme" des Stoffwechsels als Körperheizung. Sie erzeugen aber auch mithilfe der Muskulatur gezielt Stoffwechselwärme.

Aufgaben
1 Finde wichtige Voraussetzungen für eine wirkungsvolle Thermoregulation bei gleichwarmen Tieren heraus.

2 Entwirf ein Regelschema zur Aufrechterhaltung der Körpertemperatur. Ziehe dazu die Bilder 1 und 2 heran. An der Regulation der Kern- und der Schalentemperatur (äußere Körperbereiche) sind Kälte- und Wärmerezeptoren, der Hypothalamus (eine Struktur im Zwischenhirn), Schweißdrüsen und Blutgefäße in der Haut, die Skelettmuskulatur sowie innere Organe wie die Leber beteiligt. Wie reagiert der Organismus auf Erhöhung oder Erniedrigung der Außentemperatur?

Konstante Körpertemperatur erfordert hohe Kosten. Bei niedriger Umgebungstemperatur müssen gleichwarme Tiere bis zu 90 % ihres Energieumsatzes allein für die Körperheizung aufwenden! Bei hoher Außentemperatur erfordert die Kühlung ebenfalls Stoffwechselenergie. Während wechselwarme Tiere allein mithilfe der Sonnenwärme ihre „Betriebstemperatur" erreichen können, stammt die Heizenergie gleichwarmer Tiere hauptsächlich aus der Nahrung. Im Durchschnitt benötigen diese daher bei gleicher Körpermasse rund fünfmal mehr Nahrungsenergie.

Aufgabe
3 Welchen biologischen Nutzen ziehen Vögel und Säugetiere aus der konstant hohen Körpertemperatur?

Gegenstrom-Wärmeaustauscher. Die Extremitäten von Vögeln und Säugetieren sind in der Regel gut durchblutet. Aufgrund ihrer relativ großen Oberfläche besteht jedoch bei sehr niedriger Umgebungstemperatur die Gefahr eines zu hohen Wärmeverlusts. Das wird durch die Ausbildung eines Gegenstrom-Wärmeaustauschers verhindert.

Aufgaben
4 Erläutere das Prinzip des Gegenstrom-Wärmeaustauschers anhand des Fotos und der Grafik unten. Erkläre, wie auf diese Weise niedrige Temperaturen an der Spitze des Entenfußes erzeugt werden können.

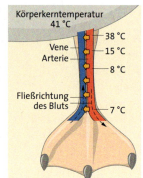

5 Wie könnte man dieses Prinzip technisch nutzen?

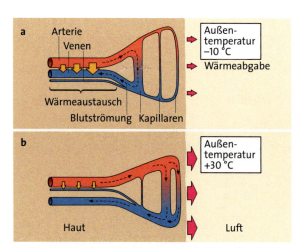

1 Die Haut wirkt an der Thermoregulation mit.

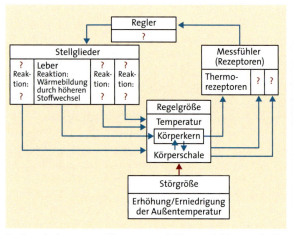

2 Regelschema zur Thermoregulation – nicht ganz fertig

Wärmehaushalt und Klimaregeln. Innerhalb einer gleichwarmen Tierart wie Uhu oder Braunbär sind Individuen aus kalten Gebieten durchschnittlich größer als solche in warmen Gebieten. So wiegen Braunbären aus den Pyrenäen und den italienischen Abruzzen bei einer Körperlänge von 170 cm oft weniger als 100 kg, während Kodiakbären, eine in Alaska lebende Unterart des Braunbären, bei einer Länge von 300 cm eine Körpermasse von 500 kg und mehr erreichen.

Auch bei verschiedenen Tierarten eines Verwandtschaftskreises, beispielsweise Pinguinen oder Tigern, findet man eine entsprechende klimabedingte Größenabstufung. Sibirische Tiger werden mit rund 400 kg Körpermasse etwa doppelt so schwer wie die in Äquatornähe lebenden Sumatratiger.

Zur Erklärung dieser *bergmannschen Regel* muss man das für den Wärmehaushalt wichtige Verhältnis von Volumen zu Oberfläche heranziehen. Da die *Wärmebildung* vor allem *vom Körpervolumen,* die *Wärmeabstrahlung* aber *von der Körperoberfläche* abhängt, sind große Tiere bei niedriger Außentemperatur im Vorteil. Spitzmäuse und Kolibris, die kleinsten gleichwarmen Tiere, haben relativ zu ihrer Körpermasse den höchsten Energieumsatz (▶ Bild 1). Die auch an der Mittelmeerküste vorkommende Etruskerspitzmaus wiegt nur etwa 2,5 g, der Hummelkolibri auf Kuba sogar nur 1,6 g.

Da Größe und Proportionen des Tierkörpers aber nicht allein durch die Temperatur, sondern durch weitere Faktoren beeinflusst werden, ist das Oberfläche-Volumen-Verhältnis als Erklärung nicht ausreichend. Es gibt vor allem von der bergmannschen Regel viele Ausnahmen.

Aufgaben

1 Ein Tiger mit 250 kg Körpermasse benötigt am Tag ungefähr 10 kg, die einheimische Zwergspitzmaus mit 4 g Masse etwa 8 g Fleischnahrung. Setze die Werte zueinander in Beziehung und erkläre.

2 Überlege anhand von Bild 2, welche Aussage die *allensche Regel* zur Größe von Körperanhängen (wie den Ohren amerikanischer Hasen) in verschiedenen Klimazonen macht. Versuche eine Erklärung für die unterschiedliche Ohrgröße zu geben.

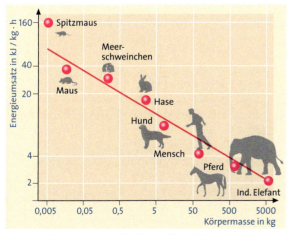

1 Energieumsatz verschiedener Säugetiere

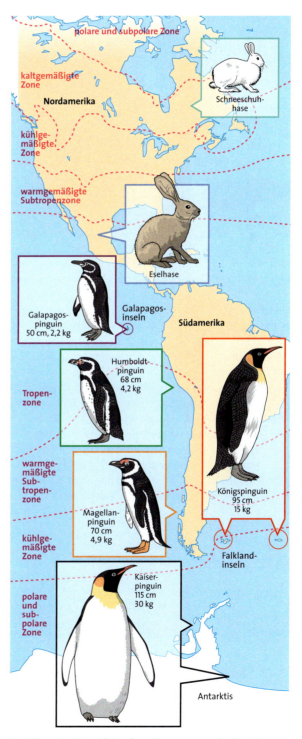

2 Allensche Regel (oben) und bergmannsche Regel

Überwinterungsstrategien gleichwarmer Tiere

1 bis 8   Alle diese Wirbeltiere sind gleichwarm, ihre Überwinterungsstrategien jedoch verschieden.

Gleichwarme Tiere im Winter. Gleichwarme Tiere haben ganz unterschiedliche Überwinterungsstrategien entwickelt. Viele Säugetiere wie Reh oder Wolf und *Standvögel* wie Amsel oder Haussperling *überwintern aktiv*. Zugvögel überwinden große Distanzen und ziehen in wärmere Klimazonen, zum Beispiel *Kurzstreckenzieher* wie der Star in den Mittelmeerraum oder *Langstreckenzieher* wie der Weißstorch südlich der Sahara. Auch manche Säugetiere wie die Karibus (eine Rentierart) in Nordamerika unternehmen *weite Wanderungen*. Einige Säugetierarten halten *Winterruhe*. Andere überbrücken die nahrungsarme Zeit des Winters dadurch, dass sie in einen als *Winterschlaf* bezeichneten Zustand der Lethargie verfallen.

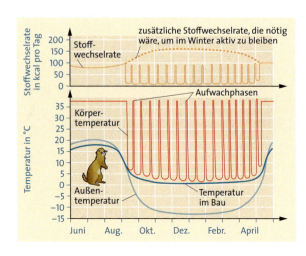

Aufgaben

1. Entwirf ein stark vereinfachtes, modellhaftes Schema, das die Grundlagen der Nährstoff- und Energieversorgung gleichwarmer Tieren im Winter und im Sommer zeigt. Leite daraus die Probleme ab, die sich für gleichwarme Tiere im Winter ergeben.
2. Bestimme die oben abgebildeten Tierarten und informiere dich jeweils über ihre Überwinterungsstrategie.
3. Gib an, wie sich die Überwinterer auf die nahrungsarme kalte Jahreszeit vorbereiten.
4. Nenne Verhaltensweisen aktiver Überwinterer, die ihre Überlebenschancen während der kalten Jahreszeit erhöhen.
5. Unterscheide Winterruhe und Winterschlaf.
6. Nimm zu der Aussage eines Lehrbuchs Stellung, dass es „sich beim Winterschlaf nicht um eine Ausschaltung der Thermoregulation, sondern um eine Verstellung des Sollwerts handelt".
7. Vergleiche Winterschlaf und Kältestarre.
8. Die Grafik links zeigt die Körpertemperatur und den Stoffwechsel während des Winterschlafs bei einem nordamerikanischen Ziesel, einem Nagetier, das mit Murmeltier und Eichhörnchen verwandt ist. Interpretiere den Verlauf der Kurven.
9. Aufwachphasen wie beim Ziesel findet man auch bei Hamster und Murmeltier. Nenne Gründe, warum die Tiere mehrmals den Winterschlaf unterbrechen.

Praktikum: Umweltfaktor Temperatur

Um die Wirkung eines bestimmten Umweltfaktors, zum Beispiel der *Temperatur*, auf ein Lebewesen zu untersuchen, verändert man die Intensität dieses einen Faktors, während alle anderen Faktoren konstant gehalten werden. Mit einem solchen *Monofaktoren-Experiment* lässt sich jedoch nicht die Gesamtwirkung des Faktors auf das Leben einer Art ermitteln, sondern nur die Wirkung auf einzelne Lebenserscheinungen der Art wie Wachstum, Fortpflanzung oder Atmung.

Bestimmen der Vorzugstemperatur wirbelloser Tiere
Material: Temperaturorgel (zum Beispiel Blechrinne) mit Heiz- und Kühleinrichtung, eventuell mit Abdeckung aus transparentem rotem Kunststoff, mehrere Thermometer, 20–50 wirbellose Tiere einer oder mehrerer Arten (Asseln, Mehlkäfer, Hausgrillen, Ohrwürmer)

Die Temperaturorgel wird an einem Ende gekühlt, am anderen Ende erwärmt. Das Temperaturgefälle sollte etwa zwischen 8 und 35 °C liegen und sich nicht mehr ändern, wenn die Tiere eingesetzt werden.

Danach zählt man im Abstand von 5 Minuten, wie viele Tiere sich gerade in den verschiedenen Temperaturbereichen der Temperaturorgel aufhalten.
Die Zählung wird 5-mal wiederholt.
(Die rote Abdeckung hält störendes Licht fern, da die meisten Wirbellosen unempfindlich für Rotlicht sind.)

Aufgabe
1. Werte das Experiment aus. Trage dazu die Mittelwerte aus den 5 Zählungen in einem Diagramm gegen die Temperatur auf.

Wachstum von Weizensprossen und Temperatur
Material: Weizenkörner, Klarsichtdosen, saugfähiges Papier, Pappkartons zum Verdunkeln der Dosen, 1–2 Kühlschränke, 1–2 Wärmeschränke, unterschiedlich temperierte Räume mit konstanter Temperatur (ca. 18 °C, 25 °C), Thermometer, Schere, Lineal

Die in Wasser gequollenen Weizenkörner lässt man 1 Tag bei Zimmertemperatur keimen. Je 30 von ihnen legt man dann auf dem Boden mehrerer Klarsichtdosen aus, die zuvor mit einer dicken Lage feuchten Papiers bedeckt wurden. Jede Dose wird verdunkelt 5–7 Tage lang bei einer anderen Temperatur aufgestellt (etwa 2 °C, 10 °C, 18 °C, 25 °C, 33 °C, 40 °C). Zur Auswertung schneidet man die Sprosse ab.

Aufgaben
2. Ermittle für jede Dose den Mittelwert der Sprosslänge und trage ihn in einem Diagramm gegen die Temperatur auf.
3. Erkäre, warum die Dosen verdunkelt werden.

2 Wachstum von Weizensprossen

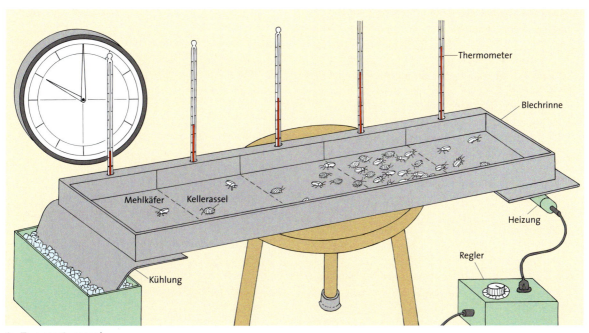

1 Temperaturorgel

Umweltfaktor Wasser: Der Wasser- und Salzhaushalt der Tiere

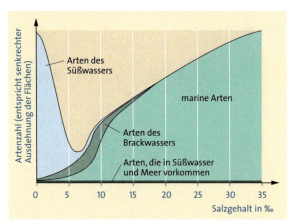

1 Zusammenhang zwischen Artenzahl und Salzgehalt

	Na^+	K^+	Ca^{2+}	Mg^{2+}	Cl^-
Meerwasser (35 ‰ Salzgehalt)	470	10,0	10,2	53,6	548
Qualle	454	10,2	9,7	51,0	554
Wattwurm	459	10,1	10,0	52,4	537
Tintenfisch	465	21,9	11,6	57,7	591
Seeigel	444	9,6	9,9	50,2	522
Knochenfisch	242	6,6	2,6	4,6	182

(in mmol pro l)

2 Ionengehalt von Meerwasser und Meerestieren

Alle heutigen Lebewesen stammen letztlich von im Meer lebenden Vorfahren ab. Die Besiedlung des Festlands, aber auch des Süßwassers war mit Anpassungen und „Kosten" verbunden. Nur bei vielen Meerestieren unterscheidet sich der Wasser- und Ionengehalt der Zellflüssigkeit praktisch nicht vom Meerwasser ringsum. Als Lebewesen Lebensräume an Land und im Süßwasser besiedelten, war eine entscheidende Voraussetzung dafür die Fähigkeit, den Wasserverlust zu regulieren. Auch in der neuen Umwelt musste das innere Milieu der Zellen weitgehend konstant oder zumindest im Toleranzbereich der Lebensvorgänge gehalten werden. Welche Probleme dabei zu lösen waren, lässt sich daran ermessen, dass weniger als 1 % der heutigen Wassertiere sowohl im Meer als auch im Süßwasser existieren können.

Meerestiere. Bei den meisten *Wirbellosen* unter den Meerestieren stimmt der osmotische Wert ihrer Zell- und Körperflüssigkeit mit dem des umgebenden Meerwassers überein (▶ Bild 2). Er entspricht im freien Ozean einer Salzkonzentration von 3 bis 3,5 %, kann aber auch – wie in der Ostsee – weniger als 1 % oder im Mündungsgebiet der Flüsse unter 0,1 % betragen.

Da die weit überwiegende Zahl der Seesterne, Seeigel, Krebse, Ringelwürmer und Tintenfische nur geringe Schwankungen des Salzgehalts erträgt, ist ihr Vorkommen auf bestimmte Meeresbereiche mit relativ konstantem Salzgehalt beschränkt.

Im Gegensatz dazu ist der osmotische Wert der *Wirbeltiere* konstant und weicht vom umgebenden Meerwasser ab. Bei Knochenfischen beträgt er nur etwa ein Drittel des Werts von Meerwasser. Daher verlieren die Fische durch Osmose ständig Wasser an die Umgebung. Den Wasserverlust gleichen sie jedoch durch Trinken von Meerwasser aus. Die Salzionen, die dabei im Überschuss in den Körper gelangen, scheiden sie über spezialisierte Zellen in den Kiemen aktiv – unter ATP-Verbrauch (▶ Seite 31) – wieder aus. Meeresfische sind also zur *Osmoregulation* fähig (▶ Bild 3).

Aufgaben
1. Interpretiere Bild 1.
2. Wie könnten wirbellose Tiere im Gezeitenbereich auf die Schwankungen des Salzgehalts (der Ionenkonzentration) reagieren, damit ihr osmotischer Wert mit dem der Umgebung übereinstimmt?

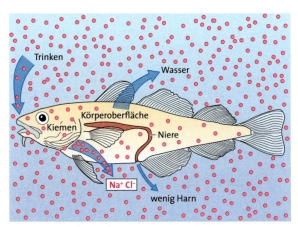

3 Osmoregulation bei einem Meeresfisch

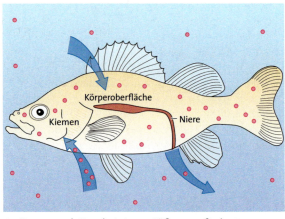

4 Osmoregulation bei einem Süßwasserfisch

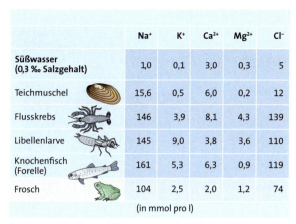

		Na⁺	K⁺	Ca²⁺	Mg²⁺	Cl⁻
Süßwasser (0,3 ‰ Salzgehalt)		1,0	0,1	3,0	0,3	5
Teichmuschel		15,6	0,5	6,0	0,2	12
Flusskrebs		146	3,9	8,1	4,3	139
Libellenlarve		145	9,0	3,8	3,6	110
Knochenfisch (Forelle)		161	5,3	6,3	0,9	119
Frosch		104	2,5	2,0	1,2	74
		(in mmol pro l)				

1 Ionengehalt von Süßwasser und Süßwassertieren

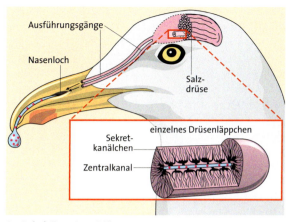

2 Salzdrüse einer Möwe

Seevögel wie Möwen, Pinguine und Albatrosse, die mit der Nahrung viel Salzwasser aufnehmen und auch Meerwasser trinken, haben im Prinzip das gleiche Problem wie Meeresfische. Sie besitzen über den Augen *Salzdrüsen*, die ein Sekret abscheiden, das etwa doppelt so viel Natriumchlorid enthält wie Meerwasser.

Süßwassertiere. Der Salzgehalt von Süßwasser unterscheidet sich stark von der Zell- und Körperflüssigkeit aller Süßwassertiere (▶ Bild 1).

Aufgaben

1. Welche Probleme ergeben sich für Süßwassertiere aus dem höheren osmotischen Wert ihrer Zell- und Körperflüssigkeiten?
2. Erkläre anhand von Bild 4 auf der linken Seite, wie die Osmoregulation bei Süßwasserfischen funktioniert.
3. Wanderfische wie Aal und Lachs leben zeitweise im Süßwasser und zeitweise im Salzwasser. Erläutere, was das für ihren Wasser- bzw. Salzhaushalt bedeutet.
4. Einzeller wie das Pantoffeltier (▶ Bild rechts) besitzen *pulsierende Vakuolen* zur Osmoregulation. Erkläre, welche Aufgabe diese Zellorganellen haben.

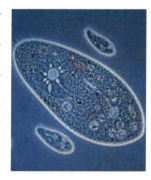

Landtiere. Im Wesentlichen gelang es nur zwei Tierstämmen, den *Wirbeltieren* mit den Reptilien, Vögeln und Säugetieren und den *Gliederfüßern* mit den Insekten und Spinnentieren, völlig auf dem trockenen Land zu leben.

Aufgabe

5. Echte Landtiere sind durch ihre Körperbedeckung vor zu großer Verdunstung geschützt. Erkläre!

Die Stoffwechselabfälle der Landtiere müssen wassersparend entsorgt werden. Kot und Harn werden deshalb so weit wie möglich entwässert. Das schwierigste Problem stellen dabei die stickstoffhaltigen Endprodukte des Proteinstoffwechsels dar. Wassertiere können sie in Form des giftigen *Ammoniaks* direkt in das umgebende Wasser ausscheiden, weil sie hier ausreichend verdünnt und weggeführt werden. Landtiere wie die Säugetiere entgiften sie in Form von *Harnstoff*. Insekten, Reptilien und Vögel scheiden sie als wasserunlösliche *Harnsäure* aus.

Aufgabe

6. Nenne Verhaltensweisen von *Feuchtlufttieren* (Amphibien, Schnecken), die im Dienst des Wasserhaushalts stehen.
7. Manche Wüstentiere wie die amerikanische Kängururatte (▶ Bild unten) können dauerhaft in der Wüste überleben, ohne zu trinken. Die Grafik zeigt ihre Wasserbilanz. Woher stammt das sogenannte Oxidationswasser, das den größten Teil ihrer Wassereinnahmen bildet?

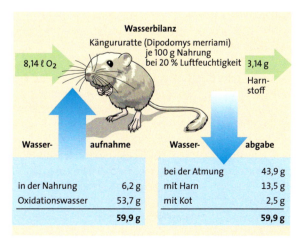

Wasserbilanz Kängururatte (Dipodomys merriami) je 100 g Nahrung bei 20 % Luftfeuchtigkeit

Wasseraufnahme		Wasserabgabe	
	8,14 l O₂		3,14 g Harnstoff
		bei der Atmung	43,9 g
in der Nahrung	6,2 g	mit Harn	13,5 g
Oxidationswasser	53,7 g	mit Kot	2,5 g
	59,9 g		59,9 g

Umweltfaktor Licht: Einfluss auf Wachstum und Entwicklung von Tieren und Pflanzen

In manchen Bauernregeln kommt die Vorstellung zum Ausdruck, dass Tiere und Pflanzen besonders lange und kalte Winter vorher spüren können und dann entsprechend vorsorgen. Wissenschaftliche Belege gibt es dafür nicht.

Schon wenn Organismen aber wenigstens allgemein den Wechsel der Jahreszeiten vorab wahrnehmen und sich auf Veränderungen einstellen können, bedeutet das einen enormen *Selektionsvorteil*. Pflanzen vermeiden so beispielsweise Kälteschäden, Tiere verringern Probleme bei der Nahrungsbeschaffung.

Viele Lebewesen verfügen tatsächlich über eine *innere Uhr*, also einen physiologischen Mechanismus, der unabhängig und rhythmisch arbeitet, aber mit einem *äußeren Signal* wie der *Tageslänge* abgeglichen werden kann. Der tägliche Wechsel von Licht- und Dunkelheit, vor allem die Tageslänge, dient als wichtige zeitliche Orientierungsmarke für Lebensvorgänge.

Einfluss von Licht auf Tiere. Werden zum Beispiel im Herbst die Tage kürzer, bilden viele Säugetiere ein *Winterfell* aus. Auch *Fortpflanzungszeiten* und *jahreszeitliche Wanderungen* werden bei zahlreichen Tierarten über die Tageslänge gesteuert.

Licht und Samenkeimung. Auch für Pflanzen ist Licht ein wichtiger Informationsträger. Bei *Lichtkeimern* wie dem Klatschmohn (▶ Bild 2) oder dem Roten Fingerhut ist es das entscheidende Signal zur Keimung. Seltener wirkt Licht hemmend: Die Samen von *Dunkelkeimern* wie Erbse oder Bohne müssen mit Erde bedeckt sein, damit der Keimprozess in Gang gesetzt wird.

2 Lichtkeimer Mohn

Aufgaben
1 Der Vogelzug setzt je nach Vogelart zwischen Anfang August und Ende Oktober ein. Grundsätzlich kommen Tageslänge und Temperatur als Taktgeber infrage. Wie müsste ein Forscher vorgehen, um zu entscheiden, welcher Umweltfaktor die Wanderung auslöst?
2 Bild 1 zeigt den morgendlichen Gesangsbeginn bei verschiedenen einheimischen Vogelarten im selben Zeitraum. Welche Schlussfolgerungen lassen sich aus der Grafik ziehen?
3 Aktivität wird bei manchen Stechmückenarten vor allem durch das Unterschreiten einer bestimmten Helligkeitsstufe ausgelöst. Welche Vorteile könnten Stechmücken haben, wenn sie vorwiegend in der Dämmerung auf Nahrungssuche gehen?

Aufgabe
4 Die Samen der Lichtkeimer, zum Beispiel Mohnsamen, sind meist klein und enthalten wenig Nährstoffe. Bohnensamen hingegen enthalten stärkereiche, große Keimblätter. Stelle eine begründete Vermutung zum Zusammenhang zwischen Samengröße und Lichteinfluss auf.

Vergeilung bei Lichtmangel. Licht kann an Pflanzen auffällige Gestaltänderungen bewirken. Das wird besonders deutlich, wenn man Pflanzen Licht entzieht. Im Dunkeln wachsende Kartoffelsprosse beispielsweise bilden überlange Sprossachsen und kleine, nicht grüne Blätter aus (▶ Bild 3). Diese Gestaltänderung wird als *Vergeilung* oder *Etiolement* bezeichnet.

Aufgaben
5 Ziehe aus der Vergeilung Rückschlüsse auf die Wirkung des Lichts auf das Streckungswachstum der Sprossachse, das Flächenwachstum der Blätter, die Chlorophyllsynthese.
6 Welche Bedeutung könnte die Vergeilung für Pflanzen unter natürlichen Bedingungen haben?

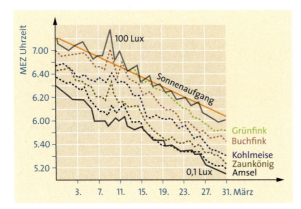

1 „Vogeluhr" für den Monat März

3 Kartoffelsprosse im Dunkeln (links) und im Licht

Aufgabe

1 Pflanzensprosse krümmen sich zum Licht hin, sie sind lichtwendig. Stelle eine begründete Vermutung auf, wodurch die – auch als *Fototropismus* bezeichnete – Reaktion zustande kommt. Welche Bedeutung hat sie für die Pflanze?

1 Lichtwendigkeit bei einer Buche

Einfluss von Licht auf die Blütenbildung. Die Dauer der täglichen Licht- und Dunkelphase beeinflusst auch die *Blütenbildung* der Samenpflanzen. Vor allem Pflanzen der Subtropen und Tropen blühen nur, wenn die Belichtungszeit kürzer als 12 Stunden ist – entsprechend der Nachtlänge in den Tropen. Zu diesen *Kurztagpflanzen* gehören Tabak (▶ Bild 2), Gartenpflanzen wie Astern, Dahlien und Chrysanthemen, Zimmerpflanzen wie Kalanchoe und Weihnachtsstern, die bei uns erst im Herbst oder Winter zur Blüte kommen.

Dagegen sind viele Pflanzen der höheren geografischen Breiten *Langtagpflanzen*. Sie blühen nur bei mehr als 12 Stunden Belichtung. Kopfsalat bildet deshalb nur in den kurzen Frühjahrstagen Köpfe, im Sommer „schießt" er und entwickelt Blüten.

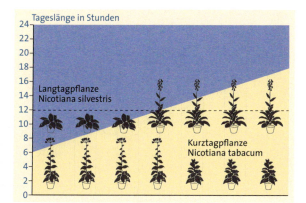

2 Blütenbildung bei zwei Tabakarten

Blütenbildung und Temperatur. Bei den meisten heimischen Samenpflanzen wird jedoch die Bildung der Blütenknospen sowie Beginn und Dauer der Blüte vorwiegend von der *Temperatur* bestimmt. So fand man zum Beispiel heraus, dass die Apfelblüte beginnt, wenn seit Neujahr die Temperatur an 3000 Stunden über 6 °C lag.

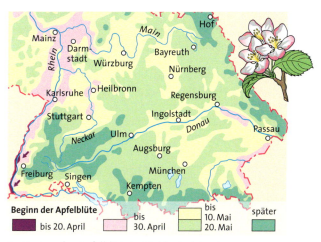

3 Beginn der Apfelblüte in Süddeutschland

Fruchtreife, Laubfärbung und Laubfall, aber auch die *Verbreitung* der Pflanzen hängen ebenfalls ganz wesentlich von der Temperatur ab. In den Gebirgen nimmt die Temperatur etwa um 0,5 Grad je 100 m Höhe ab. Das Temperaturgefälle bewirkt die typischen Höhenstufen der Gebirgsvegetation (▶ Bild 4).

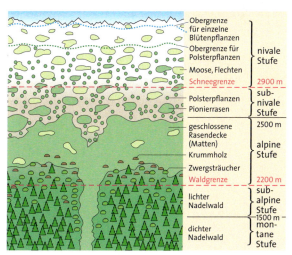

4 Höhenzonierung in den Alpen

Aufgaben

2 Sät man Roggen erst im Frühjahr, keimt er und wächst heran, bildet aber keine Blüten aus. Erkläre!

3 Inwiefern könnte die Temperatur begrenzender Faktor für die Pflanzen verschiedener Höhenstufen sein?

Licht und Wasser als Ressourcen der Pflanzen

Für Pflanzen sind die abiotischen Umweltfaktoren Sonnenstrahlung, Kohlenstoffdioxid, Wasser und Mineralstoffe zugleich lebenswichtige *Ressourcen*. Darunter versteht man Umweltbestandteile, die ein Lebewesen verbraucht und damit anderen Lebewesen entzieht. Während an Kohlenstoffdioxid normalerweise kein Mangel herrscht, kann um die übrigen Ressourcen – je nach Lebensraum – zwischen Pflanzen Konkurrenz entstehen.

Licht. Für die *Fotosynthese* der grünen Pflanzen ist Lichtenergie zwingend erforderlich. Damit eine Pflanze überleben kann, müssen ihre Blätter, die Organe der Fotosynthese, zumindest so viel Licht erhalten, dass die durch *Fotosynthese erzeugte Masse an organischen Stoffen größer ist als der Verbrauch durch die Atmung*. Wie viel Licht (genauer: welche Beleuchtungsstärke) dafür nötig ist, darin unterscheiden sich die einzelnen Pflanzenarten erheblich. *Schattenpflanzen* wie Waldmeister, Wurmfarn oder Frauenhaarmoos kommen mit sehr viel weniger Licht aus als *Sonnenpflanzen* wie Sonnenblume, Königskerze oder Silberdistel.

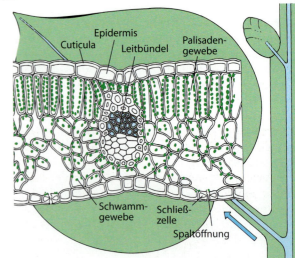

1 Fotosynthese kann nur im Licht stattfinden.

Aufgabe
1 Reaktiviere dein Grundwissen: Welche Stoffe werden für die Fotosynthese benötigt? Welche Stoffe entstehen? Wozu dient das Sonnenlicht? Wo genau findet die Fotosynthese statt?

Wasser. Für Landpflanzen wird Wasser oft zur entscheidenden Ressource. Zwar können *Moose* und einige *Farne* – bei eingeschränktem Stoffwechsel – stark austrocknen, ohne Schaden zu nehmen, *Samenpflanzen* aber zeichnen sich durch einen sehr konstanten *Wassergehalt* aus. Voraussetzung dafür sind typische Baumerkmale der Samenpflanzen: die Vakuole als Wasserspeicher in der Zelle, die wachshaltige *Cuticula* als Austrocknungsschutz und *Spaltöffnungen* zur Regelung der Wasserabgabe.

Das meiste Wasser, das die Samenpflanzen aus dem Boden aufnehmen und in Leitungsbahnen nach oben transportieren, geht über die Spaltöffnungen durch *kontrollierte Abgabe von Wasserdampf (Transpiration)* verloren. Pflanzen können diesen Wasserverlust vermindern, indem sie die Spaltöffnungen schließen. Das bedeutet jedoch zugleich eine Einschränkung der Fotosynthese, da über die Spaltöffnungen auch das Kohlenstoffdioxid aufgenommen wird. Zudem verlieren Pflanzen selbst dann noch etwas Wasser über die Cuticula, vor allem wenn sie dünn ist.

Wird mehr Wasser abgegeben als aufgenommen, verlieren die Zellen ihren Spannungszustand: Die Pflanzen welken. An heißen Sommertagen kann das jeden Tag geschehen, während sich nachts die Zellen durch Aufnahme von Wasser wieder erholen. Erst bei andauerndem Wasserdefizit kommt es zum Absterben von Blättern und schließlich der ganzen Pflanze.

Ist eine Pflanzenart in der Lage, dem Boden besonders effizient Wasser zu entnehmen, kann das zum Vertrocknen von Nachbarpflanzen führen. Pflanzen *konkurrieren* also miteinander um Wasser.

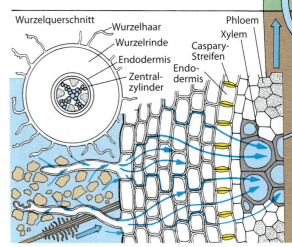

2 Wasseraufnahme, Wassertransport und Wasserabgabe bei Samenpflanzen

Einflüsse des Bodens auf die Wasseraufnahme. Zellen der Wurzeln, vor allem die dünnwandigen Wurzelhaare, nehmen durch *Diffusion* und *Osmose* Wasser aus dem Boden auf. Es diffundiert in Richtung des Konzentrationsgefälles aus dem wasserreichen Boden in die wasserärmeren Zellen. Damit die Saugkraft der Zellen für die Wasseraufnahme ausreicht, muss ihr Gehalt an gelösten Teilchen höher sein als der des Bodenwassers. Auf salzhaltigen Böden kommen daher nur wenige speziell angepasste Pflanzen vor.

Die Fähigkeit, Wasser zu speichern, ist bei den verschiedenen Böden unterschiedlich. Grobkörnige *Sandböden* mit großen Poren dazwischen können nur wenig Wasser speichern, doch können die Pflanzen vorhandenes Wasser leicht aufnehmen. Dagegen sind *Tonböden* feinkörnig und feinporig und speichern viel Wasser. Die hohe Oberflächenspannung in den feinen Poren erschwert allerdings die Wasseraufnahme durch die Wurzelhaare.

Von den Bodenverhältnissen hängt auch die Ausprägung des *Wurzelsystems* teilweise ab. Zum Beispiel bildet sich bei länger andauernder Nässe gewöhnlich nur ein oberflächliches Wurzelsystem aus. Kommt es später zu anhaltender Trockenheit, können die Pflanzen vertrocknen, da ihre Wurzeln nicht an tiefere, wasserhaltige Bodenschichten heranreichen.

Aufgabe

1 Wüstenpflanzen wie Kakteen kommen mit seltenen Niederschlägen aus. Manche haben ein oberflächliches Wurzelsystem, andere eine tief reichende Pfahlwurzel. Versuche eine Erklärung dafür zu finden.

Anpassungen von Pflanzen an trockene Lebensräume. Pflanzen trockener Lebensräume haben unterschiedliche Überlebensstrategien entwickelt, um Wasserdefizite zu vermindern. Viele Pflanzenarten überdauern jahrelang als Samen, also in einem vor Verdunstung weitgehend geschützten Zustand. Erst nach ausreichenden Niederschlägen keimen sie und konzentrieren ihre Fotosyntheseaktivität so auf die kurze Zeit, in der sie mehr Wasser zur Verfügung haben, als sie durch Verdunstung verlieren. Pflanzen wie die Kakteen können Wasser speichern. Viele mehrjährige Pflanzen werfen in Trockenperioden ihre Blätter ab. Zahlreiche Pflanzenarten trockener Lebensräume haben besonders gebaute Blätter entwickelt, die kaum transpirieren.

Aufgaben

2 Überlege dir, wie ein Blatt konstruiert sein könnte, dessen Transpiration deutlich niedriger ist als bei einem normalen Laubblatt, etwa einer Rotbuche. Du kannst deine Vorschläge auch skizzieren oder bauen.

3 Hätte der von dir vorgeschlagene Blattbau Auswirkungen auf die Fotosynthese?

4 Pflanzen heißer Standorte haben ein besonderes Problem: Halten sie die Spaltöffnungen geschlossen, besteht Überhitzungsgefahr durch die fehlende Verdunstungskälte. Die Fotos zeigen zwei Kakteenarten aus der extrem wasserarmen und heißen Atacama-Wüste in Chile. Ihre Wasserversorgung erfolgt fast nur über die morgendlichen Küstennebel. Erkläre, wie die Pflanzen eine lebensgefährliche Überhitzung vermeiden. Wie könnten sie zudem die Nebeltröpfchen nutzen?

5 Die Grafik unten zeigt Pflanzen trockener Lebensräume und zum Vergleich Feuchtpflanzen. Erkläre, wie sie jeweils an ihren Lebensraum angepasst sind.

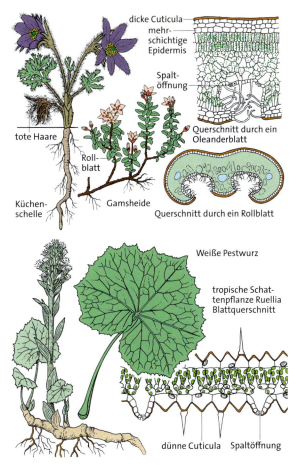

Ressourcen der Pflanzen: Mineralstoffe

Ressource Mineralstoffe. Selbst die grünen Pflanzen kommen nicht allein mit Kohlenstoffdioxid, Wasser und Sonnenlicht aus. Zum Aufbau von Proteinen und Nukleinsäuren (wie der DNA) benötigen sie Nitrat-, Phosphat- und Sulfationen, zum Aufbau des Chlorophylls Magnesiumionen, für manche Enzyme (▶ Seite 22) bestimmte Metallionen. Diese *Mineralstoffe* nehmen sie als Ionen, in Wasser gelöst, über die Wurzel auf, wobei die jeweils benötigten Mengen von Art zu Art schwanken.

Die Aufnahme von Ionen über die Zellmembran der Wurzelzellen ist teilweise ein aktiver Transport. Er kann gegen das Konzentrationsgefälle erfolgen und erfordert Stoffwechselenergie in Form von ATP (▶ Seite 31). So können die benötigten Ionen auch dann aus dem Boden aufgenommen werden, wenn sie dort nur in geringen Mengen vorliegen.

Probleme der Mineralstoffversorgung – und ihre Lösung. Der *Sonnentau* (▶ Bild 1) wächst in *Hochmooren* (▶ Bild 2) auf meterdicken Torfschichten, die von lebenden und toten *Torfmoosen* gebildet werden. Torfmoose können Regenwasser mit den wenigen darin gelösten Mineralstoffen über ihre gesamte Oberfläche aufnehmen und speichern. Die Moospolster wachsen oben immer weiter, während die tiefer liegenden Bereiche, an die weder Licht noch Luft gelangt, allmählich absterben. Dadurch wölben sich Hochmoore im Lauf der Zeit immer höher auf, der Kontakt zum mineralischen Untergrund geht verloren. Andere Hochmoorpflanzen müssen daher entweder mit ähnlich wenig Mineralstoffen auskommen wie die Torfmoose oder Strategien entwickeln, um an zusätzliche Mineralstoffe zu kommen.

Der Sonnentau ist eine *insektenfressende Pflanze:* Er versorgt sich mit den notwendigen Mineralstoffen durch Tierfang. Seine Blätter mit den roten Drüsenhaaren und den schleimüberzogenen Drüsenköpfchen, die in der Sonne glitzern und einen süßlichen Duft verströmen, locken Insekten an. Bei Berührung bleiben sie dann an den Flüssigkeitstropfen kleben. Weitere Drüsenhaare neigen sich zur Beute hin, das Blatt krümmt sich zusammen und Verdauungsenzyme im Schleim der Drüsenköpfchen zerlegen den Insektenkörper. Die gelösten Stoffe werden vom Blatt aufgenommen. Aus dem Insektenprotein gewinnt die Pflanze vor allem Stickstoffverbindungen zum Aufbau körpereigener Proteine.

1 *Sonnentau*

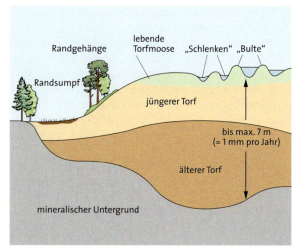

2 *Aufbau eines Hochmoors*

Bei der im Südosten der USA in mineralstoffarmen Mooren wachsenden *Venusfliegenfalle* sind die Blätter zu einer *Klappfalle* umgewandelt (▶ Bild 3). Den Blattrand säumen lange, stachelartige Borsten. Im rötlichen Teil der Blattfläche befinden sich *Drüsenzellen*, die Verdauungsenzyme abgeben können. An der Innenseite der Blattflächen sitzen zwei bis drei kleine *Fühlborsten*, die bei Berührung durch ein Insekt das Blatt sofort zusammenklappen lassen.

Die für Pflanzen ungewöhnlich rasche Bewegung kommt dadurch zustande, dass Zellen im Bereich der Mittelrippe ihren Innendruck sehr schnell ändern: Während er in den Zellen unterhalb der Mittelrippe schlagartig steigt, sinkt er in den Zellen oberhalb der Mittelrippe. Die Zellen auf der Unterseite können sich nun ausdehnen, weil der Gegendruck durch die Zellen oberhalb der Mittelrippe fehlt. Das führt zum Zusammenklappen der Blatthälften.

Bei größeren Insekten oder Spinnen kann sich der Verdauungsprozess über Tage bis Wochen hinziehen. Nach wenigen Fängen stirbt das Blatt ab.

3 *Venusfliegenfalle*

Zusammenfassung!

■ Leben braucht Umwelt
Als offene Systeme benötigen Lebewesen eine Umwelt, mit der sie Energie und Stoffe austauschen. Unter Umwelt sind dabei alle für das Lebewesen bedeutsamen Faktoren zu verstehen, die der unbelebten oder belebten Umwelt entstammen können.
Die unbelebte Umwelt wirkt auf Lebewesen durch physikalisch-chemische Einflüsse ein, die abiotischen Faktoren. Alle abiotischen Faktoren zusammen machen den Lebensraum (Biotop) eines Lebewesens aus. Wichtige biotische Faktoren sind Nahrung und Fressfeinde, Konkurrenz, Parasitismus und Symbiose. Die Lebewesen eines Biotops bilden aufgrund solcher vielfältigen Wechselbeziehungen eine Lebensgemeinschaft (Biozönose).
Biotop und Biozönose machen zusammen das Ökosystem aus. Alle Ökosysteme der Erde bilden zusammen die Biosphäre.

■ Ökologische Potenz und limitierender Faktor
Umweltfaktoren wirken oft je nach Intensität fördernd oder hemmend auf ein Lebewesen. Den Schwankungsbereich eines Umweltfaktors, den ein Lebewesen toleriert, nennt man seine ökologische Potenz. Sie wird durch Minimum und Maximum begrenzt und weist ein Optimum auf.
Der Umweltfaktor, der am weitesten vom Optimum entfernt ist, wirkt sich als limitierender (begrenzender) Faktor am stärksten auf ein Lebewesen aus.

■ Abiotische Faktoren: Temperatur
Der Umweltfaktor Temperatur ist für Lebewesen von großer Bedeutung, da alle Stoffwechselreaktionen temperaturabhängig sind.
Die Körpertemperatur wechselwarmer Tiere hängt stark von der Umgebungstemperatur ab. Geeignete Verhaltensweisen ermöglichen manchen eine eingeschränkte Thermoregulation.

Gleichwarme Tiere halten ihre Körpertemperatur durch thermoregulatorische Maßnahmen unter Energieaufwand konstant. Für ihre Größe und Proportionen lassen sich Klimaregeln formulieren. Im Lauf der Evolution haben sie unterschiedliche Überwinterungsstrategien entwickelt.

■ Abiotische Faktoren: Wasser
Alle biochemischen Reaktionen in Lebewesen laufen nur in wässriger Lösung ab. Landbewohner laufen deshalb immer Gefahr auszutrocknen.
Wasserbewohner (Ausnahme: wirbellose Meeresbewohner) regeln ihren Wasser- und Salzhaushalt je nach dem Salzgehalt des Wassers, in dem sie leben.

■ Abiotische Faktoren: Licht
Licht beeinflusst in vielfältiger Weise Entwicklungsprozesse bei Tieren (zum Beispiel Steuerung von Fortpflanzungszeiten) und Pflanzen (zum Beispiel Samenkeimung, Blütenbildung).

■ Ressourcen der Pflanzen
Für die Fotosynthese betreibenden Pflanzen sind Licht und Wasser (neben Kohlenstoffdioxid und Mineralstoffen) zugleich Ressourcen, die sie der Umwelt entnehmen und um die sie miteinander konkurrieren.
Mit dem Fangen von Insekten gleichen Hochmoorpflanzen wie der Sonnentau einen standortbedingten Mineralstoffmangel aus.

Alles klar?

1. Vergleiche die an der Wärmeproduktion gemessene Stoffwechselrate einer Maus und einer Eidechse bei unterschiedlichen Umgebungstemperaturen (▶ Diagramm rechts). Erkläre die Zusammenhänge.
2. Die Nieren der Säugetiere erzeugen Harn mit einem Salzgehalt von maximal 2%. Erkläre, warum Säugetiere ihren Wasserbedarf nicht mit Meerwasser decken können.
3. Das kleine Foto oben zeigt einen Siebenschläfer im Winterschlaf. Erläutere, welche Vorteile diese Form der Überwinterung bietet.

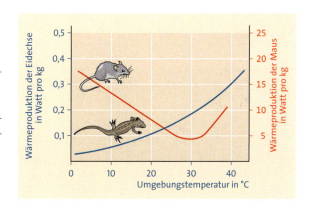

Beziehungen zwischen Lebewesen

Geparde sind Sprintjäger, die nur in der offenen Trockensavanne überleben können, Anemonenfische halten sich bevorzugt zwischen den stark nesselnden Tentakeln einer Seeanemone auf, Zecken benötigen vor jeder Häutung eine Blutmahlzeit. Alle Lebewesen haben bestimmte Ansprüche an die Umwelt, wobei es für jeden abiotischen Umweltfaktor im Rahmen der ökologischen Potenz einen Vorzugsbereich gibt. Dieses *physiologische Optimum* kann in vielen Fällen aus experimentellen Daten im Laborversuch ermittelt werden. Unter natürlichen Bedingungen wirken zusätzlich *biotische Faktoren* auf Lebewesen ein: *Räuber, Parasiten, Symbiosepartner* und vor allem *Konkurrenten* sind wichtige Komponenten eines komplexen Wirkungsgefüges innerhalb jeder Biozönose. Konkurrenzschwächere Arten können daher meistens nur dann mit dominierenden Arten gemeinsam existieren, wenn sie im Rahmen ihrer ökologischen Potenz ausweichen und auch weniger optimale Bereiche besiedeln können. Der Teil eines Lebensraums, an dem eine Art zusammen mit anderen Arten auf Dauer konkurrenzfähig ist, wird als *ökologisches Optimum* einer Art bezeichnet.

Aufgaben

1. Welche Beziehungsformen zwischen Lebewesen sind auf den Bildern dargestellt? Beschreibe diese und finde weitere Beispiele.
2. Finde heraus, ob es vergleichbare Beziehungen auch zwischen dem Menschen und anderen Lebewesen gibt.
3. Versuche, die in den Bildern auf dieser Seite gezeigten Beziehungen und Angepasstheiten evolutionsbiologisch zu erklären.

Nahrungsbeziehungen

1 Allesfresser Wildschwein

2 Spezialist Koalabär

Ernährungsvielfalt. Grüne Pflanzen synthetisieren aus einfachen Molekülen und Ionen mithilfe von Strahlungsenergie komplexe Moleküle wie Kohlenhydrate, Fette und Proteine, die dann zu Zellen, Geweben und Organen, also letztlich zu pflanzlichen Organismen zusammengefügt werden. Diese *autotrophen Organismen* bilden die Nahrungsressourcen für alle Heterotrophen, die sich in vier Gruppen einteilen lassen:
- *Räuber* töten und fressen Beuteorganismen.
- *Weidegänger* konsumieren Teile von Beuteorganismen, meist ohne sie abzutöten, zum Beispiel Pflanzenteile.
- *Parasiten* ernähren sich von pflanzlichen oder tierischen Wirten, die trotz des Befalls in der Regel am Leben bleiben.
- *Saprobionten* spielen im Kreislauf der Stoffe als *Zersetzer* oder *Destruenten* eine wichtige Rolle. Sie leben von Ausscheidungen anderer Lebewesen oder nutzen abgestorbene Pflanzenteile, Pflanzen- und Tierleichen.

Heterotrophe Organismen nehmen als Quelle für Kohlenstoffatome bereits synthetisierte Biomoleküle auf und zerlegen sie mithilfe von Enzymen in kleine Moleküle. Diese nutzen sie teilweise als Energieträger oder bauen daraus körpereigene Biomoleküle unter Beteiligung von Enzymen neu auf. Die Organismen selbst oder ihre Ausscheidungen können wiederum als *Ressource* für andere Konsumenten dienen.

Aufgabe
1. Suche Organismen, die sich den verschiedenen Gruppen heterotropher Organismen zuordnen lassen.

Generalisten und Spezialisten. Tiere treffen stets eine Nahrungsauswahl. Dabei ist die Breite ihres Nahrungsspektrums sehr verschieden. *Allesfresser (Generalisten)* wenden relativ wenig Zeit und Energie für die Nahrungsbeschaffung auf, weil sie fast alles fressen, was sie gerade finden, und nach dem Versiegen einer Nahrungsquelle auf andere Angebote ausweichen können. So durchwühlen Wildschweine den Boden nach Würmern und Knollen, erbeuten Ratten und Mäuse, verzehren Mais, Pilze, Bucheckern, Eicheln und fressen Kadaver von Fallwild. *Spezialisten* hingegen suchen gezielt nach bestimmten Nahrungsquellen. Nicht selten sind sie auf nur eine einzige Nahrung festgelegt wie Koalabären, die ausschließlich von den Blättern weniger Eucalyptusarten leben. Solange die Nahrung reichlich vorhanden ist, ist die Suche danach wenig energieaufwendig. Müssen Koalabären nach Buschbränden aber neue Futterbäume suchen, können der Aufwand und damit die Kosten für die Nahrungssuche lebensbedrohlich hoch werden.

Aufgaben
2. Nahrungsspezialisierung ist im Tierreich weit verbreitet. Die Einschränkung des Nahrungsspektrums sollte somit auch erhebliche Vorteile mit sich bringen. Finde Argumente für eine Spezialisierung.
3. Bei Säugetieren erkennt man die Ernährungsform am Gebiss. Vergleiche das Schweinegebiss mit dem eines Pflanzen- und eines Fleischfressers.

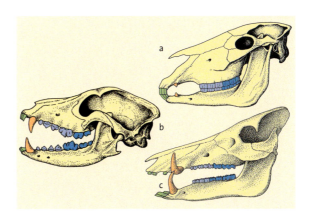

4. Suche weitere Allesfresser aus verschiedenen Gruppen des biologischen (natürlichen) Systems.

Nahrungsbeziehungen: Fressfeind-Beute-Beziehungen

Beuteerwerb. Fressfeinde haben viele Techniken des Beuteerwerbs und der Nahrungsaufnahme entwickelt:
- Filtrierer filtern Nahrung bestimmter Größe aus dem Wasser (▶ Bild 1).
- Strudler erzeugen zum Ausfiltern der Nahrung einen Wasserstrom.
- Sammler lesen gezielt einzelne Beuteobjekte auf.
- Weidegänger beißen Pflanzenteile ab und zerkleinern sie.
- Fallensteller bauen Netze oder legen Fallgruben an.
- Jäger lauern ihrer Beute auf oder erjagen sie im Lauf, im Flug oder schwimmend.

1 Röhrenwürmer

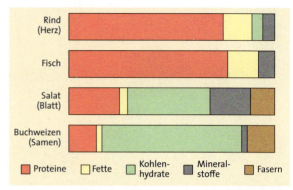

3 Zusammensetzung von Tierkörpern und Pflanzenteilen

Aufgaben
1. Ordne den Tieren in Bild 2 eine Technik des Beuteerwerbs zu. Welche Strukturen werden dabei eingesetzt und welche Funktionen übernehmen sie?
2. Nutze deine Kenntnisse aus der 8. Klasse und erkläre die Begriffe homologe und analoge Organe. Gehe auch auf deren evolutionsbiologische Bedeutung ein.
3. Finde bei den in Bild 2 abgebildeten Strukturen des Nahrungserwerbs (rosa) Beispiele für Homologie und Analogie.

Tiere als Nahrung. Die Körper der verschiedensten Tierarten unterscheiden sich hinsichtlich der Zusammensetzung und der Nahrungsqualität nur wenig (▶ Bild 3). Räuber und Beute bestehen aus etwa den gleichen Gewichtsmengen ähnlicher oder gleicher Proteine, Kohlenhydrate, Fette und Mineralstoffe. Die Verdauung verläuft bei Fleischfressern in einem, verglichen mit den Pflanzenfressern, kürzeren Darmkanal sehr unkompliziert, da sie für die Zerlegung der Nährstoffmoleküle spezifische Enzyme bereitstellen können. Fleischfresser müssen dafür mehr als Pflanzenfresser in das Suchen und Fangen von Beutetieren investieren. Sie verfügen über empfindliche Sinne, die es ihnen ermöglichen, eine geeignete Beute zu orten und zu identifizieren. Außerdem besitzen sie besondere Anpassungen, die beim Fangen und Überwältigen der Beutetiere nützlich sind.

Aufgaben
4. Wolf, Fledermaus, Schleiereule, Chamäleon, Klapperschlange, Zitteraal, Libelle und Kreuzspinne sind Beutegreifer. Recherchiere, welche Sinnesorgane sie einsetzen, um geeignete Beutetiere aufzuspüren und deren Position zu bestimmen.
5. Beschreibe die spezifischen anatomischen oder physiologischen Anpassungen, die diese Arten für den Beutefang besitzen.

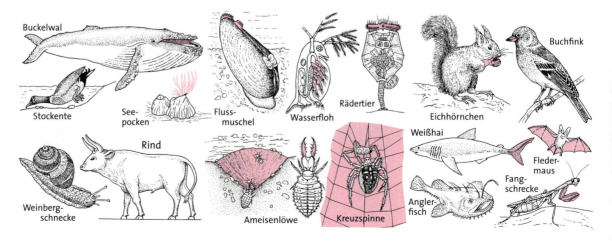

2 Organe und Techniken zum Nahrungserwerb

1 Unterschiedliche Vogelschnäbel

2 Warntracht: Hornisse

3 Hornissenschwärmer

Pflanzen als Nahrungsquellen. Die einzelnen Pflanzenteile haben eine sehr verschiedenartige stoffliche Zusammensetzung. Deshalb stellen sie für die Pflanzenfresser sehr unterschiedliche Ressourcen dar. Den geringsten Nutzen hat für sie die Borke eines Baums, da diese größtenteils aus abgestorbenen Zellen mit verholzten Zellwänden besteht und zudem reich an Abwehrstoffen ist. Pflanzliches Protein und damit der wertvolle Bestandteil Stickstoff ist in den Knospen am höchsten konzentriert. Die Pflanzen schützen diese Organe durch klebrige Stoffe (Kastanie) oder auch mit Stacheln (Rose) vor Pflanzenfressern. Samen sind reich an Stärke, Ölen und Speicherproteinen. Sie werden oft von fleischigen und zuckerhaltigen Früchten umhüllt, die wiederum samenverbreitenden Tieren als energiereiche, aber stickstoffarme Ressource dienen.

Ein besonderes Problem ist der Aufschluss von Pflanzenzellen. Die Wände bestehen vor allem aus Zellulose und Holzstoff. Die kohlenstoffhaltigen Verbindungen machen diese Pflanzenstoffe zwar zu potenziell ergiebigen Energiequellen, den Tieren fehlen aber die Enzyme, um diese Materialien abbauen zu können. Durch intensives Kauen oder Mahlen im Kaumagen kommen Pflanzenfresser nur an die Zellinhaltsstoffe. Diese enthalten aber nur wenige stickstoffhaltige Verbindungen.

Aufgaben

1. Erinnere dich an dein Wissen aus der 5. Klasse: Erkläre, wie Zellulosefresser, z. B. das Rind, trotzdem dieses energiereiche Kohlenhydrat nutzen können.
2. Erkläre, weshalb Pflanzenfresser vorwiegend kohlenstoffreiche, Fleischfresser dagegen stickstoffhaltige Verbindungen wie Harnstoff ausscheiden.
3. Blattläuse saugen Pflanzensäfte, indem sie das Stofftransportsystem der Pflanzen anstechen. Einen großen Teil davon scheiden sie als zuckerhaltigen Honigtau wieder aus. Erkläre!
4. Bei vielen Tieren entwickelten sich im Evolutionsverlauf vielfältige Mundwerkzeuge. Nenne Beispiele aus den Klassen der Insekten und Vögel (▶ Bild 1).

Abwehr von Fressfeinden. Pflanzen können Räubern nicht entfliehen. Um sich vor Fressfeinden zu schützen, bilden sie beispielsweise Dornen oder dicke Schalen aus „preiswerten" Materialien wie Zellulose oder Holzstoff aus, die proteinreiche Gewebe umhüllen. Das Öffnen einer dicken Schale kostet ein Tier unter Umständen viel Zeit und mehr Energie, als die verwertbare Nahrung im Innern bieten kann. Das kann die Zahl der gefressenen Nüsse deutlich verringern. Viele Pflanzen schützen sich auch chemisch: Sie produzieren giftig wirkende Substanzen wie das *Nikotin* der Tabakpflanzen oder proteinschädigende *Tannine*, die zum Beispiel Eichenblätter schwer verwertbar machen. Einige Pflanzen bilden Stoffe, die Insektenhormonen ähnlich sind und bei den Larven der Fressfeinde Entwicklungsstörungen hervorrufen. Manche Raupen und Imagines können *Pflanzengifte* speichern und sich auf diese Weise vor Fressfeinden schützen. So leben die Raupen des Monarchfalters auf den Seidenpflanzen, deren Glykoside bei Vögeln und Säugetieren zu Herzrhythmusstörungen führen. Tiere mit chemischen Schutzmechanismen tragen oft auffallende *Warntrachten,* die in der Evolution mehrfach und unabhängig voneinander entstanden sind (▶ Bilder 2 und 4).

Aufgaben

5. Nenne Tiere mit Warntrachten. Suche typische Warnfärbungen, die immer wieder auftreten.
6. Erkläre, wie im Laufe der Evolution diese auffälligen Strukturen entstanden sein könnten.
7. Nenne unter Einbeziehung von Bild 3 weitere Möglichkeiten der Tiere, sich vor Beutegreifern zu schützen.

4 Monarchfalter

Nahrungsbeziehungen: Parasitismus

Die parasitische Lebensweise ist im Tier- und Pflanzenreich weit verbreitet. Der *Parasit* schädigt seinen *Wirt*, indem er ihm Nährstoffmoleküle entzieht, giftige Stoffwechselendprodukte ausscheidet und durch hohe Nachkommenzahlen. Parasiten sind besonders weitgehend an den Wirt angepasst und von ihm abhängig.

Parasitenbefall ist für den Wirt in der Regel nicht lebensbedrohlich, doch wirkt er sich nachteilig auf das Wachstum, den Fortpflanzungserfolg und die Lebensdauer aus.

Die Anpassungen des Parasiten an den Wirt und die Methoden der Parasitenabwehr durch den Wirt sind das Ergebnis einer *Koevolution*. Sie wird manchmal mit einem Wettrüsten der beiden Partner verglichen. Je besser die Parasiten angepasst sind, desto wirksamere Abwehrmaßnahmen entwickeln die Wirte gegen die betreffende Parasitenart.

Formen des Parasitismus. Nach dem englischen Ökologen *Charles Elton* lebt „der Räuber vom Kapital, der Parasit von den Zinsen". Dieser Vergleich trifft aber nur auf die echten Parasiten zu, die entweder innerhalb von Geweben oder im Darm ihres Wirts leben, zum Beispiel die Malariaerreger, die Spulwürmer oder die Bandwürmer, und deshalb auch als *Endoparasiten* (Innenparasiten) bezeichnet werden. *Ektoparasiten* (Außenparasiten) wie Läuse, Stechmücken oder Zecken halten sich dagegen zumindest zeitweise an der Oberfläche des Wirts auf. Tatsächlich gibt es zwischen der Lebensweise als Räuber und der als Parasit Übergänge: Schlupfwespen oder Grabwespen schmarotzen als Larven im Körper von anderen Insekten. Dabei verschonen sie zuerst die lebenswichtigen Organe des Wirts, töten ihn letztlich aber doch.

1 Mikroskopische Aufnahme einer Kopflaus

2 Halbschmarotzer Mistel

Auch die Übergänge zwischen parasitischer und nicht parasitischer Lebensweise sind fließend: So ist die Mistel ein *Halbschmarotzer* (▶ Bild 2). Sie wächst auf Bäumen und ist als grüne Pflanze autotroph. Dem Wirt entzieht die Mistel aber Wasser und Mineralstoffe, indem sie wurzelähnliche Querstränge in die Rinde des Baums treibt, von denen zapfenartige Senkwurzeln in das Wasserleitungsgewebe ausgehen.

Anpassungen. Parasiten stammen alle von ursprünglich frei lebenden Vorfahren ab. Ihre Umwelt ist im Laufe der Evolution aber ganz oder zeitweise ein Lebewesen geworden. Daraus entwickelten sich spezielle Anpassungen (▶ Bilder 1–3, Bilder 2 und 3 auf Seite 107).

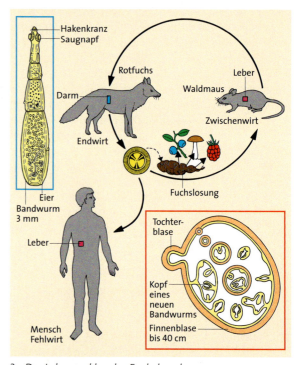

3 Der Lebenszyklus des Fuchsbandwurms

Aufgaben

1. Erkläre, wie Parasiten verhindern, dass sie ihren Wirt verlieren, zum Beispiel ausgeschieden werden.
2. Überlege, welche Organe bei Außenparasiten (zum Beispiel Kopfläusen) oder Innenparasiten (zum Beispiel Bandwürmern) funktionslos und zurückgebildet sein könnten.
3. Finde Beispiele für die Abwehr von Ektoparasiten beziehungsweise Endoparasiten durch den Wirt.

Lexikon: Parasiten

Zecken: Zecken werden den *Spinnentieren* zugeordnet. Mit ihren umgebildeten Mundwerkzeugen saugen sie Blut an Reptilien, Vögeln und Säugetieren, die sie mithilfe eines Sinnesorgans in den Vorderbeinen finden, das empfindlich auf bestimmte Geruchsstoffe reagiert. Alle Entwicklungsstadien müssen Blut saugen, um sich weiterentwickeln und

1 Zecke, REM-Aufnahme der Mundwerkzeuge

fortpflanzen zu können. Die meisten Arten fallen nach einer Blutmahlzeit vom Wirt ab. Zecken können beim Blutsaugen äußerst gefährliche Krankheitserreger übertragen: Die Frühsommer-Meningoencephalitis (*FSME*) ist eine durch Viren hervorgerufene Hirnhautentzündung. Die FSME-Viren werden durch den Zeckenspeichel auf den Menschen übertragen. Eine Impfung schützt 3–5 Jahre. Die zweite gefährliche, durch Zecken übertragene Krankheit ist die *Borreliose*, die durch Bakterien aus der Familie der Spirochäten hervorgerufen wird. Diese Borrelien müssen mit Antibiotika bekämpft werden. Eine ringförmige Rötung der Haut um die Einstichstelle oder an anderen Körperstellen, die aber nicht immer auftritt, kann ein Anzeichen für Borreliose sein, die zu Entzündungen des Nervensystems bis hin zu Lähmungen führen kann.

Fuchsbandwurm: Der Fehlwirt Mensch nimmt die Eier des *Fuchsbandwurms* über Waldfrüchte oder Pilze auf, die mit Fuchslosung in Kontakt gekommen sind. Die aus den Eiern schlüpfenden Larven (Finnen) setzen sich in der Leber fest und wachsen dort zu einer 15–40 cm großen, flüssigkeitsgefüllten Blase heran, die im Innern weitere Tochterfinnen abschnürt (▶ Bild 3 auf Seite 106). Die Finnen müssen operativ entfernt werden.

2 Glied vom Fuchsbandwurm mit Eierstöcken

3 Kopf des Fuchsbandwurms mit Hakenkranz

Trypanosomen: *Trypanosomen*, begeißelte *Einzeller*, parasitieren in Wirbeltieren. Beim Menschen verursachen sie zum Beispiel die *Schlafkrankheit*. Die Erreger werden mit dem Speichel der *Tsetsefliege* übertragen und gelangen in die Lymph- und Blutbahnen. Sie verdoppeln sich alle 6 Stunden. Die Infizierten leiden unter

4 Trypanosom im Blut

Fieber, Kopf- und Gelenkschmerzen und Gefäßentzündungen. Wenn die Trypanosomen später in das Zentralnervensystem eindringen, treten Sprachstörungen, Krämpfe und ein übermäßiges Schlafbedürfnis auf. Die Patienten werden apathisch, essen nichts mehr und fallen ins Koma. Dem Immunsystem entzieht sich der Parasit durch ständige Variation seiner Antigene. Da die medikamentöse Behandlung noch unbefriedigend ist, werden vor allem die Tsetsefliegen bekämpft.

Madenwurm: Der *Madenwurm* kommt bei mehr als der Hälfte der Weltbevölkerung vor; bei uns sind vor allem Kinder betroffen. Die durch den Mund aufgenommenen Eier wandern durch den Magen. Die Larven schlüpfen im Dünndarm. Die Würmer sind nach 3 Wochen geschlechtsreif (Weibchen 8–12 mm,

5 Madenwurm

Männchen 1–4 mm). Sie richten im Darm keinen größeren Schaden an. Die Weibchen legen nachts ihre Eier (5000–17 000) am After ab. Es tritt Juckreiz auf. Beim Kratzen können Eier an die Finger und schließlich in den Mund gelangen (Anus-Finger-Mund-Kontakt). Es kommt zu Eigen- oder Fremdinfektion.

Aufgaben
1. Bei Innenparasiten wie dem Fuchsbandwurm sind die Aussichten gering, mit einem geeigneten Wirt zusammenzutreffen. Zeige Strategien auf, die sich im Evolutionsverlauf als erfolgreich erwiesen haben und die Wahrscheinlichkeit einer Neuinfektion erhöhen.
2. Im Darm lebende Bandwürmer existieren in einer extrem sauerstoffarmen Umgebung. Erkläre die Art der Energiegewinnung dieser Darmparasiten.

Symbiose

Den größten Teil der Biomasse stellen Organismen dar, die mit anderen Arten zu wechselseitigem Nutzen vergesellschaftet sind. In einer *Symbiose* leben nahezu alle Bäume und Sträucher, alle auf Bestäubung durch Tiere angewiesenen Samenpflanzen, alle Flechten und die Riffkorallen.

Symbiosen zwischen Pflanzen und Tieren. Bei manchen Symbiosen leben die Partner getrennt. Dennoch haben auch sie sich in einem langen Evolutionsprozess so weit aneinander angepasst, dass sie nicht mehr völlig unabhängig voneinander sind. Das gilt zum Beispiel für Blüten und ihre Bestäuber. Die Übertragung von Pollen auf die Narbe einer artgleichen Blüte durch Insekten, Vögel oder Fledermäuse sichert die Fremdbestäubung.

Besonders raffiniert sind die Blüten der *Fliegen-Ragwurz*, einer einheimischen Orchideenart, gestaltet (▶ Bild 1). Sie ähneln ihren Bestäubern, einer bestimmten *Wespenart* so sehr, dass selbst nahe verwandte Insektenarten keine Notiz von ihnen nehmen. Zudem sondern die Blüten einen Lockstoff ab, der dem weiblichen Sexuallockstoff ähnelt. Die Männchen ergreifen die Blütenlippe ebenso wie die Weibchen bei der Paarung. Dabei werden ihnen zwei Pollenpakete an die Stirn geklebt, die sie dann zu einer anderen Orchideenblüte weitertransportieren.

2 Ameisen auf Akaziendorn

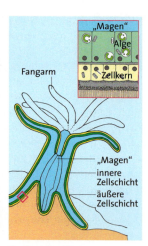

3 Bau der Steinkoralle

1 Wespe an der Fliegen-Ragwurz

Aufgaben
1 Nenne und erläutere Vorteile, die eine Fremdbestäubung für die Blütenpflanze hat. Überlege, welche Gegenleistung die Bestäuber erhalten.
2 Wäge die Risiken und Vorteile der Spezialisierung auf eine einzige Bestäuberart ab.

Bestimmte *Akazien* besitzen zur Abwehr gegen Pflanzenfresser lange, hohle Dornen (▶ Bild 2). Sie werden oft von einer *Ameisenkönigin* bezogen. Die aus ihren Eiern schlüpfenden Arbeiterinnen jagen auf den Blättern und jungen Trieben in der Nähe ihrer Höhle Insekten. Bald dehnen sich die Kolonie und damit die Jagdgebiete auf andere Äste und Dornen aus. Die Arbeiterinnen beseitigen darüber hinaus sämtliche Keimlinge im Umkreis des Baums. Berühren Äste von Nachbarbäumen die Akazie, laufen die Ameisen hinüber und knabbern die Triebe der Konkurrenten ab. Die Ameisen verteidigen nicht nur ihre Behausungen, sondern auch einen speziellen, von den Akazien in Drüsen der Blattstängel produzierten Nektar. Daneben werden fett- und proteinreiche „Ameisenbrötchen" an den Spitzen junger Blätter angeboten, die ohne weitere Aufbereitung an die Larven verfüttert werden können.

Die Polypen der *Steinkorallen* ernähren sich von kleinen Tieren, die sie mit den Nesselzellen ihrer Fangarme erbeuten. Daneben beherbergen sie *Algen* als Symbionten (▶ Bild 3). Die Symbiose reagiert empfindlich auf Temperaturschwankungen. Eine Erhöhung um ein Grad über die durchschnittliche Temperatur des wärmsten Monats versetzt die Algen in eine Art Schockzustand. Sie produzieren aggressive, giftige Moleküle. Daraufhin werden sie vom Korallenpolypen nach und nach abgestoßen. Dieses Zerbrechen der symbiontischen Partnerschaft wird als *Korallenbleiche* bezeichnet.

Aufgaben
3 Beide Partner profitieren von Endprodukten grundlegender Stoffwechselreaktionen. Erläutere anhand von Reaktionsgleichungen diese Stoffwechselsymbiose.
4 Überlege, welche Folgen die Korallenbleiche hat.
5 Infolge des Verbrauchs eines Stoffs durch die Algen verschiebt sich in den Polypenzellen das Reaktionsgleichgewicht vom löslichen Calciumhydrogencarbonat zum schwer löslichen Calciumcarbonat. Wofür ist diese Verschiebung des Gleichgewichts Voraussetzung?

Symbiosen zwischen Tieren. In Korallenriffen halten sich zwischen den Fangarmen der *Seeanemonen*, die zu den Hohltieren gehören, häufig *Anemonenfische* auf (▶ Bild auf Seite 102). Sie sind hier vor Fressfeinden sicher. Aber wie schützen sich die Fische vor dem lähmenden Nesselgift? Die Körperoberfläche der Seeanemonen ist mit einem Schutzstoff überzogen, der verhindert, dass sich die Fangarme gegenseitig nesseln. Die Fische übertragen diesen schützenden Film durch vorsichtige Berührung mit den Seeanemonen allmählich auf ihre Haut. Die Anemonenfische wiederum greifen kleine Kaiser- und Falterfischarten an, die ohne Schaden zu nehmen die Fangarme der Seeanemone abknabbern und diese dadurch schädigen können.

Aufgaben
1. Ameisen leben oft in Symbiose mit Blattläusen. Finde Beispiele und erläutere die Vorteile, die die Insekten aus dieser Partnerschaft ziehen.
2. Der Putzerlippfisch (▶ Bild 1) sucht die Haut und die Kiemen größerer Fische nach Parasiten ab. Der Säbelzahnschleimfisch beißt blitzschnell aus der Haut der Putzerkunden kleine Fleischstücke heraus. Interpretiere die Wechselbeziehungen dieser Fische.

1 Putzerlippfisch und Säbelzahnschleimfisch

Stickstofffixierung. Manche Pflanzen, besonders *Schmetterlingsblütengewächse* wie Soja, Lupine, Klee oder Robinie, bilden an den Wurzeln kleine Verdickungen, sogenannte *Wurzelknöllchen*, aus, in deren Zellen bestimmte Bakterien als Endosymbionten leben (▶ Bild 2). In einer komplizierten Abfolge chemischer Reaktionen, an denen beide Symbiosepartner beteiligt sind, wandeln die Knöllchenbakterien den Luftstickstoff (N_2) mithilfe spezieller Enzyme zu Ammoniak (NH_3) um, das von der Pflanze zuerst zu Aminosäuren und weiter zu Proteinen umgesetzt wird. Diese *Stickstofffixierung* macht die Schmetterlingsblütengewächse unabhängig von stickstoffhaltigen Mineralstoffen des Bodens. Damit sind sie besonders auf stickstoffarmen Standorten im Vorteil. Allerdings müssen sie rund 12 % ihrer Fotosyntheseleistung an ATP dafür aufwenden. Die Bakterien entziehen den Pflanzen organische Nährstoffe.

2 Lupinenwurzel mit Wurzelknöllchen

Aufgabe
3. Wie kann man in der Landwirtschaft diese Symbiose als „Gründüngung" umweltschonend einsetzen?

> **Versuch**
> Symbionten aus dem Rinderpansen
>
> **Material:** Panseninhalt (vom Schlachthof; für den Transport ist ein Thermogefäß nötig; Haltbarkeit höchstens 1 Tag bei 37 °C im Brutschrank), Mikroskop und Zubehör
> - Entnimm dem Thermogefäß mit einer Pipette einige Tropfen Panseninhalt.
> - Bringe eine kleine Probe auf einen Objektträger.
> - Lege ein Deckglas auf und mikroskopiere zuerst bei kleiner Vergrößerung. Unterscheide Pflanzenteile und Mikroorganismen.
> - Mikroskopiere einzelne Mikroorganismen bei einer etwa 400-fachen Vergrößerung.
> - Skizziere die einzelnen Organismen. Finde heraus, ob es sich um Wimpertierchen oder um Bakterien handelt. Beobachte die Art der Fortbewegung und der Nahrungsaufnahme.
>
>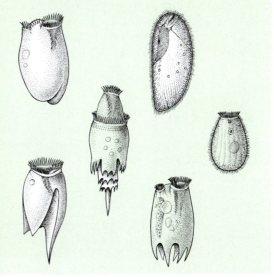

Pilze und ihre Ernährungsstrategien

1 Einheimische Pilze (**!** bedeutet Giftpilz). 1 Steinpilz, 2 Speisemorchel, 3 Fliegenpilz**!**, 4 Pantherpilz**!**, 5 Grüner Knollenblätterpilz**!**, 6 Schafchampignon

Ernährung. *Pilze* sind heterotrophe Organismen. Sie zersetzen Nahrungsquellen außerhalb der Zellen mithilfe von abgesonderten Enzymen in kleine organische Moleküle, die sie absorbieren und als Baustoffe bzw. Energieträger nutzen. Pilze spielen in Ökosystemen wichtige Rollen als *Zersetzer* (*Destruenten* oder *Saprobionten*), *Symbionten* und *Parasiten*.
Saprobionten („Fäunisbewohner") leben von totem organischem Material, das sie zersetzen. So nehmen sie, wie auch heterotrophe Bakterien, Protein- und andere Nährstoffmoleküle aus Tierleichen, tierischen Ausscheidungen oder toten Pflanzen wie umgestürzten Bäumen und Falllaub auf. Symbiontische Pilze absorbieren Nährstoffe von lebenden Wirten, nützen diesen aber auch durch Gegenleistungen. Parasitische Pilze, die für etwa 80 % aller Pflanzenkrankheiten verantwortlich sind, schädigen die Zellen lebender Wirte durch den Entzug von Baustoffen und Energieträgern.

Bau und Entwicklung. Mit Ausnahme der einzelligen Hefen bestehen Pilze aus verzweigten, feinen Einzelfäden, den sogenannten *Hyphen*, die ein watteähnliches Geflecht, das *Myzel*, bilden. Dieses kann sich mehrere Hundert Quadratmeter oder sogar Quadratkilometer im Boden oder in anderen Substraten ausdehnen. Die Zellwände der Pilze bestehen aus *Chitin*. Ein Myzel kann auf der Suche nach Nahrung in feuchtwarmer Umgebung und bei gutem Nährstoffangebot bis zu einen Kilometer Hyphen täglich bilden. Die meisten Pilze vermehren sich geschlechtlich und ungeschlechtlich durch die Bildung von *Sporen* (▶ Bild 2). Diese werden bei den *Hutpilzen* in den oberirdischen Pilz- oder Fruchtkörpern gebildet, die durch eine sehr enge Verflechtung zahlreicher Hyphen entstehen. Die winzigen Sporen werden beispielsweise auf der Hutunterseite an der Oberfläche von Blättchen (Lamellen) wie bei Fliegenpilz und Champignon oder in Röhren wie beim Steinpilz gebildet.

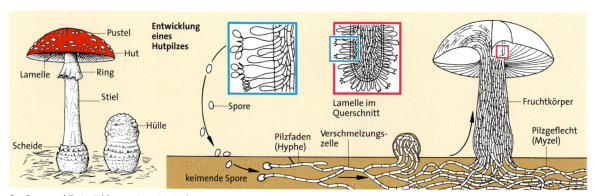

2 Bau und Entwicklung eines Hutpilzes

Pilze: Symbionten und Parasiten

1 Mykorrhiza

2 Landkartenflechte

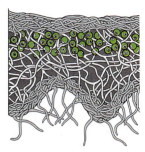

3 Bau einer Flechte

Symbiontische Pilze. *Mykorrhizen* sind Symbiosen zwischen Pilzen und Pflanzenwurzeln (▶ Bild 1). Entweder umspinnen die Pilzhyphen die Wurzeln wie ein Mantel und wachsen von dort in das umgebende Erdreich und in die Wurzelrinde ein. Meistens umgibt aber ein lockeres Myzel die Wurzeln. Wie feine Wurzelhärchen dringen die Pilzfäden in den Boden und in die Wurzelzellen ein (ähnlich einem Finger, den man in einen Luftballon eindrückt). Die Zellmembran wird dabei nicht durchbrochen. Trotzdem kommt es an den Einstülpungen zum Stoffaustausch. Pro Zentimeter Wurzellänge können sich mehr als drei Meter Pilzhyphen in den Boden ausdehnen und so die Oberfläche für die Wasser- und Mineralstoffaufnahme enorm vergrößern. Die Pilze geben auch antibiotisch wirkende Substanzen ab, die die Pflanze vor pathogenen Bakterien und parasitischen Pilzen, zum Beispiel dem *Hallimasch*, schützen. Die Pflanze, die keine Wurzelhaare mehr ausbildet, liefert dem Pilz Fotosyntheseprodukte. Etwa 90 % aller Landpflanzen gehen eine Symbiose mit Pilzen ein. Möglicherweise erleichterte diese Partnerschaft auch die Besiedlung des Festlands. Mykorrhizen findet man schon bei Fossilfunden der ersten Pflanzen. In dieser Phase enthielten die Gesteinsböden noch nicht viele leicht verfügbare Mineralstoffe. Pilze können diese viel effektiver als Pflanzen absorbieren. Die Pflanzen, die mit Pilzen eine Symbiose eingingen, hatten somit einen Selektionsvorteil.

Aufgaben
1. Fast alle Waldpilze sind Mykorrhizapilze. Finde eine Erklärung dafür, dass man sie nicht wie Champignons (▶ Seite 112) züchten kann.
2. Die Versauerung der Böden schädigt die Mykorrhizapilze. Erläutere mögliche Folgen, die das Absterben von Pilzmyzelien für die Baumpartner wie Eiche, Buche oder Fichte haben kann.

Flechten stellen eine Symbiose zwischen Algen und Pilzen dar. Nur in der Gemeinschaft beider Partner entsteht die Gestalt der Flechten, die im Wesentlichen vom Pilz bestimmt wird. Typisch für die Flechten sind spezielle Stoffe, von denen einige die feste Gesteinsunterlage in lösliche Mineralien zersetzen können.

Aufgaben
3. Erläutere den Transfer von Stoffen und ordne sie grundlegenden Stoffwechselvorgängen zu.
4. Nenne die ökologischen Vorteile, die die Flechtenpartnerschaft dem Pilz bzw. der Alge eröffnet.
5. Finde heraus, warum Flechten als Pionierpflanzen bezeichnet werden und an Extremstandorten zum Beispiel im Hochgebirge oder in Wüsten siedeln können.

Parasitische Pilze. Der *Hallimasch* (▶ Bild 4), ein Hutpilz, wächst als Parasit auf den Baumwurzeln und ruft die Wurzelfäule hervor, an der die betroffenen Bäume zugrunde gehen. Sobald die Wirtspflanze abgestorben ist, gibt der Pilz seine parasitäre Lebensweise auf und ernährt sich saprophytisch von den organischen Stoffen, die er dem toten Baum entnimmt. *Mehltaupilze* (▶ Bild 5) überziehen Blätter und Früchte von Pflanzen wie ein Spinngewebe mit weißen Zellfäden. Sie dringen in das Gewebe ein und entziehen dem Wirt so viele Nährstoffmoleküle, dass Blätter und Früchte verdorren und abfallen.

4 Hallimasch

Der *Fußpilz* (▶ Bild 6), ein Hautpilz, ernährt sich von Hautzellen und den im Schweiß enthaltenen Mineralien. Eine Infektion durch infizierte Hautschuppen erfolgt zum Beispiel in Duschen oder Saunen. Der gegenüber Seifen unempfindliche Pilz muss über mehrere Wochen mit Medikamenten behandelt werden.

5 Mehltau

6 Fußpilz

Pilze: Saprobionten

1 Champignonzucht

Zu den saprophytischen Hutpilzen zählt der *Champignon*, der bevorzugt auf Dung von Weidevieh wächst und auch in feuchten Räumen auf Pferdemist gezüchtet werden kann (▶ Bild 1).

Viele *Porlinge* sind wichtige Destruenten von Holz. Das Myzel durchdringt abgestorbene Baumstämme und -stümpfe. Bei guter Nährstofflage bilden sie holzige Fruchtkörper aus. Die Tätigkeit der Pilze und anderer Destruenten lässt das Holz morsch und letztlich zu Humus werden.

Schimmelpilze wachsen auf den verschiedensten Substraten wie Brot, Früchten, Milch oder Leder. Verschiedene Arten der Gattungen Gießkannenschimmel *Aspergillus* und Pinselschimmel *Penicillium* (▶ Nachgehakt: Penicillin und seine Entdeckung) sind darauf spezialisiert, sich von Zucker zu ernähren, den sie entweder unmittelbar verwerten oder aus Stärke gewinnen. Ihre Ausscheidungsstoffe verändern den Geschmack und das Aussehen der Nahrungsmittel, auf beziehungsweise in denen sie wachsen. Einige Schimmelpilze erzeugen giftige, teilweise krebserregende Stoffe wie die *Aflatoxine*. Andere Arten, die auf Milch oder auf Käse wachsen, züchtet man und fügt sie dem Rohkäse zu, weil sie den Geschmack vorteilhaft verändern. Geschmack und Aussehen des Camembert, Roquefort oder Gorgonzola werden durch Penicillium-Arten geprägt.

Hefen sind meist einzellige Pilze, die feuchte oder flüssige Standorte wie Pflanzensäfte besiedeln. Sie bauen den aufgenommenen Zucker, zum Beispiel Glucose, aerob oder anaerob ab. Bei diesem *Gärungsprozess* entsteht neben Kohlenstoffdioxid Ethanol (▶ alkoholische Gärung, Seite 35).

2 Verschimmeltes Brot

NACHGEHAKT: PENICILLIN UND SEINE ENTDECKUNG

Die Entdeckung des Antibiotikums Penicillin geht auf einen Zufall zurück. 1928 beobachtete der schottische Bakteriologe *Alexander Fleming* (* 6. August 1881 im schottischen Lochfield, † 11. März 1955 in London), dass auf einer stehen gebliebenen Bakterienkultur, die er entsorgen wollte, ein grünlicher Pilz wuchs. Bei genauerer Betrachtung sah er, dass sich im direkten Umfeld des Pilzes die Bakterienkultur nicht mehr entwickelte. Fleming vermutete, dass der Pilz (Penicillium notatum) einen Stoff ausscheidet, der das Bakterienwachstum hemmt, und er versuchte als Erster, dieses Phänomen mit wissenschaftlichen Methoden zu untersuchen. Es gelang ihm nachzuweisen, dass Penicillin nicht bei allen Bakterien wirksam ist. Auch auf weiße Blutkörperchen, auf menschliche Zellen oder auf Kaninchen hatte es keine schädigende Wirkung. Die chemischen Kenntnisse reichten damals allerdings noch nicht aus, die wirksame Substanz aus dem Pilz zu isolieren. Flemings Veröffentlichungen blieben über zehn Jahre unbeachtet. Im Rahmen umfangreicher Forschungsarbeiten auf der Suche nach einem Medikament gegen bakterielle Wundinfektionen wurden Flemings Untersuchungen nach Ausbruch des Zweiten Weltkriegs wieder aufgegriffen. Der Stoff konnte isoliert und seine chemische Struktur aufgeklärt werden. Ab 1944 erfolgte die großtechnische Herstellung von Penicillin. Heute wird es von eigens gezüchteten Hochleistungspilzkulturen in industriellem Maßstab synthetisiert.

Fleming wurde für seine Arbeit vielfach geehrt. 1944 erhielt er den Adelstitel und ein Jahr später wurde ihm der Nobelpreis für „die Entdeckung des Penicillins und seiner heilenden Wirkung bei verschiedenen Infektionskrankheiten" zuerkannt.

3 Alexander Fleming

Aufgaben

1. Verschiedene Schimmelpilzarten bilden Substanzen wie das Penicillin, die als Antibiotika eingesetzt werden. Finde eine Erklärung für die Produktion antibiotischer Wirkstoffe unter natürlichen Bedingungen.
2. Begründe die Tatsache, dass man Marmelade auch nach der Entfernung eines oberflächlichen Schimmelbelags nicht mehr essen sollte.

Konkurrenz und Koexistenz

1 Nahrungskonkurrenz zwischen Hyäne und Schakal

2 Gemischte Herde in der afrikanischen Savanne

Formen der Konkurrenz. Hyänen vertreiben Schakale vom Aas. Männchen der Wildbiene Anthidium greifen die kräftigeren Hummeln im Rammflug an, wenn diese sich Blüten nähern, an denen ein Anthidium-Weibchen Nektar holen könnte. Dohlen und Stare sind Höhlenbrüter. Sie verteidigen Baumhöhlen sowohl gegen Artgenossen als auch gegen andere Arten. Diese direkte Einwirkung auf *Konkurrenten* ist für Tiere typisch. Der Konkurrenzkampf unter Pflanzen ist nicht so offensichtlich wie bei Tieren, doch findet er als Wettbewerb um Licht und als Entzug von Wasser und Ionen ebenso statt (▶ Seite 98). Zur Konkurrenzkraft der Pflanzen tragen Eigenschaften wie Toleranz von Beschattung, Trockenheit oder Parasitenbefall, Saugkraft, Keimungsgeschwindigkeit oder Wuchsleistung bei. Manche Pflanzen wie Walnuss oder Bärlauch scheiden *wachstumshemmende Substanzen* aus und unterdrücken so konkurrierende Arten. Mikroorganismen wie Schimmelpilze geben *Hemmstoffe* ab, die in der Medizin als *Antibiotika* eingesetzt werden. Lebewesen, die gleiche Ressourcen nutzen, konkurrieren bei deren Verknappung untereinander; bei Angehörigen verschiedener Arten kommt es zu *zwischenartlicher,* bei Mitgliedern derselben Art zu *innerartlicher Konkurrenz.*

Als Folgen können die Überlebensfähigkeit, das Wachstum und die Fortpflanzungsrate der unterlegenen Art vermindert sein. Konkurrenz ist ein wichtiger Faktor, der sowohl die gegenwärtige Verbreitung und Häufigkeit von Arten als auch deren Evolution beeinflusst.

Koexistenz. Normalerweise leben Artgenossen und miteinander konkurrierende Arten im gleichen Lebensraum. Sie *koexistieren*, auch wenn die Individuenzahl Schwankungen unterliegen kann. So leben in der afrikanischen Savanne Pflanzenfresser wie Zebras, Gnus, Thomson-Gazellen und mehrere Antilopenarten in großen Herden zusammen oder nebeneinander. Löwen, Geparden und Leoparden jagen dieselbe Beute; Hyänen, Schakale und bis zu sechs Geierarten fressen am gleichen Aas.

Aufgaben

1 Beschreibe und interpretiere das natürliche Vorkommen einiger einheimischer Baumarten, die alle ähnliche Ansprüche an Kalkgehalt und Feuchtigkeit des Bodens stellen (▶ Bild 3).

2 Die Waldkiefer ist mit 23 % nach der Fichte die zweithäufigste Baumart in Deutschland. Finde für diese Tatsache eine Erklärung.

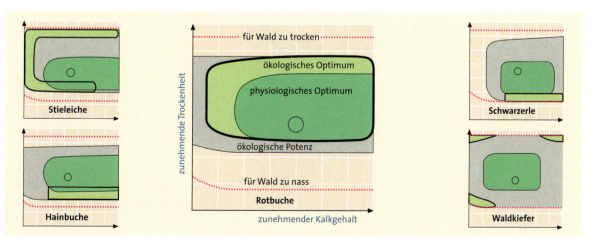

3 Physiologisches und ökologisches Optimum verschiedener einheimischer Baumarten

Ökologische Nische

Das Konzept der ökologischen Nische. Weshalb können viele Arten nebeneinander existieren? Bereits *Charles Darwin* stellte zu dieser Frage Überlegungen an und schrieb in seinem 1839 verfassten Reisebericht, dass „eine einzelne Art in verschiedener Weise für verschiedene Zwecke abgewandelt worden" sei. Im Laufe der Evolution werden also von Arten Aufgaben übernommen, die von der Natur „bereitgestellt" werden. Darwins Erklärungsmodell der Koexistenz der Arten wurde inzwischen durch andere, teils kontrovers diskutierte Konzepte ersetzt.

Koexistenz sollte dann möglich sein, wenn Arten einer Biozönose Umweltfaktoren und Ressourcen unterschiedlich nutzen oder sich zumindest in einem wesentlichen Umweltanspruch unterscheiden. Man sagt vielfach, dass Arten unterschiedliche *ökologische Nischen* besetzen, um Konkurrenz zu vermeiden. Nach heutigem Verständnis beschreibt die ökologische Nische die *Gesamtheit der Beziehungen zwischen einer Art und ihrer Umwelt*. Die ökologische Nische kann anschaulich als der „Beruf" einer Art beschrieben werden. Die Organismen können theoretisch verschiedene Bereiche ihrer Umwelt nutzen, die im Rahmen ihrer genetisch vorgegebenen ökologischen Potenzen und der im Laufe der Evolution erworbenen Anpassungen liegen. In der Natur ist die Nutzung der Umweltfaktoren und Ressourcen vor allem durch die Konkurrenz von Arten mit ähnlichen ökologischen Nischen oder durch Räuber immer eingeschränkt. Dadurch kann sich die Nische einer Art in verschiedenen Lebensgemeinschaften bzw. Artengesellschaften mitunter auch verschieben.

In der Praxis ist es selbst für gut untersuchte Tier- und Pflanzenarten außerordentlich schwierig, ein komplettes ökologisches „Berufsfeld" zu erstellen, also die ökologische Nische vollständig zu erfassen, zu beschreiben oder gar darzustellen. Ein Koordinatensystem etwa, das sämtliche Umweltansprüche einer Art aus *n* Faktoren schematisieren wollte, wäre ein kaum überschaubares multidimensionales Beziehungsgefüge. Oft beschränkt man sich deshalb auf die Betrachtung einzelner Dimensionen, zum Beispiel der *Nahrungsnische*.

Nahrungsnischen verschiedener Watvogelarten. Wenn an der Nordseeküste das Watt bei Ebbe trockenfällt, sieht man dort Watvögel in großer Zahl auf Nahrungssuche. Bei genauer Beobachtung erkennt man, dass und wie sich die einzelnen Arten in ihrer Ernährungsweise unterscheiden (▶ Bild 1):

- Sie suchen unterschiedliche Wattbereiche ab: Sand- oder Schlickflächen, die Ränder der tiefen Priele, Seichtwasser, Muschelbänke oder den Spülsaum.
- Sie spüren die Beute in unterschiedlicher Boden- oder Wassertiefe auf.
- Manche erwerben die Beute durch Aufpicken, andere durch Ablesen, Zustechen, Stochern, Einbohren, Pflügen, Sondieren, Stöbern, Hämmern oder Säbeln.
- Jede Art hat ein eigenes Nahrungsspektrum. Es variiert nicht nur nach der Art der Beute, sondern auch nach deren Größe und Entwicklungsphase.

Eine vergleichbare ökologische Spezialisierung gilt auch für Brutplätze, Rastplätze bei Flut, Überwinterungsquartiere, Aktivitätszeiten und andere biotische und abiotische Faktoren. Zusammengenommen ergeben sie die spezifische ökologische Nische einer Art.

Aufgabe

1. Beschreibe die ökologische Nische einer selbst gewählten Pflanzen- oder Tierart.
2. Nenne Basiskonzepte, die sich zur Erklärung des Konzepts der ökologischen Nische eignen. Erläutere!

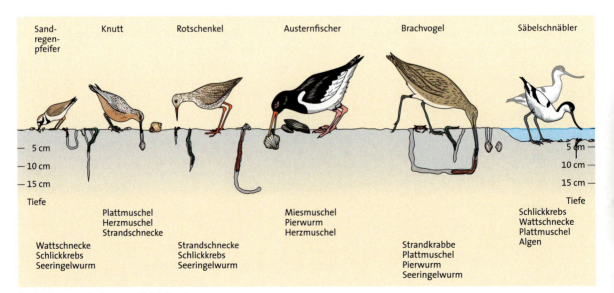

1 Nahrungsnischen von Watvögeln

Konkurrenzausschlussprinzip und innerartliche Konkurrenz

Konkurrenz um Ressourcen führt dazu, dass konkurrenzschwache Arten weniger optimale Bereiche besiedeln müssen. Welche Folge hat eine Konkurrenz zweier Arten, die in allen wesentlichen Umweltansprüchen übereinstimmen?

Konkurrenzausschlussprinzip. Der russische Biologe *Gause* untersuchte 1934 die Auswirkungen der zwischenartlichen Konkurrenz an zwei Pantoffeltierarten. Er kultivierte sie unter genau festgelegten und stabil gehaltenen Bedingungen in kleinen Aquarien. In getrennten Kulturen entwickelten sich beide Paramecium-Arten mit annähernd gleicher Geschwindigkeit. Die Zahl der Einzeller pro Milliliter erreicht nach einer gewissen Zeit einen Maximumwert. Es fällt lediglich auf, dass bei *Paramecium aurelia* ein etwas höheres Maximum rascher erreicht wird als bei *Paramecium caudatum*. In einer Mischkultur wird *P. caudatum* bereits nach wenigen Tagen von *P. aurelia* verdrängt. *Gause* schloss daraus, dass Arten, die um dieselben Ressourcen konkurrieren, auf Dauer nicht im gleichen Lebensraum existieren können (*Konkurrenzausschlussprinzip*).

Anders verhält es sich in einer Mischkultur von *P. aurelia* und *P. bursaria*, einer weiteren Paramecium-Art. Beide Arten können koexistieren. Bei *P. aurelia* liegt die Maximumgrenze etwas niedriger als in Reinkultur, bei *P. bursaria* liegt sie etwa bei der Hälfte von *P. aurelia*.

Aufgaben
1. Stelle den prinzipiellen Verlauf der Wachstumskurven der Rein- und Mischkulturen der verschiedenen Paramecium-Arten grafisch dar und begründe dein Vorgehen.
2. Wie könnte man erklären, dass in Mischkultur *P. caudatum* ausstirbt und *P. aurelia* dominiert?
3. Versuche zu erklären, dass *P. aurelia* und *P. bursaria* koexistieren können.
4. Überlege, ob man das Laborexperiment von Gause auf natürliche Lebensgemeinschaften übertragen kann.

Beispiel: Grauhörnchen – Eichhörnchen. Seit 1889 wurden in England mehrmals mehrere Hundert Amerikanische Grauhörnchen ausgesetzt. Während der Bestand des größeren und kräftigeren Grauhörnchens bis heute auf mehrere Millionen Exemplare angewachsen ist, nahm die Zahl der Europäischen Eichhörnchen im gleichen Zeitraum stetig ab. Heute besiedeln die Grauhörnchen bei nicht mehr weiter zunehmenden Beständen die Laubwälder der Niederungsgebiete, während die Eichhörnchen fast nur noch in den Nadelwäldern der Mittelgebirge Großbritanniens anzutreffen sind.

Aufgaben
5. Versuche die Bestandsveränderungen von Amerikanischem Grauhörnchen und Europäischem Eichhörnchen zu erklären.
6. Deute in diesem Zusammenhang den neueren Befund, dass die Grauhörnchen gegen ein von ihnen eingeschlepptes Virus immun sind, während sich das lebensbedrohliche Virus bei den Eichhörnchen offenbar epidemisch ausgebreitet hat.

Konkurrenz unter Artgenossen. Konkurrenz ist nicht auf Angehörige verschiedener Arten beschränkt. Vielmehr müssten Individuen derselben Art mit identischer ökologischer Nische die schärfsten Konkurrenten sein, da sie genau dieselben Ressourcen beanspruchen. Andererseits leben Tiere zumindest zeitweise mit einem Geschlechtspartner oder dauerhaft in sozialen Verbänden zusammen. Artgenossen sind für die sexuelle Fortpflanzung nötig, können das Auffinden von Nahrungsquellen erleichtern, erhöhen oft Schutz und Sicherheit und bieten Chancen zum Lernen.

3 Konkurrenzkampf zwischen Mäusebussarden

Um die *innerartliche Konkurrenz* zu vermindern, haben sich spezifische Verhaltensmechanismen herausgebildet, wie die weit verbreitete Abgrenzung von *Revieren*. Sie schafft vor allem für die Fortpflanzung einen weitgehend konkurrenzfreien Raum, der allerdings zunächst im Konkurrenzkampf errungen und behauptet werden muss (▶ Bild 3).

Aufgabe
7. Suche Beispiele für akustische, optische und chemische Reviermarkierung. Erkläre, inwieweit diese eine Angepasstheit an die Lebensweise der jeweiligen Tierart darstellt.

1 Amerikanisches Grauhörnchen

2 Europäisches Eichhörnchen

Voraussetzung für die Konkurrenzverminderung: Genetische Variabilität

Angehörige einer Art, die gleichzeitig im selben Gebiet leben und sich uneingeschränkt untereinander fortpflanzen können, nennt man *Population*. Beispiele sind Forellen in einem Bach, Regenwürmer in einem Rasen oder Hainbuchen einer Region. Alle Mitglieder einer Population sind weitgehend denselben Umweltfaktoren ausgesetzt und konkurrieren um dieselben Ressourcen.

Variabilität in Populationen. Auch wenn Individuen einer Population gleich erscheinen, gibt es doch deutliche *Merkmalsunterschiede*. Die meisten sind erblich und beziehen sich auf physiologische Merkmale (Kälteresistenz, Enzymaktivität), andere Unterschiede betreffen das Aussehen (unterschiedliche Gefiederfärbung, etwas längerer Schnabel) oder Verhaltensweisen wie verändertes Zugverhalten. Kann eine Variante aufgrund ihrer weiteren ökologischen Potenz zum Beispiel Parasiten wirksamer abwehren als andere Mitglieder der Population oder konkurrierende Arten dieser Lebensgemeinschaft, kann sie durchschnittlich mehr Nachkommen hervorbringen. Dieser *Selektionsvorteil* erhöht die Häufigkeit der Variante in der Population. So verändert sich aufgrund der Klimaerwärmung das Zugverhalten vieler Vogelarten. Immer mehr Kurzstreckenzieher wie das Rotkehlchen oder Teilzieher wie der Buchfink verbringen den Winter inzwischen bei uns. Etwa die Hälfte der Individuen überwintert derzeit noch im Mittelmeerraum.

Aufgabe
1 Aufgrund welcher Selektionsvorteile könnten Standvogelpopulationen bei einer Klimaerwärmung rasch zunehmen?

Besondere Probleme bekommen später heimkehrende Langstreckenzieher wie der Wendehals, der in bereits vorhandenen Baumhöhlen brütet. Die Kohlmeise als Standvogel und früher heimkehrende Kurzstreckenzieher wie der Star besetzen schon zeitig entsprechende Brutreviere. Die Klimaerwärmung könnte Langstreckenzieher allmählich aus unserer Vogelwelt verdrängen. Bei etwa 15 Vogelarten, wie Mehlschwalbe und Weißstorch, gibt es aber bereits Varianten, die nicht mehr südlich der Sahara, sondern im Mittelmeerraum überwintern.

Bildung neuer Arten. Aufgrund genetischer Variationen kann sich eine Art im Evolutionsverlauf in eine andere umwandeln. Haben bestimmte Varianten Vorteile gegenüber der Stammform, kann es zur Aufspaltung in mehrere neue Arten kommen, wenn das Ökosystem geeignete *ökologische Planstellen (Lizenzen)* anbietet. Darunter versteht man „Stellenangebote" eines Ökosystems, die sich aus den vielfältigen Kombinationsmöglichkeiten der abiotischen und biotischen Faktoren ergeben. Dies ist vor allem möglich, wenn eine Stammart in eine neue Umwelt gelangt, die viele ökologische Lizenzen anbietet und in der kaum Konkurrenz existiert, wie die Neubesiedlung von Inseln. Durch Selektion vorteilhafter Varianten können sich Populationen schnell an veränderte Umweltbedingungen anpassen. Bei den Darwinfinken der Galapagosinseln änderte sich die Schnabelform innerhalb weniger Jahre, nachdem sich das Nahrungsangebot nach einem regenreichen Jahr gewandelt hatte (▶ Bild 2).

Aufgaben
2 Vergleiche die Bänderung der Hainbänderschnecken in Wiesen, Hecken und im Wald (▶ Bild 1). Suche eine Erklärung für die unterschiedliche Häufigkeit.
3 Überlege, welche Nahrung die Variation der Schnabelhöhe bei den Darwinfinken beeinflussen könnte.

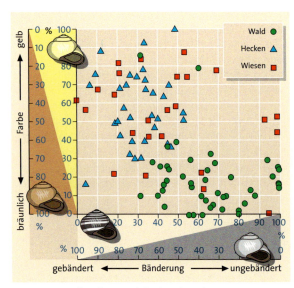

1 Varianten bei der Hainbänderschnecke

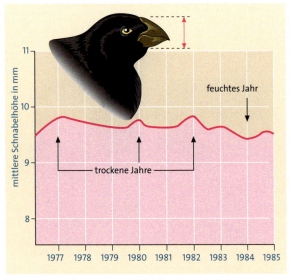

2 Variation der Schnabelhöhe bei Darwinfinken

Konkurrenzverminderung durch Ressourcenaufteilung: Bildung ökologischer Nischen

1 Graugans
2 Krickente
3 Stockente
4 Spießente
5 Höckerschwan
6 Reiherente

1 Nahrungserwerb von Entenvögeln

Ressourcenaufteilung. Die Variabilität innerhalb einer Population ermöglicht auch die Ausbildung neuer ökologischer Nischen. Kann eine Art ein anderes Spektrum an Ressourcen nutzen und somit der Konkurrenzsituation entgehen, spricht man von *Nischendifferenzierung* oder *Ressourcenaufteilung*. Ein Beispiel stellen die nahe verwandten Entenvögel dar, die mit zahlreichen Arten an unseren Gewässern koexistieren (▶ Bild 1).

Aufgaben
1. Versuche herauszufinden, inwiefern sich die Nahrungsnischen von Graugans, Höckerschwan, Stock-, Spieß-, Krick- und Reiherente unterscheiden.
2. Mäusebussard, Turmfalke, Habicht, Sperber, Schleiereule und Waldkauz sind in Deutschland verbreitete Beutegreifer. Informiere dich über die ökologische Nische dieser Vogelarten und vergleiche.
3. Bei vielen Greifvogelarten unterscheiden sich Männchen und Weibchen in der Körpergröße deutlich voneinander. Finde Beispiele und erkläre.
4. Alpenrosen sind in den Gebirgslagen Eurasiens weit verbreitet. Versuche das unterschiedliche Vorkommen der Bewimperten Alpenrose und der Rostblättrigen Alpenrose zu erklären (▶ Bild 2).

Die behaarten Körperregionen des Menschen sind Lebensraum zweier blutsaugender Läusearten. Die Filzlaus lebt in der Scham- und eventuell noch in der Achselbehaarung, die Kopflaus siedelt ausschließlich im Kopfhaar.

Aufgabe
5. Überlege dir Gründe, weshalb die beiden Läusearten den Lebensraum der konkurrierenden Art meiden.

Eine unterschiedliche Nutzung von Ressourcen, wie wir sie heute beobachten, kann als „Folge vergangener Konkurrenz" betrachtet werden. Für heute lebende Arten hat die Einnischung bereits in der Vergangenheit begonnen. Die Nischenvielfalt ist somit ein indirekter Beweis einer früheren zwischen- oder innerartlichen Konkurrenzsituation, die durch Ressourcenaufteilung gelöst wurde.

Aufgaben
6. Könnten außer Konkurrenz auch andere Faktoren zur Ausbildung unterschiedlicher ökologischer Nischen in einer Lebensgemeinschaft geführt haben? Begründe deine Ansicht.
7. Vergleiche die ökologischen Nischen von „Generalisten" wie Hausmaus und „Spezialisten", zum Beispiel dem Biber. Suche weitere Beispiele.

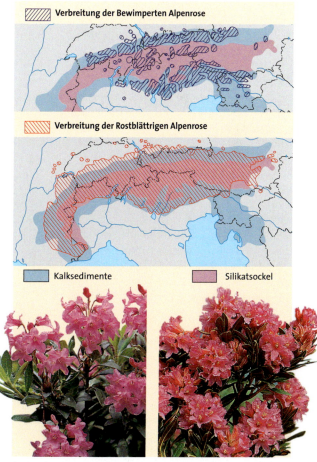

2 Vorkommen und Verbreitung von Bewimperter Alpenrose (links) und Rostblättriger Alpenrose (rechts)

Stellenäquivalenz und Lebensformtyp

1 Stocherjäger auf Bäumen

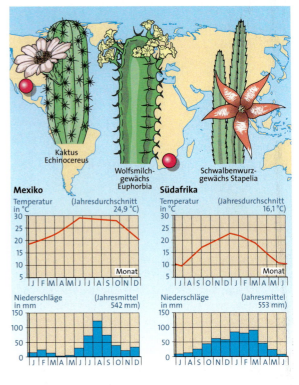

2 Sukkulenz

Spechte sind nach Merkmalen und Lebensweise unverwechselbar: Mit *Meißelschnabel, Harpunenzunge, Kletterfüßen* und *Stützschwanz* sind sie an ein Leben als Baumkletterer angepasst. Durch Hacken und Stochern erbeuten sie versteckt lebende Insekten unter der Rinde, in Spalten, Ritzen und Holz.

Alle 200 Spechtarten auf der Erde stimmen in diesen Merkmalen weitgehend überein und bilden ähnliche ökologische Nischen. Sie sind weltweit verbreitet und fehlen, außer in den Polargebieten, nur in Australien, Neuguinea, Madagaskar und einigen anderen Inseln. Hier wird der Beruf des baumbewohnenden Hack- und Stocherjägers von anderen Vogel- und Säugetierarten ausgeübt, die als „funktionelle Spechte" bezeichnet werden, auch wenn sie mit den Spechten nicht verwandt sind (▶ Bild 1). Sie bilden im Wesentlichen deren ökologische Nischen und nehmen in ganz anderen Lebensgemeinschaften entsprechende „Stellen" ein.

Stellenäquivalenz. Überall auf der Erde, wo vergleichbare Lebensbedingungen herrschen, der Lebensraum also vergleichbare ökologische Lizenzen vergibt, haben Lebewesen die Möglichkeit, ähnliche ökologische Nischen zu bilden. Werden diese von verschiedenen Arten in ähnlicher Weise genutzt, spricht man von *Stellenäquivalenz*. So nehmen *Nektarvögel* in Afrika und *Honigfresservögel* in Australien die Stelle der Nektar trinkenden *Kolibris* des amerikanischen Kontinents ein.

Wolfsmilch- und *Schwalbenwurzgewächse* entsprechen als *Stammsukkulenten* (Pflanzen, die in ihrem Stamm Wasser speichern) in Afrika ökologisch den *Kakteen* Amerikas (▶ Bild 2).

Stellenäquivalenz erkennt man in der Regel daran, dass nicht verwandte Lebewesen übereinstimmende Anpassungen aufweisen. In ihrer Gesamtheit ergeben sie einen bestimmten *Lebensformtyp:*
- Der „Kolibrityp" besitzt einen langen, leicht gebogenen Schnabel mit Pinselzunge.
- Der „Kakteentyp" ist sukkulent und bedornt oder enthält einen giftigen Milchsaft.

Die Anpassungsähnlichkeit hat sich im Verlauf vieler Generationen unter ähnlichen Umweltbedingungen und Selektionsdruck, unabhängig von Verwandtschaft, entwickelt. Man spricht von *Konvergenz*.

Aufgaben
1. Informiere dich über die auf dieser Seite abgebildeten Tiere und Pflanzen und erstelle Steckbriefe.
2. Erkläre anhand von Bild 2, unter welchen klimatischen Bedingungen die ökologische Lizenz für den Kakteentyp in einem Lebensraum vergeben wird.
3. Informiere dich, welche Konvergenzen sich in Australien bei den Beuteltieren im Vergleich zu den Plazentatieren auf den anderen Kontinenten entwickelt haben.

Zusammenfassung!

■ Lebewesen beeinflussen sich gegenseitig
Die komplexen Beziehungen zwischen Lebewesen bezeichnet man als biotische Faktoren. Sie modifizieren die Wirkung der abiotischen Faktoren innerhalb der ökologischen Potenz einer Art. Deshalb unterscheiden sich oft physiologisches und ökologisches Optimum. Die wichtigsten biotischen Faktoren sind Nahrungs- und Konkurrenzbeziehungen. Es handelt sich dabei um Wechselbeziehungen, die sich in der Regel nur verstehen lassen, wenn man die biologische Evolution der Arten berücksichtigt.

■ Wechselbeziehungen zwischen Lebewesen
Die Fressfeind-Beute-Beziehung ist für alle Tiere existenziell. Pflanzen sind als Nahrungsquelle in diese biotische Beziehung eingebunden. Organe des Nahrungserwerbs bei den Fressfeinden und Abwehreinrichtungen bei der Beute haben sich vielfach in Koevolution entwickelt.
Die parasitische Lebensweise stellt eine Nahrungsbeziehung mit einseitigem Nutzen für den Parasiten dar. Dieser zeichnet sich oft durch besonders weitreichende Anpassungen an seine Umwelt in Gestalt des Wirtsorganismus aus.
Symbiosen beschreiben Beziehungen zwischen zwei Arten zu wechselseitigem Vorteil. Da Organismen mit symbiontischer Lebensweise in weiten Bereichen der Erde vorherrschen, prägen sie die Biosphäre in besonderem Maße.

■ Ernährungsstrategien der Pilze
Das Reich der Pilze hat im Laufe der Evolution vielfältige, stets heterotrophe Ernährungsstrategien entwickelt. Viele Arten ernähren sich saprobiontisch und spielen als Destruenten im natürlichen Stoffkreislauf eine wichtige Rolle. Der Energiestoffwechsel kann aerob (Atmung) und anaerob (Gärung) erfolgen. Viele Pilze leben in Symbiose mit anderen Organismen (Mykorrhiza, Flechten), andere Arten parasitieren (Hallimasch, Mehltau, Fußpilz).

■ Koexistenz und Konkurrenz als Voraussetzung für ökologische Nischen
Koexistenz von zahlreichen Arten in einem Lebensraum ist das Ergebnis einer vor langer Zeit begonnenen zwischenartlichen und innerartlichen Konkurrenz.
Konkurrenz tritt auf, wenn Artgenossen oder verschiedene Arten die gleichen Ressourcen in einem Biotop nutzen. Konkurrenz kann durch Ressourcenaufteilung vermindert werden. Dies kann auf lange Sicht zur Bildung artspezifischer Nischen führen. Unter einer ökologischen Nische versteht man die Gesamtheit der Beziehungen zwischen einer Art und ihrer Umwelt. Die ökologische Nische kann man sich anschaulich als den Beruf einer Art vorstellen.
Voraussetzung für die Entwicklung der Artenvielfalt ist die genetische Variation innerhalb einer Population. Unter einer Population versteht man eine Fortpflanzungsgemeinschaft artgleicher Individuen, die in einem bestimmten Gebiet leben.
Unter ähnlichen Lebensbedingungen können unterschiedliche Arten in verschiedenen Lebensräumen ökologische Nischen bilden, die sich weitgehend entsprechen. Die Arten nehmen dann äquivalente Stellen in den jeweiligen Lebensräumen ein und entwickeln gleich gerichtete Anpassungen (Konvergenz).

Alles klar?

1 Seepocken sind Kleinkrebse, die sich an einer Unterlage festkitten und deren weicher Körper ein kegelförmiges, schützendes Kalkgehäuse abscheidet. Larven der Gemeinen Seepocke und der Sternseepocke siedeln sich an Felsen der Nordseeküste im oberen Gezeitenbereich in einer breiten Überlappungszone an. Die Gemeine Seepocke charakterisiert eine starke Wuchsleistung, die Sternseepocke eine hohe Trockentoleranz. Fertige eine Skizze zur Verteilung beider Arten an, die sich nach einer gewissen Zeit zeigt. Begründe deine Anwort unter Verwendung der genannten Fachbegriffe.

2 Erkläre die Tatsache, dass sich Jugend- und Altersstadien im Tierreich häufig biologisch sehr stark unterscheiden. Finde Beispiele.

3 Erkläre die Konvergenz bei Hai, Thunfisch, Wal und Tintenfisch.

Ökosysteme

Auf einem Hektar Regenwald Costa Ricas können mehrere Hundert Baumarten wachsen, ein einziger Baum ist Lebensraum für Dutzende von Aufsitzerpflanzen (Epiphyten) und Hunderte von Tierarten: Tropische Regenwälder sind die Zentren der Artenvielfalt auf der Erde. Über die Hälfte aller Tier- und Pflanzenarten leben hier auf nur 7 % der Landoberfläche. Aber auch ein Buchenwald im Spessart, der Bodensee oder ein Gartenteich bilden komplexe *Ökosysteme*. Wie lassen sich diese Systeme aus einem Biotop und einer Biozönose beschreiben? Die Beziehungen der Lebewesen sind vielschichtig und schwer durchschaubar verflochten. Zudem sind sowohl Ökosysteme als auch Populationen und Biozönosen nicht scharf begrenzt. Gerade Übergangsbereiche zeichnen sich oft durch große ökologische Vielfalt aus. Innerhalb von Ökosystemen laufen zwei dynamische Prozesse ab, der *Kreislauf der Elemente* und der *Energiefluss*. Alle Großökosysteme sind das Ergebnis eines fortwährenden, oft Jahrmillionen zurückreichenden Evolutionsprozesses und unterliegen auch in der Gegenwart und Zukunft stetigen Veränderungen.

Aufgaben

1. Nenne Arten, die typisch für die gezeigten Ökosysteme sind, und beschreibe ihre ökologische Nische.
2. Finde heraus, weshalb die Urwälder Mittelamerikas als „Hotspot der Artenbildung" bezeichnet werden. Beziehe geologische Prozesse in deine Überlegungen mit ein.
3. Versuche zu erklären, weshalb der Kronenraum der Tropenwälder Gegenstand intensiver Forschung sein könnte.
4. Begründe, weshalb man davon spricht, dass Energie durch ein Ökosystem fließt und Elemente innerhalb eines Ökosystems zirkulieren.
5. Könnte ein Ökosystem auch ohne Pflanzen, Tiere, Pilze oder Bakterien längere Zeit funktionieren?
6. Definiere die Begriffe autotroph, heterotroph, fototroph und chemotroph.

Das Aquarium – Modell eines Ökosystems

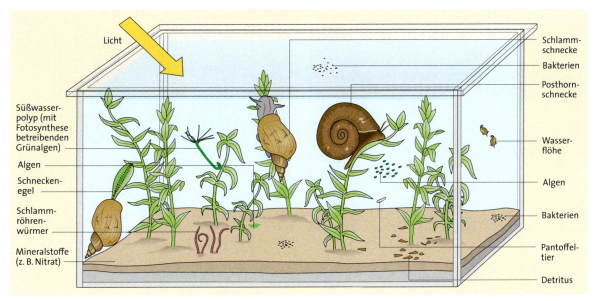

1 Ökosystem Aquarium

Ein Aquarium ist ein künstlich gestaltetes Ökosystem (▶ Bild 1). Das hell platzierte Becken mit einer Bodenschicht aus Sand und Kies ist mit planktonhaltigem Teichwasser bis fast zum Rand gefüllt, mit Wasserpflanzen sowie mit Süßwasserschnecken bestückt und mit einer Glasplatte abgedeckt.

Aufgaben

1. Beschreibe die abiotischen und biotischen Faktoren dieses Miniökosystems.
2. Übertrage Bild 1 als Schema in dein Heft. Erstelle ein beschriftetes Pfeildiagramm, das grundlegende Wechselwirkungen zwischen den verschiedenen Komponenten darstellt.
3. Handelt es sich bei diesem Aquarium um ein offenes, isoliertes oder geschlossenes System? Begründe deine Entscheidung.
4. Welche Veränderungen wird man beobachten können, wenn das belichtete Becken einige Wochen sich selbst überlassen bleibt? Würde das Abnehmen der Glasplatte, unter der Annahme, dass verdunstetes Wasser durch Leitungswasser ersetzt wird, das System beeinflussen?
5. Das Aquarium wird nach einigen Tagen dunkel gestellt. Erkläre die Folgen dieser Umweltveränderung.
6. In das Aquarium wird ein Guppy-Pärchen eingesetzt. Diese Fische ernähren sich sowohl vegetarisch als auch von Kleintieren (einschließlich ihrer eigenen Larven), sind lebendgebärend und bevorzugen eine Wassertemperatur von 18 bis 23 °C. Inwiefern werden die Fische die Lebensgemeinschaft beeinflussen?
7. Nenne die primäre Energiequelle und beschreibe den Energiefluss innerhalb dieses Ökosystems.

Aufbau von Ökosystemen. Auch im Aquarium findet man die vier typischen Grundkomponenten eines jeden Ökosystems:
- *Abiotische Umwelt:* Hierzu gehören das Wasser, Mineralstoffe, Sauerstoff, Kohlenstoffdioxid, Strahlung in Form von Licht und Wärme sowie der Boden.
- *Produzenten (Erzeuger):* Dies sind autotrophe Organismen, die Biomoleküle oder organische Moleküle aus anorganischen Teilchen aufbauen. In diese Gruppe gehören die fototrophen Pflanzen und Algen.
- *Konsumenten (Verbraucher):* Sie ernähren sich heterotroph. Zu den Nutznießern der autotrophen Produktion gehören zunächst algen- und pflanzenfressende Tiere. Diese sogenannten *Primärkonsumenten* werden von fleischfressenden Tieren verzehrt, den *Sekundärkonsumenten*. Das letzte Glied einer Nahrungskette des Fressens und Gefressenwerdens wird als *Endkonsument* bezeichnet. Da sich nur wenige Tiere ausschließlich von einer einzigen Pflanzen- oder Tierart ernähren und kaum eine Tierart von nur einem Räuber bedroht ist, verzweigen sich Nahrungsketten im Ökosystem zum komplexen *Nahrungsnetz* (▶ Seite 139).
- *Destruenten (Zersetzer):* Abgestorbene Teile und Ausscheidungen von Tieren bilden den noch energiereichen *Detritus*. Diesen nutzen Destruenten. Dazu zählen Abfallfresser wie die Schlammröhrenwürmer Tubifex und Wasserasseln sowie Mineralisierer wie Pilze und Bakterien. Die Zersetzungsprodukte werden wieder zu Bestandteilen der abiotischen Umwelt.

Alle biotischen Komponenten eines Ökosystems bauen Biomasse auf. Unter Biomasse versteht man die Masse lebender Organismen einer Flächen- oder Volumeneinheit.

Ökosystem See

1 Ökosystem See

2 Schilfrohr mit dem Nest einer Rohrweihe

Alle Biozönosen im Wasser sind von dessen chemischen und physikalischen Eigenschaften, etwa der im Vergleich zu Landlebensräumen höheren Dichte und Viskosität, der Oberflächenspannung, dem Salzgehalt oder auch der relativ geringen Sauerstoffkonzentration, geprägt.

Obwohl Gewässer mit Süßwasser nur 0,5 % der Erdoberfläche ausmachen, leben in Bächen, Flüssen, Seen und Tümpeln (periodisch austrocknende Kleingewässer) 12 % aller Arten weltweit. Es handelt sich um höchst dynamische Ökosysteme, die eine Vielzahl von sehr unterschiedlichen Lebensräumen bieten.

Gliederung eines Sees. Als Beispiel sollen im Folgenden die Biotope eines mäßig nährstoffreichen Sees des Voralpenlandes wie des Chiemsees oder des Bodensees untersucht werden. Die verschiedenen Lebensräume lassen sich gut beobachten, wenn man einen Holzsteg begeht, der zu einem im Wasser stehenden Beobachtungsunterstand für Wasservögel führt:

Uferzone. Der Weg beginnt im *Erlenbruch*, einem Wald, der aus Erlenbäumen, Pappeln und verschiedenen Weidenarten besteht, die bevorzugt auf nassem Boden wachsen. Alle Pflanzen dieser Zone tolerieren bei hohem Wasserstand eine zeitweilige Überflutung. Es folgen dichte Büschel oder Horste der Riedgräser, die die meiste Zeit im flachen Wasser am Uferrand stehen. Diese auch als Sauergräser oder Seggen bezeichneten Gräser erkennt man leicht an den dreikantigen Stängeln, deren lufthaltiges Gewebe die Wurzeln mit Sauerstoff versorgen. Auch Schwertlilien wachsen in diesem Bereich. Der auffallendste, oft sehr breite Pflanzengürtel des flachen Seeufers ist das *Röhricht*, das aus Rohrkolben, Seebinsen und dem vorherrschenden Schilfrohr, einem bis zu 4 m hohen Gras, besteht. Diese Sumpfpflanzen besitzen ebenfalls ein ausgeprägtes Durchlüftungsgewebe, durch das ihre im sauerstoffarmen Uferboden wachsenden Erdsprosse mit Sauerstoff versorgt werden. Die Halme bieten Verstecke und Windschutz. Das Röhricht ist daher besonders tierreich und dient als Eiablageplatz für Fische, Amphibien, Insekten und andere Tiere sowie als Brut- und Nistplatz für zahlreiche Vogelarten wie dem Schilfrohrsänger oder der Rohrweihe, einem Greifvogel (▶ Bild 2).

Schilfrohr verträgt Wassertiefen bis zu maximal 2 m. Wo das Wasser noch tiefer wird, schließt sich die *Schwimmblattzone* an, in der vor allem die Gelbe Teichrose und die weiß blühende Seerose wachsen. Die Schwimmblätter sind über bis zu 3 m lange, elastische, zugfeste Stängel an Erdsprossen im Schlammboden verankert. Diese werden über Lufträume in den Stängeln mit Sauerstoff versorgt. Die Larven des Schilfkäfers sind Nutznießer dieser Konstruktion: Sie beißen Löcher in die lebenden Schnorchel, um sich mit Sauerstoff zu versorgen. Die Imagines dieser Käferart bestäuben später die Seerosen.

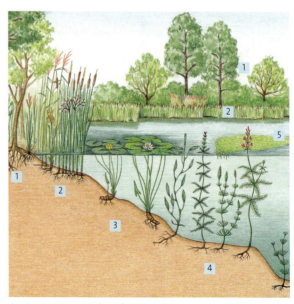

3 Zonen eines stehenden Gewässers

Der Holzsteg führt anschließend über die *Tauchblattzone* mit verschiedenen Laichkrautarten, Hornblatt und Tausendblatt. Bei diesen Unterwasserpflanzen erhebt sich nur noch der Blütenstand über das Wasser. Lockeres Durchlüftungsgewebe verleiht den schlaffen Sprossen Auftrieb und verbessert den Gaswechsel, begrenzt aber auch aufgrund des zunehmenden hydrostatischen Wasserdrucks die maximale Wassertiefe auf etwa 8 m. Bis zur Tiefengrenze des für die Fotosynthese noch nutzbaren Lichts dringen in sauberen Seen die Armleuchteralgen vor, die keine Lufträume enthalten und somit auch nicht zusammengedrückt werden können.

Freiwasserzone. Vom Uferbereich weiter Richtung tiefes offenes Wasser können an ruhigen Stellen ohne große Wasserbewegung an der Oberfläche frei schwimmende Pflanzen wie die nur wenige Millimeter großen Wasserlinsen, deren Wurzeln frei im Wasser hängen, dichte Decken bilden. Die Freiwasserzone im Zentrum des Sees ist aber vor allem der Lebensraum der schwebenden Kleinlebewesen, des *Planktons*, sowie der Fische. Diese Organismen kommen auch in der Uferzone vor.

Nähr- und Zehrschicht eines Sees. Im Sommer entwickeln sich in der *Nährschicht*, der oberen, durchlichteten Schicht der Freiwasserzone, bei guter Versorgung mit Mineralstoffen dichte Algenpopulationen, sodass das Wasser grünlich erscheint. Während dieser sogenannten Algenblüte wird das Oberflächenwasser so mit Sauerstoff übersättigt, dass der nicht mehr lösliche Teil in die Luft entweicht.

Destruenten, heterotrophe Planktonorganismen und Bakterien leben in allen Schichten des Sees, insbesondere aber in der *Zehrschicht*, der dunklen, pflanzenfreien Zone der Freiwasserzone, und am Gewässergrund, der *Bodenzone*. Die Grenze verläuft dort, wo die Lichtintensität für die Fotosynthese zu gering wird, je nach Klarheit des Wassers zwischen 7 und 30 m.

Der Abbau und die Mineralisierung der toten Biomasse erfolgen teilweise noch in der Nährschicht. Schwerer abbaubare Biomasse und Tierleichen sinken in die Zehrschicht ab. Ist ausreichend Sauerstoff vorhanden, kann dort die Mineralisierung vollständig erfolgen. Steigen übel riechende Gasblasen vom Grund auf, liegen dort anaerobe Bedingungen vor. Dabei entstehen neben Methan durch den Abbau von Eiweißmolekülen die Faulgase Schwefelwasserstoff und Ammoniak. Unvollständig zersetzte Biomasse sammelt sich am Boden als schwarzer Faulschlamm an. Derartige Prozesse können unter ungünstigen Bedingungen bereits im Juni ablaufen.

Aufgaben

1. Ordne den Ziffern in Bild 3 auf Seite 122 die im Text beschriebenen Lebensräume zu und vergleiche mit Bild 1 auf derselben Seite.
2. Erkläre, warum Schwimmblattpflanzen Spaltöffnungen nur auf der Blattoberseite besitzen.
3. Informiere dich über den Lotuseffekt und begründe den biologischen Zweck.
4. Viele der zum Plankton zählenden Algenarten können sich nicht aktiv, beispielsweise durch Geißeln, fortbewegen. Sie lagern aber oft Gasbläschen oder Öltröpfchen ein. Zusätzlich bilden manche Arten scheibenförmige Kolonien, Gallerthüllen oder Körperfortsätze. Versuche diese Angepasstheiten physikalisch zu begründen.
5. Überlege, welche Bedeutung die Begriffe „Nährschicht" und „Zehrschicht" haben könnten.

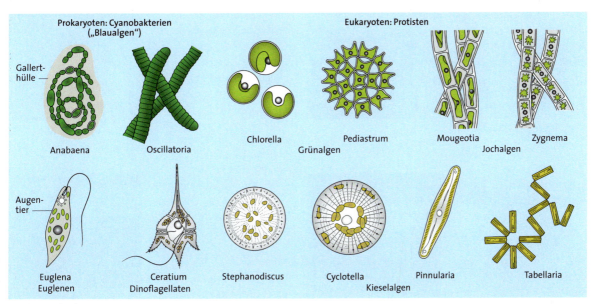

1 *Phytoplankton*

Ökosystem See: Wechselbeziehungen der Tiere und Pflanzen

1 Biber

Biber gehören zu den wenigen Tieren, die die höheren Pflanzen der Uferzone als Nahrung nutzen. Während der Sommermonate fressen sie bevorzugt weiche, unverholzte Ufer- und Wasserpflanzen wie Schilf oder Seerosen. Insbesondere gegen Ende der Vegetationszeit beginnen Biber ausgewählte Laubbäume wie Pappeln und Weiden zu fällen und die nährstoffreiche Rinde von den Ästen und Zweigen zu schälen. Erlen, die reich an Gerbsäuren sind, werden gemieden. Die Säuren bringen Eiweiß zum Gerinnen und stellen somit Schutzstoffe gegen Tierfraß dar.
Kolbenenten tauchen unter Wasser und ernähren sich hauptsächlich von Unterwasserpflanzen und Algen. *Stockenten* sind Allesfresser, die mit ihrem Lamellenschnabel Wasserlinsen, aber auch Würmer, Schnecken, Kaulquappen, Insektenlarven und sogar kleine Fische aus dem Wasser herausfiltern. *Blesshühner* ernähren sich saisonal sehr unterschiedlich. Kleine Muscheln, die sehr proteinreich sind, werden bevorzugt gefressen. Bei reiner Schilfnahrung benötigen sie täglich ihr eigenes Körpergewicht (im Durchschnitt 800 g). *Graureiher* jagen vor allem Fische zwischen 10 und 25 cm Länge. Der tägliche Bedarf liegt bei 350–500 g.

Karpfen wühlen mit ihrem rüsselartig vorstülpbaren, zahnlosen Maul am Boden nach Würmern und Insektenlarven. *Rotfedern* leben gesellig im pflanzenreichen Uferbereich. Die 20–40 cm langen Fische sind Allesfresser. *Hechte* lauern im Dschungel der Wasserpflanzen nach Fischen, Fröschen und Vögeln. Das Entenschnabelmaul

6 Karpfen   7 Rotfeder

8 Hecht

ist mit etwa 700 Zähnen bewehrt. Alte Hechte können bis zu 1,5 m Länge und 30 kg Gewicht erreichen. Zur Eiablage ist der Fisch auf Wasserpflanzen angewiesen; manchmal bleibt der klebrige Laich im Gefieder von Wasservögeln hängen und wird so in andere Gewässer übertragen.
Fische werden wie die Wasserschnecken von *Egeln* parasitiert. Die Blutsauger bleiben einige Tage oder Wochen an ihrem Wirt.
Kaulquappen raspeln mithilfe ihrer verhornten Kiefer und kleinen Zähnchen an Wasserpflanzen, Tierleichen und Algenüberzügen. Nach der Metamorphose bleiben einige Amphibienarten wie der Grüne Wasserfrosch ständig in ihrem Laichgewässer. Männchen locken ab Ende April mit weithin hörbarem Quaken Weibchen an.

2 Die Kolbenente, eine Tauchente   3 Die Stockente, eine Schwimmente

4 Blesshuhn   5 Graureiher

9 Fischegel an einem Hecht

10 Kaulquappe

Sowohl die Larve als auch die Imago des *Gelbrandkäfers* greifen kleinere Fische, Kaulquappen und Insektenlarven an. Sie packen die Beute mit ihren scharfen Kieferzangen und erbrechen ein enzymhaltiges Sekret in die Wunden. Es bildet sich ein Fleischbrei, der aufgeschlürft wird. *Wasserasseln* weiden den Algenbewuchs untergetaucher Blätter ab, sie fressen auch verrottetes Falllaub.

Die *Wasserspinne* holt die zum Atmen benötigte Luft mit dem Hinterleib von der Wasseroberfläche. Durch die Behaarung bleibt die Luft als Glocke erhalten. Mithilfe von Netzfäden legt die Spinne eine Unterwasserglocke an, in der auch die Beute verzehrt wird und die Jungtiere heranwachsen.

Der *Wasserläufer,* eine Wanze, gleitet mithilfe eines unbenetzbaren Haarfächers an den Fußspitzen über die Wasseroberfläche. Er saugt Insekten aus, die abgestürzt auf dem Wasser treiben.

Der Anteil der *Zuckmückenlarven* an der Tiefenfauna beträgt mitunter über 75 %. Die Populationsdichte kann bis zu 10 000 Larven pro m² betragen. Sie bilden damit eine der wichtigsten Nahrungsquellen für viele Weißfischarten. Die Larven leben im Schlamm und bauen sich einfache Röhren. Sie ernähren sich von Detritus. Die Puppen steigen an die Wasseroberfläche, wo die Mücken ausschlüpfen. In wolkenähnlichen Schwärmen finden sich die Geschlechtspartner. Vögel können in dieser Zeit ohne großen Energieaufwand reichlich Beute machen.

Den schlammigen Boden besiedelt der Borstenwurm *Tubifex* in großen Massen. Er lebt ebenfalls von Detritus und bakterienhaltigem Schlamm und toleriert sogar extrem sauerstoffarme Bereiche. Auch *Teichmuscheln* leben im Schlammgrund und strudeln mit dem Atemwasser Planktonorganismen ein, filtern sie an den Kiemenblättern aus und transportieren sie zur Mundöffnung.

Zum tierischen Plankton zählen *Kleinkrebse* und *Rädertiere*. Blattfußkrebse wie der Wasserfloh und die länglichen Ruderfußkrebse wie der Hüpferling bewegen sich durch den Schlag ihrer Antennen ruckartig fort. Sie filtern *Plankton, Algen,* Kleinkrebse, Bakterien und Detritus aus dem Wasser. Rädertiere sind teleskopartig gegliederte Würmer. Ihr Vorderende ist von Wimpergürteln umgeben, deren radartige Bewegung zur Fortbewegung und zum Einstrudeln von Einzellern dient. *Trompetentier* und *Glockentier* (▶ Seite 148) sind einzellige Protisten, die frei umherschwimmen oder in Kolonien lebend mit Stielen an einer Unterlage, beispielsweise einem Seerosenblatt, haften. Sie strudeln mithilfe von Wimpern Bakterien und einzellige Algen in die Zelle.

Aufgaben

1. Ordne die beschriebenen Arten den Bildern zu.
2. Ordne alle Arten nach dem biologischen (natürlichen) System und begründe die Zuordnung.
3. Beschreibe das Aussehen der hier ausgewählten Arten und erkläre Zusammenhänge zwischen auffälligen Strukturen und deren Funktion.
4. Stelle die kürzeste und die längste Nahrungskette in Form von Diagrammen auf.
5. Knüpfe mit den beschriebenen Arten ein einfaches Nahrungsnetz in Form eines Diagramms.
6. Informiere dich über folgende Arten und füge sie in das erstellte Nahrungsnetz ein: Haubentaucher, Rohrweihe, Wels, Rückenschwimmer, Libellenlarve, Eintagsfliegenlarve, Süßwasserpolyp, Wassermilben, Amöbe.
7. Stelle dar, welche Eigenschaften des Wassers der Wasserläufer nutzt.
8. Tubifexwürmer verfügen über hämoglobinhaltiges Blut. Erkläre diese Tatsache.

Jahreszyklische Veränderungen im See

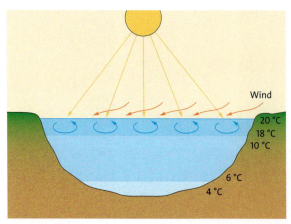

1 Sommerstagnation

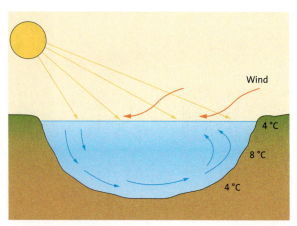

3 Herbstzirkulation

In unseren Breiten unterliegt der Wasserkörper in stehenden Gewässern aufgrund der jahreszeitlichen Veränderungen, der Sonneneinstrahlung und der Temperatur *zyklischen Veränderungen*. Dadurch werden die Lebensvorgänge im See erheblich beeinflusst. Die besonderen physikalischen Eigenschaften des Wassers spielen dabei eine wesentliche Rolle. So sind Dichte und Löslichkeit von Gasen, wichtige abiotische Faktoren für die Organismen im See, temperaturabhängig.

Sommerstagnation. Die durch Sonneneinstrahlung erwärmte Schicht, auch *Deckschicht* genannt, wird durch Wind immer wieder umgewälzt. In der darunter liegenden *Sprungschicht* sinkt die Temperatur rasch ab. Unterhalb dieser unsichtbaren Grenzzone bleibt die Temperatur den ganzen Sommer konstant bei 4 °C. Diese Wärmeschichtung nennt man *Sommerstagnation*.

Wasser hat seine größte Dichte bei 4 °C, daher schwimmt Eis auf Wasser oder wärmeres Wasser auf kälterem. Die geringe Wärmeleitfähigkeit des Wassers erklärt, dass sich im Sommer nur das Oberflächenwasser erwärmt, das dann auf dem kalten Tiefenwasser schwimmt.

Aufgabe
3 Wie könnte man die Dichteanomalie des Wassers physikalisch-chemisch erklären?

Herbstzirkulation. Im Herbst nimmt mit sinkendem Sonnenstand die Lufttemperatur ab und damit gibt das Oberflächenwasser eines Sees Wärme an die Umgebung ab. Die stabilen Wasserschichten verschwinden aufgrund der sich angleichenden Dichte der Wassermassen. Herbststürme können das 4 °C kalte Wasser vollständig durchmischen. Man bezeichnet diesen Vorgang als *Vollzirkulation*. Gleiche Vorgänge laufen im Frühjahr ab.

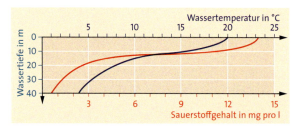

2 Temperatur- und Sauerstoffverteilung im Sommer

Aufgaben
1 Erkläre den Kurvenverlauf der Sauerstoffverteilung (▶ Bild 2). Beziehe in deine Überlegungen die Verteilung der verschiedenen Organismengruppen und die jeweils ablaufenden Stoffwechselprozesse ein.

2 Obwohl in den obersten 5 m rund 75 % der gesamten Algenmasse produziert werden und in 10 m Tiefe die Fotosyntheseaktivität nur noch etwa 5 % des Wertes von 1 m Tiefe beträgt, hält sich in den obersten 10 m nur ⅓ des Algenplanktons auf, in den oberen 30 m aber ¾. Finde für diesen Befund eine Erklärung.

Aufgaben
4 Zeichne wie in Bild 2 ein entsprechendes Diagramm der Sauerstoff- und Temperaturverteilung eines Sees im Herbst.

5 Erkläre, weshalb es im Winter wieder zu einer stabilen Schichtung (Winterstagnation) kommt.

6 Skizziere die Winterstagnation entsprechend der Grafik in Bild 1 und zeichne ein Diagramm, das die Temperatur- und Sauerstoffverteilung in Abhängigkeit der Wassertiefe darstellt.

7 Überlege, wie sich die jahreszeitliche Verteilung der Mineralstoffkonzentration (Nitrat, Phosphat) in der Deckschicht und in der Tiefenschicht verändern wird.

8 Die Blaufelchen, eine im Bodensee vorkommende Fischart, laichen Ende November an der Wasseroberfläche ab. Die Eier sinken auf den Grund, wo sie sich in drei bis vier Monaten zu Jungfischen entwickeln. Welche Folgen für den Blaufelchenbestand hätte ein Ausbleiben der Herbststürme?

Praktikum: Biologische Gewässeruntersuchung

Um ein möglichst vollständiges Bild eines Gewässers zu gewinnen, werden *Gewässeruntersuchungen* durchgeführt und dokumentiert. So kann der jeweilige Zustand des Gewässers beurteilt oder eine Entwicklung beobachtet werden.
Nach Beobachtung und Bestimmung werden alle Tiere wieder in ihren Lebensraum zurückgesetzt!

Bestandsaufnahme
Material: Bestimmungsliteratur, Schnappdeckelgläser, Lupen, Becherlupen, Zeichenmaterial, eventuell Digitalkamera zur Dokumentation
Zunächst werden alle Pflanzen und Tiere bestimmt, die in der Umgebung des Gewässers und im Uferbereich zu finden sind. Das Ergebnis ist eine Artenliste (▶ Bild 1).

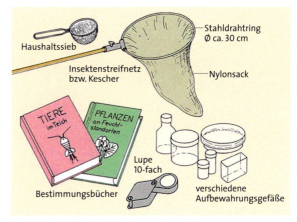

2 Material für die Planktonuntersuchung

1 Beispiel einer Artenliste

Aufgabe
1 Vergleiche das Ergebnis deiner Artenliste mit Angaben aus der Literatur oder mit Artenlisten anderer Gewässer.

Tipp: Artenlisten verschiedener Gewässer sind bei den Wasserwirtschaftsämtern erhältlich.

Untersuchung von Plankton
Material: Planktonnetz, Thermosgefäß, Mikroskop und Zubehör (Okular mit eingebauter Messskala), Bestimmungsliteratur
Ziehe das Planktonnetz mehrmals kräftig durch das Wasser. Zum Transport des Planktons dient das Thermosgefäß. Beobachte die Planktonorganismen unter dem Mikroskop.

Aufgaben
2 Ordne die Planktonorganismen nach ihrer Größe und bestimme die einzelnen Organismen.
3 Fertige Skizzen der einzelnen Planktonorganismen an.

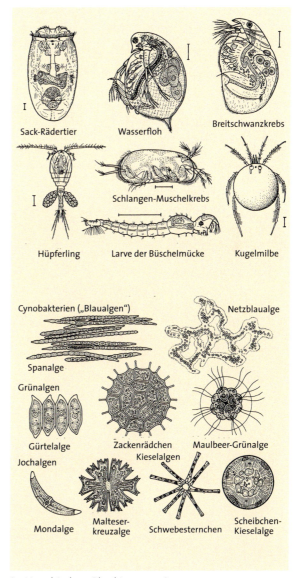

3 Verschiedene Planktonorganismen

Praktikum: Untersuchung eines stehenden Gewässers

Bestimmen der Sichttiefe
Material: Schnur (etwa 10 m), Metallteller oder weißer Plastikteller mit Gewichten, alternativ Secchi-Scheibe

Befestige die Schnur am Metall- oder Plastikteller, wähle eine sinnvolle Maßeinheit und knüpfe in den entsprechenden Abschnitten Knoten in die Schnur. Lass die Schnur von einem Steg oder einem Boot aus ins Wasser (▶ Bild 1). Bestimme die Sichttiefe, in der du die Umrisse der Scheibe gerade noch erkennst.

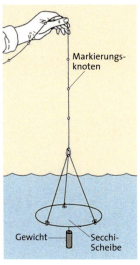

1 Bestimmung der Sichttiefe

Chemische und biochemische Untersuchungen
Um die Wasserqualität eines Gewässers zu analysieren, gibt es eine Reihe von chemischen Verfahren.
Material: Schöpfflasche, Thermometer, pH-Papier, Testkits für verschiedene Inhaltsstoffe (Nitrat, Nitrit, Phosphat, Gesamthärte, pH-Wert)

Bereite einen Protokollbogen vor, in dem die verschiedenen Messwerte festgehalten werden (▶ Bild 2). Nimm die Messungen in verschiedenen Gewässertiefen vor. Die Messung in größerer Tiefe gelingt mithilfe einer Schöpfflasche (▶ Bild 3). Die Tests werden sofort nach der Probenentnahme durchgeführt.
Hinweis: Beachte beim Einsatz der Testkits die Herstellerhinweise. Die Messreaktionen beruhen auf spezifischen Farbreaktionen. Die Farbintensität lässt Rückschlüsse auf die Konzentration der jeweiligen Stoffe zu.

Protokollbogen zur Gewässeranalytik

Gewässername: ....

Datum: .... Wetter: ....
Uhrzeit: .... Lufttemperatur: ....

Probenstelle: ....
Tiefe der Wasserentnahme: ....

Sichttiefe	
Wassertemperatur	
Sauerstoffgehalt	
pH-Wert	
Gesamthärte	
Ammonium	
Nitrat	
Phosphat	
Weitere Messungen	

2 Protokollbogen

Aufgabe
1 Vergleiche die Messergebnisse der verschiedenen Tiefen und stelle die Ergebnisse in einer Grafik dar.

Bestimmung des BSB_5
Organische Stoffe im Wasser werden durch die Stoffwechselleistung aerober Bakterien abgebaut. Je größer die organische Belastung ist, desto mehr Sauerstoff benötigen die Bakterien: Die Menge des veratmeten Sauerstoffs (in mg/l O_2) ist also ein indirektes Maß für den Verschmutzungsgrad des Wassers. Da der mikrobielle Abbau durchschnittlich 5 Tage dauert, spricht man vom biochemischen *Sauerstoffbedarf „5"* (BSB_5).
Material: große Flasche, zwei luftblasenfrei verschließbare Glasflaschen, Sauerstofftestset

Entnimm dem Prüfgewässer mit der größeren Flasche eine Wasserprobe und schüttle sie kräftig, um sie mit Luft anzureichern. Verteile den Inhalt dann auf die beiden verschließbaren Flaschen. In der einen Probe wird mithilfe des Sauerstofftestsets der Sauerstoffgehalt sofort ermittelt. In der zweiten Probe wird der Sauerstoffgehalt erst bestimmt, nachdem sie 5 Tage im Dunkeln unter Luftabschluss bei 20 °C aufbewahrt wurde. Die Differenz im Sauerstoffgehalt beider Proben entspricht dem BSB_5.

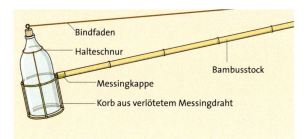

3 Schöpfflasche

Güteklasse	I	II	III	IV
BSB_5 (mg/l O_2)	1	2–6	7–20	> 20
O_2-Minimum (mg/l O_2)	> 8	> 6	> 2	< 2
NH_4^+ (mg/l)	≤ 0,1	0,1–1	> 2	10
NO_3^- (mg/l)	1,2–1,7	3–3,9	4–7	> 7
Gesamtphosphat (mg/l)	0,06–0,08	0,2–0,3	1–1,7	≥ 2,5

4 Gewässergüteklassen nach chemischen Verfahren

Aufgaben
2 Ordne den Messwert des Prüfgewässers mithilfe der Tabelle in Bild 4 einer Gewässergüteklasse zu.
3 Inwieweit lassen die BSB_5-Werte Rückschlüsse auf die Gewässergüte zu?

Praktikum: Berechnung des Saprobienindex

Tier- und Pflanzenarten, deren ökologische Ansprüche an die Sauberkeit und den Sauerstoffgehalt oder bestimmte Ionenkonzentrationen des Wassers weitgehend bekannt sind, bezeichnet man als *Zeigerarten*. Da die Organismen sozusagen als Dauermesssysteme im Gewässer leben, sind sie für die langfristige Überwachung der Gewässergüte besonders geeignet. Jedem dieser Organismen ist eine Maßzahl für die Gewässergüte, der *Saprobienwert s*, zugeordnet. Mit Saprobien werden mikroskopisch kleine Saprobionten (▶ Seite 110) bezeichnet. Der Saprobienindex ist eine biologische DIN-Norm für die Beurteilung der Gewässergüte mit Zeigerarten und bezeichnet, grob gesagt, den Fäulniszustand eines Gewässers.
Die Häufigkeit h der Zeigerart (1 = Einzelfund bis 7 = massenhaft) ist für die Wichtigkeit und Stichhaltigkeit der Einzelprobe wichtig:
$s \cdot h$ = Einzelsumme einer Zeigerart.
Die Stichprobe muss statistisch abgesichert sein. Deshalb werden noch die Häufigkeiten aller erfassten Zeigerarten zur Gesamthäufigkeit h_{ges} und alle Einzelsummen zur Gesamtsumme s_{ges} bilanziert und gewichtet:
Saprobienindex = $s_{ges} : h_{ges}$
Auf diese Weise wird bundesweit die Gewässergüte ermittelt (▶ Bild 1).
Material: Vergleiche Material bei Bestandsaufnahme und Untersuchung von Plankton (▶ Seite 127).
Lege ein Protokoll entsprechend der Tabelle in Bild 1 an. Bestimme für die gefundenen Arten die jeweiligen Häufigkeiten und die Saprobienwerte.

Aufgabe

1 Errechne den Saprobienindex für das Probegewässer und ermittle damit die Güteklasse des untersuchten Gewässers.

Zeigerart	Saprobienwert s	Häufigkeit h	$s \cdot h$
Alpenstrudelwurm	1,0		
Steinfliegenlarven	1,0		
Hakenkäfer, -larven	1,5		
flache Eintagsfliegenlarven	1,5		
Bachstrudelwurm	1,5		
Köcherfliegenlarven (mit Köcher)	1,5	1	1,5
runde Eintagsfliegenlarven (m. Kiemenbüscheln)	1,5	3	4,5
Köcherfliegenlarven (ohne Köcher)	2,0	1	2,0
runde Eintagsfliegenlarven (m. Kiemenblättchen)	2,0	2	4,0
Mützenschnecke	2,0	2	4,0
Bachflohkrebs	2,0		
Köcherfliegenlarven (m. 3 Rückenschildern)	2,0		
weiße Strudelwürmer	2,5		
Schneckenegel	2,5	1	2,5
Plattegel	2,5		
Kriebelmückenlarven, -puppen	2,5		
Wasserassel	3,0	1	3,0
Rollegel	3,0		
Rote Zuckmückenlarven	3,6		
Schlammröhrenwürmer	3,8		
		h_{ges} = 11	Σ_{ges} = 21,5

$$\text{Saprobienindex} = \frac{\Sigma_{ges}}{h_{ges}} = \frac{21,5}{11} \approx 2$$

1 Ermittlung des Saprobienindex

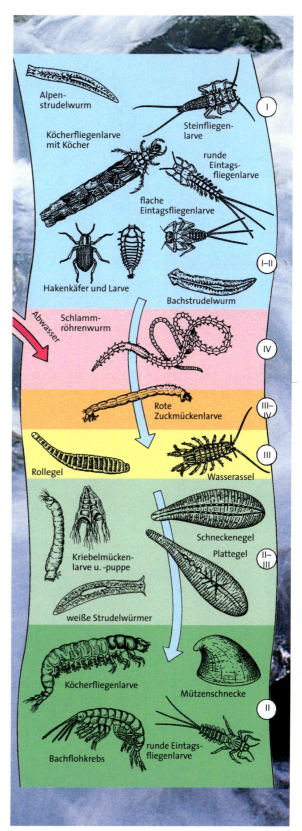

2 Zeigerarten und Gewässergüteklassen

Ökosystem Wald: die Produzenten

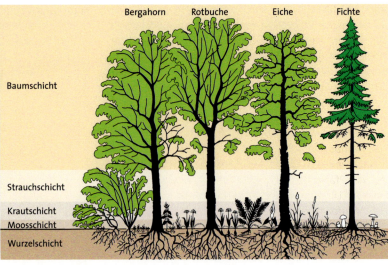

1 Mischwald, Stockwerkaufbau   2 Schematische Darstellung des Stockwerkaufbaus

Wälder in Mitteleuropa. Grundsätzlich sind für die Ausprägung der verschiedenen Ökosystemtypen Klimafaktoren, insbesondere Temperatur und Niederschläge von entscheidender Bedeutung. *Wälder* entwickeln sich nur, wenn während einer mindestens dreimonatigen Vegetationszeit Niederschläge ausreichend verteilt fallen. Sind die Sommer kühl oder kurz wie in den höheren Gebirgslagen, gewinnen *Nadelhölzer* die Oberhand. Voraussetzung für die Entwicklung der *sommergrünen Laubwälder* Mitteleuropas ist ein Klima aus vier Jahreszeiten. Über einen Zeitraum von mindestens vier Monaten im Jahr liegen die Temperaturen über 10 °C und in dieser Vegetationszeit müssen mindestens 300–400 mm Niederschlag pro m^2 für Laubentfaltung, Stoffproduktion, Blüte, Fruchtbildung und Knospenanlage der Bäume fallen. Durch die Ausprägung von Jahreszeiten bilden die Stämme deutliche Jahresringe aus.

Folglich kämen in Deutschland ausgedehnte Nadelwälder von Natur aus hauptsächlich im Hochgebirge vor. Ein Blick auf unsere gegenwärtigen Waldlandschaften zeigt, dass sie vom Menschen geprägt sind. Aufgrund der seit Jahrhunderten andauernden vielfältigen Nutzungen gibt es in Deutschland fast keine intakten Naturwälder mehr. Heute sind Wälder *Wirtschaftswälder*, je nach Zusammensetzung und Wirtschaftsweise mehr oder weniger naturnah. Sie bedecken derzeit etwas mehr als ein Drittel der Landesfläche Bayerns. Mit 48 % ist die Fichte die wichtigste Baumart des Landes, die Buche mit 11 % die häufigste Laubbaumart.

Aufgaben
1 Informiere dich über das Klima deiner Region.
2 Suche nach Gründen, weshalb Wirtschaftswälder überwiegend aus Fichten- oder Kiefernmonokulturen bestehen.
3 Überlege, warum in letzter Zeit verstärkt Anstrengungen unternommen werden, Fichten- und Kiefernforste großflächig zu naturnahen Mischwäldern zu entwickeln.
4 Informiere dich über das Entstehen von Jahresringen und das Alter, das einheimische Bäume erreichen können.
5 Lege eine Mindmap zur Bedeutung des Walds für den Menschen an. Recherchiere dazu im Internet.
6 Beurteile, wie sich die Abholzung von Wäldern auf die Hochwassergefahr auswirkt.
7 Ortsnamen mit den Endungen „-schlag", „-reuth", „-reith" oder „-rot" erinnern noch heute daran, dass viele Siedlungen in Bayern zunächst Rodungsinseln waren. Finde Beispiele.

Stockwerkaufbau in natürlich gewachsenen Mischwäldern. Der *Stockwerkaufbau* mit seinen verschiedenen Vegetationsschichten kennzeichnet naturnahe Wälder (▶ Bild 1). Naturwälder sind durch ungleichen Kronenschluss der Baumschicht und ein Mosaik aus Dickungen, Lichtungen und Kleinstlebensräumen wie Baumstümpfen noch stärker gegliedert. Reich strukturierte Wälder mit einer hohen Dichte pflanzlicher Biomasse – bei einheimischem Wald rund 30 kg pro m^2 – bilden artenreiche Biozönosen. So lebt in einheimischen Buchenwäldern mit etwa 4000 Pflanzen- und 7000 Tierarten rund ein Fünftel aller in unseren Breiten vorkommenden Arten. Sie lassen sich verschiedenen typischen Lebensformen des Walds zuordnen und stehen untereinander in vielfältigen Nahrungs- und Konkurrenzbeziehungen.

Aufgabe
8 Überlege, inwiefern sich das Waldklima vom „Groß"-Klima unterscheiden könnte.

Baumschicht. Bäume und Sträucher ab 2 m Höhe bilden die *Baumschicht*. Sie sind die wichtigsten *Produzenten*. Durch ihren überwinterungsfähigen Holzkörper und die von ihm getragenen, gut geschützten Erneuerungsknospen stellen sie eine besonders langlebige, durch Laubabwurf oder winterharte Nadelblätter unserem Jahreszeitenklima angepasste Lebensform der Wälder dar. Am weitesten wären in Mitteleuropa *Buchenmischwälder* verbreitet, nur in trockneren Gebieten würden sich *Eichen-Hainbuchen-Wälder* und in höheren Gebirgslagen *Bergfichtenwälder* entwickeln. Sträucher wie der Hartriegel, das Pfaffenhütchen oder die Hasel wachsen vor allem auf Lichtungen oder an Waldrändern.

In *Fichtenforsten* gibt es keine Schichtung. Es handelt sich hierbei um Monokulturen, deren Bäume großflächig gleich alt sind und sich in ihrer Größe wenig unterscheiden. Forstleute bezeichnen sie auch als *Altersklassenwälder* (▶ Bild 1).

Kraut- und Moosschicht. Zu den Pflanzenarten der *Krautschicht* eines Laubwalds gehören beispielsweise Märzenbecher, Buschwindröschen (Anemone), Fingerhut, Waldmeister, Efeu sowie zahlreiche Farn- und Moosarten. In dichten Fichtenwäldern ist keine Krautschicht ausgebildet. Nur *Moose* finden noch ausreichende Lebensbedingungen vor.

1 Fichtenforst

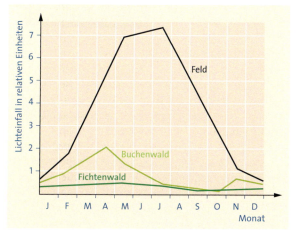

2 Lichtverhältnisse am Boden eines Buchen- und eines Fichtenwalds im Vergleich zum freien Feld

3 Anemone, Märzenbecher, Efeu, Wurmfarn, Sauerklee

Aufgaben

1 Interpretiere die Grafik (▶ Bild 2), die die Lichtverhältnisse am Boden eines Buchen- und eines Fichtenwalds im Vergleich zum Freiland zeigt.

2 Finde heraus, welche Strategien die im Text genannten Pflanzenarten der Krautschicht entwickelt haben, um dennoch genügend Biomasse für Wachstum und Entwicklung aufzubauen.

3 Viele Pflanzen der Krautschicht bilden Speicherorgane wie Zwiebeln oder Knollen aus. Nenne dafür Gründe.

4 Zur Bestäubung der Blüten und Verbreitung der Früchte sind die meisten Pflanzen der Krautschicht auf Tiere angewiesen. Versuche dafür eine Erklärung zu geben.

Lexikon: Einheimische Laubbäume

Stieleiche: Die *Stieleiche* (Familie Buchengewächse) wird bis zu 50 m hoch, ihre Blätter sind unregelmäßig gelappt, die Blüten getrenntgeschlechtig. Die Frucht (Eichel) sitzt an einem langen Stiel in einem Fruchtbecher. Die Fortpflanzung erfolgt durch Windbestäubung.

1 Stieleiche

Bergahorn: Der *Bergahorn* (Familie Ahorngewächse) wird bis zu 25 m hoch. Die Blätter sind gekerbt, gesägt und fünflappig. Die Blüten sind unauffällig, aber nektarreich, bei den Früchten handelt es sich um geflügelte Nussfrüchte. Die Bestäubung erfolgt durch Insekten.

2 Bergahorn

Winterlinde: Die *Winterlinde* (Familie Lindengewächse) wird etwa 35 m hoch. Die herzförmigen Blätter sind am Rand fein und scharf gesägt, die unterseitigen Adern sind rostrot gebärtet. Die unauffälligen Blüten sind stark duftend und nektarreich. Die Nussfrüchte hängen an einem Hochblatt. Die Bestäubung erfolgt durch Insekten.

3 Winterlinde

Rotbuche: Die bis zu 45 m hohe *Rotbuche* (Familie Buchengewächse) hat rötliches Holz und glattrandige bis wellige, am Rand fein behaarte Blätter. Die Blüten sind getrenntgeschlechtig, die Bestäubung erfolgt durch den Wind. Die Früchte (Bucheckern) sind kleine Nüsse, die im Herbst aus den Fruchtbechern fallen.

4 Rotbuche

Weißbuche/Hainbuche: Der bis zu 20 m hohe Baum (Familie Birkengewächse) hat weißes, sehr festes Holz, die Blätter sind scharf doppelt gesägt. Die getrenntgeschlechtigen Blüten werden durch den Wind bestäubt. Die Nussfrüchte sind von einem 3-lappigen Hochblatt umgeben.

5 Weißbuche/Hainbuche

Weißbirke: Die *Weißbirke* (Familie Birkengewächse) wird etwa 20 m hoch. Charakteristisch sind die weiße, glatte Rinde sowie die rautenförmigen Blätter mit doppelt gesägtem Blattrand. Die Blüten erscheinen in kätzchenartigen Blütenständen und sind getrenntgeschlechtig. Die Nussfrüchte besitzen breite Flügel.

6 Weißbirke

Eberesche: Die bis zu 10 m hohe *Eberesche* (Familie Rosengewächse) besitzt gefiederte Blätter mit einem scharf gesägten Blattrand. Die weißen Blüten stehen in Blütenständen, die Bestäubung erfolgt durch Insekten. Bei der Frucht handelt es sich um rote Beerenäpfel. Die Eberesche ist ein Kernobstgewächs.

7 Eberesche

Aufgaben

1 Überlege, weshalb alle einheimischen Laubbaumarten im Herbst die Blätter abwerfen.
2 Vergleiche Kosten und Nutzen der Wind- und Insektenbestäubung.
3 Welche Formen der Samenverbreitung findet man bei den abgebildeten Baumarten?
4 Informiere dich über weitere Laubbaumarten unserer Wälder. Erstelle Steckbriefe.
5 Informiere dich über die Holzeigenschaften und Holzverwendung einheimischer Laubbaumarten.
6 Suche nach Baumarten, die in der Mythologie und im Volksglauben eine große Bedeutung hatten.

Lexikon: Einheimische Nadelbäume und Sträucher des Walds

Fichte (Familie Kieferngewächse): Die Krone ist kegelförmig. Der Stamm hat eine rostbraune bis dunkelbraune Rinde. *Fichten* sind Flachwurzler. Die Nadeln sind allseitig abstehend, zugespitzt, vierkantig und sitzen auf braunen Stielchen. Die Zapfen hängen am Baum und fallen als Ganzes ab.

1 Fichte

Waldkiefer (Familie Kieferngewächse): Die Krone ist bei jungen Bäumen kegelförmig, bei alten Bäumen unregelmäßig schirmförmig. Die Rinde ist rotgelb. Die tiefgehende Pfahlwurzel bildet ein weit verzweigtes Wurzelsystem. Die paarweise auf Kurztrieben angeordneten Nadeln haben eine lange, spitze, halbrunde Form. Die Zapfen sind kurz, hängend und fallen im 3. Jahr als Ganzes ab.

2 Waldkiefer

Lärche (Familie Kieferngewächse): Die Krone ist kegelförmig, die Zweige sind gelblich. Die *Lärche* hat eine Pfahlwurzel. Die Nadeln stehen in Büscheln an Kurztrieben, sind weich und werden – eine Besonderheit unter den Nadelbäumen – im Winter abgeworfen. Lärchen bilden sehr kleine Zapfen, die als Ganzes abfallen.

3 Lärche

Weißtanne (Familie Kieferngewächse): Die Krone ist zunächst kegelförmig, später zylindrisch. Die Rinde ist grau. Die Weißtanne hat eine Pfahlwurzel. Die flachen, breiten Nadeln sind scheinbar zweireihig angeordnet und haben unterseits zwei weiße Wachsstreifen. Die Zapfen stehen aufrecht, die Schuppen lösen sich einzeln.

4 Weißtanne

Aufgaben

1. Informiere dich im Internet oder in der Fachliteratur über Holzeigenschaften und Holzverwendung einheimischer Nadelbaumarten.
2. Finde eine Begründung dafür, dass Kiefern bevorzugt auf Sandböden kultiviert werden.
3. Insbesondere bei der Fichte treten Windbruchschäden auf. Erkläre diese Tatsache.

Hasel (Familie Birkengewächse): Die eirunden Blätter mit herzförmigem Grund sind unterseits behaart. Der Blattrand ist doppelt gesägt. Männliche Blüten haben 2–4 Kätzchen an einem Kurztrieb, weibliche sind knospenähnlich mit einem roten Narbenbüschel. Der ölhaltige Samen in der Frucht (Haselnuss) ist essbar.

5 Hasel

Pfaffenhütchen (Familie Spindelbaumgewächse): Der 2–3 m hohe Strauch hat graugrüne, vierkantige Zweige mit Korkleisten an den Kanten. Im Gegensatz zu den rosafarbenen Früchten, die in ihrer Form an die Kopfbedeckung eines katholischen Geistlichen erinnern, sind die Blüten mit ihren vier hellgrünen Kronenblättern unauffällig. Die orangefarbenen Samen werden von Vögeln gefressen und sind für den Menschen giftig.

6 Pfaffenhütchen

Das Leben einer Eiche – ein Ökosystem verändert sich

Jeder Baum bildet für sich betrachtet ein eigenes *Ökosystem* und ist Lebensraum für viele Organismen. Sein Lebenslauf zeigt die stetigen Veränderungen auf, denen alle Ökosysteme unterliegen.

1 Das Leben einer *Stieleiche* beginnt möglicherweise damit, dass ein Eichelhäher eine Eichel als Wintervorrat versteckt hat und sie nicht mehr wiederfindet.

2 Mit benachbarten Eichen und Buchen konkurriert die nun 10 Jahre alte Eiche um Ressourcen wie Licht, Wasser und Mineralsalze. Obwohl die Blätter nur einen Anteil von 1 bis 2 % an der Biomasse eines Laubbaums haben, leben davon die meisten Pflanzenfresser. Viele Organismen nutzen die Eiche auf sehr unterschiedliche Weise: *Eichelhäher* fressen Insekten, Vogeleier, Jungvögel, aber auch Früchte und Nüsse, die sie bevorraten. Eicheln bilden für *Wildschweine* im Herbst ein energiereiches Grundnahrungsmittel. *Luchse* sind Waldkatzen, zu deren Beutespektrum auch junge Rehe zählen. *Rehe* beeinträchtigen das Wachstum junger Eichen vor allem im Frühjahr durch den Verbiss von proteinreichen Knospen. *Gallbildner* veranlassen Pflanzen zur Bildung spezifisch gestalteter Gewebewucherungen, die als *Gallen* bezeichnet werden. Sie dienen den Larven der Gallbildner, vor allem den *Gallmücken* und *Gallwespen,* als parasitisches Schutz- und Nährgewebe. Über 100 Gallwespenarten leben auf Eichenblättern.

3 Die mittlerweile etwa 100 Jahre alte und etwa 50 m hohe Eiche hat alle Lichtbaumarten, in deren Schatten sie emporgewachsen ist, zum Absterben gebracht. Sie produziert 3 Millionen Liter Sauerstoff pro Jahr und saugt an einem Sonnentag bis zu 200 Liter Wasser aus dem Boden.
Eichenblätter werden vor allem von Insekten und deren Larven gefressen. *Eichenwicklerlarven* fressen zunächst bereits geöffnete Knospen und junge Blätter, im dritten Larvenstadium beginnen sie Blätter einzuspinnen, um sie von innen aufzufressen. Bei Massenvermehrungen kommt es zu einem Kahlfraß, auf den widerstandsfähige Bäume allerdings mit einem Neuaustrieb reagieren können.
Blattläuse entziehen den Waldpflanzen unmittelbar aus Leitungsbahnen zucker- und aminosäurehaltigen Saft. Die zuckerhaltigen „Honigtau"-Ausscheidungen der Baumläuse dienen anderen Insekten, vor allem *Ameisen,* als Nahrung.
Gelbhalsmaus, Buchfink und *Eichelbohrer,* ein Rüsselkäfer, nutzen das Angebot an fett- und proteinreicher Pflanzennahrung wie Samen und Früchten.
Die *Kreuzspinne* fängt mit ihrem Netz vor allem Insekten.
Baummarder jagen Eichhörnchen, fressen Vogeleier und Vögel.

Ökosysteme **135**

5 Nachdem der Eichenstamm mehr und mehr von Pilzhyphen durchzogen und von Insektenfraß geschädigt war, fiel der Baumriese bei einem Herbststurm um. Am Baumstumpf hat sich eine Kolonie der *Kleinen Waldameise* angesiedelt. Das Volk besteht aus bis zu 5000 Königinnen und 5 Millionen Arbeiterinnen. Im Umkreis von etwa 50 m werden Beutetiere überwältigt, die ein Vielfaches schwerer sind als sie selbst. Die Ameisen pflegen und verteidigen auch Blattlauskolonien. Im Wurzelwerk lebt eine *Waldspitzmaus.* Ihr Gebiss ist durch zahlreiche spitze Zähnchen gekennzeichnet.

Rund die Hälfte aller Arten im Eichenwald lebt von der Spreu abgestorbener Blätter und dem Totholz, beispielsweise *Springschwänze, Asseln, Regenwürmer* und *Pilze.* Durch ihren Stoffwechsel führen sie die Atome der Biomoleküle in den Kreislauf des Ökosystems zurück.

4 Die Eiche ist nun 400 Jahre alt. Ihre Krone ist durch Witterung und Stürme gekennzeichnet.

Habichte jagen, trotz einer Flügelspannweite von mehr als 1m, äußerst wendig Vögel und Säugetiere bis zur Größe eines Baummarders. Ihren Horst errichten sie in alten Bäumen.

Borkenkäfer, Bockkäfer und *Holzwespen* nutzen Rinde oder Holz als Nahrungssubstrat für ihre Larven. Während Bockkäferlarven die Zellulose in der Holznahrung mithilfe symbiontischer Hefen, die in ihrem Verdauungssystem leben, teilweise abbauen können, ernähren sich Holzwespenlarven von symbiontischen Pilzen, die in ihrem Fraßmehl wachsen.

Schlupfwespen können Käferlarven auch durch die Borke orten. Mit ihrem langen Legestachel dringen sie in den Wirt ein und legen ein Ei ab.

Der *Große Buntspecht* meißelt in morsch gewordenes Holz Nisthöhlen und sucht am Stamm nach Insekten. Verlassene Spechthöhlen werden beispielsweise von *Kohlmeisenpärchen* genutzt, die ihre Jungen darin aufziehen.

Hirschkäfer lecken den zuckerhaltigen Saft „blutender" Eichen, ihre Larven entwickeln sich in vermoderndem Eichenholz.

Der *Große Abendsegler,* eine Fledermausart, nutzt Baumhöhlen als Sommerquartiere. Er erbeutet hauptsächlich Nachtfalter.

Aufgaben

1 Ordne die im Text beschriebenen Arten den Abbildungen zu.

2 Ordne alle Arten nach dem biologischen (natürlichen) System und begründe die Zuordnung.

3 Beschreibe Merkmale ausgewählter Arten und erkläre Zusammenhänge zwischen auffälligen Strukturen und deren Funktion.

4 Stelle Nahrungsketten in Diagrammform auf und knüpfe mit den beschriebenen Arten ein Nahrungsnetz.

Praktikum: Untersuchung von Waldökosystemen

Waldkartierung und Vegetationsbestimmung
Ein Wald zeigt sich als komplexes räumliches Muster, das sich außerdem mit den Jahreszeiten wechselnd und über die Jahrzehnte beständig verändert. Mit einer *Vegetationsaufnahme* versucht man eine Momentaufnahme dieses sich entwickelnden Musters zu erstellen. Für die Untersuchung sollte ein naturnaher Mischwald mit lichtem Baumbestand ausgewählt werden. Zusätzlich kann eine Fichtenmonokultur untersucht werden.

Material: Maßband oder Zollstock, Notizblock mit Bleistift, Schreibunterlage, wasserfester Filzstift, Lineal, Millimeterpapier oder kariertes Papier, Pflanzenbestimmungsbuch, Klebeband, Plastiktüten

Es wird eine einheitliche quadratische Fläche zwischen 10 m · 10 m und 20 m · 20 m Fläche abgesteckt. Die Fläche wird maßstabsgetreu auf Millimeterpapier übertragen. Die Sträucher und die Stämme der Bäume werden im Verhältnis ihres Durchmessers in die Skizze eingetragen (▶ Bild 1). Die Höhe h des Baums ergibt sich aus der Summe der Entfernung des Baums vom eigenen Standort x und der Augenhöhe y (▶ Bild 2).

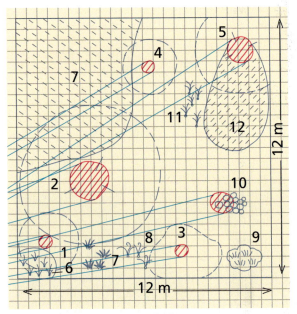

1 Skizze einer Vegetationsaufnahme

Aufgaben
1. Bestimme die einzelnen Baumarten. Ergänze dein Protokoll mit der jeweiligen Baumhöhe und dem Deckungsgrad der Baumart (Anteil der von der Baumart bedeckten Bodenfläche an der Untersuchungsfläche in %, wobei man sich die Krone auf den Boden projiziert denkt).
2. Bestimme die Kräuter, Gräser, Farne und Moose und trage sie mit unterschiedlichen Schraffuren in deine Skizze ein.

Bestimmung der Licht-, Temperatur- und Feuchtigkeitsverhältnisse
Material: Luxmeter, Digitalthermometer mit Sonde, Hygrometer

An verschiedenen Stellen im Wald und auf einer freien Fläche außerhalb des Walds werden unmittelbar am Boden und in 1 m Höhe jeweils folgende Faktoren gemessen:
Die Lichtverhältnisse werden mithilfe des Luxmeters gemessen.
Die Temperaturverhältnisse werden mit dem Digitalthermometer bestimmt.
Die Feuchtigkeitsverhältnisse erhält man mithilfe des Hygrometers.
Die gemessenen Werte werden in eine Tabelle eingetragen.

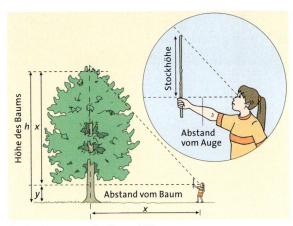

2 Bestimmung der Baumhöhe

Chemische Untersuchung des Waldbodens
Nitratbestimmung und Bestimmung des Säuregrads (pH-Wert)
Material: Bechergläser, Messzylinder, destilliertes Wasser, Rührstab, Nitratteststäbchen, Indikatorpapier, Rundfilter, Bodenproben von verschiedenen Stellen des Untersuchungsgebiets

Etwa 10 g Bodenprobe werden mit destilliertem Wasser übergossen und einige Minuten umgerührt. Nach etwa 10 Minuten taucht man den gefalteten Rundfilter in die Lösung. Im filtrierten Wasser lässt sich nun mithilfe der Teststäbchen der Nitratgehalt und der pH-Wert ablesen.

Aufgabe
3. Vergleicht die Werte der verschiedenen Messorte und überlegt, welche Faktoren die Messergebnisse beeinflussen.

Aufgabe
4. Bestimme pH-Wert und Nitratgehalt deiner Bodenproben. Gibt es Unterschiede zwischen den Proben?

Tiere im Waldboden und in der Laubstreu

Material: Stecher für Blumenzwiebeln, Stereolupe, Waldboden, Glas- oder Plastiktrichter, grobes Sieb, Pappkarton, Glasschale, angefeuchteter Pinsel, Lampe

Die obere Waldbodenschicht wird mit dem Stecher vorsichtig entnommen. Wird der Boden anschließend aus dem Zylinder gedrückt, kann er schichtweise untersucht werden. Größere Tiere lassen sich direkt unter einer Stereolupe beobachten, kleinere Tiere werden mithilfe der Lichtfalle vom Boden getrennt: Das Sieb mit einer Bodenprobe wird in einen Trichter gesetzt, der in eine dunkle Schachtel ragt. Unter dem Trichter befindet sich die Glasschale (▶ Bild 1). Man lässt die Bodenprobe langsam austrocknen.

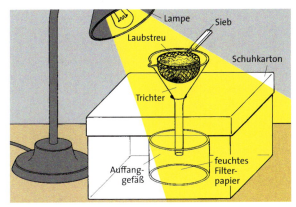

1 Versuchsaufbau einer Lichtfalle

Aufgaben

1 Beobachte, wohin die Tiere aus der Bodenprobe flüchten, wenn sie sich in der Lichtfalle befinden.
2 Beschreibe, wie sich die einzelnen Tiere fortbewegen.
3 Versuche die Tiere systematisch zu ordnen.
4 Informiere dich über ihre Ernährungsweise.

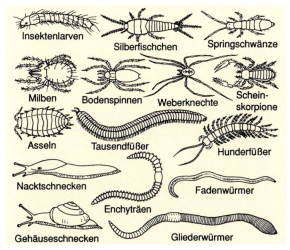

2 Tiere in der Laubstreu

Weitere Waldbewohner

Material: Plastikbecher und -döschen, Pinsel, Pinzette, Becherlupenglas, Schmetterlingsnetz, Fernglas, Aufnahmegerät, Notizblock und Stift, Vogelstimmen-CD, Bestimmungsliteratur

Kleinbewohner der Kraut- und Moosschicht fängt man mithilfe von Plastikbechern, die in den Waldboden eingegraben werden. Der Rand der Becher darf dabei nicht über den Boden ragen. Der Versuch sollte bereits am Vortag der Waldexkursion angesetzt werden. Zur Untersuchung wird der Becherinhalt in eine Schale gekippt.

Mit einem Schmetterlingsnetz können verschiedene Fluginsekten gefangen werden, die zur weiteren Untersuchung in ein Becherlupenglas gegeben werden.

Spuren von Tierfraß wie Wildverbiss, Borkenkäferfraßbilder oder Raupenfraß werden protokolliert.

Vögel lassen sich am besten anhand ihres Gesangs bestimmen. Mit dem Aufnahmegerät werden die Stimmen verschiedener Vogelarten über einen längeren Zeitraum aufgezeichnet.

Aufgaben

5 Bestimme die gefangenen Kleinlebewesen, protokolliere ihre Anzahl und ordne sie systematisch.
6 Protokolliere die Häufigkeit der gefundenen Tierfraßspuren.
7 Liste die Vogelarten auf, die du bestimmen konntest.

Zeigerpflanzen

Zur Beurteilung des Waldbodens zieht man neben der Messung chemischer und physikalischer Faktoren auch sogenannte Zeigerpflanzen heran. Eine Reihe von Pflanzen kommt nur auf ganz bestimmten Böden vor, so sind einige Kalk liebend, andere zeigen die Säure des Bodens an (▶ Bilder 3 und 4).

Material: Bestimmungsliteratur

3 und 4 Maiglöckchen (Kalk), Heidelbeere (Säurezeiger)

Aufgabe

8 Bestimme Zeigerpflanzen in dem von dir untersuchten Waldgebiet, ordne sie systematisch und erstelle Steckbriefe.

Produktivität und Energiefluss in Ökosystemen: die Primärproduktion

Leben ist nur möglich, wenn ständig *Energie* zufließt. Dadurch können Organismen aus kleineren Molekülen hochgeordnete Strukturen wie DNA-Moleküle, Zellmembranen, Gewebe oder Organe aufbauen. Nach dem *Energieerhaltungssatz* kann Energie nur übertragen und umgewandelt, aber nicht erzeugt oder vernichtet werden. So wandeln fotosynthetisch aktive Organismen wie Algen oder Bäume die Lichtenergie der Sonne in chemische Energie um, die in Biomolekülen gespeichert ist. Allerdings geht bei jeder Energieumwandlung ein Teil in Form von Wärme verloren. Letztlich verflüchtigt sich Energie als Wärme im Weltall. Die in den Biomolekülen gebundenen Atome befinden sich dagegen in einem immerwährenden *Kreislauf*. So wird ein in einem Proteinmolekül eingebautes Kohlenstoff- oder Stickstoffatom in einer Nahrungskette von einer Nahrungsstufe (Trophieebene) zur nächsten weitergegeben und schließlich durch die Destruenten – in kleine Moleküle wie Kohlenstoffdioxid und Wasser eingebaut – wieder in den Kreislauf zurückgeführt. Atome können zwar ein Ökosystem verlassen und auch in einen abiogenen Kreislauf gelangen (zum Beispiel in der Verbindung Calciumcarbonat, $CaCO_3$), gehen aber nicht verloren.

Sonnenenergiebetriebene Ökosysteme. Die im Weltraum von der Sonne übertragene, auf die Atmosphäre treffende *Strahlungsenergie* beträgt täglich rund 10^{22} J. Etwa die Hälfte dieser Strahlungsenergie trifft als Globalstrahlung auf die Erdoberfläche und somit auch auf Algen oder die Blätter von Bäumen. Ein Teil wird reflektiert, ein Teil durchgelassen und ein weiterer Teil absorbiert. Von dieser absorbierten Strahlungsenergie wird der größere Teil in *Wärme* umgewandelt. Dadurch kann beispielsweise der Wasser-Transpirationsstrom in den Pflanzen aufrechterhalten werden. Nur 1–4 % der Globalstrahlung wird von den fototrophen Organismen genutzt und in *Biomasse* umgesetzt. Dennoch erzeugen die Primärproduzenten der Erde gemeinsam rund 165 Milliarden Tonnen Biomasse pro Jahr, verbunden mit einer Sauerstoffproduktion von über 200 Milliarden Tonnen!

Aufgabe
1 Berechne, wie vielen Menschen mit einem Gewicht von durchschnittlich 55 kg die jährliche Biomassenproduktion entspricht.

Brutto- und Nettoprimärproduktion. Die Gesamtprimärproduktion wird als *Bruttoprimärproduktion* (P_b) bezeichnet. Das ist die „Menge" an Lichtenergie, die durch Fotosynthese pro Zeiteinheit in chemische Energie umgewandelt wird. Allerdings werden nicht alle produzierten Moleküle als energiereiche Biomoleküle gespeichert. 20–75 % ihrer durch Fotosynthese erzeugten organischen Stoffe verwenden die Produzenten als Energieträger für die eigene Atmung. Die um den *Atmungsverlust R* (Atmung oder Respiration R) verminderte Produktion bezeichnet man als *Nettoprimärproduktion* (P_n). Es gilt: $P_n = P_b - R$.

In Waldökosystemen beispielsweise beträgt die Nettoprimärproduktion nur etwa ein Viertel der Bruttoprimärproduktion, da Bäume zum großen Teil aus Stämmen, Zweigen und Wurzeln bestehen, die keine Fotosynthese betreiben, deren Stoffwechsel aber durch Atmung teuer unterhalten werden muss. Während sich die Primärproduktion als Zunahme der pflanzlichen Biomasse pro Zeiteinheit angeben lässt, stellt die *Primärproduktivität* die Primärproduktion pro Flächeneinheit dar, zum Beispiel die chemisch gespeicherte Energie in g/m² · Jahr. Da Wassermoleküle keine verwertbare Energie enthalten und der Wassergehalt Schwankungen unterliegt, wird die Produktivität meist in kg Trockensubstanz je m² oder Tonnen Kohlenstoff je Hektar Grundfläche angegeben.

Aufgaben
2 Die Primärproduktivität der Ökosysteme ist sehr verschieden. Von welchen Ökofaktoren wird sie vor allem abhängen?

3 Vergleiche mithilfe der Angaben in Bild 1 die Produktivität verschiedener Ökosysteme und begründe die Unterschiede.

	Ozean	Küstenzone	Gezeitenzone, Mangrove, Sumpf	Regenwald warmer Länder	Wald kühlfeuchter Gebiete	Fels, Eis	Trockenbusch, Savanne	Wüste, Tundra
Nettoprimärproduktion P_n	<0,4	0,2–0,6	1–6	1–3,5	0,5–2,5	<0,001	0,2–2,5	<0,04
Biomasse	<0,01	0,01–0,1	10–50	40–80	10–50	<0,3	2–15	0–2

1 Nettoprimärproduktion in einem Jahr und pflanzliche Biomasse verschiedener Ökosysteme (Zahlenwerte in kg/m²)

Produktivität und Energiefluss in Ökosystemen: die Sekundärproduktion

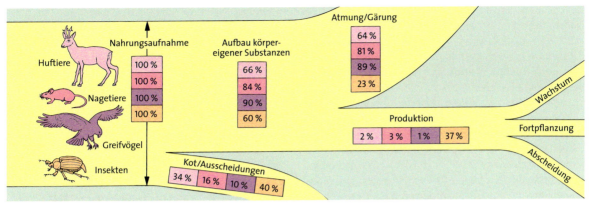

1 Schema der Energieverwertung bei verschiedenen Konsumentengruppen im Ökosystem Wald

Nahrungskette und Nahrungsnetz. Die als Nettoprimärproduktion verbleibende Biomasse und die darin enthaltene chemische Energie wird über verschiedene *Konsumentenebenen* weitergegeben. Die einzelnen Glieder einer solchen Nahrungskette entsprechen den *Trophieebenen*. Die Produzenten, zum Beispiel eine Eiche (▶ Seite 134), stellen demnach die 1. Trophieebene dar, die Pflanzenfresser als Erstkonsumenten (Reh) bilden die 2. und die Fleischfresser als Zweitkonsumenten (Luchs) die 3. Trophieebene. Das meist sehr komplexe Netzwerk von Nahrungsketten, das *Nahrungsnetz*, berücksichtigt auch Destruenten sowie parasitische und symbiontische Beziehungen in der Biozönose.

Beispiel Aquarium. Im überschaubaren Modell-Ökosystem Aquarium fressen Schnecken Wasserpflanzen und Pantoffeltiere Algen. Somit werden auch letztere als Pflanzenfresser zu den Erst- oder *Primärkonsumenten* gezählt. Pantoffeltiere dienen wiederum Wasserflöhen als Nahrung; sie sind Zweit- oder *Sekundärkonsumenten*. *Endkonsumenten* sind die Guppys, aber auch der Süßwasserpolyp, der Pantoffeltiere und Algen aufnimmt. Die Algen werden aber zum Teil nicht verdaut, sondern als Symbionten in die Körperwand aufgenommen. Die Egel parasitieren an Schnecken.

Sekundärproduktion. Konsumenten setzen eine bestimmte Rate an chemischer Energie in der Nahrung in eigene, neue Biomasse um. Man spricht von *Sekundärproduktion*. Da wir in einer von Pflanzen dominierten Umwelt leben, können Pflanzenfresser meist nur einen kleinen Teil der pflanzlichen Biomasse vertilgen. Zudem können sie nicht alle aufgenommenen Biomoleküle verwerten. Sie besitzen beispielsweise keine geeigneten Enzyme zur Zerlegung bestimmter Makromoleküle wie Lignin (Holzstoff). Im Beispiel Aquarium scheiden die Wasserschnecken unverdauliche Nahrungsbestandteile als Kot wieder aus. Einen Teil der resorbierten Biomoleküle verwenden sie als Energieträger, weniger als 20 % investieren sie für das Wachstum (Sekundärproduktion). Während die im Kot enthaltene Energie noch von Zersetzern genutzt wird, gehen 70 % der Energie, die zur Zellarbeit wie der ATP-Synthese eingesetzt wird, aus dem Ökosystem als Wärme verloren. Nur die Energie, die die Pflanzenfresser in Form eigener Energieträger wie Körperfett speichern, steht den Fleischfressern *(Sekundärkonsumenten)* zur Verfügung. In jedem Ökosystem ist der Fluss der Energie auf verschiedene Teilflüsse verteilt, unabhängig davon, ob es sich um ein Individuum, eine Population oder eine ganze *Trophiestufe* handelt:

- Der nutzbare Anteil der Nahrung wird in körpereigene Substanzen umgewandelt und gespeichert.
- Nicht nutzbare Energie geht mit dem Kot oder anderen Ausscheidungen verloren.
- Ein großer Teil der aufgenommenen, in Biomolekülen gespeicherten Energie wird dazu verwendet, den Stoffwechselbetrieb der Zellen aufrechtzuerhalten. Sie wird durch Atmung oder Gärung wieder in andere Energieformen wie Wärme und ATP umgewandelt.
- Die restliche Energie steckt in der Körpersubstanz und wird für Wachstum, Fortpflanzung und die Bildung von Sekreten, Haut, Haaren oder Federn eingesetzt. Nur dieser Teil kann von der nächsten Trophiestufe genutzt werden. Dabei gilt es zu beachten, dass ein Großteil der Lebewesen nicht gefressen wird, sondern eines natürlichen Todes stirbt. Diese Biomasse wird nur von den Destruenten genutzt.
- Der Umfang der Energie-Teilflüsse unterscheidet sich bei verschiedenen Lebewesen, weil sie beispielsweise die Nahrung unterschiedlich gut aufschließen.

Aufgaben
1. Interpretiere das Schema in Bild 1.
2. Vergleiche das Verhältnis von mit der Nahrung aufgenommener zu chemisch gespeicherter Energie bei einem Samen- und Kräuterfresser (Eichhörnchen, Feldhase), einem Fleisch- und Pflanzenfresser (Luchs, Reh), einem Mäuse- und Insektenfresser (Mäusebussard, Wespenbussard), einem Wechsel- und einem Gleichwarmen (Nilkrokodil, Löwe).

Materiekreislauf

Destruenten. Viele *Destruenten* bilden eine wichtige Nahrungsquelle für Tiere. Wesentlich wichtiger ist aber ihre Funktion als *Recycler*. In jedem Ökosystem fällt ständig *Detritus* in Form von abgestorbenen Blättern und Samen, verwehtem Blütenstaub, Knospenschuppen, Holz, Haaren und Schuppen, Ausscheidungen wie Harn und Kot sowie Tierleichen und toten Pflanzen an. Alle Moleküle, aus denen der Detritus besteht, werden recycelt. Destruenten spalten unter Beteiligung von Enzymen Biomoleküle, zum Beispiel im Verlauf der Atmung oder bei anderen Stoffwechselreaktionen. Die wichtigsten Zersetzungsprozesse werden dabei von *Bakterien* und *Pilzen* ausgeführt, die auch Enzyme nach außen abgeben, um das organische Material abzubauen. Letztlich entstehen *anorganische Moleküle* wie Wasser und Kohlenstoffdioxid, Ionen wie Calcium, Ammonium, Sulfat oder Phosphat, die dann Bestandteil der Atmosphäre oder mineralische Beimengung von Böden werden beziehungsweise in Wasser gelöst sind. Die meisten Abbauvorgänge können nur unter aeroben Bedingungen ablaufen.

Die Destruenten sind in Detritus-Nahrungsketten eingebunden. Einer bestimmten Trophieebene lassen sie sich aber nicht zuordnen, da sie ihre Nahrung aus jeder dieser Stufen beziehen.

Zersetzung in verschiedenen Ökosystemen. In *aquatischen Ökosystemen* gehen die Abbauvorgänge in den oberen Wasserschichten in der Regel sehr schnell vor sich. So ist abgestorbenes Plankton in Seen bereits nach 10 Tagen zu 75 % mineralisiert. Reste von großen Pflanzen oder Tierleichen, die auf den Grund absinken, werden dagegen nur langsam zersetzt, da es dort an Sauerstoff fehlt, der zum vollständigen aeroben Abbau gebraucht wird.

In *Landökosystemen* beeinflussen neben Sauerstoff vor allem Feuchtigkeit und Temperatur die Abbaugeschwindigkeit. Während sich organische Reste im tropischen Regenwald in wenigen Monaten zersetzen, benötigt Falllaub in unseren Wäldern 3–6 Jahre, in nordischen Wäldern sogar 50 Jahre zur völligen Mineralisierung. An den sich vor allem im Boden vollziehenden Abbauprozessen ist eine unvorstellbare Zahl an Bodenorganismen beteiligt. Sie stellen 80 % der Biomasse im Boden.

Aufgaben

1. Informiere dich über die Lebensweise der in Bild 1 dargestellten Destruenten und ordne sie systematisch.
2. Finde heraus, weshalb Regenwürmer eine besondere Rolle bei der Humusbildung (Humus = Gesamtheit der abgestorbenen organischen Bodensubstanz) spielen und einen entscheidenden Beitrag zur Produktivität des Bodens leisten.

Kreislauf der Materie. Das Leben auf der Erde ist auf die Wiederverwendung der in Organismen enthaltenen Atome weniger chemischer Elemente angewiesen, da sie nur in begrenzter Menge vorhanden sind. Durch die Zersetzer wird das Reservoir an anorganischen Molekülen und Ionen, die autotrophe Organismen zum Aufbau neuer organischer Substanz verwenden, wieder aufgefüllt. Da in diesen Kreisläufen biologische und geologische Prozesse verknüpft sind, spricht man von *biogeochemischen Materiekreisläufen*. Man unterscheidet zwei Arten derartiger Kreisläufe. Gasförmige Verbindungen, die Kohlenstoff-, Sauerstoff-, Schwefel- und Stickstoffatome enthalten, zirkulieren in der Atmosphäre in *globalen Kreisläufen*. So können etwa Kohlenstoff- und Sauerstoffatome, die eine Pflanze in Deutschland als Kohlenstoffdi-

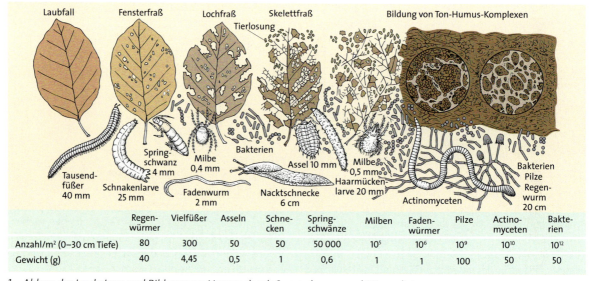

	Regenwürmer	Vielfüßer	Asseln	Schnecken	Springschwänze	Milben	Fadenwürmer	Pilze	Actinomyceten	Bakterien
Anzahl/m² (0–30 cm Tiefe)	80	300	50	50	50 000	10^5	10^6	10^9	10^{10}	10^{12}
Gewicht (g)	40	4,45	0,5	1	0,6	1	1	100	50	50

1 Abbau der Laubstreu und Bildung von Humus durch Saprophagen und Mineralisierer

oxid aus der Atmosphäre aufnimmt, durch die Atmung eines auf Island lebenden Menschen in den globalen Kreislauf gelangt sein. Andere Atomarten wie Calcium oder Phosphor sind weniger mobil und zirkulieren meist – über kürzere Zeiträume betrachtet – in *räumlich begrenzten Kreisläufen*. Die Atome dieser Elemente werden im Boden gespeichert und von Pflanzenwurzeln in Form gelöster Ionen aufgenommen. Für alle chemischen Kreisläufe lässt sich ein allgemeines Modell formulieren: Die meisten der in Lebewesen enthaltenen Atome reichern sich in vier „Becken" an: Sie sind entweder in organischen oder in anorganischen Verbindungen enthalten und sie sind für Lebewesen direkt nutzbar oder nicht verfügbar. Biologische und geologische Vorgänge verschieben die Atome zwischen diesen Reservoiren.

Das allgemeine Modell auf reale Ökosysteme zu übertragen und den tatsächlichen Weg der Atome verschiedener Elemente durch die Kreisläufe zu verfolgen ist außerordentlich komplex, da die Ökosysteme als *offene Systeme* in einem regen Stoffaustausch mit anderen Ökosystemen stehen. Dennoch gelang es Forschern in einzelnen Fällen, mithilfe von *Tracern* (radioaktiven Isotopen) den Weg von Elementen durch die verschiedenen biotischen und abiotischen Bestandteile von Ökosystemen nachzuvollziehen.

Aufgaben

1. Beschreibe mithilfe von Bild 2 den Kreislauf des Kohlenstoffs. Berücksichtige dabei auch den Einfluss der Jahreszeiten.
2. Global betrachtet sollten sich in der Natur die CO_2-Abgabe und die CO_2-Aufnahme in etwa die Waage halten. Erkläre das stetige Ansteigen der CO_2-Konzentration in den letzten 150 Jahren.
3. Beschreibe anhand von Bild 3 den Kreislauf des Stickstoffs.
4. Wozu benötigen Organismen das Element Stickstoff?
5. Obwohl die Atmosphäre zu 78 % aus Stickstoffmolekülen (N_2) besteht, ist dieses Element in den meisten Ökosystemen der begrenzende Faktor für die biologische Produktion.
Erkläre diese Feststellung und berücksichtige dabei die Bindungsverhältnisse im Stickstoffmolekül.
6. Einige Bodenbakterien enthalten das Enzym Urease. Formuliere die von diesem Enzym katalysierte Reaktion.
Welche Funktion kommt diesen Bakterien im Stickstoffkreislauf zu?

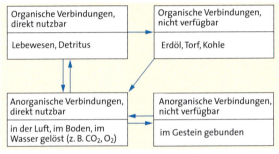

1 Materiekreisläufe, allgemeines Modell

Aufgabe für Profis

1. Beschreibe die in Bild 1 dargestellten Prozesse unter Verwendung folgender Begriffe: Bildung von Sedimentgesteinen, Ausscheidung, Erosion (2 ×), Atmung, Fossilisierung, Baustoffwechsel, Nutzung fossiler Brennstoffe, Verwitterung, Fotosynthese, Zersetzung.

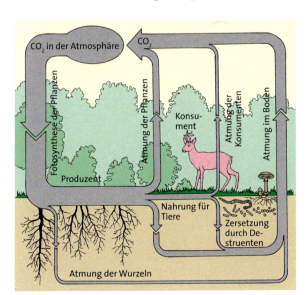

2 Der Kohlenstoffkreislauf

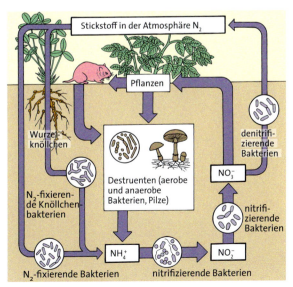

3 Der Stickstoffkreislauf

Ökologische Pyramiden

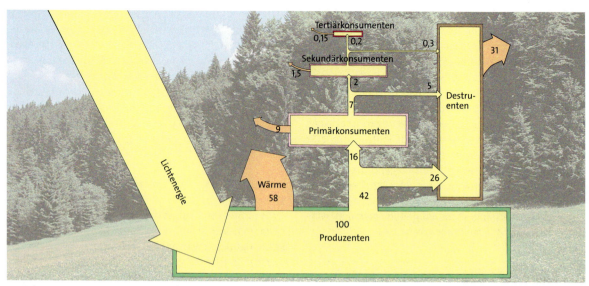

1 Schema einer Energiepyramide (Angaben in %)

Energiepyramide. Summiert man die Energiemenge, die auf jeder Trophiestufe des gesamten Ökosystems produziert wird, ergibt sich eine *Energiepyramide* (▶ Bild 1). In dieser Pyramide verringert sich der Energiegehalt von Stufe zu Stufe durchschnittlich um den Faktor 10. Man spricht auch davon, dass der *ökologische Wirkungsgrad*, das heißt das Verhältnis von weitergegebener zu aufgenommener Energie, auf jeder Trophiestufe 10 % beträgt. Wie die Analyse des Energieflusses in verschiedenen Ökosystemen zeigt, ist diese *10 %-Regel* allerdings nur ein grober Richtwert.

Biomassepyramide. Eine wichtige ökologische Folge, die sich aus dem geringen ökologischen Wirkungsgrad ergibt, ist, dass die *Biomasse* der Pflanzen in einem Ökosystem viel größer ist als die der Tiere: Je m² Mischwald findet man beispielsweise 30 000 g pflanzliche und 80 g tierische Biomasse. Entsprechend hoch ist die *Primärproduktion* im Vergleich zur *Sekundärproduktion*.

Aufgaben

1. Versuche eine Begründung dafür zu geben, dass der ökologische Wirkungsgrad in den Weltmeeren bei 25 %, in den tropischen Wäldern dagegen nur bei 5 % liegt bzw. das Verhältnis der Primär- zur Sekundärproduktion in den Ozeanen bei 6:1, auf dem Festland 125:1 beträgt.
2. Erläutere die Tatsache, dass Produktivität und Biomasse in einer Trophiestufe stets geringer als in der vorhergehenden sind.
3. Wie verändert sich innerhalb einer Nahrungskette die Individuenzahl und die Körpergröße der Konsumenten? Begründe deine Ansicht.

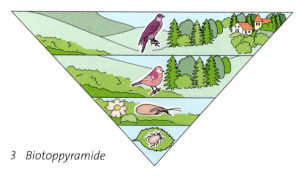

3 Biotoppyramide

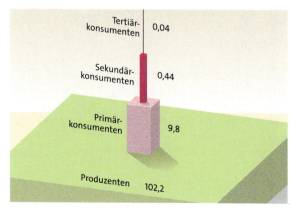

2 Produktionspyramide eines Sees (Zahlenwerte für die Nettoproduktion eines Jahres in g/m²)

4. Überlege, welches Phänomen die Biotoppyramide (▶ Bild 3) veranschaulicht.
5. Wende die Basiskonzepte Stoffe und Energie auf ein Ökosystem an, zum Beispiel Laubwald oder See, und stelle ensprechende Fragen.
6. Bei fast allen untersuchten Nahrungsnetzen bestehen die Nahrungsketten aus höchstens 5 Stufen. Formuliere eine Hypothese als Erläuterung dieses Phänomens.

Entwicklung von Populationen in Ökosystemen

Natürliche *Populationen* sind einem ständigen Wechsel unterworfen: Individuen wandern zu oder ab, wachsen nach oder sterben. Insgesamt kann dabei die Populationsdichte, also die Individuenzahl einer Art, in einem Ökosystem weitgehend konstant bleiben oder aber regelmäßigen oder unregelmäßigen *Schwankungen* unterliegen. Bei zahlreichen Insekten, kleineren Nagetieren, einjährigen Pflanzen oder Krankheitserregern schwankt die Populationsdichte ohne die Mitwirkung anderer Arten stark. Einer Massenvermehrung unter günstigen Bedingungen folgt der allmähliche Rückgang oder der Zusammenbruch der Population. Regelmäßige Zyklen sind bei einigen Schmetterlingen wie dem Lärchenwickler, dessen Raupen an Nadelbäumen fressen, oder dem Maikäfer, der früher in Bayern alle vier Jahre in Massen auftrat, zu beobachten (▶ Bild 1).

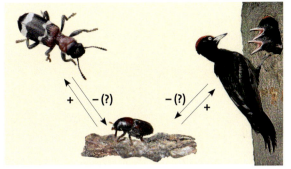

3 *Beispiel für Regelkreisschemas*

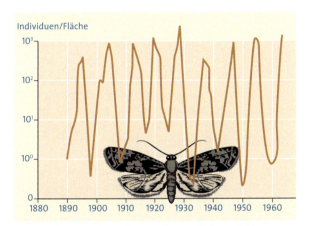

1 *Populationsschwankungen beim Lärchenwickler*

Wechselwirkungen zwischen Populationen. In der Regel beeinflussen aber Faktoren wie zum Beispiel Feinde, Konkurrenten, Parasiten und Krankheitserreger die Populationen eines Ökosystems. Je dichter die Population einer Beute ist, desto leichter fällt es ihren Fressfeinden, Nahrung zu erwerben, und desto stärker wird deren Population wachsen. Je dichter aber die Population eines Fressfeinds wird, desto weniger Beute steht dem Einzeltier zur Verfügung, desto langsamer wird die Population des Fressfeinds wachsen und desto rascher wird sich die Beutepopulation wieder erholen (▶ Bild 2).

Auch für Konkurrenten, Parasiten und Krankheitserreger existieren ähnliche *Regelkreise mit negativer Rückkopplung*, bei denen die Zunahme beziehungsweise Abnahme einer Größe auf diese selbst fördernd oder hemmend zurückwirkt.

Derartige Beziehungen kann man in Form einfacher Regelkreisschemas darstellen:

Gleichsinnige Beziehungen wie „Je mehr ..., desto mehr ..." werden mit einem „+"-Zeichen symbolisiert, gegenläufige wie „Je mehr ..., desto weniger ..." mit einem „–" Zeichen:

Population der Beutetiere +/− Population der Beutegreifer

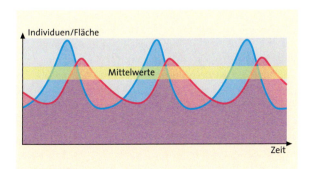

2 *Populationsentwicklungen von Beute und Räuber*

Aufgaben

1 Interpretiere die Grafik in Bild 2 und ordne die Kurvenverläufe der Räuber- bzw. Beutepopulation zu.

2 Wende das Regelkreisschema auf Räuber-Beute-Beziehungen des Ökosystems See oder Wald an.

3 Schwarzspechte und Ameisenbuntkäfer sind Feinde der Borkenkäfer (▶ Bild 3). Überlege, ob eine Zunahme der Schwarzspecht- bzw. Buntkäferpopulation nach einer Massenvermehrung der Borkenkäfer zu einer deutlichen Verminderung der Borkenkäferpopulation führen kann. Begründe deine Meinung.

Tipp: Informiere dich über die Fortpflanzungsgeschwindigkeiten und -größen der genannten Arten.

4 Eine Erhöhung der Beutedichte bewirkt auch eine Häufigkeitszunahme des Räubers. Wende diese Beobachtungen auf Monokulturen und deren Schädlinge an.

5 Begründe, weshalb nach Anwendung unspezifisch wirkender Bekämpfungsmittel die Populationen der Schädlinge viel schneller anwachsen als die ihrer Feinde.

Entwicklung von Ökosystemen

1 Der Krakatau heute

3 Yellowstone-Nationalpark

Naturkatastrophen vernichten oder stören Ökosysteme. Am 27. August 1883 explodierte der Vulkan Krakatau, eine Insel in der Sundastraße zwischen Sumatra und Java. Übrig blieb nur der südliche Fuß des Bergs. Er war zunächst ohne Leben, ebenso ein neu entstandener Vulkan, der Anak Krakatau (Sohn des Krakatau), der sich ab 1927 innerhalb der riesigen, untermeerischen Caldera aufbaute, 1930 die Wasseroberfläche durchbrach, heute bereits 450 m hoch und noch immer aktiv ist. Die nächstgelegenen Inseln sind 20–40 km entfernt. Ein Jahr nach der Explosion war der Krakatau noch vegetationslos, aber schon nach 3 Jahren wiesen Forscher 26 Arten höherer Pflanzen nach. Nach 25 Jahren bedeckte ein lichtes Pflanzenkleid den Krakatau. Bei einer Expedition im Jahre 1933 entdeckten Biologen Schlangen, Geckos, Echsen und viele Arten von Wirbellosen. Bei nachfolgenden Untersuchungen spürten sie weitere Neuankömmlinge auf, andere Arten verschwanden wieder aus der Flora und Fauna. Heute ist die Insel wieder von dichtem tropischem Urwald bedeckt und von über 1200 Tierarten bevölkert, darunter auch bis zu 2 m lange Warane. Ähnlich verläuft derzeit die Entwicklung auf dem Anak Krakatau. Bei der Wiederbesiedlung der Inseln waren Wind, Seedrift und Tiere maßgebende Verbreitungsfaktoren.

2 Primärsukzession auf Lava

Eine andere Naturkatastrophe suchte im Jahre 1988 den ältesten Naturpark der USA heim. Mehr als ein Drittel des Yellowstone-Nationalparks fiel ausgedehnten Feuern zum Opfer. Sie wurden im Juli durch Gewitter entzündet und brannten bis zum ersten Schnee im November. Es entstand ein Mosaik aus nicht verbrannten Flächen, aus Bereichen, in denen nur Sträucher und trockenes Gras abbrannten, und Gebieten, in denen vor allem alte Bestände von Drehkiefern ein Raub der Flammen wurden. In den Folgejahren stellte sich heraus, dass letztlich nur 2 % der Fläche völlig zerstört waren. Wo hohe und alte Bäume niederbrannten, fingen neue, lichtbedürftige Pflanzen an zu wachsen, sodass sich eine komplett neue Vegetation entwickelte. Heute wachsen auf den verbrannten Flächen wieder Bäume mit mehreren Metern Höhe und ein dichter Unterwuchs aus Kräutern und Gräsern bietet Tieren eine gute Nahrungsgrundlage.

Sukzession. Ökologen bezeichnen derartige Ereignisse als *Störungen,* in deren Folge die vorhandene Vegetation und Tierwelt vernichtet wird oder sich die Artenzahl und -zusammensetzung einer Lebensgemeinschaft verändert. Nach einer Störung besiedeln verschiedene Arten das Gebiet neu. Viele Pioniere werden im Laufe der Zeit durch andere Arten ersetzt. Eine zeitliche Verschiebung der Artenzusammensetzung infolge einer Störung bezeichnet man als ökologische *Sukzession* (von lateinisch *successio*: Nachfolge). (▶ Nachgehakt: Gleichgewicht oder Ungleichgewicht, Seite 146.)

Bei der Erstbesiedlung eines Gebiets, etwa nach einem Vulkanausbruch, beobachtet man über eine begrenzte Zeit eine bestimmte Aufeinanderfolge zunehmend komplexerer Lebensgemeinschaften. Eine solche *Primärsukzession* beginnt mit autotrophen Bakterien, dann folgen Flechten und Moose, deren Sporen über weite Strecken mit dem Wind verbreitet werden. Durch Anreicherung von Zersetzungsprodukten dieser Pionierarten sowie durch Verwitterungsprozesse bildet sich Boden, der krautigen Pflanzen und bestimmten Gräsern die Besiedlung

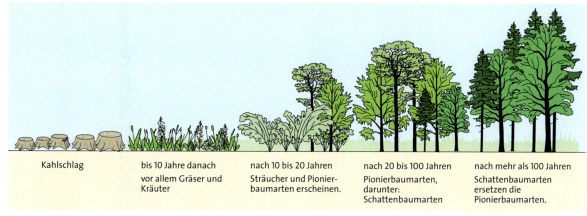

1 Sukzession bei der natürlichen Wiederbesiedlung nach einem Kahlschlag

ermöglicht. Es folgen Sträucher und Bäume, deren Samen durch den Wind oder durch Tiere verbreitet werden. *Sekundärsukzessionen* gehen auf Störungen in bestehenden Ökosystemen zurück. Nach Brand, Windwurf, Überschwemmung oder Lawinenabgang entwickelt sich das gestörte Gebiet häufig wieder in Richtung seines ursprünglichen Zustands zurück.

Sukzession nach einem Kahlschlag. Heute ist der Mensch die häufigste Ursache von Störungen in Ökosystemen, etwa durch die Rodung von Wäldern oder auch durch Aufgabe landwirtschaftlicher Pflegemaßnahmen wie Beweidung durch Haustiere oder Mahd.

In Mitteleuropa entsteht beispielsweise nach einem *Kahlschlag* auf dem freigelegten humus- und mineralstoffreichen Boden zunächst eine krautige Vegetation mit Weidenröschen, Fingerhut und Gräsern. Zunehmend bedecken dann Himbeer- und Brombeersträucher sowie Holunder die Rodungsfläche. Nach etwa 20 Jahren überwachsen Lichtbaumarten wie Birken, Zitterpappeln, Vogelbeerbäume und Salweiden das Gestrüpp. In deren Schatten entwickeln sich Buchen, Eichen und Ahornbäume, die die niedrigeren und lichtbedürftigen Pionierbaumarten nach etwa hundert Jahren überragen und schließlich verdrängen. Eine Bodenvegetation aus Frühjahrsblühern und Schatten tolerierenden Pflanzen wie Farnen breitet sich aus. Nach etwa 150 Jahren ist, ohne Einfluss des Menschen, ein artenreicher *Mischwald* mit regional leicht unterschiedlicher Zusammensetzung entstanden, sofern sich die das Ökosystem prägenden Umweltfaktoren, insbesondere die Klimafaktoren, in der Wiederherstellungsphase nicht wesentlich geändert haben.

Auch im tropischen Regenwald gibt es Beispiele eines erfolgreich abgelaufenen Wiederherstellungsprozesses. So waren aufgegebene Städte der mittelamerikanischen Mayakultur und ihr landwirtschaftlich genutztes Umfeld nach 500 Jahren wieder von dichtem Tropenwald überwuchert.

Insgesamt dominieren Pflanzen die Sukzessionsabfolge, weil sie die Struktur von Lebensgemeinschaften maßgeblich beeinflussen und den Ausgangspunkt für alle Nahrungsnetze bilden. Tiere sind meistens passive Nachfolger der Pflanzensukzession. Nur manchmal beeinflussen sie die Entwicklung der Pflanzengemeinschaft, wie große Ziegenbestände durch starke Beweidung.

Späte Sukzessionsstadien verändern sich bezüglich der Zusammensetzung nur noch langsam und kaum merklich. Die Artenzahl ist infolge der Dominanz konkurrenzstarker Arten häufig geringer als auf dem Höhepunkt einer Sukzession.

Verlandung eines Sees. In manchen Fällen kann man die zeitlich aufeinanderfolgenden Sukzessionsstadien auch räumlich nebeneinander beobachten, beispielsweise bei der *Verlandung eines Sees*. Die Abfolge der Pflanzengürtel (▶ Seite 122) von der Freiwasserzone bis zum sumpfigen Uferrand entspricht der zeitlichen Abfolge bei der Verlandung an einer bestimmten Stelle. Ursache ist die Ansammlung abgestorbener Pflanzenteile im Uferbereich, die durch die Destruenten in Schlamm verwandelt werden. Dadurch wächst der Boden im Uferbereich an. Der Vorgang wird durch mineralstoffhaltiges Schwemmmaterial aus den Zuflüssen beschleunigt. Die Verlandung führt mit der Zeit zur Bildung eines *Flachmoors*.

Aufgaben

1. In den meisten Fällen sind großflächige Rodungen von Urwäldern nicht mehr rückgängig zu machen. Wird die Fläche aufgegeben, weil sich eine landwirtschaftliche Nutzung nicht mehr lohnt, kommt es zu keiner Sukzession, an deren Ende wieder Urwald wächst, sondern meistens zu einer Versteppung oder Verwüstung. Suche Gründe für die irreversiblen Veränderungen.
2. Überlege, weshalb der vom Menschen verursachte Eintrag von mineralischen Stoffen die Verlandung eines Sees beschleunigt.

Nachgehakt: Gleichgewicht oder Ungleichgewicht?

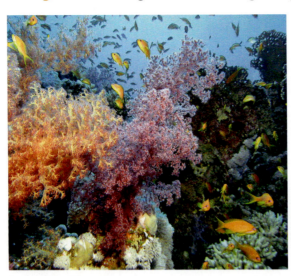

1 Korallenriff

2 Tundra

Auf 1 km² Regenwald Amazoniens koexistieren mehr als 50 000 Tierarten und auf der Fläche zweier Fußballfelder wachsen bis zu 280 Baumarten. Das Great-Barrier-Riff vor der Ostküste Australiens besiedeln rund 1500 Fisch- und 4000 Schnecken- und Muschelarten. Dagegen wirken die Grassteppen Russlands oder die Tundra im Norden Kanadas eher karg und einheitlich. Wie kommt es, dass manche Ökosysteme artenreich, andere artenarm sind? Gibt es einen Zusammenhang zwischen Artenreichtum und der Stabilität von Ökosystemen? Stören Eingriffe des Menschen wie die Ausrottung von Arten das Gleichgewicht in der Natur?

Bereits im Jahre 1920 erkannte der deutsche Biologe *August Thienemann,* dass Tropenwälder, Riffe oder auch nährstoffreiche Seen vielseitige Lebensbedingungen bieten. Dies schafft die Voraussetzung für viele ökologische Nischen und ermöglicht eine hohe Artenzahl, aber zugleich nur kleine Populationen der Arten. Einseitige bzw. extreme Lebensbedingungen, wie man sie in Polargebieten, in der Tiefsee, aber auch in Fichtenmonokulturen und Maisfeldern vorfindet, erlauben nur wenigen spezialisierten Arten eine Existenz, diesen jedoch oft in großer Individuenzahl.

Aufgabe
1 Wähle ein artenreiches und ein artenarmes Ökosystem aus und belege mithilfe von Fachliteratur und Internetrecherche die Aussagen Thienemanns anhand konkreter Beispiele.

Stabilität durch Artenvielfalt? Lange Zeit waren Ökologen der Meinung, dass sich vor allem artenreiche Ökosysteme durch eine hohe Beständigkeit auszeichnen, da sie sich in ihrer Artenzusammensetzung über lange Zeiträume, zum Teil viele Millionen Jahre, kaum veränderten. Solche Lebensgemeinschaften befänden sich in einem *selbstregulierenden Gleichgewicht,* solange sie nicht durch menschliche Eingriffe nachhaltig gestört würden. Nach dieser Ansicht würden häufige und starke Populationsschwankungen eher in artenarmen Biozönosen auftreten, zu denen auch Forst- und Agrar-Ökosysteme gehören. Ein Beispiel hierfür wären die Borkenkäfer, die in trockenen Jahren mehrere Generationen im Jahr hervorbringen und seit Jahren großflächig die artenarmen Fichtenreinbestände im Frankenwald und Bayerischen Wald vernichten. Derartige Beobachtungen stützten lange Zeit die These, dass die Stabilität von Ökosystemen durch ihre Artenvielfalt bedingt ist.

Inzwischen hat man aber erkannt, dass die Zusammenhänge erheblich komplizierter sind, vor allem sind Störungen oder Belastungen, denen ein Ökosystem ausgesetzt ist, von Bedeutung. Dazu gehören extreme Witterung, die Klimaerwärmung, das Hinzukommen neuer Arten und alle vom Menschen ausgehenden Einwirkungen wie Nutzung, Entwässerung und die Verwendung von Insektiziden.

Grundsätzlich gilt, dass einzelne Individuen in einer Population einen Selektionsvorteil haben, wenn sie Umweltstress besser als andere bewältigen. Die Bedingungen der Selektion verändern sich permanent allein schon dadurch, dass im Laufe der Zeit durch Mutation und Neukombination der Gene immer wieder andere Individuen entstehen, die sich am Ausleseprozess beteiligen. Alle die Selektion überlebenden Individuen sind optimal an ihren Lebensraum angepasst. Dennoch setzt sich ihre Entwicklung beständig fort. Dabei lässt sich vor der Selektion nie sagen, welche Individuen mit den Standortbedingungen oder Störungen noch besser zurechtkommen als andere und somit einen Entwicklungsvorteil haben.

Stirbt in einem Ökosystem eine Art durch massive Veränderungen aus, kommt es nach heutiger wissenschaftlicher Auffassung lediglich zu einer Verschiebung der Häufigkeiten anderer Arten, keineswegs aber zum Zusammenbruch eines Ökosystems. So ist der Schutz bedrohter Tiere wie des Pandabären oder des Breitmaulnashorns aus ethischer Sicht eine selbstverständliche Verpflichtung mit kultureller Bedeutung, da Symboltiere den vertrauten Charakter eines bestimmten Ökosystems erhalten. Aus streng naturwissenschaftlicher Sicht gibt es aber nach heutigen Erkenntnissen keine für das Fortbestehen einer Lebensgemeinschaft unabdingbaren Schlüsselarten.

Aufgaben
1. Überlege, welche Folgen eine fortschreitende Klimaerwärmung für die vorherrschenden Baumarten der mitteleuropäischen Wälder (Rotbuche, Eiche, Waldkiefer und Fichte) haben wird.
2. Überlege, welche Folgen die Klimaerwärmung für Eisbären haben könnte. Informiere dich dazu über die Lebensweise der arktischen Raubtiere.

Dynamik in Ökosystemen. Durch genetische Variation kann sich die ökologische Potenz einer Art auch erweitern oder verschieben. Durch die Ausweitung des Toleranzbereichs kann der Lebensraum nach Einwirkung von Stressfaktoren für andere Arten eingeschränkt werden. Somit verschieben sich die Bedingungen der zwischenartlichen Konkurrenz. Aus dieser stetigen Veränderlichkeit lässt sich ableiten, dass es *kein dauerhaftes natürliches oder ökologisches Gleichgewicht* zwischen den Organismenarten in Ökosystemen geben kann. Die Annahme von Gleichgewichten ist lediglich Grundlage stark vereinfachter mathematischer Modelle für Berechnungen in Ökosystemen. Diese berücksichtigen aber nicht die permanente Selektion und Evolution in der Natur. Dadurch verschieben sich aber nicht nur ökologische Potenzen und Strukturen der einzelnen Populationen von Pflanzen und Tieren – vielfach für unsere Lebensspanne unmerklich und unauffällig. Auffälliger sind die Veränderungen der Ökosysteme und der darin wirkenden Auslesebedingungen durch sukzessive Veränderungen. Selbst späte Sukzessionsstadien unterliegen einer stetigen Dynamik. So kann ein umgestürzter Baum, ein lokaler Hagelsturm, Hochwasser oder eine vorübergehende Trockenheit bestimmte Arten begünstigen, andere in ihrer Entwicklung hemmen und die Artenzusammensetzung nachhaltig verändern. Ein Ökosystem gleicht also eher einem zufälligen Mosaik von Teilsystemen in unterschiedlichen Sukzessionsstadien als einem gesetzmäßigen, gleichmäßigen und im Gleichgewicht befindlichen Ganzen. Die Beschreibung der Lebensgemeinschaften als veränderliche Systeme führte in den letzten Jahren zur Modellvorstellung des *biologischen Ungleichgewichts*. Danach unterliegen Biozönosen aufgrund der Variabilität der Individuen und äußerer Störungen einer stetigen Dynamik. Korallenriffgemeinschaften oder tropische Regenwälder, die sich aufgrund von kleinräumigen Störungsereignissen wie Wirbelstürmen in der nachfolgenden Erholungsphase kontinuierlich verändern, stellen Beispiele für großflächige Biozönosen im Ungleichgewicht dar. Viele Forscher sind heute der Ansicht, dass das *Mosaik verschiedener Sukzessionsstadien* eine wichtige Voraussetzung für den *Erhalt der Artenvielfalt* darstellt.

Dass häufige kleinere Störungen großflächige Verwüstungen verhindern können, zeigt das Beispiel des Yellowstone-Nationalparks. Als dominierende Baumart kommt hier die Drehkiefer vor, deren Zapfen die Samen erst dann freigeben, wenn der Elternbaum durch Feuer zerstört wird und die Zapfen großer Hitze ausgesetzt sind. Die Asche dient als mineralstoffreiches Substrat für die Keimung. Die jungen Bäume sind zunächst nur schwer entflammbar. Erst mit zunehmendem Alter nimmt die Widerstandsfähigkeit gegen Feuer ab. Im Nationalpark bekämpfte man jahrzehntelang kleinere Brände, sodass vor dem verheerenden Feuer 1988 mehr als ein Drittel der Drehkiefern älter als 250 Jahre alt war. Die extreme Trockenheit sorgte dann für genügend Brennmaterial. Aber bereits ein Jahr später waren die Brandflecken mit einer dichten Vegetation krautiger Pflanzen bedeckt, die in dem vorherigen Wald nicht vorkam (▶ Bild 1).

Aufgabe
3. Überlege dir, welche durch den Menschen bedingte Störungen sich negativ auf die Artenvielfalt von Lebensgemeinschaften auswirken.

1 und 2   Sukzession im Yellowstone-Nationalpark

Praktikum: Sukzession

Eine bewährte Methode zur Untersuchung von *Sukzessionen* sind Probeflächen aus *künstlichen Substraten,* deren Besiedlung sich über längere Zeit hinweg qualitativ und quantitativ verfolgen lässt.

Sukzessionsmodell Heuaufguss

Material: Bechergläser, Heu, Waage, Mikroskop und Zubehör, Pipetten, Bestimmungsbücher für Mikroorganismen im Wasser

Setze mehrere Heuaufgüsse parallel an, indem du jeweils etwa 2 g Heu in 1 l Wasser einige Minuten kochst. Lass die Behälter 1–2 Tage stehen und füge dann einige Milliliter Aquarien- oder Teichwasser hinzu.
Mikroskopiere die Ansätze zwei Monate lang, anfangs zweimal, später einmal wöchentlich. Stelle einen Teil der Ansätze hell, einen anderen dunkel.

Aufgabe

1 Identifiziere die im Laufe der Zeit auftretenden Mikroorganismen und protokolliere die Anzahl grob quantitativ (vereinzelt, zahlreich, massenhaft). Zeigen sich in den verschiedenen Ansätzen Unterschiede?

Besiedlung künstlicher Substrate in einem Aquarium

Material: Objektträger, Kunststoffschnüre, Korken, Steine, Bestimmungsbücher, Lupe, Mikroskop und Zubehör, Pinsel

Bringe in einem Aquarium mehrere künstliche Substrate aus. Stelle hierzu mehrere Objektträgerflöße mit Schnur und Korken her (▶ Bild 3). Entnimm die künstlichen Substrate im Abstand von einigen Tagen bzw. Wochen.

Aufgaben

2 Ermittle die Besiedlungsfolge des künstlichen Substrats. Hierzu wird der Objektträger auf einer Seite sauber gewischt. Nach Auflegen eines Deckgläschens kann das Substrat direkt mikroskopiert werden.
3 Versuche die Mikroorganismen in den verschiedenen Tiefen zu bestimmen und protokolliere die Anzahl grob quantitativ (vereinzelt, zahlreich, massenhaft).
4 Untersuche, ob sich auf den senkrecht und waagerecht angeordneten Objektträgern unterschiedliche Arten angesiedelt haben.

1 Heuaufguss

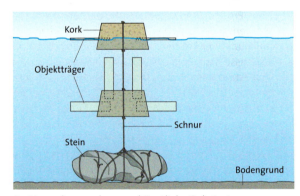

3 Versuchsanordnung – künstliche Substrate

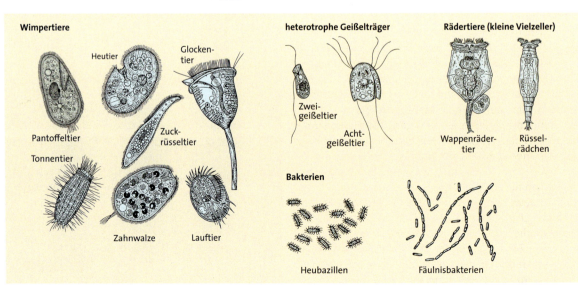

2 Organismen im Heuaufguss

Zusammenfassung!

■ Aufbau und Merkmale von Ökosystemen

Ökosysteme sind Beziehungsgefüge zwischen Lebewesen einer Biozönose sowie zwischen Biotop und Biozönose. Ihre Zusammensetzung wird durch die Eigenschaften eines Biotops und die Merkmale der Lebewesen, durch die diese an die unbelebte Umwelt angepasst sind, bestimmt.

Ökosysteme können als offene Systeme nur bestehen, wenn ihnen ständig Energie zufließt und sie mit ihrer Umgebung Materie austauschen können.

Von der Produktion der Biomoleküle durch autotrophe Organismen hängen alle stofflichen Vorgänge in den Ökosystemen ab. Die Produktivität ist in den einzelnen Ökosystemen sehr verschieden.

Ein Nahrungsnetz aus miteinander verknüpften Nahrungsketten ist das Grundgerüst jeder Biozönose. Nach ihrer Stellung in den Nahrungsketten grenzt man Produzenten und mehrere Stufen von Konsumenten gegeneinander ab. Diese verschiedenen Trophiestufen unterscheiden sich in Produktivität und Biomasse derart, dass sie als ökologische Pyramiden dargestellt werden können. Unter Biomasse versteht man die Masse lebender Organismen einer Flächen- oder Volumeneinheit. Durch die Tätigkeit der Destruenten in Ökosystemen bilden sich Elementkreisläufe aus, die bei allen Bioelementen mit geochemischen Kreisläufen verbunden sind. Ökosysteme sind auf ständige Energiezufuhr angewiesen, fast ausnahmslos auf die Strahlungsenergie der Sonne. Beim Energiefluss geht von einer Trophiestufe zur nächsten der größte Teil der Energie vor allem in Form von Wärme verloren.

■ Dynamik von Ökosystemen

Die Entwicklung von Populationen hängt von der Wirkung der Umweltfaktoren auf die einzelnen Individuen ab. Die Populationsdichte, die Individuenzahl einer Art in einem Ökosystem, kann über einen Zeitraum weitgehend konstant bleiben, aber auch regelmäßigen oder unregelmäßigen Schwankungen unterliegen. Biotische Faktoren wie Nahrungsangebot, Räuber, Parasiten und Krankheitserreger beeinflussen die Populationsdichte. Ökosysteme sind zeitabhängig. Sie durchlaufen eine als Sukzession bezeichnete Entwicklung.

Alles klar?

1 Eine Schätzung der jährlichen Nettoprimärproduktion eines Fischteichs ergibt einen Wert von 200 g Trockensubstanz pro m². In welcher Höhe ist der Karpfenertrag zu erwarten, wenn der Teich eine Fläche von 100 m² hat und der Wassergehalt eines Karpfens 80 % beträgt?

2 Im tropischen Regenwald sind weniger als die Hälfte der Mineralstoffe des Materiekreislaufs verfügbar, in unseren Wäldern über 90 %. Welche Folgen hat dies für die Regeneration der beiden Waldtypen?

3 „Naturschützer müssen viel von Sukzession verstehen." Nimm zu dieser Aussage Stellung.

4 Ordne die verschiedenen Organisationsebenen des Lebens den Bestandteilen eines Ökosystems zu und begründe deine Zuordnung.

Aufgaben für Profis

1 Fließgewässer sind langgestreckte Lebensräume, die ihren Charakter von der Quelle bis zur Mündung kontinuierlich ändern. Dadurch entstehen kennzeichnende Zonen. Beschreibe und begründe mithilfe der Grafik rechts den Kurvenverlauf der abiotischen Faktoren im Ober-, Mittel- und Unterlauf.

2 Die Zonierung spiegelt sich auch in charakteristischen Biozönosen wider, die nach Leitfischen benannt sind. Stelle Vermutungen an, welche Körperform und Lebensansprüche die Leitfische und andere Tiere der verschiedenen Zonen kennzeichnen.

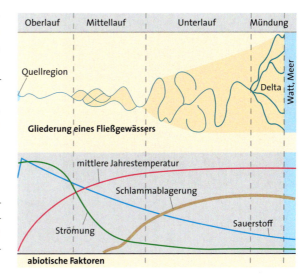

Bedeutung, Gefährdung und Schutz von Ökosystemen

Menschen müssen sich mit ausreichend Energie in Form von Nahrung und Brennstoffen versorgen, um überleben zu können. Solange nur eine kleine Anzahl von Menschen lebte, wurden die jeweiligen Ressourcen der Umgebung nicht übernutzt, da das Nahrungsangebot für sie ausreichend war. Mit dem Bevölkerungswachstum stieg der Bedarf, die Entnahme von Überschüssen reichte nicht mehr aus. Die Umwelt wurde umgestaltet: Wildarten wurden zu Nutztieren und -pflanzen herangezüchtet, Felder angelegt und bewässert, Wälder gerodet, Siedlungen gegründet und Flüsse als Verkehrswege für den Handel ausgebaut. Der Einsatz der fossilen Brennstoffe Kohle und Erdöl als Energieträger ermöglichte die Industrialisierung, führte aber durch den Ausstoß der Verbrennungsabfälle wie Kohlenstoffdioxid zur Belastung der natürlichen Stoffkreisläufe. Die aus den Einwirkungen des Menschen resultierenden vielschichtigen *Schädigungen natürlicher Ökosysteme* bedrohen die *Artenvielfalt (Biodiversität)* in immer stärkerem Ausmaß. Naturwissenschaftler und Ingenieure bemühen sich, Strategien zu entwickeln, die der Umwelt- und Biodiversitätskrise entgegenwirken sollen.

Aufgaben

1. Begründe mithilfe deiner Kenntnisse aus dem Geschichtsunterricht, weshalb sich die ältesten Hochkulturen an Euphrat und Tigris sowie am Nil entwickelt haben.
2. Finde heraus, auf welche Ursachen die Verkarstung großer Gebiete des Mittelmeerraumes zurückzuführen ist.
3. Informiere dich über die Entwicklung der Weltbevölkerung in den letzten 10 000 Jahren und stelle sie in Form einer geeigneten Grafik dar.
4. Überlege, welche Möglichkeiten du hast, Energie einzusparen.
5. Informiere dich über Maßnahmen zum Schutz der Artenvielfalt in deiner Region.
6. Finde heraus, welcher Zusammenhang zwischen der Produktion von Biosprit und der Zerstörung tropischer Wälder besteht.

Ökologische Leistungen natürlicher Ökosysteme

1 Biosphere II

2 Murenabgang

Das Projekt Biosphere II. Oracle im US-Bundesstaat Ohio 1991: Acht Menschen ziehen in eine künstliche Welt von der Größe zweier Fußballfelder, in der die Wasser-, Luft- und auch Lebensmittelkreisläufe vollständig abgeschlossen sind und innerhalb des Systems recycelt werden. Mehr als 200 Millionen Dollar stellten Sponsoren zur Verfügung, um dieses *künstliche Ökosystem* mit einem Regenwald, einer Savanne, einer Küstenzone und einem kleinen Ozean mit einer Korallenbank sowie Bereichen für eine landwirtschaftliche Nutzung zu schaffen. Doch schon nach 15 Monaten musste das Experiment abgebrochen werden: Die Kohlenstoffdioxidkonzentration unterlag starken Schwankungen, der Sauerstoffgehalt betrug nur noch zwei Drittel der atmosphärischen Konzentration. In der Folge starben alle Wirbeltiere und blütenbestäubenden Insektenarten. Schaben und Schadinsekten vermehrten sich dagegen explosionsartig. Das gescheiterte Experiment beweist, dass wir über die *ökologischen Leistungen natürlicher Ökosysteme* noch viel zu wenig wissen und vermutlich eine ausschließlich vom Menschen gestaltete Biosphäre das Überleben unserer eigenen Art gefährden würde. Von den terrestrischen Ökosystemen sind die ökologischen Leistungen der Wälder besonders nachhaltig.

Schutzfunktionen der Wälder. Ein intakter *Wald* hält mit seinen Wurzeln den Boden fest. Dadurch wird die *Erosion*, also die durch Wind oder Regenwasser ausgelöste Abtragung des Bodens, sowie die Gefahr von *Murenabgängen* in den Bergen deutlich vermindert. Da das Regenwasser nicht mehr ungehindert oberflächlich abfließt, sondern durch die Poren des Bodens ins Grundwasser versickert, sorgen Wälder für eine gleichmäßigere Schüttung der Quellen und einen stetigen Abfluss des Wassers. Zwar wird das Wasserangebot nicht vermehrt, da Bäume selbst große Wasserverbraucher sind. Aber der von Düngemitteln und Pestiziden weitgehend unbelastete Wald liefert sauberstes Trinkwasser, zumal der Boden aufgrund seiner Filterwirkung Verunreinigungen, die der Regen aus der Luft auswäscht, weitgehend zurückhalten kann. Die hohen Transpirationsraten der Waldbäume steigern den Wasserdampfgehalt der Luft über Waldgebieten erheblich. So verdunstet eine 100-jährige Rotbuche über ihre etwa 600 000 Laubblätter an einem Sonnentag 400 l Wasser, 1 ha Buchenwald 30 000 bis 40 000 l Wasser. Dadurch können bei bestimmten Wetterbedingungen auch örtliche Niederschläge, beispielsweise in Form von Wärmegewittern, ausgelöst werden.

Blätter nehmen zum Aufbau von energiereichen Kohlenhydraten und anderen Stoffen Kohlenstoffdioxid auf. Beim Aufbau von Biomasse wird dieses gespeichert und damit der Atmosphäre entzogen. Dadurch sinkt der Anteil des Treibhausgases Kohlenstoffdioxid in der Atmosphäre. So werden in Deutschland mehr als 4 Millionen Tonnen Kohlenstoff im Holz bzw. mehr als 7 Millionen Tonnen Kohlenstoff in der gesamten Biomasse der Bäume, in der Streuschicht und im Waldboden gespeichert. Somit zählen die Wälder neben den Ozeanen zu den wichtigsten *Kohlenstoffdioxidsenken*.

Aufgaben

1. Begründe, weshalb Rodungen die Hochwassergefahr erhöhen.
2. Ballungsräume und ausgedehnte Waldgebiete sind durch Luftströmungen miteinander verbunden. Beschreibe mithilfe der Grafik unten die Eigenschaften der Luftmassen, die vom Wald und vom Ballungsraum ausgehen. Welche Funktion hat dieser Kreislauf?

Nutzung natürlicher und naturnaher Ökosysteme durch den Menschen

1 und 2 Pellets und Holzbriketts

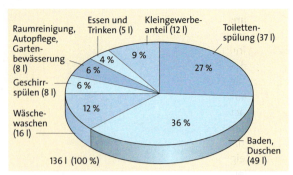

3 Wasserverbrauch pro Tag und Einwohner in Bayern

Rohstoff Holz. Die Nutzfunktion unserer forstwirtschaftlich betriebenen Wälder umfasst vor allem die Produktion des *nachwachsenden Rohstoffs Holz*. Im Mittelalter errichtete man nur Kirchen und öffentliche Gebäude aus Stein, Wohnhäuser und die meisten Brücken bestanden aus Holz. Besonders Glasschmelzen und Eisenhütten hatten einen derart hohen Holzbedarf, dass es in den Mittelgebirgen Bayerns zu großflächigen *Entwaldungen* kam, was im 16. und 17. Jahrhundert zum wirtschaftlichen Niedergang dieser Regionen führte.

Holz war darüber hinaus ein unersetzlicher Werkstoff. In einem Großsegler wurden bis zu 40000 Eichenstämme verbaut. Heute wird das wertvolle Stammholz vor allem in der Bau- und Möbelindustrie verwendet. 1 m^3 Buchenholz kostet etwa 250 €, 1 m^3 Eichenstammholz bis zu 1000 € (Stand 2008). Geringwertigeres Holz dient der Herstellung von Spanplatten und Papier.

Holz dient zunehmend, vor allem in Form von *Pellets*, als Brennstoff moderner Heizanlagen. Kachelöfen können statt mit Kohle auch mit *Holzbriketts* befeuert werden (▶ Bild 1, 2). Die Herstellung dieser Brennstoffe erfolgt inzwischen meist in der Nähe des Verbrauchsorts. Dabei werden trockene, unbehandelte Holzreste, wie Hobel- und Sägespäne, mit hohem Druck gepresst und ohne Zugabe von Bindemittel allein durch den natürlichen Holzstoff Lignin verbunden. Der Energieaufwand bei der Herstellung von Pellets liegt bei ca. 2,7 % des Energiegehalts (zum Vergleich: Der Bereitstellungsaufwand von Heizöl liegt bei ca. 12 %. 1 t Holzbriketts oder Pellets entsprechen ca. 500 m^3 Gas bzw. 500 l Heizöl).

Wasser ist Leben. Die frühen Hochkulturen im Zweistromland zwischen Euphrat und Tigris gründeten ihren Wohlstand auf einer produktiven Landwirtschaft. Voraussetzung war eine effektive *Bewässerung* der Felder, die durch eine *Regulierung der Flüsse* und den *Bau von Kanälen und Deichen* sowie der Entwicklung eines *Hochwasserschutzsystems* möglich wurde. Aus den gleichen Gründen wurden auch bei uns seit dem Mittelalter Ströme, Flüsse und Bäche begradigt, reguliert und mit Dämmen eingefasst. Die Flüsse dienten gleichzeitig als *Wasserstraßen*. So wurde ab dem späten 19. Jahrhundert mit dem Bau von Kanälen das Ruhrgebiet mit seinen Kohlevorkommen und Stahlwerken maßgeblich erschlossen. Die Main-Donau-Wasserstraße mit dem Kanal zwischen Bamberg und Kelheim ist seit 1992 durchgängig befahrbar.

Industrie, Landwirtschaft und Haushalte verbrauchen Wasser – je nach Land sehr unterschiedlich. Im europaweiten Schnitt nutzen die Industrie etwa 52 %, die privaten Haushalte 13 % und die Landwirtschaft 35 % des Wassers. In südlichen Ländern wie Spanien fließen mehr als 70 % des gesamten Wassers in die Landwirtschaft. Der durchschnittliche Wasserverbrauch eines Menschen liegt in Bayern bei 130 bis 140 Litern pro Tag, wobei nur 4 % als Trinkwasser verbraucht werden (▶ Bild 3). Bayern kann etwa drei Viertel des Wasserbedarfs der Haushalte aus Quell- und Grundwasser decken. In anderen Bundesländern wie beispielsweise Nordrhein-Westfalen muss stärker belastetes Oberflächenwasser wie das Rheinwasser unter hohen Kosten aufbereitet werden.

Aufgaben

1. Begründe, weshalb bei der Verwendung von Pellets als Heizmaterial die CO_2-Bilanz ausgeglichen bleibt.
2. Informiere dich über die aktuellen Preise von Heizöl, Erdgas und Pellets sowie über den Brennstoffverbrauch deiner Familie im vergangenen Jahr. Berechne und vergleiche die Kosten.
3. Recherchiere, welche Bedeutung Wälder bezüglich der Arbeits-, Immissionsschutz- und Erholungsfunktion haben.

Aufgaben

4. Informiere dich über die Funktionsweise eines Wasserkraftwerks und den Anteil der Wasserkraft an der Energieerzeugung in Bayern und weltweit.
5. Recherchiere das Kosten-Einnahmen-Verhältnis des Main-Donau-Kanals und die Entwicklung des Transportaufkommens auf dieser Wasserstraße.
6. Informiere dich über das Für und Wider eines weiteren Ausbaus der Donau zwischen Kelheim und Passau.

Artenrückgang durch Übernutzung

Gefährdung durch Jagd und eingeführte Arten.
Seit Beginn der Evolution sind wohl mehr als 95 % aller Arten, die jemals auf der Erde lebten, nach mehr oder weniger langer Zeit ausgestorben. Auch während unserer eigenen Evolution entstanden mehrere Menschenarten, beispielsweise der Neandertaler, eine Art, die immerhin dreimal so lange auf der Erde lebte wie die heutige Art Homo sapiens bislang. Ob und wie dieser das Aussterben des Neandertalers verursachte oder beschleunigte, ist bis heute umstritten. Als gesichert gilt aber, dass Menschen über Jahrtausende hinweg durch übermäßige *Bejagung* die verschiedensten Arten von Lebewesen *ausgerottet* haben. So wurden in Australien, das vor etwa 40 000 Jahren besiedelt wurde, innerhalb von 18 000 Jahren 13 von 15 Gattungen der Beuteltiere vollständig ausgelöscht.

Vor allem kleinere Inselpopulationen *endemischer* (nur in einer bestimmten, klar abgegrenzten Umgebung vorkommender) *Arten* verschwanden nach der Besiedlung durch menschliche Bejagung oder eingeschleppte Haustiere und Ratten oft in wenigen Jahrzehnten. So entdeckten 1507 portugiesische Seefahrer auf der Insel Mauritius eine bis zu 20 kg schwere, flugunfähige Taube, die *Dronte* (▶ Bild 1). Der aufgrund des Fehlens natürlicher Feinde zutrauliche, am Boden lebende Vogel diente als Frischfleischvorrat auf Schiffen, die Eier wurden von Menschen, aber auch ausgesetzten Schweinen und eingeschleppten Ratten verzehrt. Das letzte Exemplar wurde um 1681 von einem Seemann erschlagen.

Durch Übernutzung besonders gefährdet sind große Arten mit einer *geringen Fortpflanzungsrate* wie Elefanten oder Wale, aber auch Primaten.

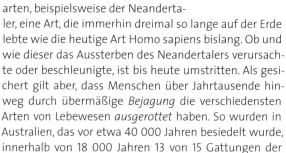

1 Dronte

Aufgaben
1. Finde heraus, weshalb Elefanten, Nashörner und Großkatzen auch heute noch illegal bejagt werden.
2. Recherchiere, ob auch Pflanzenarten durch Übernutzung in ihrem Bestand gefährdet sind.

Überfischung der Weltmeere. Alle 309 Seevogelarten erbeuten weltweit pro Jahr schätzungsweise 70 Millionen Tonnen Fisch. Der kommerzielle Fischfang aller Staaten beträgt dagegen rund 80 Millionen Tonnen. Vor allem in der EU hoch subventionierte Fangflotten mit weltweit ca. 3,5 Millionen Fischereischiffen dezimieren mit der Treib- und Schleppnetzfischerei die Fischbestände der Weltmeere. Schätzungen der Welternährungsorganisation FAO zufolge sind die wirtschaftlich wichtigen Fischarten zu fast 70 % *überfischt*. In der Nordsee gehören Seelachs, Makrele und Kabeljau zu den betroffenen Arten. Für den im Mittelmeer und Atlantik vorkommenden Blauflossenthunfisch, dessen fettreiches Filet für Sushi besonders geeignet ist, werden auf Tokios Fischauktionen bis zu 80 € pro Kilo gezahlt. Der Erlös für einen 200 kg schweren Thunfisch kann bei 15 000 € liegen (Stand 2008)! In der Folge wird die festgelegte Jahresquote um bis zu 50 % überschritten. Die Populationen sind deshalb um mehr als 80 % geschrumpft. Mit dem eigentlichen Fangziel der Speisefische fallen etwa 27–39 Millionen Tonnen Beifang an, der meist tot ins Meer zurückgeworfen wird. Allein die Zahl der als Beifang verendeten Wale und Delfine wird auf jährlich 300 000 Tiere geschätzt.

2 Industrielles Fangschiff mit Anlandung von Fischen

Aufgaben
3. Der 1890 aus Nordamerika in Deutschland eingeführte Kamberkrebs (links) ist einer der Gründe, weshalb der einheimische Edelkrebs in vielen Gewässern inzwischen verschwunden ist. Versuche die Gründe zu finden, die die schnelle Ausbreitung des Kamberkrebses begünstigt haben.

4. Informiere dich über die Geschichte des kommerziellen Walfangs, über Aufgaben und Ziele der Internationalen Walfangkommission und über die Entwicklung der Walbestände.

Die Zerstörung von Ökosystemen beschleunigt den Rückgang der Artenvielfalt

Die Eingriffe des Menschen in Ökosysteme und die dort ablaufenden Prozesse wie Energieflüsse und Materiekreisläufe haben den *Rückgang der biologischen Vielfalt dramatisch beschleunigt*. Nach Erkenntnissen von Biologen könnte das *Artensterben* heute höher sein als am Ende der Kreidezeit vor 65 Millionen Jahren. Damals hatte vermutlich ein Asteroid ein Massenaussterben ausgelöst. Derzeit sind 13 % der rund 9000 bekannten Vogelarten vom Aussterben bedroht, 20 % der über 9000 Süßwasserfischarten wurden bereits ausgerottet oder sind in ihrem Bestand gefährdet. Oftmals erfolgt das Verschwinden von Populationen auch unbemerkt, da es vor allem bei Insekten und kleineren Organismen noch eine große Zahl unentdeckter Arten gibt.

1 Der Braunbär – eine gefährdete Tierart

Die Zerstörung von Lebensräumen. Die großflächige *Umwandlung* artenreicher Natur- und Kulturökosysteme *in artenarme Agrarlandschaften und Baumplantagen*, der *Landschaftsverbrauch* durch den Ausbau der Verkehrswege und die Ausweisung von Industrie-, Gewerbe- und Siedlungsflächen macht ein Überleben der für ein Ökosystem typischen Pflanzenarten und somit auch der direkt oder indirekt abhängigen Tierarten unmöglich. Vielfach wurden durch diese Maßnahmen Naturlandschaften in kleine Restflächen unterteilt. Diese Zersplitterung führt fast immer zu einem Verlust von Arten. Besonders gefährdet sind Arten wie der Braunbär (▶ Bild 1), die zum Nahrungserwerb auf größere zusammenhängende Flächen angewiesen sind und Wanderungen unternehmen. Die *Zersplitterung* individuenreicher Populationen in mehrere voneinander weitgehend isolierte, individuenarme Populationen verringert auch die genetische Vielfalt und erhöht gleichzeitig die Anfälligkeit gegenüber Krankheiten, Parasiten und Beutegreifern. So kann der vielerorts hohe Bestand an Füchsen durchaus Restpopulationen des Rebhuhns oder des Birkwilds auslöschen.

Naturzerstörung in Deutschland. Durch die Bewirtschaftung der *Forstwälder* gibt es in Deutschland kaum noch Urwälder mit alten Buchen- und Eichenbeständen und einem hohen Totholzanteil. Der intensive, mechanisierte Pflanzenanbau führte im Rahmen von *Flurbereinigungsmaßnahmen* zur Rodung von Hecken und Baumschutzstreifen. Die *Düngung* von Magerwiesen hatte das Verschwinden der auf stickstoffarme Böden angewiesenen Arten zur Folge. Auenwälder mussten Feldern und Wiesen weichen. Feuchtgebiete, vor allem Moore, wurden *entwässert und trockengelegt*. Die *Begradigung* der Flüsse, der *Bau von Stauwehren und Uferbefestigungen* sowie die *Vertiefung der Flussbette* verhindern Wanderungen der Fische zu den Laichgründen und zerstören diese oftmals.

Vernichtung der Tropenwälder. Weltweit werden pro Minute 28 Hektar Wald vernichtet. Dies entspricht einer Fläche von 38 Fußballfeldern. In Brasilien beläuft sich die Tropenwaldvernichtung pro Jahr auf 15 000 bis 30 000 km^2 (zum Vergleich: Die Fläche Oberbayerns beträgt 17 500 km^2). Hauptursachen sind *Brandrodung* und *illegaler Holzeinschlag*. So stammen in Russland 50 %, im brasilianischen Urwaldgebiet 80 % des Holzes aus illegalen Quellen. Auf den entwaldeten Flächen entstehen aber kaum Anbauflächen für die hungernde Landbevölkerung, sondern Plantagen für die Papier- und Zellstoffindustrie, Weideflächen für Rinder, Palmölplantagen (▶ Bild 2) oder landwirtschaftliche Flächen, auf denen zunehmend Biospritpflanzen und Soja angebaut werden. Auch ein Großteil der 14 Millionen Rinder in Deutschland, der 23 Millionen Schweine und des Geflügels, die zeitweise oder ganz in Ställen gehalten werden, sind auf die Zufütterung von Sojaschrot angewiesen.

2 Palmölplantage

Aufgaben

1. Die internationale Union zum Schutz der Natur erstellt die Roten Listen, in denen bedrohte Tier- und Pflanzenarten aufgeführt sind. Informiere dich über die Rote Liste Bayern, vergleiche den Stand früherer Jahre mit aktuellen Daten. Finde heraus, welchen Zweck diese Liste erfüllen soll.
2. Suche Tier- und Pflanzenarten, die durch die Zerstörung der im Text genannten Lebensräume in Deutschland selten geworden sind.
3. Finde heraus, wo Palmöl bzw. Palmölprodukte Verwendung finden.
4. Recherchiere, ob in deiner Umgebung gravierende Eingriffe in Natur- und Kulturlandschaften geplant sind. Stelle Argumente der Befürworter und Gegner gegenüber und nimm Stellung.

Der Mensch verändert die Biosphäre: der Treibhauseffekt

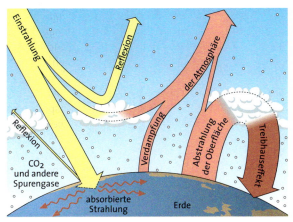

1 Schematische Darstellung des Treibhauseffekts

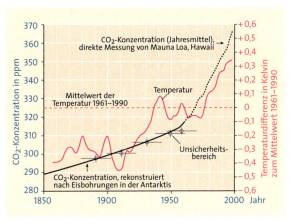

2 CO_2-Konzentration und globale Erwärmung

Natürlicher Treibhauseffekt. In Treibhäusern durchdringt das Sonnenlicht die Glaswände, die *Wärmerückstrahlung* staut sich unter dem Dach, es wird schwülwarm. Diese Verhältnisse lassen sich auch auf die Erde mit den sie umgebenden Luftschichten übertragen. Das energiereiche UV-Licht durchdringt die Troposphäre fast ungehindert, wird von der Erdoberfläche zum Teil absorbiert und als Wärmestrahlung wieder zurückgeworfen (▶ Bild 1). Diese Infrarotstrahlung ist langwelliger und energieärmer und wird von den Wasserdampfwolken erneut absorbiert. Spurengase wie CO_2, Methan und Stickoxide verstärken den Wärmeeffekt.
Die globale Durchschnittstemperatur liegt aufgrund des natürlichen Treibhauseffekts bei 15 °C. Aus der Sonneneinstrahlung und der Erdwärme allein ergäben sich lediglich frostige –18 °C.

Vom Menschen verursachter Treibhauseffekt. In den letzten 100 Jahren zeichnet sich ein Zusammenhang zwischen globaler Erwärmung und den Treibhaus-Emissionen ab, wobei der deutlichste Bezug zwischen dem *mittleren Temperaturanstieg* und den *CO_2-Emissionen* festzustellen ist (▶ Bild 2). Vor allem die Nutzung fossiler Energieträger setzt Milliarden Tonnen CO_2 frei, das zuvor den globalen Stoffkreisläufen entzogen worden war.

Fleischhunger trägt zur globalen Erwärmung bei. Tropenwälder mit rund 1000 Tonnen Waldbiomasse pro Hektar können einem Bericht des WWF (World Wide Fund for Nature) zufolge 90–545 kg Kohlenstoffdioxid binden. Die Wälder Amazoniens speichern allein 90–140 Milliarden Tonnen CO_2. Diese Menge wird durch Aktivitäten aller Menschen innerhalb von etwa 10 Jahren produziert. Die *Brandrodung der Wälder* setzt 400 Millionen Tonnen CO_2 pro Jahr in die Atmosphäre frei. Da Sojapflanzen und Rinderweiden nur einen Bruchteil der Wald-Biomasse darstellen, gelangt fast die gesamte CO_2-Menge in die Atmosphäre. Brasilien steht deshalb an Platz 6 der weltweiten Emissionsliste. Rinder stoßen bei der Verdauung im Pansen neben CO_2 rund 200 l Methan pro Tag und Tier aus, das von Pflanzen nicht verwertet werden kann und als hochwirksames Treibhausgas die Atmosphäre belastet. Hinzu kommt der Verbrauch fossiler Energieträger für die Erzeugung, Lagerung und den weltweiten Transport von Futtermitteln. Somit trägt die *Ausweitung der Tierhaltung* nachhaltig zur globalen Erwärmung bei.

Aufgaben

1 Überlege anhand der Grafik unten, welche Folgen der Treibhauseffekt auf die Tier- und Pflanzenwelt mitteleuropäischer Ökosysteme haben könnte.

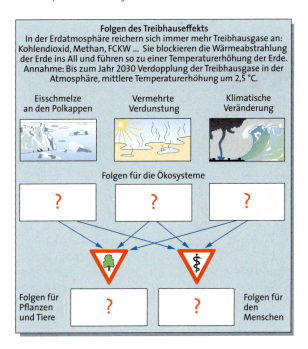

2 Wissenschaftliche Untersuchungen belegen, dass ein Auftauen des Permafrostbodens die Klimaerwärmung beschleunigen würde. Recherchiere im Internet, wodurch diese Hypothese gestützt wird.

Ozonsmog und saurer Regen

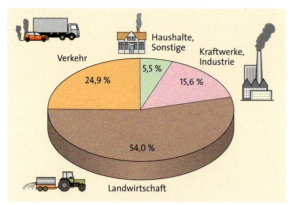

1 Verursacher der Stickoxidemissionen

2 und 3 Ozonschäden bei Buche und Fichte

Schadstoff Ozon. Durch die Ernte pflanzlicher Biomasse werden dem Boden Mineralstoffe entzogen, die ihm in Form von *Kunstdünger* oder *Gülle* und *Mist* wieder zugeführt werden müssen. Dies führt jedoch zu einer Freisetzung von *Stickoxiden* in die Atmosphäre. Neben der Landwirtschaft sind Verkehr, Industrie und Kraftwerke Verursacher von *Stickoxidemissionen* (lateinisch *emittere*: aussenden, ▶ Bild 1). Stickoxide tragen einerseits zur *globalen Erwärmung* bei, andererseits begünstigen sie aber zusammen mit Schwefeloxiden auch die Entstehung des *sauren Regens* und tragen indirekt zur Bildung des *bodennahen Ozons* bei. Unter Einwirkung von UV-Strahlen werden aus Stickstoffdioxidmolekülen Sauerstoffatome abgespalten, die dann mit Sauerstoffmolekülen zu Ozonmolekülen (O_3) reagieren.

Ozon ist ein *sehr starkes Oxidationsmittel*. In höheren Konzentrationen reizt es die Schleimhäute der Atemwege und die Bindehaut der Augen. Häufig treten Kopfschmerzen und Schwindelgefühl, bei chronisch Kranken und geschwächten Menschen auch Asthmaanfälle und Allergien auf. Das Umweltbundesamt hat für Ozonkonzentrationen von 180 µg/m³ eine „Informationsschwelle", ab einer Konzentration von 240 µg/m³ eine „Alarmschwelle" erlassen. Ein Überschreiten des Grenzwerts führt beispielsweise zu Fahrverboten im Straßenverkehr. Zum Schutz der menschlichen Gesundheit wurde für das Jahr 2010 als Zielwert ein maximaler 8-Stunden-Wert von 120 µg/m³ festgelegt. Dieser darf an höchstens 25 Tagen pro Kalenderjahr überschritten werden.

Ozon schädigt Pflanzen. Bei höheren Ozonkonzentrationen treten an Blättern von Laubbäumen Flecken, an den Nadeln von Nadelbäumen gelbe Bänderungen und vorzeitiger Nadelverlust auf (▶ Bilder 2 und 3). Vor allem aber beeinträchtigt Ozon aufgrund seiner Reaktivität die Funktion bestimmter Proteinmoleküle, sodass die Fotosynthese und der Stoffaustausch über die Spaltöffnungen der Blätter und Nadeln beeinträchtigt werden. Bleiben die Spaltöffnungen auch an heißen Tagen geöffnet, verdunstet der Baum zu viel Wasser.

Saurer Regen. Unbelasteter Regen ist leicht sauer (pH-Wert 5,6), was auf die Bildung von Kohlensäure aus CO_2 und Wasser zurückzuführen ist. Als *Säureniederschlag* bezeichnet man Regen, Nebel oder Schnee, der saurer als pH 5,6 ist. Er wird vor allem durch Schwefel- und Stickoxide in der Atmosphäre erzeugt.

Während Lebewesen in Seen und Flüssen durch *sauren Regen* nachweislich geschädigt werden, ist die direkte Schadwirkung auf Wälder nach neuesten Forschungsergebnissen umstritten. Sicherlich beeinflusst saurer Regen aber die Löslichkeit von Bodenmineralien. So wäscht er Calcium- und Magnesiumionen aus, essenzielle Mineralstoffe für das Pflanzenwachstum, die auch dazu beitragen, die Bodenlösung zu puffern. Puffer minimieren Änderungen der H_3O^+- bzw. OH^--Konzentration in einer Lösung. Die Erhöhung der Al^{3+}-Konzentration wirkt dagegen toxisch auf die Wurzeln und Mykorrhizapilze. Durch die Einwirkung von Ozon und Säuren nehmen die geschädigten Wurzeln eines Baums also weniger Wasser und Mineralstoffe auf. Das führt vor allem bei *Trockenstress* (heiße, regenarme Sommer oder lange Winter mit gefrorenem Boden) zu Schäden. Diese Schäden werden regelmäßig im *Waldzustandsbericht* erfasst und zeigen beispielsweise die Nadel- und Blattverluste der Hauptbaumarten auf.

Aufgaben

1. Begründe, weshalb der durch den Verkehr verursachte Ausstoß von Stickoxiden trotz steigender Fahrzeugzahlen und Kilometerleistung von 400 000 Tonnen im Jahr 1986 bis heute um etwa 50 % zurückgegangen ist.
2. Erkläre anhand chemischer Gleichungen, wie sich aus Schwefel- und Stickoxiden saure Niederschläge bilden können.
3. Informiere dich im Internet über den aktuellen bayerischen Waldzustandsbericht.
4. Finde heraus, welche Schadsymptome an Fichte und Buche die Schadstufen 1–4 kennzeichnen.

Maßnahmen zum Schutz der Natur und zum Erhalt der Artenvielfalt

Artenschutz. Der *Waldrapp*, ein früher in Europa weit verbreiteter Ibisvogel, wurde aufgrund seines schmackhaften Fleischs intensiv bejagt und starb vor etwa 350 Jahren in den Alpen aus. Heute existieren in freier Wildbahn noch drei Brutkolonien mit weniger als 500 Tieren und etwa 2000 Tiere in Gefangenschaft. Aufgrund der guten Zuchterfolge in Zoos wurde 2003 in Österreich ein Auswilderungsprogramm gestartet. Das Hauptproblem besteht darin, dass der Waldrapp ein Zugvogel ist, der die Flugroute in das Winterquartier im ersten Jahr von den Eltern lernt. Biologen gewöhnten daher handaufgezogene Tiere an Leichtflugzeuge, in denen Pflegemütter die Jungvögel entlang der alten Zugrouten in die Toskana, ihr ursprüngliches Wintergebiet, lockten (▶ Bild 2). 2007 gelang der ersehnte Erfolg: Waldrappe, denen die Flugroute gezeigt worden war, kehrten selbstständig nach Österreich zurück, zogen erfolgreich Jungtiere auf und flogen im Herbst wieder in die Toskana. Aufgrund der geringen Individuenzahl gilt der Waldrapp zwar immer noch als „vom Aussterben bedroht", dennoch besteht für diese Art eine realistische Überlebenschance.

Über 100 000 Tiger haben vor hundert Jahren große Teile Asiens besiedelt und acht an die jeweilige Region angepasste Unterarten ausgebildet. Heute existieren noch fünf Unterarten mit insgesamt 7500 Individuen. Dabei werden dem *Südchinesischen Tiger* keine Überlebenschancen eingeräumt, da dessen Wildpopulation zwischen 25 und 50 Individuen und somit unter der erforderlichen Minimalgröße einer Population von etwa 100 Individuen liegt. Der *Sibirische Tiger* ist dank intensiver Schutzmaßnahmen zwar auf etwa 400 Tiere angewachsen, sein Überleben gilt aber als nicht gesichert, weil einerseits sein Lebensraum durch illegalen Holzeinschlag zerstört wird, andererseits aber auch die genetische Variabilität innerhalb der sich auf einem riesigen Gebiet verteilenden Gesamtpopulation stark eingeschränkt ist. Auswilderungen haben hier wenig Aussicht auf Erfolg.

1 Waldrapp

Aufgaben

1 Hat der Schutz von Tier- und Pflanzenarten einen Nutzen? Diskutiert diese Frage in der Klasse.

2 In einer Gemeinde stellt ein Unternehmen den Antrag auf die Errichtung eines Gewerbeparks. Ein Naturschutzverband kämpft dagegen, weil auf der landwirtschaftlich genutzten Fläche eine der letzten Feldhamsterpopulationen Deutschlands lebt. Wie würdest du als Gemeinderat/-rätin entscheiden? Begründe deine Meinung.

3 Stelle dar, welche Konsequenzen sich aus der Einschränkung der genetischen Variabilität ergeben können.

Schutz von Ökosystemen. Naturschutzbiologie konzentriert sich zunehmend auf den Erhalt der biologischen Vielfalt ganzer Lebensgemeinschaften und Ökosysteme. *Naturschutzgebiete* sind die nach dem deutschen Bundesnaturschutzgesetz am strengsten geschützten Flächen. Diese aus wissenschaftlichen, ökologischen oder kulturellen Gründen geschützten Gebiete dürfen nicht verändert werden. *Nationalparks,* großräumige, in ihrer Art oft einmalige Schutzgebiete, befinden sich in einem vom Menschen nicht oder wenig beeinflussten Zustand und dienen vornehmlich der Erhaltung eines möglichst artenreichen heimischen Pflanzen- und Tierbestands.

Naturschutzgebiete und Nationalparks machen derzeit nur etwa 4 % der Fläche Deutschlands aus (in Bayern 2,8 % der Landesfläche). Aufgrund ihrer oft geringen Größe (knapp 50 % der Naturschutzgebiete sind kleiner als 20 Hektar) und isolierten Lage ergeben sich Probleme wie die Verinselung von Populationen. Arten mit großem Flächenanspruch (Beutegreifer) oder großflächige Ökosysteme können so kaum wirksam geschützt werden. Aufgrund der dichten Besiedlung und des engmaschigen Verkehrsnetzes müssen Konzepte entwickelt werden, die Naturschutz und moderne Landnutzung miteinander verbinden. Das *Biotopverbundkonzept* beruht auf der Vernetzung von Schutzgebieten durch Korridore (Hecken, Uferrandstreifen, begrünte Brücken) und Trittsteinbiotope (Feldgehölze, Brachflächen).

Aufgaben

4 In Bayern gibt es mehr als 150 Naturwaldreservate. Informiere dich über die Ziele dieser Schutzgebiete.

5 Die Renaturierung geschädigter Gebiete ist zu einer wichtigen Aufgabe des Naturschutzes geworden. Suche nach Beispielen derartiger Sanierungsmaßnahmen in deiner Umgebung.

2 Auswilderung junger Waldrappe

Nachhaltige Entwicklung

Leitbild Nachhaltigkeit. Die oft kahlen, erodierten Hügel der Mittelmeerländer sind das Ergebnis des unkontrollierten Holzeinschlags von der Antike bis ins 19. Jahrhundert. Unseren Mittelgebirgen hätte durch Übernutzung der Wälder ein ähnliches Schicksal gedroht (▶ Seite 152). Doch weitsichtige Forstleute erkannten im 18. Jahrhundert, dass Wälder *nachhaltig* bewirtschaftet werden müssen: Wenn man die Wälder dauerhaft erhalten will, darf nur so viel Holz eingeschlagen werden wie nachwächst. Der Begriff der *nachhaltigen Entwicklung* wurde erst 1987 von der *Weltkommission für Umwelt und Entwicklung* geprägt. Er bezeichnet eine Entwicklung, die die heutigen Bedürfnisse nach intakter Umwelt (ökologische Nachhaltigkeit), sozialer Gerechtigkeit (soziale Nachhaltigkeit) und wirtschaftlichem Wohlstand (ökonomische Nachhaltigkeit) zu decken vermag, ohne dabei die Möglichkeiten zukünftiger Generationen zu beschränken. 1992 vereinbarte die *Konferenz für Umwelt und Entwicklung der Vereinten Nationen* (UNCED) in Rio de Janeiro eine nachhaltige Entwicklung international verbindlich als politisches Leitmotiv. Dabei zeigte sich im internationalen Vergleich, wie weit die Verantwortlichkeiten der Länder für die großen, grenzüberschreitenden Umweltprobleme auseinanderliegen:

- Die *Industrieländer* sind mit ihren hohen Produktions- und Verbrauchsmengen Hauptverursacher der globalen Umweltbelastungen. Sie haben die Pflicht, den größeren Anteil an Umweltschutzmaßnahmen zu übernehmen. Außerdem müssen sie den Entwicklungsländern vor allem durch ein gerechtes Handelssystem und finanzielle Unterstützung eine nachhaltige Entwicklung ermöglichen.
- Für die *Entwicklungsländer* steht die Bekämpfung der Armut im Vordergrund, da die Sicherung der Lebensbedürfnisse Voraussetzung für einen schonenden Umgang mit der Natur ist.

Agenda 21. Am Ende der großen Konferenz in Rio de Janeiro wurde 1992 von 179 Unterzeichnerstaaten ein Abschlussdokument verabschiedet, die *Agenda 21*, das globale Aktionsprogramm für das 21. Jahrhundert.

In ihm sind die dringlichsten Probleme der Menschheit und Lösungsmöglichkeiten für eine nachhaltige Entwicklung angesprochen und Wege zur Umsetzung vorgeschlagen. Als weitere Vereinbarungen wurden die *Klima-Rahmenkonvention*, *Rahmenprinzipien für den Erhalt und die nachhaltige Bewirtschaftung der Wälder* sowie die *Konvention über die biologische Vielfalt* erzielt. Zu deren Wahrung werden *Biosphärenreservate* eingerichtet. Sie sind Bestandteile eines weltweit angelegten Netzes im Rahmen des Programms „Man and Biosphere" der UNESCO. Es handelt sich dabei vor allem um großflächige Kulturlandschaften mit einem reichen Natur- und Kulturerbe, in denen Lösungsansätze zum Erhalt der Artenvielfalt in Verbindung mit einer nachhaltigen Landnutzung gefördert werden sollen. Ein Beispiel ist das Berchtesgadener Land, das in seinem Südteil den Nationalpark Berchtesgaden einschließt.

Die Vereinbarungen und die Agenda 21 sind Grundlage für weitere internationale Verhandlungen, die fortlaufend geführt werden. Allerdings treten insbesondere bei den Klimaschutzverhandlungen, die die Reduzierung klimaschädlicher Gase zum Ziel haben, immer wieder Rückschläge auf.

„Global denken – lokal handeln" – unter diesem Motto wurde seit der UN-Konferenz 1992 in vielen Städten und Gemeinden versucht, Gedanken einer nachhaltigen Entwicklung auf lokaler Ebene umzusetzen. Um die ökologischen Ziele der Agenda zu erreichen, werden beispielsweise Maßnahmen zur Energieeinsparung, Erhöhung der Energieeffizienz und zum verstärkten Einsatz erneuerbarer Energiequellen gefördert.

Enorme Anstrengungen wurden unternommen, die *Eutrophierung* der Gewässer zu stoppen. Als Folge hat sich die Gewässergüte durch den Bau von hoch effizienten Kläranlagen in den letzten Jahrzehnten wesentlich gebessert.

Aufgaben

1. Finde heraus, welche Projekte deine Gemeinde/Stadt in Sachen lokale Agenda initiiert hat. Handelt es sich um Einzelprojekte oder gibt es ein Gesamtkonzept?
2. Wie könntest du dein Konsumverhalten ändern, um zu einer nachhaltigen Lebensweise beizutragen? Diskutiert auch innerhalb der Klasse.
3. Informiere dich über die Entwicklung der Gewässergüte in Bayern anhand älterer und aktueller Gewässergütekarten.

Umweltbelastung pro 1000 Menschen	in Deutschland	in einem Entwicklungsland	
Energieverbrauch in TJ (=10^{12} J)	158	22	Ägypten
Treibhausgas CO_2 in t	13 700	1300	Ägypten
Ozonschichtkiller (FCKWs) in kg	450	16	Philippinen
Straßen in km	8	0,7	Ägypten
Gütertransporte in tkm	4 391 000	776 000	Ägypten
Pkws	443	6	Philippinen
Aluminiumverbrauch in t	28	2	Argentinien
Hausmüll in t	400	ca. 120	Durchschnitt
Sondermüll in t	187	ca. 2	Durchschnitt

Gesamtlänge eines Balkens = 100 %

1 Umweltbelastungen durch den Menschen in Deutschland und in einem Entwicklungsland

▶ **Online-Angebot:** Hier findest du weitere Informationen zum Thema.

Zusammenfassung!

■ Bedeutung von natürlichen Ökosystemen

Das Überleben der Menschheit hängt von den ökologischen Leistungen natürlicher Ökosysteme ab. Sie unterhalten die Materiekreisläufe, schützen vor Erosion und erhalten fruchtbare Böden, schwächen Witterungsextreme ab, reinigen Luft und Wasser. Ökosysteme werden vom Menschen genutzt: Wälder liefern den vielseitig verwendeten Rohstoff Holz, Gewässer den Rohstoff Wasser. Sie dienen zudem als Verkehrswege. Natürliche Ökosysteme haben außerdem einen hohen Erholungswert.

Menschen, aber auch die Vitalität von Tieren und Pflanzen. Durch die weitreichenden Eingriffe des Menschen in alle terrestrischen und aquatischen Ökosysteme wurde ein Vielzahl von Lebensräumen anderer Arten vernichtet. Dadurch beschleunigen sich der Rückgang und das Aussterben von Arten.

■ Gefährdung von Ökosystemen

Seit der Entwicklung von Ackerbau und Viehzucht, insbesondere aber seit der Industrialisierung und der starken Zunahme der Erdbevölkerung nimmt der Druck auf die Umwelt und ihre Ressourcen zu. Besondere Engpässe und Probleme ergeben sich bei der Nahrungsmittelproduktion und der Energieversorgung. Zur Bereitstellung von Energie wird hauptsächlich auf fossile Energieträger zurückgegriffen, deren Verbrennung ebenso wie die Massentierhaltung enorme Mengen an Treibhausgasen wie Kohlenstoffdioxid und Methan freisetzen. Sie verursachen globale Klimaveränderungen. Saurer Regen und Schadstoffe wie das Ozon beeinträchtigen die Gesundheit des

■ Schutz von Ökosystemen

Dem Artenschwund stehen Bemühungen zum Arten- und Ökosystemschutz gegenüber. Beispiele sind die Auswilderung geeigneter Arten, die Einrichtung von Schutzgebieten, Biotopverbund- und Renaturierungsmaßnahmen. Allerdings haben diese Bemühungen bisher nur zu Teilerfolgen geführt.

Der Mensch ist und bleibt Teil der Biosphäre. Er ist davon abhängig, dass die Ökosysteme funktionsfähig bleiben. Diese Einsicht sollte Motivation für jeden sein, die natürlichen Lebensgrundlagen zu erhalten und die drei „Säulen der Nachhaltigkeit" – Ökologie, Ökonomie und soziale Gerechtigkeit – in allen Lebensbereichen in Einklang zu bringen.

Alles klar?

1. Unten zu viel – oben zu wenig. Dieser saloppe Ausspruch umreißt das Ozonproblem in anschaulicher Weise. Finde unter Anwendung deiner Kenntnisse aus dem Chemieunterricht heraus, wie sich in der Stratosphäre Ozon bildet und wie Ozon abgebaut wird.
2. Informiere dich über den UV-Index und Schutzempfehlungen vor zu starker UV-Belastung.
3. Es gibt Anzeichen dafür, dass das Ozonloch langsam kleiner wird. Versuche diese Beobachtung zu erklären.
4. „Wo immer Großstädte untersucht worden sind, erwiesen sie sich nicht nur als überraschend artenreich, sondern in mancher Hinsicht sogar als letzte Rettung für manche verfolgte Art" (Zitat aus J. Reichholf: Ende der Artenvielfalt?). Finde heraus, worauf sich dieses Zitat stützt.
5. Recherchiere, wo in Deutschland Nationalparks liegen und weshalb diese Flächen unter Schutz gestellt wurden.
6. Rechtfertigt Ökotourismus Reisen in Schutzgebiete ferner Länder? Diskutiert diese Frage unter verschiedenen Aspekten in der Klasse.
7. Das Bundesministerium für wirtschaftliche Zusammenarbeit und Entwicklung hat gemeinsam mit dem WWF Konzepte zum Naturschutz entwickelt. Beispiele dafür sind ein Schutzgebietmanagement im Tai-Nationalpark Elfenbeinküste und für die Kaukasusregion. Stelle Argumente zusammen, die eine Zusammenarbeit zwischen Naturschutz und Entwicklungshilfe sinnvoll erscheinen lassen.
8. „Nur Produkte mit dem FSC-Holzgütesiegel geben Ihnen die Gewissheit, Holz aus umwelt- und sozialverträglicher Waldwirtschaft zu kaufen." Recherchiere, was mit diesem Slogan des WWF gemeint ist.

Angewandte Biologie: Landwirtschaft

Die Anfänge der *Landwirtschaft* sind vermutlich vor etwa 12 000 Jahren am Ende der letzten Eiszeit zu suchen. Nahezu zeitgleich waren die Menschen in Amerika, China und dem Nahen Osten durch die mit dem Ende der Eiszeit einhergehende Trockenheit möglicherweise gezwungen, Vorratshaltung zu betreiben und Feldfrüchte anzubauen. So entstanden in der Jungsteinzeit *künstliche*, also vom Menschen gestaltete kleinräumige *Ökosysteme*. Weil die geschaffene Nutzfläche viel mehr Individuen ernähren konnte, wuchs die Bevölkerung und konzentrierte sich in Siedlungen und Städten.

Im 19. Jahrhundert kam es mit der industriellen Revolution zu einem starken Bevölkerungswachstum in Europa. Der Bedarf an Nahrungsmitteln stieg sprunghaft an. Gleichzeitig wurden immer mehr Arbeitskräfte in den Industriebetrieben benötigt. Wie konnte die Leistungsfähigkeit der Landwirtschaft so gesteigert werden, dass die Ernährung der Bevölkerung dennoch sichergestellt war?

Inlandsabsatz von Düngemitteln			
Mineralstoff in t	1999/2000	2000/2001	Veränderung in %
Stickstoff	2 014 357	1 849 578	− 8,1
Phosphat	420 336	350 425	−16,7
Kali	599 150	543 871	− 9,1
Kalk	2 508 309	2 174 435	−13,3

Aufgaben

1. Ermittle, auch mithilfe der Abbildungen auf dieser Seite, welche Entwicklungen die enorme Produktivitätssteigerung in der Landwirtschaft insbesondere im 20. Jahrhundert ermöglichten.
2. Stelle die negativen Folgen dieser Entwicklung dar. Gehe dabei auch ein auf
   - die Artenvielfalt beim Übergang von kleinparzellierten Feldern hin zu großflächigen Monokulturen;
   - den Energiebedarf für die Bewirtschaftung;
   - die Auswirkungen, wenn mehr Düngemittel eingesetzt werden, als von Pflanzen aufgenommen werden können.

Ertragssteigerung durch Düngung

1 Brandrodung im tropischen Regenwald

2 Gründüngung

Erhaltung der Bodenfruchtbarkeit. Es ist heute selbstverständlich, dass in der Landwirtschaft *gedüngt* wird. Allerdings erfolgte der Ackerbau seit dem 8. Jahrtausend v. Chr. ohne zusätzliche Düngung. Die alten Hochkulturen an Euphrat und Tigris („fruchtbarer Halbmond") sowie in Ägypten (am Nil) konnten sich unter anderem deshalb so weit entwickeln, weil ihre Ernährungsgrundlage durch die Überschwemmungen der Felder mit fruchtbarem Schlamm gesichert war.

In Regionen, in denen kein Fluss das Ausbringen von *natürlichem Dünger* übernimmt, sinken die Bodenerträge unterschiedlich rasch. Am stärksten erleben dies auch heute noch die Wanderfeldbau treibenden Bauern im tropischen Regenwald: Schon im zweiten Jahr nach der Brandrodung (▶ Bild 1) verringert sich die Bodenfruchtbarkeit deutlich, nach Anbau der dritten Frucht muss das Feld aufgegeben und eine neue Fläche gerodet werden.

In Mitteleuropa erkannte man im 8. Jahrhundert n. Chr., dass die Erträge vor allem dann geringer werden, wenn die Felder immer wieder mit der gleichen Nutzpflanze bestellt werden. Man beobachtete außerdem, dass die Ertragskraft des Bodens erhalten werden konnte, wenn man zwischendurch Klee oder Lupine anbaute. So ging man im Mittelalter zur *Dreifelderwirtschaft* mit der Fruchtfolge Wintergetreide – Sommergetreide – Klee über. Der Anbau von Klee oder anderen Schmetterlingsblütengewächsen zu Düngezwecken wird als *Gründüngung* bezeichnet (▶ Bild 2). Das Ausbringen von Stallmist, Gülle und Rückständen der geernteten Nutzpflanzen auf die Felder nennt man *Wirtschaftsdüngung* (▶ Bild 3).

3 Traktor mit Güllewagen

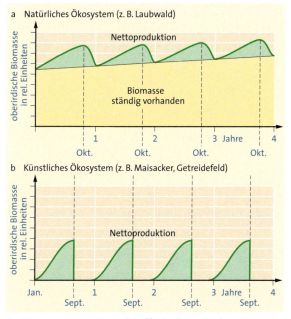

4 Biomasse und Mineralstoffgehalt des Bodens

Aufgabe

1 Finde mithilfe von Bild 4 eine Erklärung, warum die Erträge nachlassen, wenn immer die gleiche Feldfrucht angebaut wird. Erläutere, was bei der Düngung geschieht.

Mineraldünger

Wie muss gedüngt werden? Die Wurzeloberfläche einer Roggenpflanze beträgt etwa 400 m². Über diese Fläche werden alle im Bodenwasser gelösten Mineralstoffe aufgenommen, die zum Wachsen, Blühen und zur Bildung der Ähre nötig sind. Bis zur Ernte von 100 kg Roggen (Korn und Stroh) werden dem Boden folgende Mineralstoffe entzogen:

Stickstoff (als „N")	Phosphat (als P_2O_5)	Kalium (als K_2O)	Magnesium (als MgO)	Mittlerer Ertrag (kg/ha)
1,96	1,07	2,40	0,28	5000

1 Mineralstoffgehalt in kg/100 kg Frischmasse

Sind die genannten Stoffe nicht ausreichend vorhanden, wachsen weniger Roggenpflanzen; starkes Defizit führt zu Mangelerscheinungen.

2 Stickstoffmangel bei Mais

Aufgaben

1 Warum müssen zur Optimierung der Erträge vor allem Stickstoff- und Phosphatverbindungen zugesetzt werden? **Tipp:** Überlege, in welche Biomoleküle eine Pflanze Stickstoff und Phosphat einbaut.

Rotklee	80–120
Weißklee	60–120
Ackerbohne	80–140
Lupine	50–100
Erbse	50–80

3 Stickstoffgewinn durch Gründüngung in kg/ha

2 Berechne anhand der Tabellen oben den möglichen mittleren Roggenertrag bei der Dreifelderwirtschaft.

Mineraldüngung. Die Erkenntnisse *Justus von Liebigs* führten im 19. Jahrhundert zur Entwicklung synthetisch herstellbarer Düngemittel (▶ Nachgehakt: Geschichte der Mineraldüngung). Seit etwa 1950 werden Nitrate, Phosphate und Kaliumsalze verstärkt in der Landwirtschaft eingesetzt. Dadurch wurde die Bodenfruchtbarkeit erhalten und zusammen mit Bewässerungsmaßnahmen und dem Anbau von Hochleistungssorten konnten die Erträge massiv gesteigert werden. Überhöhter Einsatz von Wirtschafts- oder Mineraldünger führt aber zu Bodenverschlechterung, Belastung von Nahrungsmitteln und Gefährdung des Grundwassers.

Aufgabe

3 Diskutiert die Folgen des Ausbringens von Mineraldünger für Boden und Wasser. Welche Gefahr besteht insbesondere in ariden Gebieten?

NACHGEHAKT: GESCHICHTE DER MINERALDÜNGUNG

Untrennbar mit den heute in großem Maßstab hergestellten Düngemitteln (2002: 148 Mio. t weltweit) verbunden ist der Name *Justus von Liebig* (*12. Mai 1803 in Darmstadt; †18. April 1873 in München). Er konnte die fördernde Wirkung von Stickstoff, Phosphaten und Kalium auf das Pflanzenwachstum nachweisen. Durch seine Erkenntnisse wurde das ursprünglich von *Carl Sprengel* (1787–1859) stammende Konzept vom *limitierenden Faktor* für die Pflanzenernährung so populär, dass der großflächige Düngemitteleinsatz in der Landwirtschaft beginnen konnte.

4 Justus von Liebig

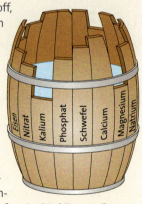

5 Die kürzeste Fassdaube begrenzt den Inhalt des Fasses.

Stickstoff erhielt man in Form von Nitraten vor allem durch den Einsatz von Guano, einer Substanz, die sich aus den Exkrementen von Seevögeln bildet. Da die Guanovorräte jedoch begrenzt waren und größtenteils aus Südamerika eingeführt werden mussten, suchte man eine Methode, Nitrate synthetisch zu erzeugen. *Fritz Haber* und *Carl Bosch* entwickelten zwischen 1905 und 1908 ein Verfahren, mit dem die katalytische Ammoniaksynthese im Tonnen-Maßstab durchgeführt werden konnte. Das Haber-Bosch-Verfahren bildete die Grundlagen der Produktion von synthetischem Stickstoffdünger, dem sogenannten *Kunstdünger*.

Seit dem Zweiten Weltkrieg kamen immer wirksamere und gezielter einsetzbare chemische Düngemittel auf den Markt. Ende des 20. Jahrhunderts geriet der Kunstdünger zunehmend in die Kritik, da seine übermäßige Verwendung für ökologische Schäden wie die Versalzung des Bodens, Sauerstoffmangel in Gewässern und daraus resultierendes Fischsterben *(Eutrophierung)* sowie eine erhöhte Nitratbelastung des Grund- und Trinkwassers verantwortlich gemacht wurde. Seit etwa 1985 sinkt der Verbrauch von mineralischen Düngemitteln in Deutschland.

Maßnahmen im Pflanzenschutz

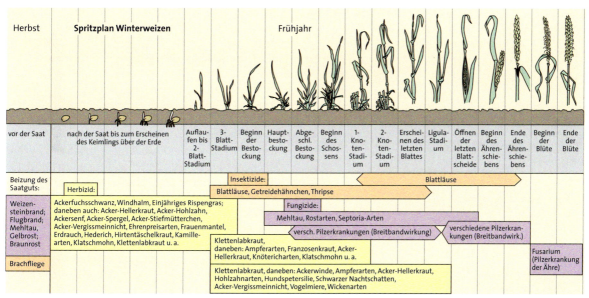

1 Pflanzenschutzmaßnahmen beim Winterweizen. Violett: Pilze, die auf oder im Blattgewebe wachsen und daraus Nährstoffe aufnehmen; Fungizide von lat. fungus: Pilz, caedere: töten; orange: Insekten, die sich von Pflanzengewebe oder zuckerhaltigem Pflanzensaft ernähren; gelb: „Ackerunkräuter"; Herbizide von lat. herba: Kraut

Die rasante Zunahme der landwirtschaftlichen Produktivität im 20. Jahrhundert wurde nicht nur durch verstärkten Düngemitteleinsatz, sondern auch durch den Übergang zur Massenproduktion in riesigen *Monokulturen* erreicht. Die Feldarbeit konnte dadurch massiv rationalisiert und Marktvorteile genutzt werden. Zwei wesentliche Nachteile dämpften allerdings die Vorteile dieser Entwicklung: *Bodenverarmung* und *Schädlingsbefall*. Schädlingsbefall hatte zwar schon seit Beginn des Ackerbaus immer wieder zu Hungersnöten und Missernten geführt (▶ Nachgehakt: Schädlingsbefall und Missernten), aber die riesigen Monokulturen stellen geradezu ein Schlaraffenland für Schädlinge dar.

Aufgaben

1 Erkläre mithilfe von Bild 1 die Begriffe Insektizid, Herbizid und Fungizid.
2 Benenne die ökologischen Wechselbeziehungen zwischen den in Bild 1 genannten Organismen (Pilze, Insekten, Pflanzen) und dem Winterweizen. Erläutere, wodurch der Ertrag jeweils gemindert wird.

Methoden der Schädlingsbekämpfung. Für die Landwirtschaft sind Schädlinge Organismen, die die Kulturen direkt schädigen oder die Erträge mindern. Man unterscheidet den *chemischen Pflanzenschutz* mit synthetisch hergestellten Mitteln vom *biologischen Pflanzenschutz*, bei dem Fressfeinde oder Parasiten der Schädlinge eingesetzt werden. In den letzten 20 Jahren kommen auch verstärkt gentechnisch veränderte Sorten zum Einsatz, die gegenüber einem Schädling resistent sind.

Chemische Schädlingsbekämpfung und ihre Problematik. Aschen, Laugen und Jauchen wurden seit Jahrhunderten als Gifte gegen Schädlinge, meist Insekten, eingesetzt. Bis 1940 verwendete man auch für Menschen hochgiftige Kupfer-, Quecksilber- und Arsenverbindungen als Beize zur Abtötung von Pilzsporen auf Saatgut. Mit **D**ichlor**d**iphenyl**t**richlorethan *(DDT)* kam 1942 ein sehr wirksames synthetisches Kontakt- und Fraßgift auf den Markt. DDT wirkt direkt auf das Nervensystem von Insekten, für Säugetiere galt die Giftigkeit als gering. Da DDT billig und schon gering dosiert wirksam war, wurde es jahrzehntelang eingesetzt. Allerdings stellte man fest, dass sich das Insektizid aufgrund seiner hohen Stabilität und Fettlöslichkeit *im Gewebe von Mensch und Tier anreicherte*. Seit etwa 1970 ist DDT in den meisten Industrieländern verboten. In tropischen Ländern wird es aber noch zur Bekämpfung der Malaria eingesetzt.

NACHGEHAKT: SCHÄDLINGSBEFALL UND MISSERNTEN

1845–1849 Irland: Braunfäule vernichtet die gesamte Kartoffelernte
1917 Deutsches Reich: Erdraupen an Rüben auf 50 % der Ernteflächen
1922 Deutsches Reich: Schneeschimmel am Roggen auf 13 % der Ernteflächen
1926/1927 Bayern und Württemberg: Schneeschimmel an Roggen, 70 % der Ernteflächen betroffen

Chemische Schädlingsbekämpfung und Alternativen

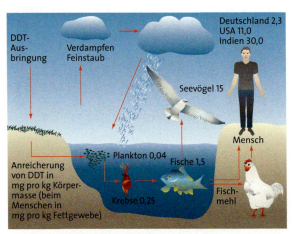

1 DDT-Anreicherung in der Nahrungskette

Aufgaben

1. Schon Mitte der 1950er-Jahre wurde festgestellt, dass DDT auch Greifvögel vernichtet. Anfang der 1980er-Jahre wurde es in Muttermilch nachgewiesen. Überlege, wie es zu dieser Anreicherung von DDT auch in Säugetieren kommen konnte.
2. Recherchiere mithilfe des Internets die Wirksamkeit von DDT bei der Malariabekämpfung. Finde heraus, wie sie sich bei wiederholten Anwendungen verändert.
3. Bild 2 zeigt den zeitlichen Verlauf einer Beute- und einer Räuber-Population. Stelle eine begründete Vermutung über die weitere Entwicklung nach dem Pestizideinsatz auf.
4. Überlege, welche Anforderungen ein modernes Pestizid erfüllen muss. Nutze bei der Beantwortung der Frage deine Kenntnisse über ökologische Zusammenhänge und die Aufgaben 1–3.

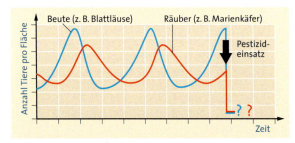

2 Räuber-Beute-System mit Pestizideinsatz

Nachteile der chemischen Schädlingsbekämpfung wie
- Gefährdung der menschlichen Gesundheit durch Anreicherung von Giften mit großer Halbwertszeit („Akkumulationsgifte") in der gesamten Biosphäre,
- nachlassende Wirksamkeit durch Entstehen resistenter Populationen,
- Störung des ökologischen Gleichgewichts und Verringerung der Artenvielfalt

lassen Verfahren der biologischen und biotechnischen Schädlingsbekämpfung heute zunehmend an Bedeutung gewinnen.

Biologische Schädlingsbekämpfung – angewandte Ökologie. Diese Art der Schädlingsbekämpfung nutzt die stabilisierenden Kräfte eines Ökosystems:
- Durch die Pflege von Hecken und das Anlegen breiter Feldraine werden Biotope für Fressfeinde oder Parasiten von Schadorganismen geschaffen.
- Streng spezialisierte *Raubparasiten* gegen bestimmte Schädlinge werden gezüchtet und eingesetzt. So parasitiert zum Beispiel die Schlupfwespe Trichogramma auf den Raupen des Maiszünslers, der für Ernteeinbußen in Maiskulturen verantwortlich ist.
- Biologische Wirkstoffe wie *Pheromone* (Botenstoffe, die der biochemischen Kommunikation zwischen Lebewesen einer Art dienen) werden zum Anlocken und Fang von Schädlingen (Borkenkäfer, Apfelwickler, Lebensmittelmotten) eingesetzt.

Aufgaben

5. Biologische Schädlingsbekämpfung bringt die Schädlingspopulation nicht auf „null". Nimm Stellung zu dieser Aussage.
6. Inwiefern unterscheiden sich chemische und biologische Schädlingsbekämpfung hinsichtlich
   - des Zeitbedarfs und des ökologischen Know-hows bei der Anwendung,
   - der Auswirkungen auf das betroffene Ökosystem,
   - der Effektivität der Schädlingsbekämpfung?

Im ökologischen Landbau stehen die Erzeugung unbelasteter Lebensmittel und der Schutz von Boden, Wasser, Luft, Pflanzen, Tieren und Mensch im Vordergrund. Auf den Einsatz von Mineraldüngern und chemischen Schädlingsbekämpfungsmitteln wird verzichtet. Stattdessen werden Kulturpflanzen angebaut, die an die örtlichen Boden- und Klimagegebenheiten angepasst sind. Fruchtwechsel und Gründüngung halten die Populationen von Schadorganismen gering und erhalten die Bodenfruchtbarkeit. Vorbeugende Maßnahmen der Biotoppflege und regelmäßige Kontrolle der Populationen möglicher Schadorganismen helfen, deren Massenvermehrung zu verhindern. Damit Stoffkreisläufe genutzt werden können, werden Pflanzenbau und Tierhaltung auf einem Hof betrieben. Die Tiere werden artgerecht mit genügend Auslaufmöglichkeiten gehalten. Es gibt keinen Einsatz von Hormonen und Antibiotika.

Integrierte Landwirtschaft versucht, ökonomische und ökologische Gesichtspunkte gleichermaßen zu berücksichtigen. Dabei zielt man schon bei der Züchtung neuer Sorten nicht nur auf Ertragsmaximierung, sondern auch auf Schädlingsresistenz. Biologische Bekämpfungsmethoden haben grundsätzlich Vorrang vor chemischen.

Ökobilanz eines Brötchens

1 Reifes Getreidefeld

2 Ernte mit dem Mähdrescher

3 Teigherstellung in einer Großbäckerei

Wer morgens ein Brötchen isst, nimmt eine bestimmte *Energiemenge* zu sich. Im Durchschnitt sind in 100 g Brötchen etwa 1050 kJ enthalten. Wie viel Energie wird aber insgesamt benötigt, um dieses Brötchen zu backen und den Teig zu kneten? Wie viel Kohlenstoffdioxid wird im Motor des Lieferwagens freigesetzt, der die Backzutaten anliefert? Wie viel Treibstoff verbrennen die Maschinen, die bei der Saat, beim Düngen und bei der Ernte eingesetzt werden? Auch die Produktion von Dünge- und Pflanzenschutzmitteln benötigt Energie …

Verfolgt man den Weg eines Brötchens von der Bereitstellung der Rohstoffe bis zum Verkaufsregal beim Bäcker, also vom Anbau bis zum Verzehr des Lebensmittels, und bilanziert dabei den Rohstoff- und Energieverbrauch sowie eventuelle Umweltschäden (Freisetzung von Treibhausgasen, Entstehung von Produktionsabfällen), erhält man die *Ökobilanz* eines Lebensmittels. Hier drückt sich vor allem die zur Erzeugung, Verarbeitung und Verteilung benötigte Energiemenge aus. Die Ökobilanz gibt dem Verbraucher eine grobe Orientierung über die Umweltverträglichkeit eines Lebensmittels.

4 Ausgeliefertes Brot in einer Bäckerei

Aufgaben

1 Erkläre, wie die Energie ins Brötchen kommt.
2 Interpretiere das Diagramm rechts und die Tabelle unten. Überlege auch, wie wohl die Kurve für den Energieaufwand pro ha Getreide verlaufen würde.
3 Erläutere, unter welchen Marktbedingungen diese Entwicklung überhaupt erst möglich wird. (Eine einzige Vollerntemaschine leistet heute in einem Arbeitsgang die gleiche Arbeit, zu der noch vor wenigen Jahrzehnten etwa 40 landwirtschaftliche Arbeitskräfte mehrere Wochen lang benötigt wurden.)

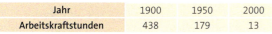

Jahr	1900	1950	2000
Arbeitskraftstunden	438	179	13

5 Arbeitskraftstunden pro Hektar Getreide

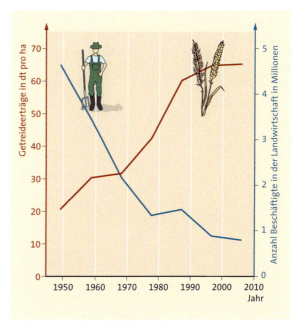

6 Ertrag und Beschäftigtenzahl in der Landwirtschaft

Weitere Ökobilanzen

Fahrtstreckenbilanz eines Joghurts. Oft ist die Herstellung eines Produkts weit weniger energieaufwendig als der Transport der Rohstoffe und der fertigen Ware. Am Beispiel eines Joghurts aus dem Stuttgarter Raum kann demonstriert werden, dass zwar die Milch aus der näheren Umgebung stammt, nahezu alle anderen Rohstoffe aber über viele Kilometer transportiert werden.

Alu und Aludeckel	864 km
Quarzsand und fertiges Joghurtglas	806 km
Etikettenpapier, Etikettendruck	1587 km
Grundzutaten für Etikettenleim und Leim	640 km
Fruchtmischung (Erdbeeren aus Polen)	1246 km
Joghurtkulturen (aus Niebüll)	917 km
Zucker und Milch (aus der Region)	146 km
Papp-Paletten, Kunststoff für Folie	2884 km
Gesamt	**9090 km**

1 Transportkilometer für Joghurt und Zutaten

Aufgaben

1 Nimm Stellung zu der Aussage: „Bis zur Auslieferung beim Hersteller hat ein Joghurt bereits 9090 km zurückgelegt."

2 Überlege, welche weiteren Transportwege noch angefallen sind, die in der Tabelle oben nicht genannt sind.

3 Diskutiert, durch welche Veränderungen (beispielsweise Verpackung, Zusammensetzung des Joghurts) Transportwege gespart werden könnten.

Nahrungskette, Energiefluss und Ökobilanz.

Nahrungsmittel	Verhältnis von aufzunehmender Energie zu verwertbarer Energie
Brot	1:1
Schweinefleisch	3:1
Eier	4:1
Milch	5:1
Rindfleisch	10:1
Hühnerfleisch	12:1

3 Energieverwertung bei der Verwendung von Getreide zur Nahrungsmittelerzeugung (ohne Energieaufwand bei Verarbeitung oder beim Transport)

Aufgaben

4 Vergleiche die Ökobilanzen folgender Ernährungsweisen: *vegan* (rein pflanzliche Ernährung ohne tierische Produkte), *vegetarisch* (Ernährung von Pflanzen und Tierprodukten [Eier, Milchprodukte]), *konventionell* (gemischte Kost – pflanzliche Ernährung, Tierprodukte, Fisch, Fleisch). Nutze deine Kenntnisse über Stoffkreislauf und Energiefluss im Ökosystem sowie Tabelle 3. Diskutiert die Konsequenzen eines hohen Fleischkonsums für die Welternährungssituation.

5 „Der globale Viehbestand [zur Fleischerzeugung] bedroht das Weltklima mehr als der gesamte Verkehr" (aus: UN-Ernährungskommission FAO). Nimm dazu Stellung. Wende deine Kenntnisse über Energiefluss im Ökosystem Erde, Verdauungsvorgänge bei Wiederkäuern und Entstehung von Treibhausgasen an.

Ökobilanzen im Vergleich verschiedener Landwirtschaftsformen. Landwirtschaft wird in den verschiedenen Regionen der Erde sehr unterschiedlich betrieben. Auf der einen Seite steht die hochindustrialisierte, (energie)intensive Landwirtschaft Europas und Nordamerikas sowie die weltmarktorientierte Plantagenwirtschaft der Tropen. Im Gegensatz dazu stellt die *Subsistenzwirtschaft* eine Wirtschaftsform dar, die meist in lokalen und regionalen Einheiten auf die Selbstversorgung und Erarbeitung des Lebensunterhalts ausgerichtet ist. In agrarisch geprägten Ländern Südostasiens, Afrikas und Lateinamerikas stammen bis zu 80 % der Lebensgrundlagen der ländlichen Bevölkerung aus Subsistenzproduktion.

Aufgaben

6 In der Entwicklungshilfe werden heute vermehrt traditionelle Anbaumethoden gefördert, anstatt die Landwirtschaftstechnologie aus den Industrieländern zu exportieren. Nenne mögliche Gründe dafür.

7 Ein landwirtschaftlicher Betrieb auf der Schwäbischen Alb setzt zur Verrichtung leichterer Feldarbeiten wieder Pferde ein. Welche Gründe könnte der Landwirt deiner Meinung nach dafür haben?

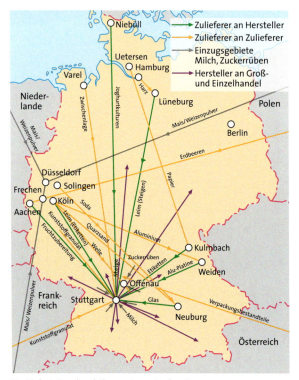

2 Fahrtstreckenbilanz eines Joghurts

Angewandte Biologie: Landwirtschaft

Zusammenfassung!

  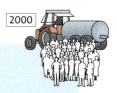

■ Bedingungen der modernen Landwirtschaft

Technische Entwicklungen und das Wachstum der Weltbevölkerung haben seit den 1950er-Jahren zu einer enormen Produktivitätssteigerung in der Landwirtschaft geführt.
Die Intensivierung der Landwirtschaft durch Einsatz von Mineraldünger und Pflanzenschutzmitteln ermöglichte steigende Hektarerträge.
Die Rationalisierung durch den Einsatz von Maschinen und die Bewirtschaftung von großflächigen Monokulturen führte dazu, dass immer weniger Beschäftigte in der Landwirtschaft immer mehr Menschen ernähren.

Intensivierung und Rationalisierung wurden nur durch den verstärkten Einsatz von Energie möglich. Auch die zur Verarbeitung von landwirtschaftlichen Erzeugnissen erforderliche Energie nimmt mit dem Grad der Verarbeitung zu.

■ Ökobilanzen

Ökobilanzen sind für Verbraucher eine Hilfe, um die mit der Produktion eines Lebensmittels einhergehenden Folgen für die Umwelt abschätzen zu können.

Alles klar?

1 Erkläre, inwiefern die Dreifelderwirtschaft eine besonders „ökologische" Form der Düngung war. **Tipp:** Wie beinahe alle ihre Verwandten in der Familie Schmetterlingsblütengewächse beherbergt die Kleepflanze in Wurzelknöllchen Bakterien, die Luftstickstoff (N_2) in Ammoniumionen (NH_4^+) umwandeln und damit für die Pflanzen verfügbar machen (▶ Bild oben).

2 Diskutiert anhand der in diesem Kapitel aufgeführten Materialien, wie durch bewussten Lebensmittelkonsum umweltverträgliche Formen der Landwirtschaft gefördert werden können. Welche Maßnahmen könnten an deiner Schule im Rahmen des Pausenverkaufs oder der Mensaverpflegung umgesetzt werden? Recherchiert dazu auch im Internet.

Aufgaben für Profis

1 Die folgenden Tabellen zeigen den Einfluss von zwei Stoffen A und B auf das Wachstum einer Nutzpflanze als Gedankenexperiment.
Interpretiere die Versuchsergebnisse.

Versuchsreihe 1			
Zugabe von Stoff A	0,5 t/ha	0,75 t/ha	1,0 t/ha
Ertragssteigerung	15 %	25 %	25 %

Versuchsreihe 2			
Zugabe von Stoff B	0,3 t/ha	0,4 t/ha	0,5 t/ha
Ertragssteigerung	0 %	0 %	0 %

Versuchsreihe 3			
Zugabe von Stoff B	0,3 t/ha	0,4 t/ha	0,5 t/ha
Ertragssteigerung	10 %	15 %	20 %

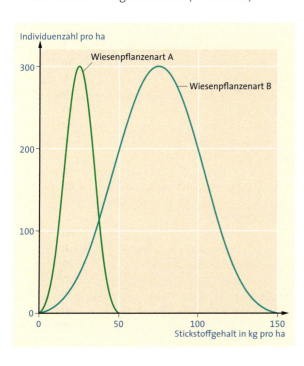

2 Stelle die Wirkung von Stoff A und B mithilfe des Fassmodells dar.

3 Ermittle die Versuchsbedingung in Versuchsreihe 3, die die Minimalvoraussetzung für die dort beschriebene Ertragssteigerung darstellt.

4 Begründe mithilfe der Optimumkurven links, wie sich die Stickstoffdüngung der Wiese jeweils auf die Wiesenpflanzen A und B auswirkt. Wie verändert sich die Artenzahl der Wiese insgesamt durch Düngung?

Grundwissen!

■ Stoffwechsel und innere Organe des Menschen

aerob: bezeichnet Energie und damit ATP liefernde Reaktionen mit Sauerstoff als Reaktionspartner in der Zelle. Man spricht daher auch von Zellatmung.

Aminosäuren: Biomoleküle, aus denen die Proteine aufgebaut sind. Es gibt 20 verschiedene Aminosäuren. Allen ist gemeinsam, dass das Molekül an einem Kohlenstoffatom eine Aminogruppe (-NH2) und eine Säuregruppe (-COOH) aufweist.

anaerob: bezeichnet Energie und damit ATP liefernde Reaktionen in der Zelle, die ohne Sauerstoff als Reaktionspartner ablaufen. Bei diesen als Gärung bezeichneten Reaktionen ist die Ausbeute viel geringer als bei der aeroben ATP-Bildung.

Arteriosklerose (Arterienverkalkung): Erkrankung von Arterien, bei der sich fetthaltige Ablagerungen an der Gefäßwand bilden. Sind ▶ Herzkranzgefäße betroffen, kann ein ▶ Herzinfarkt die Folge sein.

ATP (Adenosintriphosphat): energiereiches Molekül, das in der Zelle unmittelbar zur Verrichtung von Arbeit verwendet wird. Dabei entsteht das energieärmere Adenosindiphosphat (ADP). Der ATP-Vorrat der Zelle ist begrenzt und muss ständig durch Energieträger wie Glucose oder Fettsäuren aus ADP regeneriert werden.

Blut: flüssiges Gewebe, das neben dem Stofftransport auch der Immunabwehr, der Informationsübermittlung (Hormone) und dem Wärmetransport dient. Es besteht aus dem Blutplasma und einem zellulären Anteil, den ▶ Blutkörperchen.

Blutdruck: Durch die ▶ Systole bewirkter und vom Gefäßdurchmesser beeinflusster Druck des Bluts im arteriellen Bereich des Blutgefäßsystems. Zu hoher Blutdruck ist ein gesundheitlicher Risikofaktor.

Blutkörperchen: zelluläre Bestandteile des Bluts. Man unterscheidet Erythrocyten oder rote Blutkörperchen (Funktion: Sauerstofftransport), Leukocyten oder weiße Blutkörperchen (Funktion: Immunabwehr) und Thrombocyten oder Blutplättchen (Funktion: Blutgerinnung).

Body-Mass-Index (BMI): Maß für das „richtige" Körpergewicht. Ein BMI zwischen 20 und 25 gilt für Erwachsene als „normal".

Cofaktor: kleineres Molekül, das als Partner an der von einem ▶ Enzym katalysierten Reaktion beteiligt ist, zum Beispiel ein Metallion oder ▶ Vitamin.

Diastole: Phase der Herzaktivität, in der der Herzmuskel erschlafft und sich die Vorhöfe und Herzkammern mit Blut füllen.

Diffusion: Bewegung von Teilchen, zum Beispiel eines Gases, aufgrund ihrer kinetischen Energie. Ungehinderte Diffusion führt zu einer gleichmäßigen Verteilung der Teilchen im Raum.

Enzym: ▶ Proteinmolekül, das aufgrund seines räumlichen Baus eine Reaktion an einem anderen Molekül, dem Substrat, oder auch zwischen zwei Molekülen erleichtert, sodass die betreffende Reaktion in der Zelle mit ausreichender Geschwindigkeit ablaufen kann. Chemisch betrachtet sind Enzyme Katalysatoren, die die Aktivierungsenergie erniedrigen. Ein bestimmtes Enzym „bearbeitet" nach dem Schlüssel-Schloss-Prinzip nur bestimmte Moleküle (Substratspezifität) und katalysiert an ihnen nur ganz bestimmte Reaktionen (Wirkungsspezifität).

essenzielle Nährstoffe: Nährstoffe, die von den Zellen nicht selbst gebildet werden können. Solche Biomoleküle, zum Beispiel bestimmte Fett- und ▶ Aminosäuren, müssen daher mit der Nahrung aufgenommen werden.

Fette: Stoffgruppe von Biomolekülen, die jeweils aus einem Glycerinmolekül und meist drei damit verknüpften längerkettigen Fettsäuren aufgebaut sind. Fette dienen in der Zelle vor allem als Energieträger.

Glykogen: stärkeähnliches, jedoch stärker verzweigtes Polysaccharid, das als Glucosespeicher für die Energieversorgung dient.

Grundumsatz: Energiebedarf des Körpers in Ruhe, etwa 7000 kJ/Tag.

Hämoglobin: ▶ Proteinmolekül in den roten ▶ Blutkörperchen, das Sauerstoffmoleküle reversibel bindet und dadurch den Sauerstofftransport ermöglicht.

Harn: von der ▶ Niere erzeugtes flüssiges Konzentrat von Harnstoff und anderen Abfallstoffen.

Herzinfarkt: Absterben von Herzmuskelzellen infolge unzureichender Sauerstoffversorgung, meist ausgelöst durch verengte ▶ Herzkranzgefäße infolge ▶ Arteriosklerose, verläuft ohne sofortige Behandlung tödlich.

Herzkranzgefäße: herzeigene Blutgefäße, die für ein ausreichendes Sauerstoffangebot sorgen.

Kohlenhydrate: Stoffgruppe von Biomolekülen, die aus einem, zwei oder zahlreichen Grundbausteinen bestehen: einem ringförmigen Molekül aus (meist 6) Kohlenstoffatomen und daran gebundenen OH-Gruppen. Beispiele: Glucose, Saccharose und ▶ Stärke.

Mineralstoffe: anorganische Ionen, zum Beispiel Ca^{2+}, Fe^{2+}, PO_4^{3-} (Phosphation), die für die Funktionsfähigkeit von ▶ Enzymen oder anderen Biomolekülen wie ▶ Hämoglobin erforderlich sind.

Mitochondrien: Zellorganellen, in denen die ▶ aerobe Bildung von ▶ ATP stattfindet.

Niere: Organ, das neben der Regulation des Säure-Base- und Salzhaushalts der wassersparenden Ausscheidung von Abfallstoffen wie Harnstoff dient. Deren Entsorgung beruht auf Filtration, ▶ Resorption (zum Beispiel von Glucose) und aktiver Ausscheidung (Sekretion).

Osmose: Diffusionsvorgänge an einer selektiv permeablen Membran, die in wässriger Lösung dazu führen, dass die membrangängigen Wassermoleküle vom Bereich niedrigerer zum Bereich höherer Konzentration des gelösten Stoffs (etwa Glucose) diffundieren.

Proteine: Stoffgruppe von Biomolekülen, die aus miteinander verknüpften ▶ Aminosäuremolekülen bestehen. Die Eigenschaften eines Proteins hängen von der Art, Anzahl und Reihenfolge der Aminosäuremoleküle und seinem daraus resultierenden räumlichen Bau ab. Proteine erfüllen in der Zelle viele Funktionen als Baustoffe, ▶ Enzyme oder Transporter wie ▶ Hämoglobin.

Resorption: Aufnahme von Teilchen, beispielsweise aus dem Darm, in die Körperzellen und die Blutbahn.

Stärke: Kohlenhydratmakromolekül aus mehreren Tausend miteinander verknüpften Glucosemolekülen.

Stoffwechsel: ständiger energieabhängiger, durch ▶ Enzyme ermöglichter Auf-, Ab- und Umbau von Biomolekülen in der Zelle.

Systole: Arbeitsphase des Herzens, in der durch Kontraktion Blut aus den Herzkammern ausgeworfen wird.

Vitamine: Biomoleküle, die in der Zelle, beispielsweise als ▶ Cofaktor eines ▶ Enzyms, an ▶ Stoffwechselreaktionen beteiligt sind. Vitaminmangel kann zu schweren gesundheitlichen Beeinträchtigungen führen.

■ **Wechselbeziehungen zwischen Lebewesen**

abiotische Faktoren: chemische und physikalische Faktoren der unbelebten Umwelt, die auf Lebewesen einwirken, zum Beispiel Wasser, Temperatur, Licht, Bodenbeschaffenheit und Salzgehalt.

Biodiversität: Vielfalt des Lebens auf der Erde, speziell Artenvielfalt. Sie ist durch die aus den Einwirkungen des Menschen resultierenden vielschichtigen Schädigungen natürlicher ▶ Ökosysteme bedroht.

Biomasse: Substanz einzelner oder aller Lebewesen je Flächen- oder Volumeneinheit eines Lebensraums.

biotische Faktoren: Wechselbeziehungen der in einem ▶ Biotop lebenden Lebewesen zu anderen Lebewesen der gleichen oder einer anderen Art. Hierzu gehören Fressfeind-Beute-Beziehungen, ▶ Parasitismus, ▶ Symbiosen, ▶ Konkurrenzbeziehungen.

Biotop: Lebensraum für Lebewesen eines ▶ Ökosystems mit all seinen ▶ abiotischen Faktoren.

Biozönose: Lebensgemeinschaft aller Arten eines ▶ Ökosystems, die durch ▶ biotische Faktoren verbunden sind.

Destruenten: Zersetzer. Dazu zählen Detritusfresser wie Regenwürmer sowie Mikroorganismen (Bakterien, Pilze), die als Mineralisierer Biomoleküle aus ▶ Detritus mithilfe von Enzymen in anorganische Moleküle umwandeln.

Detritus: Reste lebender und toter Pflanzen und Tiere.

Emission: in die Umwelt gelangende Stoffe (Gase wie CO_2 und Stäube) oder Energie (Strahlung, Wärme). Sie werden aus technischen Anlagen oder Prozessen, aber auch aus der Landwirtschaft in die Atmosphäre abgegeben und tragen entscheidend zur Klimaerwärmung bei.

Energiefluss: Weitergabe von Energie in ▶ Ökosystemen. ▶ Produzenten wandeln Lichtenergie in chemische Energie um, die in Biomolekülen gespeichert ist. Bei jeder Energieumwandlung geht ein Teil der Energie in Wärme über, die sich letztlich im Weltall verflüchtigt.

Koevolution: wechselseitige evolutionäre Beeinflussung verschiedener Arten, beispielsweise Blüten und bestäubende Insekten oder Beutegreifer und Beute.

Konkurrenz: Lebewesen, die gleiche ▶ Ressourcen nutzen, konkurrieren bei deren Verknappung untereinander. Man unterscheidet innerartliche Konkurrenz (zwischen Angehörigen einer Art) und zwischenartliche Konkurrenz (zwischen Angehörigen verschiedener Arten).

Konsumenten: Verbraucher. Darunter versteht man heterotrophe Organismen, die direkt als Pflanzenfresser (Primärkonsumenten) oder indirekt als Fleischfresser (Sekundärkonsumenten) die organischen Stoffe der ▶ Produzenten verbrauchen.

limitierender Faktor: derjenige Umweltfaktor, der am weitesten vom Optimum entfernt ist und sich am stärksten begrenzend auf ein Lebewesen auswirkt.

Materiekreislauf: Wiederverwendung der in Organismen enthaltenen Atome chemischer Elemente. Man unterscheidet globale (Kohlenstoff-, Sauerstoffkreislauf) und räumlich begrenzte Kreisläufe (Speicherung von Atomen bestimmter Elemente im Boden).

Nahrungskette: Weitergabe der als Nettoproduktion jeweils verbleibenden ▶ Biomasse über verschiedene Konsumentenebenen.

Nahrungsnetz: komplexes Netzwerk von Nahrungsketten, das ▶ Produzenten, ▶ Konsumenten, ▶ Destruenten sowie parasitische und symbiontische Beziehungen in der ▶ Biozönose berücksichtigt.

Ökologie: Teilgebiet der Biologie, beschäftigt sich mit den Beziehungen zwischen Lebewesen und Umwelt.

ökologische Nische: der „Beruf" einer Art, Gesamtheit der Beziehungen zwischen einer Art und ihrer Umwelt.

ökologische Potenz: Toleranzbereich einer Art hinsichtlich eines Umweltfaktors, gekennzeichnet durch Optimum, Minimum und Maximum.

ökologische Pyramiden: regelhafte Veränderung biologischer Größen, zum Beispiel der Biomasse, in der Abfolge der ▶ Trophiestufen.

Ökosystem: Struktur- und Funktionseinheit aus ▶ Biozönose und ▶ Biotop.

Parasitismus: Beziehung zwischen verschiedenen Arten, bei der eine Art (Parasit) der anderen (Wirt) Nährstoffmoleküle entzieht, ohne sie zu töten. Endoparasiten leben im Innern des Wirts, Ektoparasiten halten sich zumindest zeitweise an der Körperoberfläche des Wirts auf.

Pilze: eukaryotische, heterotrophe Organismen, die Nahrungsquellen meist außerhalb der Zellen mithilfe von Enzymen zersetzen und dann als Baustoffe und Energieträger nutzen. Spielen eine wichtige Rolle als ▶ Destruenten, ▶ Symbionten und ▶ Parasiten.

Population: Angehörige einer Art, die im gleichen Gebiet leben und sich uneingeschränkt untereinander fortpflanzen, also Gene austauschen können.

Primärproduktion: Gesamtmenge an organischer Substanz, die von den ▶ Produzenten erzeugt wird (Bruttoprimärproduktion). In der ▶ Nahrungskette weitergegeben wird nur die um die Atmungsverluste verminderte Primärproduktion (Nettoprimärproduktion).

Produzenten: Erzeuger. Darunter versteht man autotrophe Organismen (vor allem fototrophe Pflanzen, Algen und Cyanobakterien), die Biomoleküle aus anorganischen Teilchen aufbauen. Sie sind die Grundlage für sämtliche Nahrungsbeziehungen in einem ▶ Ökosystem.

Ressource: lebenswichtiger Umweltfaktor, der von Lebewesen der Umwelt entnommen wird und dessen Verfügbarkeit so für andere Lebewesen eingeschränkt ist.

Sekundärproduktion: Anteil an chemischer Energie in der Nahrung, die von ▶ Konsumenten in eigene neue ▶ Biomasse umgesetzt wird.

Sukzession: Verschiebung der Artenzusammensetzung eines ▶ Ökosystems, meist als Folge einer Störung.

Symbiose: Vergesellschaftung verschiedener Organismenarten (Symbionten) zum wechselseitigen Nutzen.

Treibhauseffekt: bezeichnet das Phänomen, dass energiereiches UV-Licht von der Erdoberfläche teils als Wärmestrahlung reflektiert und dann von Wasserdampfwolken erneut absorbiert wird, sodass eine Temperaturerhöhung die Folge ist. Durch CO_2-, Methan- und andere Spurengasemissionen wird diese verstärkt.

Trophiestufe: Organismen gleicher Stellung in den ▶ Nahrungsketten eines Ökosystems: Produzenten, Primär-, Sekundärkonsumenten usw.

Lösungen wichtiger Zuordnungsaufgaben

Stoffwechsel des Menschen
▶ Seite 7, Aufgabe 2: Organe des Menschen

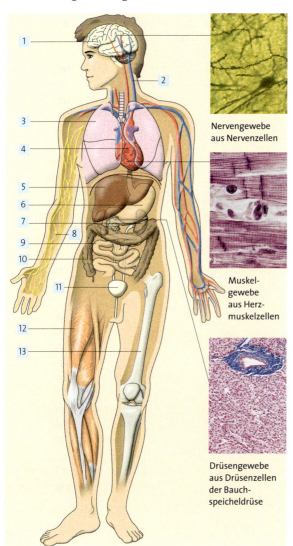

1 Gehirn (Informationszentrale des Körpers)
2 Blutgefäßsystem (Stofftransport, Ver- und Entsorgung der Zellen)
3 Lunge (Atmungsorgan)
4 Herz (Antrieb des Blutkreislaufs)
5 Leber (Stoffwechsel- und Verdauungsorgan, Gallbildung)
6 Magen (Verdauungsorgan)
7 Niere (Ausscheidungsorgan: Harnbildung)
8 Nervensystem (Weiterleitung von Informationen)
9 Dünndarm (Verdauungsorgan)
10 Dickdarm (Eindicken unverdaulicher Nahrungsreste)
11 Blase (Sammeln des Harns)
12 Muskulatur (Teil des Bewegungsapparats)
13 Skelett (Stütz- und Schutzfunktion, Teil des Bewegungsapparats)

Angewandte Biologie: Biotechnologie
▶ Seite 40, Aufgabe 1: Kläranlage

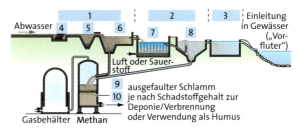

1 mechanische Reinigung
2 biologische Reinigung
3 chemische Reinigung
4 Rechen
5 Sandfang
6 Absetzbecken
7 Belebtschlammbecken
8 Nachklärbecken
9 Faulturm
10 Faulschlamm

Bau, Funktion und Schädigungen innerer Organe
▶ Seite 43, Aufgabe 1: Feinbau der Lunge

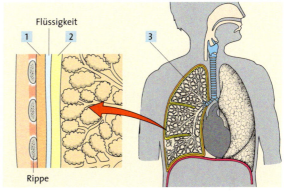

1 Rippenfell
2 Lungenfell
3 Lungenflügel (mit Lungenbläschen)

▶ Seite 44, Aufgabe 3: Atemvolumina

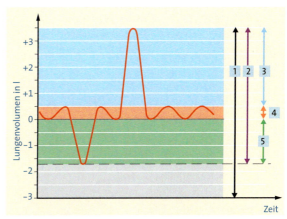

1 Totalkapazität
2 Vitalkapazität
3 Einatmungsreservevolumen
4 Atemzugvolumen
5 Ausatmungsreservevolumen

Seite 48, Aufgabe 1: Herz

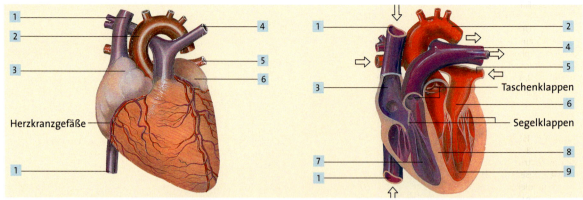

1 große Hohlvenen 3 rechter Vorhof 5 Lungenvene 7 rechte Herz- 8 Scheidewand
2 Hauptschlagader (Aorta) 4 Lungenarterie 6 linker Vorhof   kammer   9 linke Herzkammer

▶ Seite 54, Aufgabe 1: Blutkreislauf

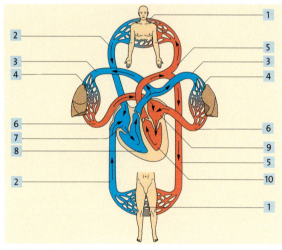

1 Körperkapillaren 6 Lungenvene
2 Körpervene 7 rechter Vorhof
3 Lungenarterie 8 rechte Herzkammer
4 Lungenkapillaren 9 linker Vorhof
5 Körperarterie 10 linke Herzkammer

Ökosysteme

▶ Seite 123, Aufgabe 1: Gliederung eines Sees

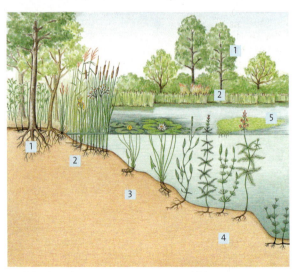

1 Erlenbruch 4 Tauchblattzone
2 Röhricht 5 Freiwasserzone
3 Schwimmblattzone

▶ Seite 66, Aufgabe 1: Niere

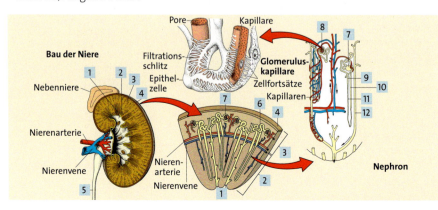

1 Nierenpyramide
2 Nierenmark
3 Nierenrinde
4 Nierenkapsel
5 Harnleiter
6 Nephron
7 Nierenkörperchen
8 Glomerulus
9 Tubulus I
10 Tubulus II
11 henlesche Schleife
12 Sammelrohr

Register

A

abiotische Faktoren 81, 84, 101, 169
abiotische Umwelt 121
Abwasserreinigung 40, 41
Adenosindiphosphat (ADP) 31, 32
Adenosinmonophosphat (AMP) 31, 32
Adenosintriphosphat (ATP) 31, 33
ADP 31, 32
aerob 168
aerobe ATP-Produktion 74, 76, 79
Agenda 21 158
Akazien 108
aktives Zentrum 22
Aktivierungsenergie 22
Albuminmoleküle 63
alkoholische Gärung 36
allensche Regel 91
Allesfresser 103
Altersklassenwald 131
Ameise 134
Aminosäuren 13, 168
AMP 31, 32
Amylase 20, 25
anaerob 168
Anämie 61
Anemonenfische 109
Angina Pectoris 53
Anorexie 72
Antigene 61
Aorta 48, 172
aquatisches Ökosystem 83
Arbeitsumsatz 16
Artbildung 116
Artenrückgang 153, 159
Artenschutz 157, 159
Artenvielfalt 146, 147, 150, 154
Arterie 54, 69
Arterienverkalkung 168
Arteriolen 69
Arteriosklerose 53, 59, 168
Assel 135
Asthma 47, 69
Atembewegung 44
Atemfrequenz 44
Atemgastransport 29
Atemkapazität 44, 45
Atemminutenvolumen 44
Atemstillstand 78
Atemtätigkeit 69
Atemvolumina 171
Atemzentrum 69
Atemzugvolumen 44, 171
Atmung 26, 28, 29, 33, 43
Atmungsorgane 27
Atmungsregulation 44
ATP (Adenosintriphosphat) 31, 32, 33, 74, 79, 168
ATP-Bildung 32
Atrium 48
Ausatmungsreservevolumen 44, 171
Ausdauertraining 76, 79
Ausscheidung 18, 21, 64, 69
autotroph 103

B

Bach 83
Bakterien 40, 140
Ballaststoffe 14, 33
Bauchatmung 44
Bauchspeicheldrüse 20
Baummarder 134
Baumschicht 131
Baustoffe 8, 10, 12, 33
Bergahorn 132
bergmannsche Regel 91
Beute 85
Beuteerwerb 104
Beutegreifer 85
Biber 124
Binge-Eating-Störung 72
Biodiversität 150, 169
biogeochemischer Materiekreislauf 140
Bioindikatoren 86
Biokatalysatoren 22, 33
biologische Schädlingsbekämpfung 164
biologische Wertigkeit 13
biologischer Pflanzenschutz 163
biologisches Ungleichgewicht 147
Biomasse 121, 138, 149, 169
Biomassepyramide 142
Biomoleküle 8
Biosphäre 81, 101
Biosphere II 151
Biotechnologie 25, 34, 41
biotische Faktoren 81, 85, 101, 119, 169
Biotop 81, 101, 149, 169
Biozönose 81, 101, 149, 169
Blase 66, 171
Blattlaus 134
Blesshuhn 124
Blut 61, 69, 168
Blutdruck 56, 69, 168
Blutdruckregulation 58
Blütenbildung 97
Blutgefäße 54
Blutgefäßsystem 171
Blutgerinnung 63, 69
Blutgruppe 61
Bluthochdruck 59
Blutkörperchen 61, 69, 168
Blutkreislauf 54, 172
Blutplasma 61, 63, 69
Blutplättchen 62, 69
Blutzellen 61
Blutzuckerspiegel 10, 79
Bockkäfer 135
Boden 85, 99
Bodenuntersuchung 136
Bodenzone 123
Body-Mass-Index (BMI) 16, 73, 168
Borkenkäfer 135
Bosch, Carl 162
Brandrodung 154
Bronchien 28, 43, 69
Bronchiolen 28, 43, 69
Bronchitis 46, 69
Brustatmung 44, 45
Bruttoprimärproduktion 138
Buchfink 134
Bulimie 72
B-Zellen 62

C

Carrier 21
Champignon 112
chemische Schädlingsbekämpfung 164
chemischer Pflanzenschutz 163
Chitin 110
Cholera 40
Chromatin 9
CO_2-Konzentration 155
Cofaktor 14, 22, 168
Computertomografie 51
Cuticula 98
Cytoskelett 9

D

Darmzotten 20, 21, 33
Darwin, Charles 114
Deckschicht 126
Denaturierung 23, 24
Destruenten 103, 110, 119, 121, 140, 149, 169
Detritus 121, 140, 169
Dialyse 68
Diastole 50, 69, 168
Dichteanomalie 126
Dickdarm 21, 171
Diffusion 19, 21, 26, 30, 33, 64, 99, 168
Disaccharid 10, 11
DNA 8
Doping 77, 79
Dreifelderwirtschaft 161
Druck 57
Drüsengewebe 7
Düngung 154, 161
Dünndarm 19, 20, 33, 171

E

Eberesche 132
Egel 124
Eiche 134
Eichelbohrer 134
Eichelhäher 134
Eichenwicklerlarven 134
Eichhörnchen 115
Einatmungsreservevolumen 44, 171
EKG 51, 60
Ektoparasiten 106
Elektrokardiogramm (EKG) 51
Elementkreislauf 149
Emission 155, 156, 169
endemische Arten 153
Endkonsumenten 121, 139
Endokard 48
Endoparasiten 106
endoplasmatisches Reticulum 9
energetische Kopplung 32
Energiebedarf 16, 17, 33
Energiebereitstellung 33, 74
Energieerhaltungssatz 138
Energiefluss 138, 139, 149, 166, 169
Energiehaushalt 16
Energielieferanten 12
Energiepyramide 142
Energiequelle 84
Energieträger 8, 31, 33
Energieumwandlung 33
Energieversorgung 10
Energiezufuhr 31
Enzymaktivität 23
Enzyme 13, 14, 22, 23, 25, 33, 41, 168
Enzym-Substrat-Komplex 22
Epikard 48
Erlenbruch 122, 172
Ernährung 17, 33
Ernährungspyramide 17
Ernährungsstrategien 110
Erste Hilfe 78, 79
Erythrocyten 61, 69
Erzeuger 121
Essanfälle 72, 79
Ess-Brech-Sucht 72, 79
essenzielle Aminosäuren 13
essenzielle Nährstoffe 10, 168
Essstörungen 72, 73, 79
Essverhalten 79
Etiolement 96
Eutrophierung 162

F

Fettbedarf 12
Fette 8, 12, 33, 168
Fettnachweis 15
Fettsäuren 12
Fetttröpfchen 9
Fibrin 63
Fibrinogen 63
Fichte 133
Fichtenforst 131
Flechten 111, 119
Fleischfresser 104
Fleming, Alexander 112
Fliegen-Ragwurz 108
Fließgewässer 83
Flimmerhärchen 43
Flurbereinigungsmaßnahmen 154
Fluss 83
Folsäure 14
Fooddesign 37
Fotosynthese 98
Fototropismus 97
Freiwasserzone 123, 172
Fressfeind-Beute-Beziehungen 104, 119
Fressfeinde 85, 101, 105
Fresszellen 62
Fructose 11
Frühsommer-Meningoencephalitis (FSME) 107
Fuchsbandwurm 107
Functional Food 37
Fußpilz 111, 119

G

Gallbildner 134
Gallen 134
Gallenblase 20
Gallenflüssigkeit 20
Gallmücken 134
Gallwespen 134
Gärung 35
Gasaustausch 26, 28, 29, 33
Gause, G. F. 115
Gehirn 171
Gelbhalsmaus 134
Gelbrandkäfer 125
Generalisten 103
genetische Variabilität 116, 119
Gerinnungsfaktoren 63
Gewässergüteklassen 129
Gewässerökosystem 83
Gewässeruntersuchung 127, 128
Gewebe 7
Gießkannenschimmel 112
glattes endoplasmatisches Reticulum 9
gleichwarm 90, 92
globale Erwärmung 155, 156
globaler Kreislauf 140
Glockentier 125
Glomerulus 66, 172
Glucose 10
Glucoseoxidase 25
Glycerin 12
Glykogen 9, 11, 168
Glykolyse 32
Grasland 82
Grauhörnchen 115
Graureiher 124
Großer Abendsegler 135
Großer Buntspecht 135
Grundumsatz 16, 168

H

Haber, Fritz 162
Habicht 135
Hainbuche 132
Halbschmarotzer 106
Hallimasch 111, 119
Hämoglobin 27, 28, 33, 61, 168
Hämophilie 63
Harn 64, 168
Harnleiter 66, 172
Harnröhre 66
Harnstoff 64
Hasel 133
Hauptschlagader 48, 172
Hecht 124
Hefe 35, 36, 112
henlesche Schleife 66, 172
Herbstzirkulation 126
Herz 29, 48, 49, 60, 69, 171
Herzbeutel 48
Herzerkrankungen 51, 52
Herzfehler 51, 52
Herzfrequenz 50
Herzinfarkt 53, 59, 69, 168
Herzkammer 48, 172
Herzklappen 49, 69, 172
Herzklappenfehler 52

Herzkranzgefäße 49, 53, 69, 169
Herz-Kreislauf-Stillstand 78
Herzmuskel 48, 49
Herzrhythmusstörungen 52
Herzzeitvolumen 50
Herzzyklus 50
heterotroph 103
Heuaufguss 148
Hirschkäfer 135
Hitzewüste 82
Hochdrucksystem 58
Hochmoor 83
Hohlvene 48, 172
Holzbriketts 152
Holzwespen 135
Hormone 16
Hunger 71, 79
Hutpilze 110
Hydra 18
Hyphen 110
Hypothalamus 71

I

Immunabwehr 62
Immunglobuline 63
Immunsystem 13, 62, 69
Informationsträger 13, 33
innerartliche Konkurrenz 113, 115
innere Uhr 96
insektenfressende Pflanze 100
Insulinspiegel 71
integrierte Landwirtschaft 164
Iod-Stärke-Nachweis 11
Ionenhaushalt 84

K

Kammerflimmern 52
Kanäle 21
Kapillaren 29, 54, 55, 69, 172
Karpfen 124
Katalase 22, 24, 25
Katheter 51
Kaulquappe 124
Kehlkopf 43
Kernspintomografie 51
Kiemen 27
Kläranlage 40, 171
Kleine Waldameise 135
Kleinkrebs 125
Koevolution 106, 119, 170
Koexistenz 113, 119
Kohlenhydratbedarf 11
Kohlenhydrate 8, 10, 33, 169
Kohlenhydratnachweis 15
Kohlenstoffatome 8
Kohlenstoffdioxid 26, 28, 29
Kohlenstoffkreislauf 141
Kohlmeise 135
Kolbenente 124
Konkurrenz 81, 85, 101, 113, 119, 170
Konkurrenzausschlussprinzip 115
Konservierungsmethoden 38, 41
Konsumenten 121, 149, 170
kontraktile Proteine 13
Konvergenz 118, 119
Konzentrationsausgleich 30

koronare Herzkrankheit 53
Körpergewicht 16
Körperkreislauf 29, 54
Kraft 75
Krafttraining 75, 79
Krakatau 144
Krautschicht 131
Kreislaufschock 59
Kreuzspinne 134
Kunstdünger 162
Kurztagpflanzen 97

L

Landökosystem 82
Landwirtschaft 160, 167
Langtagpflanzen 97
Lärche 133
Lärchenwickler 143
Laubbaum 132
Laubstreu 137, 140
Lebensformtyp 118
Lebensgemeinschaft 81
Lebensmittelherstellung 25, 35, 41
Lebensraum 81
Leber 20, 171
Leistungssteigerung 77
Leukämie 62
Leukocyten 62, 69
Licht 84, 96, 98, 101
Lichtenergie 84
Liebig, Justus von 162
limitierender Faktor 87, 101, 170
Lipase 25
Luftröhre 28, 43, 69
Lunge 27, 43, 69, 171
Lungenarterie 48, 172
Lungenbläschen 28, 29
Lungenemphysem 47
Lungenentzündung 46
Lungenfell 43, 171
Lungenflügel 43, 171
Lungengewebe 45
Lungenkrebs 46
Lungenkreislauf 29, 54
Lungenvene 48, 172
Lymphgefäße 55
Lymphocyten 62
Lysosom 9
Lysozym 20

M

Madenwurm 107
Magen 18, 171
Magensäure 19
Magenschleimhaut 20
Magersucht 72, 79
Makromoleküle 10
Makronährstoffe 10
Makrophagen 62
Materieaustausch 149
Materiekreislauf 140, 141, 159, 170
Mehltau 111, 119
Mikroorganismen 35, 36, 38, 41
Mikrovilli 20, 21
Milchsäurebakterien 35, 36
Mineraldünger 162, 167

Mineralstoffe 10, 14, 33, 100, 169
Minimumfaktor 87
Mischwald 145
Mitochondrium 9, 32, 169
Monokultur 167
Monosaccharide 10, 11
Moosschicht 131
Muskelgewebe 7
Muskulatur 171
Mykorrhiza 111, 119
Myokard 48
Myzel 110

N

Nachhaltigkeit 158
nachwachsender Rohstoff 152
Nadelbaum 133
Nadelholz 130
Nährschicht 123
Nahrung 33, 85, 101
Nahrungsbeziehungen 81, 102, 119
Nahrungskette 139, 149, 170
Nahrungsnetz 121, 139, 149, 170
Nahrungsnische 114
Naturwald 130
Naturzerstörung 154
Nephron 66, 69, 172
Nervengewebe 7
Nervensystem 171
Nettoprimärproduktion 138
Niederdrucksystem 58
Niere 64, 66, 69, 169, 171, 172
Nierenerkrankungen 68
Nierenkörperchen 66, 172
Nischendifferenzierung 117

O

Oberflächenvergrößerung 19
Ökobilanz 165–167
Ökologie 170
ökologische Nische 114, 117, 119, 170
ökologische Potenz 86, 101, 119, 170
ökologische Pyramiden 149, 170
ökologische Sukzession 144
ökologischer Landbau 164
ökologischer Wirkungsgrad 142
ökologisches Gleichgewicht 147
ökologisches Optimum 102, 113, 119
Ökosystem 81, 101, 120, 134, 149, 159, 170
Ökosystem See 122–129
Ökosystem Wald 130–137
Ökosystemmodell 121
Ökosystemnutzung 159
Ökosystemschutz 157, 159
Optimumkurve 86
Organ 7
Organisationsebene 7
Osmoregulation 94, 95
Osmose 64, 99, 169
Ozon 156

P

Pantoffeltier 95, 115
Paramecium 115
Parasiten 81, 85, 103, 107, 110, 111, 119
Parasitismus 101, 106, 119, 170
Pasteurisieren 39
Pellets 152
Penicillin 112
Pepsin 20
Perikard 48
Pfaffenhütchen 133
Pflanzenfresser 105
Pflanzenschutz 163
Pflanzenschutzmittel 167
pflanzliches Protein 13
Pförtner 20
physiologisches Optimum 102, 113, 119
Phytoplankton 123
Pilze 110, 111, 119, 135, 140, 170
Plankton 123, 127
Plasmaproteine 63
Polysaccharid 10, 11
Population 116, 119, 143, 149, 170
Populationsdichte 149
Populationsschwankungen 143
Porlinge 112
Primärharn 66, 67
Primärkonsumenten 121, 139
Primärproduktion 138, 170
Primärsukzession 144
Produktivität 138, 139, 149
Produzenten 121, 130, 131, 149, 170
Protease 25
Proteinbedarf 13
Proteine 8, 13, 33, 169
Proteinnachweis 15
Prothrombin 63
Puls 58

R

Rädertier 125, 127, 148
Räuber 85, 103
Rauchen 47
raues endoplasmatisches Reticulum 9
Reaktionsgeschwindigkeit-Temperatur-Regel (RGT-Regel) 84
Regelkreise 143
Regenwurm 135
Reh 134
Resorption 18, 19, 20, 67, 69, 169
Ressource 85, 98, 100, 101, 170
Ressourcenaufteilung 117, 119
Revier 115
RGT-Regel 84
Ribosom 9
Rippenfell 43, 171
Röhricht 122, 172
Rotbuche 132
rote Blutkörperchen 61, 69
Rotfeder 124
Rückgewinnung 18

S

Saccharose 11
Salzhaushalt 84, 94, 101
Salzsäure 20
Samenkeimung 96
Saprobienindex 129
Saprobionten 103, 110, 112, 119
Sättigungsgefühl 71
Sauerstoff 8, 26, 28, 29
Sauerstoffträger 27
saurer Regen 156
Schädlingsbekämpfung 163
Schattenpflanzen 98
Schimmelpilze 112
Schlaganfall 59
Schleimschicht 19, 20
Schlupfwespe 135
Schlüssel-Schloss-Prinzip 23
Schmarotzer 85
Schmetterlingsblütengewächse 109, 161, 167
Schock 59, 78
Schwimmblattzone 122, 172
See 83, 122, 126, 172
Seeanemonen 109
Segelklappen 49
Sekretion 67, 69
Sekundärkonsumenten 121, 139
Sekundärproduktion 139, 170
Sekundärsukzession 145
selbstregulierendes Gleichgewicht 146
Selektion 116
Serum 63
Sibirischer Tiger 157
Sinusknoten 49
sommergrüner Laubwald 82, 130
Sommerstagnation 126
Sonnenpflanzen 98
Sonnentau 100
Spaltöffnungen 98
Specht 118
Speichel 24
Speichelflüssigkeit 20
Spezialisten 103
Spirometrie 44, 45
Sporen 110
Sprengel, Carl 162
Springschwanz 135
Sprungschicht 126
Spurenelemente 8, 10
Stammzellen 61
Standvögel 92
Stärke 10, 11, 24, 169
Steinkorallen 108
Stellenäquivalenz 118, 119
Stickstoffatome 8
Stickstofffixierung 109
Stickstoffkreislauf 141
Stieleiche 132
Stockente 124
Stockwerkaufbau 130
Stoffaustausch 55
Stoffwechsel 8, 14, 33, 169
Strahlungsenergie 138, 149
Strauch 133
Strukturproteine 13
Substratmolekül 22

Substratspezifität 23
Südchinesischer Tiger 157
Sukzession 144, 148, 149, 170
Sukzessionsstadien 147
Symbionten 85, 110, 111
Symbiose 85, 101, 108, 109, 119, 170
Systole 50, 69, 169

T

Tageslänge 96
Taschenklappen 49
Tauchblattzone 123, 172
Teichmuschel 125
Temperatur 84, 86, 93, 101
Temperaturoptimum 23
terrestrisches Ökosystem 82
Thermoregulation 88, 89, 90, 101
Thienemann, August 146
Thrombin 63
Thrombocyten 62, 69
tierisches Protein 13
Toleranzbereich 86
Totalkapazität 44, 171
Transpiration 98
Transportmechanismen 21
Transportprotein 13
Treibhauseffekt 155, 170
Trompetentier 125
Tropenwald 154
Trophiestufen 139, 149, 170
Trypanosomen 107
Tubifex 121, 125
Tubulus 66, 67, 172
Tundra 82, 146
Tunnelproteine 21
T-Zellen 62

U

Überfischung 153
Übernutzung 153
Überwinterungsstrategien 92, 101
Uferzone 122
Ultrafiltration 67, 69
Ultrahocherhitzen 39
Ultraschall 51
Umwelt 101
Umweltbelastungen 158
Umweltfaktoren 84–87, 93–97
ungesättigte Fettsäuren 12
Urämie 68
Urin 64, 67

V

Variabilität 116
Vegetationsaufnahme 136
Vene 54, 55, 69
Ventrikel 48
Venusfliegenfalle 100
Verbraucher 121
Verdauung 18, 20, 21, 33
Verdauungsenzyme 19
Verdauungssystem 18, 19
Vergeilung 96
Verlandung 145
Vitalkapazität 44, 171

Vitamine 10, 14, 33, 39, 169
Vollzirkulation 126
Vorhof 48, 172
Vorhofflimmern 52
Vorverdauung 20

W

Wald 130, 151
Waldkartierung 136
Waldkiefer 133
Waldökosystem 136
Waldrapp 157
Waldspitzmaus 135
Waldzustandsbericht 156
Wärmeenergie 138
Wärmehaushalt 84
Wärmestrahlung 84
Warntracht 105
Waschmittel 25
Wasser 10, 33, 84, 94, 98, 101
Wasserabgabe 98
Wasserassel 125
Wasseraufnahme 98, 99
Wasserbilanz 95
Wasserentzug 21
Wasserhaushalt 84, 94, 101
Wasserkreislauf 84
Wasserläufer 125
Wasserspinne 125
Wasserstoffatome 8
Wassertransport 98
Wasserverbrauch 152
Wattenmeer 83
Watvögel 114
wechselwarm 88
Weidegänger 103
Weißbirke 132
Weißbuche 132
weiße Blutkörperchen 62, 69
Weißtanne 133
Wildschwein 134
Wind 85
Winterlinde 132
Winterruhe 92
Winterschlaf 92
Wirkungsspezifität 23
Wirtschaftsdüngung 161
Wirtschaftswald 130
Wurzelknöllchen 109
Wurzelsystem 99

Z

Zecke 107
Zehrschicht 123
Zeigerarten 86, 129, 137
Zellatmung 32
Zelle 7, 9
Zellulase 25
Zellulose 14
Zersetzer 103, 121
Zersetzung 140
Zivilisationskost 17
Zuckmückenlarve 125
Zugvögel 92
Zwerchfell 43
zwischenartliche Konkurrenz 113
Zwölffingerdarm 20

Bildverzeichnis

Fotos

A1PIX/BIS: 47.1, 70.1–2 | Acaluso International/Schendel: 89.3 | action press/ONS: 64.1 | Agentur Focus/Camazine: 34.1, /eye of science: 34.2–3, 107.1–2, /SPL: 47.2a+b, 51.1, 52.2, 62.3, 72.1, hint. Vorsatz 2, /SPL/Berger: 61.3 | Agrevo: 160.4 | Agroconcept, Bonn/hapo: 161.2 | akg-images: 112.3 | Angermayer/Pfletschinger: 27.1, 88.1, 124.3+10, 125.2, 135.4 Hirschkäfer, 135.5 Ameisen | Archiv Hoyer/Hoyer: 96.2 | Archiv VWV: hint. Vorsatz 12 | Arco Images/Huetter: 124.4, /NPL: 108.2 | aus „Phänomen Honigbiene" Tautz/Heilmann: 89.1 | Bach-Kolster, Helgard: 137.3 re. | Bayer AG, Leverkusen: 34 o.re. | Berglund, Joel/Wikipedia: 125.7 | Berten, Berlin: 165.4 | Bildagentur Geduldig: 143.3 l.o. | BilderBox: 84.2 | Bio-Info/Kratz: 143.3 Mi. | blickwinkel: 125.5, /Hecker: 124.7, /Hecker/Sauer: 124.9, /Hjelm: 134.2 Mi., /Luftbild Bertram: Titel, 3, /McPhoto: 89.2, 92.7, /Vockel: 12.4, /Wothe: 125.9 | Boehringer, Ingelheim/Nilsson: 63.1 | bpk: 38.2, 160.3 | Budapest Marathon Organisation: 76.1 | Buff, Biberach: 65.2–3 | Corbis/Frink: 104.1, /Gehman: 147.1, /Morsch: 50.2, /O`Rear: 144.1, /Smith: 147.2 | Cornelsen Archiv: 34.4, 37.1, 37.3, 39.1, 42.2, 84.1+3, 132.1, 162.4 | Danegger, M., Owingen-Billerfingen: 115.3 | Deutsches Hygiene-Museum, Dresden/Pressefoto: 4, 42 o.re., 168 Mi. | Digitalstock: 25.2, 26.4, 37.2, 47.3, 74.1, 79.6, 80.3, 92.3+5+6, 98.1, 106.2, 110.1–2, 115.1–2, 120.3, 134.1+2 l.u.,134.3 Eiche, 135.4 Eiche + Buntspecht, 143.3 re., 146.1, 161.3, 165.1 | Ditrich, Oleg: 107.3 | Döring, V., Hohen Neuendorf: 10.2, 12.1, 35.2, 148.1 | dpa: 55.3 | Duszenko, Michael, Universität Tübingen: 107.4 | F1 online/Stenson: 82.4, /Ziegler: 134.3 re. Eichelbohrer | Frei, H.: 124.6+8 | Gerhardt, E., Berlin: 110.6 | Getty Images/Panoramic Images: 144.3, /Taxi: 6.1, 70 o.re. | Hagens, G. von: hint. Vorsatz 1 | Hecker: 125.6, 131.3 Mi.l., 135.4 Habicht | Hecker/Sauer: 26.2, 95 u., 125.10 | Heinrich, D.: 83.1, 122.1 | Helga Lade Fotoagentur: 83.2 | Hermann, H., Bissendorf: 88.3 re. | Hollatz, J., Heidelberg: 15.1, 62.2, 109.2, 167 Mi. | home-and-garden.webshots.com/stabiae: 99.1 | IFA/Ritterbach: 68.1 | images.de/Schulten: 73.1 | Immuno GmbH, Heidelberg: 102.5 | Institut für wissenschaftliche Fotografie/Kage: 7.1 Mi. | iStockphoto/Brasil2: 161.1, /Giliazov Artur: 146.2 | Juniors Bildarchiv/Danegger: 125.4 | Khecker/Sauer: 125.8 | Klüber, Marco: 108.1 | Lieder, Ludwigsburg: 7.1 u., 36.2, 54.2 | Limbrunner, A., Dachau: 119 o.re. | linnea images/Nill: 25.3 | mauritius images/Gilsdorf: 56.1, /Lacz: 102.1, /Nill: 135.4 Fledermaus, /Rosenfeld: 14.1, /Schmidt: 132.5, /Schrempp: 101.1 | Mauritshuis, Den Haag: 42.3 | Mishiku, A.: 109.1b | NASA: 6.3 | New Holland: 165.2 | Nilsson, L.: 62.1 | Okapia: hint. Vorsatz 9, /Anatomical Travelogue, /Arndt: 124.1, /Beste: 103.2, /Biophoto Ass./Science Source: 19.1 u., hint. Vorsatz 6, /Cattlin/Holt Studios/NAS: 111.5, /Danegger: 92.1–2, /Denis-Hülst/Bros: 113.1, /Derer: 124.2, /Ferrero-Labat/SAVE: 102.2, /Gaugler: 107.5, /Grambow: 125.3, /Jacobi: 100.3, /Kage: 43.1, /Krahmer: 124.5, /Layer: 90 Mi., /Lummer: 144.2, /NAS/Faulkner: 119 u.re., /NAS/Guravich: 105.3, /NAS/Mercieca: 80.2, /OSF/Doug: 88.2, /Reinhard: 80.1, 111.4, /Rolfes: 92.4, /Schmidt: 110.4, /Watls: 119 u.l., /Wellmann/Natur im Bild: 111.2, /Wisniewski: 82.2 | Perry, D., Branchport N.Y.: 120.1 | picture-alliance/ASA: 79.7, /dpa: 75.1–2, 77.1, /dpa: 165.3, /Keystone: 77.2, /Kosecki: 76.3, /ZB: 113.2 | Pixelio/Henke: 110.3 | Pretscher, P.: 160.1–2 | Projcet Photos: 26.1, 30.1, 35.1+3, 38.1, 83.3, 142.1 Hintergr. | Reinhard, Heiligkreuzsteinach: 82.1, 92.8, 100.1, 102.4, 103.1, 110.5, 112.2, 117.2 u.,130.1, 131.1+3 u. + Mi.re., 132.6–7, 133.5–6, 134.2 l.o, 134.3 re. Maus + Buchfink + Baummarder | Reinold, U., Vaterstetten: 70.4, 120.2, 135.5 Baumstumpf, 137.3 l. | Reisigl, Innsbruck: 80.4 | Ribeiro, Joao: 109.1a | Rijkmuseum van Outheden, Leiden: 25.1 | Schröder, H.: 134.3 re. Spinne | Schülke & Mayr GmbH, Hamburg: 111.6 | Schuster: 133.1 | Schütte, N., Berlin: 6.4, 134.2 Eiche | Schwarz, Werner, Thurnau: 60.3 | Schwebler, H.: 111.1 | Sevcik, Jan, Ceske Budejovice: 122.2 | Siedel, F.: 18.2 | Silvestris: 97.1, 105.2, 106.1, 119 o.l., /Robba: 7.1 o. | Spörhase-Eichmann, U. : 60.1–2 | Superbild/Phania: 70.5 | Tetra-Archiv: 5, 102.3, 169 o. | Theuerkauf, H, Gotha: 38.3, 131.3 o.l.+ o.re., 132.2–4, 133.2–3, 135.5 Regenwurm, 162.2 | ullstein bild: 6.2 | vario images: 82.3, 112.1 | VISUM/Ritter: 70.3 | Wandmacher, Ingo: 83.4 | Weber, U., Süßen: 87.1, 93.2, 96.3 | Weisenböhler, C.: 135.5 Springschwanz | Widmann, P.: 48.1 | Wikipedia/Saint-Pol: 61.1, /Vincentz: 99.2 | Wildlife/Fiedler: 125.1, /Harms: 133.4 | www.sharki.de: 149.1

Grafiken

Birker, St., Viernheim: 48.3, hint. Vorsatz 10 | Biste, G., Schwäbisch Gmünd: 69.1, hint. Vorsatz 15 | Biste, G., und Krischke, K.: 117.1 | diGraph, Lahr: 136.1–2 | Goldberg, M., Berlin: 164.1 | Götze, R., Berlin: 126.1+3, 151 u.re., 45.3, 126.1+3, 151.3 | Krischke, K., Marbach/N.: 18.1, 20.1, 21.2, 28.1–2, 36.1–2, 43.2, 44.1, 93.1, 98.2, 99.2, 104.2, 106.3, 108.3, 109.3, 110.2, 111.3, 127.2–3, 128.1, 129.2, 130.2, 137.2, 138.1, 139.1, 140.1, 141.2–3, 142.1, 148.2, hint. Vorsatz 3–5 +7 | Krischke, K., und Mair, J.: 20.2, 28.2, 43.3, 56.2, 63.1, 66.1 | Krischke, K., und Müller, L.-E.: 103.3 | Mackensen, U., Heidelberg: 71.1 | Mair, J., München: 7.1, 8.2, 9.1–2, 10.1+3, 11.1–4, 13.1–2, 16.1–2, 17.1, 18.3–4, 19.1, 20.1, 21.1, 22.1–2, 23.1–4, 26.3, 27.2–3, 28.2, 29.1–2, 30.2–3, 31.1–2, 32.1, 33.1, 35.4, 39.2, 40.1, 41.1–2, 44.2, 45.1, 46.1–2, 48.2, 49.1–2, 50.1, 51.2, 53.1, 54.1–2, 55.2–3, 56.3, 57.3, 58.1, 61.4, 64.2, 65.1, 67.1–2, 68–2, 74.2, 86.1–2, 87.2–3, 88.3, 90.1–3, 91.1–2, 94.2–4, 95.1–3, 97.2–4, 104.3, 105.1, 113.3, 114.1, 116.1–2, 117.2, 118.1–2, 128.3, 142.2, 143.1+2+4, 148.3, 149.2, 152.3, 155.1–2, 161.4, 163.1, 164.2, 165.6, 166.2, 167.1+3 hint. Vorsatz 11+13| Mall, K., Berlin: 8.1, 12.2–3, 13.3, 16.3, 45.2, 50.3, 52.1, 53.2, 55.1, 57.1+4+5, 58.2, 61.2, 65.4, 78.2–4, 79.1, 84.1, 92.2, 94.1, 96.1, 100.2, 101.2, 121.1, 123.1, 126.2, 131.2, 141.1, 142.3, 145.1, 155.3, 156.1, 158.1, 162.5 .hint. Vorsatz 14 | Müller, L.-E., Leipzig: 58.1, 59.1, 122.3 | Schrörs, M., Bad Dürkheim: 137.1, 81.1, 137.1, hint. Vorsatz 8 |

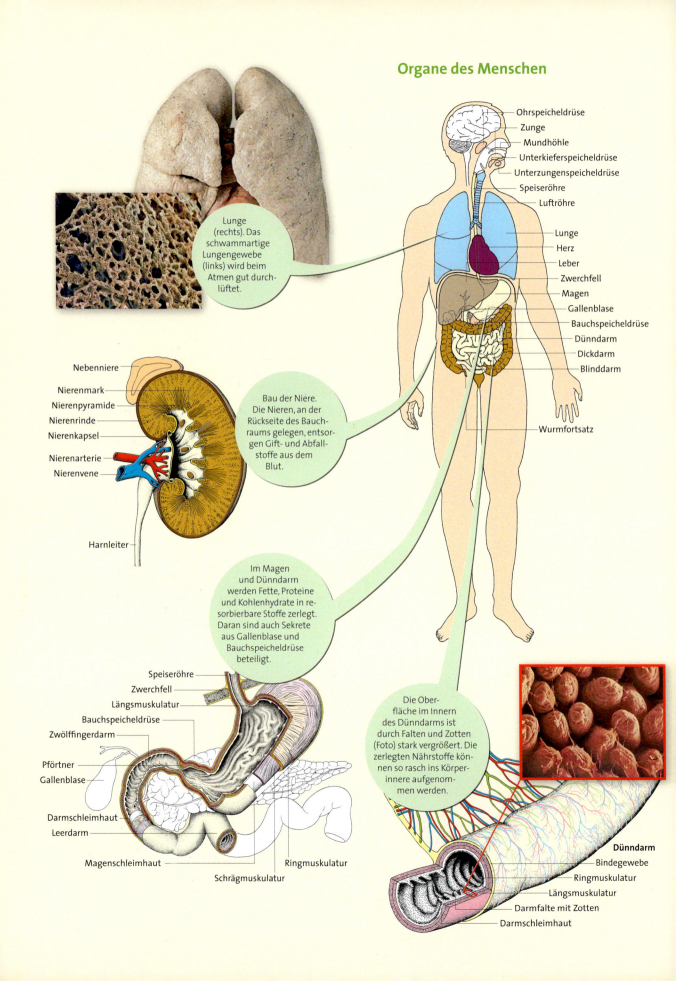